다산과 연암 라이벌 평전 1탄
두개의 별 두개의 지도

다산과 연암 라이벌 평전 1탄 두개의 별 두개의 지도

발행일 초판 8쇄 2024년 9월 20일(甲辰年 癸酉月 丁亥日) | **지은이** 고미숙
펴낸곳 북드라망 | **펴낸이** 김현경 | **주소** 서울시 종로구 사직로8길 24 1221호(내수동, 경희궁의아침 2단지) |
전화 02-739-9918 | **이메일** bookdramang@gmail.com

ISBN 978-89-97969-23-4 03910 이 도서의 국립중앙도서관 출판시도서목록(CIP)은 서지정보유통지원
시스템 홈페이지(http://seoji.nl.go.kr)와 국가자료공동목록시스템(http://www.nl.go.kr/kolisnet)에서 이
용하실 수 있습니다.(CIP제어번호: CIP2013007187) | Copyright © **고미숙** 저작권자와의 협의에 따라 인
지는 생략했습니다. 이 책은 지은이와 북드라망의 독점계약에 의해 출간되었으므로 무단전재와 무단복제
를 금합니다. 잘못 만들어진 책은 서점에서 바꿔 드립니다.

책으로 여는 지혜의 인드라망, 북드라망 **www.bookdramang.com**

다산과 연암 라이벌 평전 1탄
두개의 별 두개의 지도

고미숙 지음

책머리에

『열하일기, 웃음과 역설의 유쾌한 시공간』(2003)을 출간한 지 꼭 10년 만이다. 이 책을 내면서 고전평론가라는 직업을 만들었으니 고전평론가로 산 지도 10년째 되는 셈이다.(물론 아직도 대한민국, 아니 이 지구상에 고전평론가는 나 혼자뿐이다.^^)

『열하일기』는 내게 많은 것을 선물해 주었다. 고전평론가라는 직업은 물론이고 무엇보다 '고전'이라는, 평생 일구어도 마르지 않을 '지혜의 샘물'을 선사해 주었다. 덕분에 평생 먹고살 걱정은 없다. 거리에서 수많은 독자를 만난 것도, 또 공부와 일상이 멋지게 교차하는 '지식인 공동체'를 꾸려갈 수 있는 것도 따지고 보면 다 『열하일기』 덕분이다.

솔직히 출간 당시엔 이 책이 10년 뒤까지 살아남으리라곤 생각지 못했다. 나로부터 멀어지거나 아니면 대중으로부터 잊혀지거나. 하지만 잊혀지지도, 멀어지지도 않았다. 요즘도 강연을 가면 이 책을 마치 어제 나온 것처럼 이야기하는 독자들을 만나곤 한다. 아직도 현장에서 싱싱하게 "살아 있는" 것이다. 나 또한 『열하일기』의 매트릭스 위에서 여전히 "놀고" 있다. 『열하일기』와 연암 박지원, 또 그의 시대인 18세기는 내 지성의 원천이자 든든한 백그라운드다.

"연암과 다산은 평행선이다. 평행선은 만나지 않는다. 하지만 헤어지지도 않는다."

이것이 『열하일기, 웃음과 역설의 유쾌한 시공간』의 마지막을 장식하는 멘트다. 그렇다! 『열하일기』를 통해 나는 연암과 다산이 아주 다른 존재임을 깨닫게 되었다. 그것은 놀라운 '반전'이었다. 그 이전에는 결코 상상하지 못한 바였으므로. 그래서 생각했다. 언젠가 이 둘의 차이가 연출하는 '평행선의 지도'를 그려 보고 싶다고. 하지만 작업이 바로 이어지지는 못했다. 이후 『임꺽정』을 만났고, 『동의보감』을 만났다. 『열하일기』로 추동된 고전 '리라이팅'의 욕망이 예기치 못한 영역으로 자꾸만 증식해 갔던 것이다.

2011년 〈수유+너머〉를 떠나 감이당으로 거처를 옮길 즈음, 문득 연암과 다산의 이야기가 내 일상을 잠식하기 시작했다. 그리고 2012년 여름, OBS팀과 '신新 열하일기' 다큐멘터리를 찍느라 『열하일기』의 전 여정을 되밟아 볼 기회를 갖게 되었다. 그때부터 나는 마치 기다렸다는 듯이 연암과 다산의 평전을 쓰겠다고 떠들어대기 시작했다. 이유는 나도 모른다. 그저 '때가 되었다'는 것뿐! 말하자면, 10년이라는 '시절인연'이 나로 하여금 오래전의 단상들을 호출해 낸 것이다.

그럼 어떻게 쓸 것인가? 평전이되 평전이 아니고 싶었다. 솔직히 동서양을 막론하고 평전들은 지루하고 재미없다. 사실들의 연대기적 나열과 업적에 대한 옹호와 변명. 그런 상투적이고 도식적인 배치를 거스르고 싶었다. '라이벌 평전'이라는 아이디어는 이렇게 해서 탄생되었다. 두 사람은 다르다. 그것도 아주 많이! 그것은 둘을 함께 다루었을 때 더더욱 빛난다. 그 '빛의 서사'들을 길어 올리노라면 수많은 사건들이 탄생한다. 그 사건들을 추적하다 보면 전혀 예기치 못한 '생의 지도'가 그려진다. 그것은 연암도 다산도 아닌, 연암과 다산 그 '사이'를 가로지를 때만 가능한 글쓰기다. 하여, 그 자체가 모험이요 탐사다.

그래서인가. 지난해 겨울에서 올 봄까지 이 책의 원고를 쓰면서 아주 특별한 신체적 감응을 맛볼 수 있었다. 독자들께도 이 '울림과 떨림'이 전달되었으면 좋겠다. 아니, 독자들도 이 글쓰기의 실험에 적극 참여해 볼 것을 강추한다. 예컨대, 루쉰과 카프카, 공자와 노자, 주자와 양명, 이광수와 나쓰메 소세키, 니체와 스피노자, 연암과 니체 등등. 수많은 대쌍들이 가능할 것이다.

십 년이면 강산도 변한다고 한다. 어디 강산뿐이겠는가. 그 사이에 나의 삶도 무수한 변전을 겪었다. 이 시간들을 『열하일기』와 함께 할 수 있어서 진정(!) 영광스럽다. 그 『열하일기』를 내게 보내 준 연암 박지원에게 이 '라이벌 평전'이 작은 보답이 된다면 더욱 영광스럽겠다. 동시에 연암과 함께 팽팽한 '평행선을 달려 준' 다산 정약용에게도 존경과 감사를 보낸다.

지난 봄 감이당 '연·다·라(연암과 다산 라이벌 평전) 강좌'에 참여하여 뜨겁게 경청해 준 수강생 여러분께도 깊은 감사를 전한다. 나의 "거친" 단상들에 늘 생생한 숨결을 부여해 주는 북드라망팀은 이 책의 진정한 산파요 '숨은 손'이다. 고맙다, 친구들!

2013년 5월 27일
남산 아래 필동 Tg스쿨에서
고미숙

차례

책머리에 · 4

입구 그들을 둘러싼 세 개의 '미스터리' · 11
하나, 그들은 만나지 않았다?! 12 | 둘, '노 코멘트'에 담긴 뜻은? 13 | 셋, 이렇게 '다를' 수가! 15

1장 물水과 불火 — 파동과 입자 · 19

화사(花蛇)와 다크호스(dark horse) · 22
노론 '벽파', 성호 '좌파' · 33
우도(友道)와 강학(講學) — 연암의 '친구들'과 다산의 '형제들' · 43
청년 연암, 과거를 작파하다! 44 | 우도(友道), 타자들의 향연 51 | 내 '친구'를 소개합니다 — 유언호 56 |
강학(講學) — 저 높은 곳을 향하여! 59 | 나의 둘째형님을 소개합니다 — 정약전 67
북학과 서학 · 72
'생계형' 관직과 '왕의 남자' · 77
적은 늘(!) 가까이에 있다 · 89
추방, 그리고 죽음 · 104
뫼비우스의 띠 · 118

2장 기묘한 '트리아드' — 연암과 다산, 그리고 정조 · 125

'트라이앵글'(삼각형)에서 '트리아드'(삼중주)로 · 127
타는 목마름으로! · 131
은밀한 밀당? · 141
'삼중주'를 위한 세 개의 연대기 · 148
1783년(癸卯) — 연암, 『열하일기』를 완성하다 151 | 1792년(壬子) — 정조, 문체반정을 일으키다 158 |
1801년(辛酉) — 다산, 땅끝으로 추방되다 176

3장 문체반정 — 18세기 지성사의 '압축파일' · 187

두 개의 '축' — 문체와 서학 · 191
다산과 패사소품: "재앙 가운데 가장 큰 것이오니" · 196
연암과 문체: "썩은 흙에서 지초가 돋아나는 법" · 201
다산과 서교: "미혹되었나이다" · 207

연암과 천주교 : "요사스런 패설에 불과하다" · 217
실패, 그리고 파국 — 죽거나 나쁘거나 · 228

화보 연암 박지원의 친구들, 다산 정약용의 형제들 · 232

4장 『열하일기』 vs 『목민심서』
— 유쾌한 '노마드'와 치열한 '앙가주망' · 245

탄생의 경로 · 248
일기(日記)와 심서(心書) · 258
고원과 산정 — '위대한 건강' · 262
길은 '사이'에 있다 · 271
Clear and Distinct! · 281
명랑과 숭고 · 290
유목민과 목자(牧者) · 303

5장 진검승부 — 패러독스 vs 파토스 · 315

「양반전」 vs 「애절양」 — 풍자와 비탄 · 317
「열녀 함양 박씨전」 vs 「소경에게 시집간 여자」 — 억압과 소외 · 325
코끼리와 상제(上帝) — 카오스와 코스모스 · 335
나비와 전사 — '파란생색'과 '활연관통' · 348
묘지명 vs 묘지명 — 공감과 증언 · 362
『고추장 작은 단지를 보내니』 vs 『유배지에서 보낸 편지』 — 촉발과 계몽 · 377

6장 두개의 별, 두개의 지도 · 389

모더니티와 두 사람 · 392
20세기와 계몽의 '빛' · 395
21세기 — 디지털은 유동한다! · 401
SNS와 콜센터 · 404
두개의 별, 두개의 지도 · 409

참고문헌 · 412 | 연보 · 415 | 찾아보기 · 428

일러두기

1 이 책에서 인용한 글들의 자세한 서지사항은 책 말미 '참고문헌'에 밝혀 놓았으며, 본문에서는 저자, 글명, 책명, 인용쪽수 순으로 간략히 표시했습니다.

2 이 책에 인용한 서지 가운데 자주 등장하는 두 개의 서지 —박종채, 『나의 아버지 박지원』, 박희병 역, 돌베개, 1998 그리고 정약용, 「자찬묘지명」, 『다산문학선집』, 박석무·정해렴 편역, 현대실학사, 1996— 는 본문에서 서지명과 인용쪽수만으로 표기했습니다.

입구
그들을 둘러싼 세 개의 '미스터리'

입구
그들을 둘러싼 세 개의 '미스터리'

하나, 그들은 만나지 않았다?!

아무리 생각해도, 몇 번을 생각해도 이상한 노릇이다. 그들은 왜 한 번도 만나지 않았을까? 둘 다 비슷한 시기에 서울 사대문 안에서 살았는데 말이다. 당파 혹은 학맥이 달랐기 때문일까? "형적이 드러남을 꺼려서 서로 소문은 들으면서도 알고 지내지 못하며, 신분상의 위엄에 구애되어 서로 교류를 하면서도 감히 벗으로 사귀지는 못"하는 박지원,「회우록서」會友錄序,『연암집』(상), 19쪽 그런 관계였던 걸까? 하지만 둘은 그런 장벽 따위를 훌쩍 뛰어넘은 대문호 아닌가. 게다가 박제가·정석치·이서구 등 둘의 절친한 벗들이 겹친다. 그럼 이 사람들이 양다리 혹은 들러리에 불과했단 말인가? 무엇보다 둘의 '사이'엔 정조대왕이 있었다. 정조가 누구던가? 조선의 르네상스를 이끌었고 스스로를 '만천명월주인옹'萬川明月主人翁; 만 개의 시내에 비친 밝은 달 같은 존재이라 부를 정도로 지적 자신감이 충만했던 '호학군주' 아닌가. 사대부들보다 더 많은 공부를 했고, 사대부들보다 더 많은 글을 썼던 제왕. 그래서

'문체반정'이라는 세상 그 어디에도 없는 '필화사건'을 주도한, 다시 말해 문체와 권력의 긴밀한 맥락을 간파했던 인물이다. 그때 연암은 문풍을 타락시킨 배후조종자로 찍혔고, 다산은 정조의 이념적 나팔수였다. 이 정도면 서로가 서로의 존재감을 충분히 느꼈을 텐데…… 몰랐을 리는 없다. 절대로! 그럼에도 그들은 왜 한 번도 만나지 않았을까? 사대문 안 종로통을 수없이 오갔을 그들의 발걸음은 왜 번번이 엇갈렸을까? 대체 왜?

둘, '노 코멘트'에 담긴 뜻은?

무척 궁금하긴 하나, 저 질문은 그다지 심오한 편은 아니다. 일단 전제에 문제가 있다. 두 사람이 서로 친밀할 거라는, 그래서 깊은 교류를 주고받았을 거라는, 아니 그랬으면 참 좋겠다는 우리의 욕망이 투사되어 있기 때문이다. 마치 동시대의 톱스타들은 서로 친할 거라고 간주하는 것과 비슷하다. 말하자면, 일종의 '정서적 거품'이 개재된 것이다.

거품을 빼고 둘의 동선을 체크해 보자. 연암과 다산의 나이차는 25세. 결코 적은 숫자가 아니다. 연암이 한창 청년기의 방황을 겪고 있을 때, 다산은 갓 태어난 어린아이였다. 연암이 거리에서 벗들과 어울려 중년을 통과하고 있을 때, 다산은 과거의 문턱을 넘기 위해 분투하는 수험생에 불과했다. 연암의 명성과 의론이 장안을 뒤흔들고 있을 때, 다산은 성균관 태학생으로 정조대왕이 제출하는 과제들을 수행하느라 정신없이 바빴다. 그러니 당연히 엇갈렸을 수밖에. 하지만 이 또한 성급한 판단이다.

이 시대는 세대간 장벽이 그닥 높지 않았을뿐더러 학술과 문장을 통한 상호교류가 왕성했던 시절이다. 박제가는 서얼 출신에다 한참 어린 나이임에도 연암을 찾아가 '사우관계'를 맺지 않았던가. 그렇다면, 질문은 이렇게 바뀌어야 한다. 다산은 왜 연암을 찾아가지 않았을까? 꼭 제자가 되진 않더라도 당대 최고의 문호인데 한 번쯤 찾아가 내공을 가늠해 보고 싶지 않았을까? 당파와 학맥이 다르기 때문에 더더욱 그런 생각이 들었을 법한데 말이다(원래 반대편 진영에 있는 대가에게 더 호기심을 느끼는 법 아닌가).

그리고 더 결정적으로 서로 엇갈리던 둘의 동선이 마침내 교차하는 시점이 온다. 연암이 쉰이 다 되어 늦깎이로 '생계형 관직'에 나섰을 때, 그때 다산은 '왕의 남자'로 승승장구하던 중이었다. 이때 둘의 궤적은 사뭇 중첩된다. 문체반정과 수원 화성 축조, 천주교 사태 등 정조의 치세를 장식하는 주요 사건들에 둘은 직·간접으로 연루된다. 그럼에도 그들은 만나지 않았다. 더 놀랍게도 서로에 대해 '노 코멘트' 했다. 연암의 글 속에 다산의 흔적은 없다. 다산의 글 속엔? 아주 없지는 않다. "연암 박지원이 『열하일기』를 지어 20여 가지의 환술을 기록하여 놓았다. 이 이치를 안다면 지사地師: 지관의 말이 망령되다는 것을 깨달을 수 있다." 정약용, 「풍수 신앙의 허구성」, 『다산논설선집』, 75쪽

참 까칠하다. 연암을 마치 동시대인으로 생각하지 않는 느낌이랄까. 『경세유표』, 『목민심서』 등에도 더러 『열하일기』에 대한 언급이 나온다. 하지만 그건 연암 사후 한참 시간이 지난 뒤인데다, 인용

한 부분도 하나같이 수레와 벽돌 등 기술지와 관련된 것들뿐이다. 다산의 '박람강기'博覽强記:여러 책을 널리 많이 읽고 기억을 잘함라면 『열하일기』는 물론이고 『연암집』 전체를 통독하고도 남았을 것이다. 하지만 모든 것은 생략되었다. 특히 연암의 기발한 상상력과 호방한 문체에 대해서는 완전 노 코멘트!

연암은 다산에 대해 말하지 않았고, 다산은 연암에 대해 '차갑게' 언급했다. 이 침묵과 냉대의 저변에 흐르는 기류는 대체 무엇일까?

셋, 이렇게 '다를' 수가!

여기서 잠깐 되짚어 보자. 이 냉랭한 기류가 미스터리가 되려면 어떤 전제, 아주 강력한 전제가 필요하다. 즉, 앞에서 말한 대로 둘은 만나야 하고, 서로 지적 교감을 해야 한다는, 혹은 그랬을 거라는! 왜? 연암과 다산은 조선왕조를 통틀어 가장 탁월한 문장가요 경세가니까. 유사 이래 연암보다 더 탁월한 문장은 없었다. "그의 문장은 천마가 하늘을 나는 듯"(김윤식)하다. 한편, 다산은 방대하다. "한자가 생긴 이래 가장 많은 저술을 남긴 대학자"(정인보)다. 한 사람은 질적으로, 다른 한 사람은 양적으로 최고 경지에 도달했다. 이런 대단한 인물들을 동시에 배출했다니, 18세기는 이 사실만으로도 충분히 눈부시다. 그러니 둘을 연결하고 싶은 욕망이야 지극히 당연하다.

알다시피, 18세기는 연암과 다산 이외에도 수많은 별들이 각축한 시대다. 홍대용과 박제가, 이덕무와 이가환, 이옥과 김려 등등. 그런데 연암과 다산은 물론이고 이들까지도 몽땅 동질화하는 개념이 하나 있다. '실학파'라는 범주가 그것이다. 실학이란 조선후기에 일어난 지성사의 새로운 조류를 지칭하는 담론이다. 이 개념의 등장과 더불어 연암과 다산은 그 자장 안으로 흡수되고 말았다. 그 담론적 배치는 대략 이렇다.

조선후기 실학은 성호 이익星湖 李瀷, 1681~1763으로부터 비롯한다. 성호는 중농학파, 그 뒤를 잇는 연암그룹은 이용후생利用厚生을 설파한 중상학파, 그리고 다산은 이 양대 흐름을 집결한 경세치용經世致用학파라는 게 기존의 통설이다. 연대기적으로야, 성호-연암-다산으로 이어지는 게 맞긴 하다. 하지만 시간적 선후가 논리적 선후를 결정짓는 건 아니다. 그러므로 이 담론의 배치에 담긴 건 두 가지 욕망이다. 하나는 역사를 연속적 선분으로 잇고자 하는 것, 다른 하나는 역사는 더 나은(혹은 더 많은) 것을 향하여 나아가야 한다는 것. 연속성과 진화론! 아주 오랫동안 우리를 지배한 표상이기도 하다. 다산학의 방대한 스케일은 이런 논리를 뒷받침하기에 딱! 알맞다. 그러다 보니 우리에겐 늘 연암과 다산의 이미지가 오버랩되어 있다. 욕망이 표상을 낳고 표상은 다시 욕망을 키워 가는 과정을 충실히 반복한 셈이다.

하지만 보라! 둘의 초상화를. 둘은 참 다르다. 한 사람은 거구에 비만이고 다른 한 사람은 작고 단단하다. 내뿜는 아우라와 카리스마가 달라도 너~무 다르다. 이 신체적 차이만큼이나 둘의 인생궤적 또한 판이하다. 당파나 이념의 차이는 차라리 부수적이다. 문체와 세계관, 사상과 윤리 등의 차이는 마치 평행선처럼 팽팽하다.

연암(燕巖) 박지원(朴趾源) 1737~1805   다산(茶山) 정약용(丁若鏞) 1762~1836

'어쩜 이렇게 다를 수가?'──이 질문은 '그들은 왜 만나지 않았을까?'라는 질문보다 훨씬 심오하다. 후자는 그들의 동일성과 연속성을 전제하지만, 전자는 그들의 차이와 이질성에 주목한다. 이 질문은 두 가지 효과를 불러온다. 하나는 경이로움이다. 동일한 연대기 안에 이렇게 상이한 기질과 벡터를 지닌 천재가 공존했다니, 진정 놀랍지 않은가. 조선왕조는 물론이고 전세계 지성사에서도 이런 팽팽한 맞수는 실로 드물다. 다른 하나는 권위로부터의 해방이다. 연암과 다산이 하나의 이미지로 오버랩되면 무지하게 엄숙해진다. 엄숙주의는 권위를 낳고 권위는 차이를 봉합한다. 거기에서 우상이 탄생한다. 그런 식의 우상화는 연암과 다산, 모두를 박제화시켜 버린다. 고로, 가차없이! 타파되어야 한다.

이것이 우리가 연암과 다산의 생애를 하나의 평면에서 동시적으로 조망해야 하는 이유다. 신기하게도 그동안 연암과 다산은 따로 논의되었다. 그렇게 연결하려 애쓰면서도 왜 늘 따로(!) 이야기한 것일까. 혹시 둘이 지닌 불연속성과 이질성을 무의식적으로 감지하고 있었던 건 아닐까? 나아가 그걸 감당, 아니 직면하기 두려웠던 것은 아닐까?

그렇다. 모든 질문들이 그렇듯이, 연암과 다산이라는 화두는 결국 우리 자신의 발밑을 겨눈다. 즉, 이 미스터리를 추적하는 과정은 궁극적으로 우리 자신을 꼼짝없이 가두고 있는 인식의 봉인—특히 차이의 봉합과 전통의 우상화에 대한—을 해제하는 과정이기도 하다. 그래서인가. 솔직히 좀 떨린다.^^

1장
물水과 불火 — 파동과 입자

1장
물水과 불火 — 파동과 입자

여기 두 개의 텍스트가 있다. 하나는 『과정록』過庭錄 박희병 역, 『나의 아버지 박지원』, 다른 하나는 「자찬묘지명」自撰墓誌銘. 전자는 연암의 둘째아들 종채가 쓴 연암의 평전이다. 아들이 쓰는 아버지의 행적을 '과정록'이라 한다. 후자는 다산이 유배지에서 돌아와 묘지명의 형식을 빌려 쓴 자신의 일대기다. 연암은 자신의 생애를 정리할 생각도, 필요도 느끼지 못했다. 죽기 직전 '산송'山訟; 묘지를 쓴 일로 생기는 송사에 얽혀 화병을 앓기도 했지만 그에 대한 어떤 변명도 회한도 남기지 않았다. 아, 한 가지. 한때 술에 취해 자찬 몇 마디를 남긴 적은 있다.

> 내가 나만을 위하는 건 양주楊朱; 전국시대 도가 사상가 같고 / 만인을 고루 사랑함은 묵적墨翟; 묵자의 본명 같고 / 양식이 자주 떨어짐은 안회顔回 같고 / 꼼짝하지 않음은 노자 같고 / 거침없이 활달함은 장자 같고 / 참선하는 것은 석가 같네 / 공손하지 못함은 유하혜柳下惠; 노나라 때의 현자 같고 / 술을 마셔대는 건 유영劉伶; 죽림칠현의 한사람 같고 /

밥을 얻어먹는 건 한신韓信; 한나라 때 무장 같고 / 잠을 잘 자는 건 진단陳摶; 송나라 때 도사 같고 / 거문고를 타는 건 자상子桑; 『장자』에 나오는 인물 같고 / 글을 저술하는 건 양웅揚雄; 한나라 때 학자 같고 / 자신을 옛 인물과 견줌은 제갈공명 같네 / 그러니 나는 거의 성인에 가깝지 않은가 / 다만 키가 조고曹交; 『맹자』에 나오는 인물보다 모자라고 / 청렴함은 오릉중자於陵仲子; 전국시대 사람. 형이 만종의 녹을 받는 것이 의롭지 못하다며 초나라 오릉에 가서 살았다고 함에게 못 미치니 / 부끄럽기 짝이 없도다.박지원, 「소완정의 하야방우기에 화답하다」酬素玩亭夏夜訪友記, 『연암집』(중), 56~57쪽

멋들어지긴 한데 특별한 정보는 없다. 아니, 많다면 많다. 성격, 외모, 습관 등등. 하지만 딱히 손에 잡히는 건 없다. 이것이 '연암스타일'이다. 다산은 다르다. 가슴속에 품은 회한도 가득했고, 시비를 분명히 해야 할 일도 많았다. 하여, 유배지에서 돌아온 뒤 환갑을 맞이하여 자신의 생애와 곡절을 낱낱이 쏟아냈다. 자신의 관에 묻을 '자서전'을 작성한 셈이다. 타고난 기질 탓일까. 아니면 18년간의 유배생활이 준 자신감일까. 자신의 삶에 대한 확신, 자신이 겪은 일은 오직 자신만이 증언할 수 있다는 투명한 의지가 글 전편에 걸쳐 넘쳐난다. 굽이굽이 절절한 이야기들이다. 특히 정조와 주고받은 이야기들은 거의 직접화법으로 되어 있다. 하지만 너무 길고, 솔직히 부담스럽다. 어조와 뉘앙스는 완전히 다르지만, 니체의 자전적 에세이『이 사람을 보라』를 처음 읽었을 때와 비슷한 당혹감이다. 이것이 '다산스타일'이다.

연암은 너무 '적게' 말했고, 다산은 말이 너무 '많았다'. 아마도

그래서 『과정록』이 탄생했을 것이다. 기록에 대한 욕망에도 '질량보존의 법칙'이 있는 법이니까. 아버지가 자신의 삶에 대해 너무 적게 말했다는 생각이 아들로 하여금 기록을 남기게 했으리라. 다산은 반대다. 「자찬묘지명」 같은 '대작'이 있는데 대체 누가 그의 인생에 대해 덧보탤 생각을 하겠는가.

이 글은 이 두 개의 텍스트로부터 출발한다. 『과정록』은 아들의 시선이니 「자찬묘지명」이 더 정확할 거라는 선입견은 부질없다. 모든 텍스트는 굴절된다. 아들의 시선이건 자신의 논리건. 다만 '다르게!' 굴절될 뿐이다. 내가 쓰고 있는 이 글 또한 마찬가지다. 글이 시작되는 순간, 이미 21세기적 현장과 언어의 그물망이 그 위에 덧씌워질 것이다. 나의 무지와 편견은 말할 것도 없고. 이런 '굴절들'을 통해 무엇이 생성될 것인가? ― 문제는 다만 여기에 달렸다.

화사(花蛇)와 다크호스(dark horse)

시간 : 1737년 음력 2월 5일 새벽

장소 : 서울 서부 반송방 야동

이것이 연암 박지원의 출생에 대한 정보다. 대개의 연보는 여기서 끝이다. 단지 숫자와 장소에 불과하다고 여기기 때문이다. 혹은 그 시기에 일어났던 역사적 사건을 환기하는 것으로 대신하기도 한다. 다만 그뿐인가? 태어나는 시공은 존재의 우주적 좌표다. 그 사람이 밟아 갈 운명의 리듬이기도 하다. 하여, 우리는 이 정보 앞에서 좀더 오래 서성거리기로 한다.

1737년은 정사丁巳년, 곧 뱀띠의 해다. 지지地支인 사巳는 화火, 천간天干이 정丁으로 또한 불이다. 불은 오행의 색채 배속상 붉은색이다. 그렇다면 정사년은 뱀띠 중에서도 붉은 색깔의 뱀, 적사赤蛇다. '적사'라는 말보다는 '화사'花蛇가 더 어울린다. 서정주의 시(「화사」)가 잘 보여 주듯이, 화사는 뜨거운 생명력과 치명적 아름다움을 지닌 뱀이다. 뱀은 불이지만 움직이는 동선은 마치 물과 같다. 뒤를 돌아보지 않는 것도 뱀의 속성이다. 물처럼 매끄럽게, 그러나 오직 앞으로! 이 이미지를 잘 기억해 두기 바란다. 연암의 생애를 이해하는 데 결정적 단서를 제공할 터이기 때문이다. 태어난 해의 간지干支를 '연주'年柱라고 한다. 여기에 월(주), 일(주), 시(주)를 합치면 사주四柱, 네 개의 기둥이 만들어진다. 네 개의 기둥 속에 들어 있는 여덟 개의 글자, 그것을 일러 '사주팔자'라 한다.

> 이 사주는 마갈궁에 속한다. 한유와 소식이 바로 이 사주였기 때문에 고난을 겪었다. 반고와 사마천과 같은 문장을 타고났지만 까닭 없이 비방을 당한다. 『나의 아버지 박지원』, 16쪽

북경의 점쟁이가 했다는 연암의 사주풀이다. 마갈궁磨揭宮은 황도 12궁 가운데 염소자리에 해당한다. 절기상으로는 인寅월과 묘卯월 사이, 우수와 경칩 사이. 봄은 봄인데 좀 추운 계절이다. 겨울의 그림자가 남아 있는 초봄이라고나 할까. "따라서 성격이 전반적으로

1장 물과 불_파동과 입자 23

냉정하다. 그러나 거꾸로 이때부터는 한쪽으로는 얼어붙으면서 다른 한쪽으로는 서서히 봄 기운이 진동하는 시기이기도 하다. …… 따라서 염소자리의 출생인은 성격이 겉은 강하고 속은 부드럽다. …… 좋을 때는 봄바람같이 부드러워 보이고, 유약한 것 같으나 한번 화가 나거나 강한 의지력이 발휘될 때는 동장군의 기질이 나와 누구도 꺾지 못한다. …… 쉽게 말해 모 아니면 도다. 때문에 위인, 대실업가, 영웅, 문호, 과학자, 충렬지사 등이 이 성좌에서 많이 배출되는데, 그 중에는 궁극의 뜻을 이루고 비참한 결말을 보게 된 예가 허다하다. 그러므로 힘에 겨운 일에만 손대지 않으면 자신만만하게 성공의 문턱에 이를 수 있는 별자리라 하겠다." 〈옥토끼우주센터〉 제공, '염소자리 기본성격'

겨울의 단호함과 봄의 부드러움이라? 그럴싸하다. 권력에 대한 그의 태도는 단호했지만, 그렇다고 그에 맞서 피의 전투를 벌이지는 않았다. 그의 무기는 어디까지나 해학과 위트였다. 또 '오버'하지만 않으면 성공한다는 말도 그럴 듯하다.

그는 평생을 가난하게 지냈다. 오십줄에 들어서야 겨우 생계형 관직에 나섰을뿐더러 현실정치에서 그가 이룬 업적은 참으로 미미하다. 대신 문장으로선 최고의 경지에 올랐다. '한유와 소식의 사주와 같다, 반고와 사마천의 문장을 타고났다'는 것이 그런 의미이리라. 요컨대, 그는 평생을 낮은 곳에 있었고, 결코 상승하려고 하지 않았다. 그렇다고 자신의 길을 멈추지도 않았다. 긴 동면에서 벗어나 봄의 대지를 가로지르는 '화사'의 행보처럼!

헌데 '까닭없이 비방을 당한다'는 건 대체 무슨 뜻일까? 한 사람의 일생을 이렇게 요약하는 점괘라니. 아니, '비방당하기' 위해 태어나는 사람도 있는가? 명리학이 필요한 대목이 바로 여기다. 그의 사주를 뽑아 보면, 이런 명식이 나온다.

	시	**일**	월	년
천간	癸	**癸**	壬	丁
지지	丑	亥	寅	巳

명리학적으로 존재의 축은 '일간'이다. 태어난 날의 천간. 여기선 계癸다. 계는 오행 가운데 수水, 그것도 음수陰水다. 바닷물처럼 큰 물이 아니라 깊은 산속 옹달샘이나 여울물처럼 투명하게 흐르는 물! 천간갑을병정무기경신임계의 끄트머리에 있는 것이라 음의 극치이지만 또 양이 일어서는 지점이기도 하다. 하긴 물 자체가 그렇지 않은가. 생명의 최소단위라 고도의 응축성을 지니고 있지만 어디든 흘러가고 무엇과도 접속할 수 있는 유연성을 동시에 발휘한다. 지혜와 유머도 계수癸水가 지닌 속성이다. "겨울과 봄의 양면성"이라는 마갈궁의 점괘와도 상통하는 면모다. 명리학에선 일간을 중심으로 상생상극의 동그라미를 그린다. 이런 식으로.

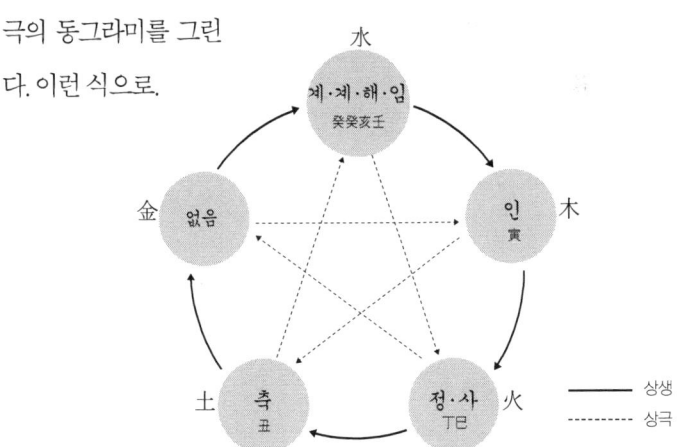

보다시피 물이 많다. 자신의 명주인 계수를 받쳐 주는 기운이 왕성하다. 천간은 물이 흘러가고 지지엔 목기木氣가 왕성하다. 수와 목의 관계는 수생목水生木, 그리고 이 사주구성에서 목기운은 '말과 재능, 끼' 등을 의미한다. 달변에다 문장력을 타고난 셈이다. 대신 재물과 관운은 거의 궁지에 몰려 있다. 사주명리학에선 재물과 부인을 하나로 친다. 그래서인가. 그는 평생 재물과 인연이 없었고, 쉰이 되어 처음으로 정규직을 얻었건만 반년도 안돼서 아내를 잃었다. 남편이 처음으로 녹봉을 받아오게 되자 아내가 떠난 것이다. 오호라!

재물운이 부인(혹은 첩)과 겹친다면, 관운은 자식복이기도 하다. 권력과는 애시당초 인연이 없는 팔자다. 만약 그가 입신양명의 코스를 밟았다면 '염소자리'의 점괘가 예견하듯, '궁극에 이르렀으나 참극을 면치 못했을' 수도 있다. 따라서 운명학적으로 본다면 그가 권력의 장에서 벗어난 건 실로 탁월한 선택이었다. 관운이 약하니 당연히 자식복도 희박하다. 아들 둘, 딸 둘을 두었으나 큰아들은 형님의 양자로 입양되었고, 『과정록』을 쓴 둘째아들 종채가 전부다(딸들은 출가하였으나 명이 짧았다). 이 아들 역시 일생의 대부분을 포의布衣;벼슬없는 선비로 지냈고, 그의 필생의 업적은 『과정록』이 전부다. 마치 아버지의 생애를 기록하기 위해서 태어난 존재처럼 느껴진다. "문장을 타고났지만 평생 비방이 그치지 않는다"는 건 이런 사주의 흐름에서 대강 짐작할 수 있다. 표현에 대한 욕망과 재능은 넘치는데, 그것으로 인해 관운은 늘 막히는 꼴이니, 명성이 높아질수록 까닭없는 질시와 비방이 따라다닐 수밖에.

헌데 연암의 출생 시간에 대해서는 두 개의 진술이 있다. 연암은 자신의 출생 시간을 축丑시로, 아들은 인寅시로 기억하고 있다. 축시새벽 1시 30분~3시 30분와 인시새벽 3시 30분~5시 30분는 인접해 있다. 아마도 새벽 3시에서 4시 사이였나 보다. 앞에서는 일단 축시로 잡았다. 그런데 만약 인시일 경우, 앞쪽의 사주에서 시주時柱:태어난 시간의 기둥가 '계축'癸丑에서 '갑인'甲寅으로 교체된다. 갑인은 천간과 지지 모두 양기운을 지닌 목木이다. 즉, 엄청 센 목기木氣가 가세하는 셈이다. 문장이 높아질수록 비방이 커지는 운세가 더더욱 강화된다. 거기다 태어난 날인 음력 2월 5일은 우수에서 경칩으로 넘어가는 바로 그날이다. 입춘에서 우수까지는 인월, 경칩부터는 묘월이다. 절입시간에 따라 인월이냐 묘월이냐가 갈리는데, 만약 묘월이라면 월주가 '임인'壬寅에서 '계묘'癸卯로 바뀐다. 다행(?)인 건 그렇게 된다 해도 오행구성은 동일하다. 다만 옆에 있는 오행들과의 관계가 다소 달라진다. 게다가 연암의 사주에서 '묘'는 천을귀인天乙貴人에 해당한다. 지혜와 총명으로 복을 누린다는 천을귀인! 왠지 이게 더 연암의 인생과 어울릴 것도 같다.^^

요컨대, 연암은 운명적으로 '경계인'이다. 겨울과 봄 사이, 인월과 묘월 사이, 인시와 축시 사이, 불과 물 사이, 차가움과 뜨거움 사이, 부드러움과 강건함 사이! 그가 '사이'라는 개념을 즐겨 구사한 건 결코 우연이 아니었던 것이다. 그렇게 1737년 음력 2월 5일 새벽, 하나의 '별'이 탄생했다.──화사(뱀띠)이자 수성(계수)의 후예, 곧 '불을 품은 물'이다.

그로부터 25년 뒤, 1762년 음력 6월 16일, 18세기 조선에 또 하나의 별이 탄생했다. 1762년은 임오년壬午年, 역사적으로 아주 남다른 해다. 사람들은 그 사건을 '임오화변'이라 부른다. 사도세자의 비극이 바로 그것이다. 뒤주에 갇힌 날이 5월 13일, 여드레 뒤인 5월 21일 뒤주에서 숨을 거뒀다. 그로부터 24일 뒤에 다산 정약용이 태어났다. 사도세자의 비극은 정조 치세의 어둠이고 그림자다. 어느 시대인들 빛과 그림자가 없었으랴만 이 사건이 드리운 그림자는 참으로 깊었다. 그런 점에서 다산이 임오년에 태어났다는 사실은 그 자체로 정치적 기호다. 정조는 임오생들을 볼 때마다 아비의 절규를 떠올렸을 테니 말이다.

임오년의 '오'午는 오행상으로는 화火, 동물로는 말馬이다. 뱀이 그러하듯, 말 또한 불의 화신에 속한다. 뱀이 물 흐르듯 전진한다면 말은 거침없이 질주한다. 뱀의 동선이 곡선이라면 말은 직선으로 달린다. 다산의 곧은 성격과 똑 닮았다. 천간인 임壬은 물 중에서도 바닷물, 크고 넓은 대양을 의미한다. 방향으론 북방, 색깔로는 검은색이다. 그래서 이 말은 흑마, 곧 다크호스dark horse다. 물을 품은 불! 연암과 정확히 대칭을 이룬다. 과연 그는 다크호스였다. 남인 계파에서도, 그리고 18세기 정조시대의 조정에서도.

그의 사주를 뽑아 보면 이런 모양이 된다.

	시	일	월	년
천간	乙	丁	丁	壬
지지	巳	未	未	午

말띠가 가장 뜨거운 여름未月 날 '사시'巳時에 태어났다! 명주가 되는 일간 또한 정丁으로 화火에 속한다. 조용하되 뜨겁게 타오르면서

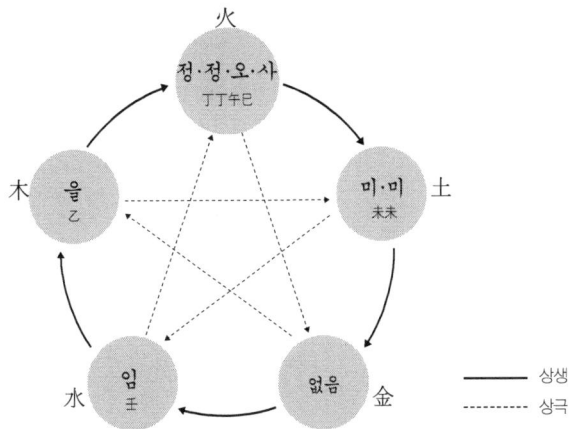

세상을 밝히는 음화! 불꽃의 릴레이다. 게다가 주변의 형국 또한 만만치 않다. 원래 '미'未는 오행상 토土에 속하지만 가장 뜨거운 열기를 품고 있을뿐더러, '사'巳와 '오'午를 만나면 토에서 화로 바뀌어 버린다. 결국 천간은 목과 화로, 지지는 온통 불바다. 불타는 대지, 그 사이를 가로지르는 흑마!

연암의 사주가 경계에서 유동한다면 이 사주는 명쾌하기 이를 데 없다. 목은 위로 뻗어 가는 속성을, 화는 사방으로 흩어지면서 빛과 열기를 퍼뜨리는 오행이다. 목생화木生火의 이치에 따르면 목은 계속 화를 낳는다. 하여 화기운은 더더욱 치성해진다. 그럴 경우, 부모복도 재물도 관운도 다 타 버린다. 아홉 살에 생모를 잃었고, 서른하나에 아버지를 잃었다. 20대에 성균관에 들어가 30대부터 거침없이 달렸건만 마흔 즈음에 왕이 죽고, 그와 동시에 가문 전체가 풍비박산났다. 이후 세상에서 추방되어 유배지에서 18년을 보냈다. 자식을 모두 아홉을 두었지만 그 중 여섯을 잃었다. 세상에 이렇게 기구한 팔자가 있을까. 이런 운명을 예견하기라도 한 것일까. 다산은 이 비슷한 이미지로 시를 쓴 적이 있다. 제목은 「붉은 천리마의 노래」赤驥行 示崔生.

비범한 뼈대 지닌 붉은 천리마
빨리 달려 바람에 갈기를 날리지만
사방으로 내닫고픈 뜻만 머금고
촉蜀 지방 종족 속에 살고 있다.
산길은 바위 많아 괴롭고
돌도 많고 대숲까지 이어져
슬피 울며 제 그림자 돌아보고는
넓고 막힘 없는 장풍이 그립다네.
임금님 마굿간엔 장식도 많고
가슴걸이 쇠고리도 번쩍번쩍하지만
운수 막히고 통하고는 때 만나기 탓이어서
참으로 운명이 같지 않다오.
소금수레 끄는 것 걸맞은 직책 아니로되
꼴과 콩 먹자니 어쩔 수 있나.
도리어 조랑말에게 깔봄을 당해
동서로 어지럽게 으르며 깨문다오.
두어라, 다시는 말하지 말자꾸나
슬퍼하며 푸르른 하늘이나 우러러야지.
탁 트인 선비는 비록 구애받지 않겠지만

이런 것 생각하면 시름겹다오.

「늙은 천리마의 노래」(1797), 『다산시정선』(상), 229쪽

30대 후반, 곡산부사로 나갔을 적에 쓴 시다. 자신의 운명을 천리마로 태어났으나 소금수레를 끌고 있는 처지에 빗댄 것이다. 이상은 창대하나 현실은 미미하기 짝이 없는, 그 간극과 시름을 노래하고 있다.

사람들은 놀란다. 이것이 다산 정약용의 사주라고 하면. 아마 뭔가 대단한 팔자를 타고났으리라 생각했던 것이다. 다산 정약용의 눈부신 위용을 보장해 주는 운명적 장치는 어디에도 없다. 다산 정약용이 '다산선생'이 된 건 유배지에서 쓴 문장 때문이다. 그게 아니었다면 우리는 다산을 기억할 이유도, 탐구할 필요도 느끼지 못했으리라. 18세기엔 다산보다 유능하고 뛰어난 재상이 차고도 넘쳤다. 허준이 '허준'이 된 까닭이 『동의보감』을 썼기 때문이듯, 다산이 '다산'인 이유 또한 그가 쓴 『여유당전서』 500권 때문이다. 500권이라니, 써도 '너무 많이' 썼다. 그에 비하면 『연암집』은 참 소박한 수준이다. 박영철본 『연암집』의 경우, 57권에 불과하다. 500권 대 57권! 거의 10:1의 비율이다.

물이 지혜라면 불은 열정이다. 오장육부에서 물은 신장을, 불은 심장을 뜻한다. 지혜는 흐르고 열정은 솟구친다. 지혜는 사건과 사실을 꿰뚫는 힘이 있고, 불은 어둠을 밝히는 투시력이 있다. 연암의 글은 물이고 다산의 글은 불이다. 연암은 지혜와 유머가 흘러넘치고 다산의 글은 박학과 격정이 솟구친다. 연암이 좁쌀 한 알에서 우주적

징후를 간파하고자 한다면, 다산은 세상의 모든 진리를 다 담아내겠다는 결기로 충만하다. 연암의 생애는 뱀처럼 매끄럽다. 변곡점이 있긴 하지만 급격하게 꺾이는 대목은 드물다. 스스로 물처럼 흘러갔기 때문이다. 반면 다산의 행로와 동선은 급격하다. 가장 큰 변곡점은 정조의 죽음이다. 이전에는 오직 왕을 향해 달려갔다면, 왕이 죽자 그의 인생은 졸지에 곤두박질친다. 마치 가열차게 달리던 말이 낭떠러지로 떨어지듯이. 화려하게 솟구치다 일순 꺼져 버리는 불꽃이 그러하듯이. 하지만 그는 그렇게 스러지지 않았다. 모든 추락하는 것에는 날개가 있다고 했던가. 그는 다시 날아올랐다. 그것도 이전과는 전혀 다른 모습으로 말이다. 권력의 장에선 가혹하게 추방당했지만, 지성사에선 최고의 정점에 도달했다. 눈부신 도약 혹은 대반전! 불꽃 속에 큰 물을 담고 있었기 때문이리라. 그렇다. 연암이 '불을 품은 물'이라면, 다산은 '물을 품은 불'이다.

양자역학적으로 보자면 연암이 파동이라면 다산은 입자다. 파동은 수많은 물결을 만들어 내는 데 비해 입자는 어떻게 보더라도 명명백백한 입자다. 연암의 침묵 혹은 위트와 다산의 「자찬묘지명」의 그 엄청난 언설의 차이도 거기에서 기인한다. 연암은 자신의 삶에 대하여 수많은 해석이 가능하도록 열어 두었지만, 다산은 그런 식의 모호함과 중층성을 용납하지 않았다. 사실은 바로잡아야 하고 분명히 '말해져야' 한다. 그리고 그 발화의 주체는 오직 나다! 나만이 그 진실을 증언할 수 있다. 그러니 어찌 침묵할 수 있으랴! 이것이 입자의 세계다. 파동과 입자, 그 어울림과 맞섬! 그것이 우리가 이제부터 통과해야 할 매트릭스다.

노론 '벽파', 성호 '좌파'

연암과 다산. 박지원이나 정약용이라는 이름보다 우리는 이 이름을 더 애호한다. 헌데, 이 이름은 모두 어떤 특정 장소를 지칭한다. 연암은 개성 근처의 골짜기 '연암협'을, 다산은 유배지 강진의 '다산초당'을. 근대 이전에는 장소와 존재의 결합, 다시 말해 그가 어디에 사는가 어떤 장소에 거처하는가가 그 사람을 이해하는 데 있어 아주 중요한 단서였다(우리는 이걸 잊은 지 오래다. 우리들의 이름에는 우리가 마주친 장소에 대한 감응이 전혀 담겨 있지 않다. 장소는 다만 '무성적' 도구에 불과하다고 여기기 때문이다).

연암은 서울 반송방 야동(서대문 밖)에서 태어났고, 다산은 경기도 마현리(지금의 남양주시)에서 태어났다. 전자는 중심부에서, 후자는 변두리에서 출생신고를 한 셈이다. 이건 무얼 뜻하는가? 당파 혹은 출신성분이 다르다는 것을 의미한다.

실제로 그렇다. 그들은 아주 다른 집합적 조건에서 태어났다. 연암은 노론 명문가에서, 다산은 남인 명문가에서. 18세기의 경우, 당파의 지형은 노론과 소론, 남인이 각축하던 때였다. 더 정확히 말하면 집권세력은 노론이었고, 소론과 남인이 재야세력으로 대치하던 때였다. 노론 일당독재라면 당쟁이 잦아들 법도 하건만 권력이란 것이 그렇지가 않다. 노론은 준론, 완론, 시파, 벽파 등으로 분화해 갔고, 소론과 남인 또한 자체적인 분화의 과정을 밟아 가고 있었다.

그렇다면 단지 노론과 남인이라는 정보만으로는 부족하다. 연암은 노론 가운데서도 가장 명분론적이고 비타협적인, 소위 노론 '벽파'에 속한다. 노론 벽파라? 소설과 드라마에선 이들이 조선을 망친 '악의 축'으로 등장한다. 탕평책을 거부했고, 사도세자를 모함해서 죽였으며, 정조를 암살하지 못해 안달한 집단! 오직 권력욕에 사로잡혀 역사의 흐름을 거스른 꼴반동!

그에 반해 다산은 남인 가운데서도 성호 이익의 학통을 이어받아 서학과 적극적으로 교섭한 녹암 권철신 계열, 이름하여 성호 '좌파'에 속한다. 좌파라면 우파도 있다는 뜻인데, 안정복 계열이 거기에 속한다. 대개의 우파가 그렇듯 성호 우파도 스승의 학문을 잘 보존하는 것을 목표로 삼았기 때문에 이렇다 할 특징이 없는 편인데, 좌파와 달리 천주교 수용에 아주 비판적이었다. 따라서 정치적으로 보면 남인은 신서파信西派;서교를 신봉하는 그룹와 공서파攻西派;서교를 공격하는 그룹로의 분화가 더 두드러진다. 이들 사이의 쟁투 역시 당쟁 못지 않게 처절했다. 아무튼 성호 '좌파'에 대한 역사적 평가는 매우 관대하다. 정조의 오른팔 역할을 했고, 사도세자의 원혼을 풀어 주려 애썼으며, 역사의 진보를 위해 고군분투했으나 결국 노론 '벽파'에 의해 장렬하게 전사한 그룹! 20세기 이후 실학이라는 담론을 구축하는 원천이면서 동시에 그 영광을 가장 많이 누린 집단이기도 하다.

사실 '벽파'와 '좌파'는 후대에 붙여진 명칭이다. 따옴표를 친 이유도 그 때문이다. 흔히 사도세자의 죽음을 둘러싸고 시파, 벽파가 분리된 것처럼 여기지만 사정은 그렇지가 않다. 정조 4년에 '분당되는 조짐이 있어' 시파와 벽파라는 말이 생겨났는데 8년 후인 정조 12년 교리 정만시의 상소를 통해 공식적으로 등장한다. 그때 일어난 파벌의 분화를 거꾸로 짚어 가다 보니 영조 때까지 소급이 된 것이다. 결정적으로 사극이나 소설의 이미지가 덧씌워진 때문이 아닐까 싶다. 어쨌든 이 논리를 그대로 받아들인다면 연암과 다산은 정적政敵이다. 헌데, 좀 헷갈린다. 다산이 '성호 좌파'라는 건 충분히 이해가 된다. 하지만 연암이 '노론 벽파'라는 건 좀 이상하지 않은가? 노론 '벽파'가 그렇게 반동적인 집단이라면 연암이 어떻게 '연암'이 될 수 있단 말인가? 이 미스터리를 풀 수 있는 열쇠는 둘 중 하나다. 연암이 노론 벽파가 아니거나 노론 벽파에 대한 우리의 관점이 틀렸거나.

> 나의 증조부 일곱 형제 집안은 당론이 서로 다르지만, 우리집과 종가만은 신임의리辛王義理를 확고하게 지켰다. 그래서 조금이라도 탕평책에 찬성하는 말이나 행동을 하는 사람을 보면 이익을 좇는 비열한 인간으로 간주했다.『나의 아버지 박지원』, 208쪽

> 우리 집안은 노소분당 이래 (숙종조 때) 신임사화에 이르기까지 노론으로서 비타협적인 입장을 견지했지만, 당론을 갖고 언쟁하는 건 좋아하지 않았다. 그것은 일가 친척 중에 당론을 달리하여 소론을 따르는 사람이 많았기 때문이다.
> 아버지께서 강가의 정자에 계실 때다. 아버지의 삼종형이신 좌원과 우원 형제분들 및 이공 양회가 자리를 함께하셨다. 이분들은 모두 소론을 주장하는 집안이었지만 아버지와 정분이 퍽 두터웠다. 그런데 담소 중에 당론과 관계되는 말이 나와 주장이 서로 어긋나자 아버지는 정색을 하며, "그럼 오늘 한번 옳고 그름을 따져 봅시다"라고 하시더니, 노론과 소론이 갈라지게 된 원인에서부터 신임

사화의 본말에 이르기까지 낱낱이 따지면서 소론 측이 간사한 마음으로 요리조리 음모와 술책을 부린 일을 명확히 지적하셨다. 세 분은 번갈아 가며 소론을 변호하였고 아버지는 혼자서 그분들을 상대하셨다. 이렇게 사흘 밤낮을 논쟁했지만 아버지는 조금도 뜻이 꺾이지 않으셨다. 왕왕 목소리를 높이셨으며, 화가 나셔서 손에 쥐고 있던 쥘부채와 여의 등을 내리치는 바람에 그것들이 죄다 부숴졌다. 이에 세 분은 모두 껄껄 웃고 자리에서 일어나며 말씀하셨다. "연암의 당론이 참 무섭구먼!" 『나의 아버지 박지원』, 241~242쪽

여기서 보건대, 연암이 탕평책에 반대한 건 분명하다. 보통 탕평책에 찬성하면 시파, 반대하면 벽파로 구분했다고 한다. 시파란 시의를 좇는다는 의미고, 벽파란 시의보다 명분과 원칙을 중시한다는 뜻이다. 그런 분화의 원천에 신임사화가 있었다. 신임사화에 대한 입장이 시파와 벽파, 노론과 소론을 나눈 축이었던 것이다. 그럼, 신임사화란 무엇인가?

때는 바야흐로 영조의 형인 경종시대. 숙종의 후계자이자 그 유명한 장희빈의 아들인 경종의 정치적 기반은 소론이었다. 헌데 그는 몸이 허약했고, 후사가 없었다. 하여 노론은 경종의 이복동생인 연잉군영조을 왕세제로 삼아 자신들의 정치적 비전으로 삼았다(사극「동이」의 주인공 '동이'가 바로 이 연잉군의 생모다). 소론 측이 이걸 좌시할 리 없었다. 소론 측은 목호룡睦虎龍이라는 인물을 내세워 역모를 고변하여 노론 4대신(김창집, 이건명, 이이명, 조태채)을 비롯하여 수많은 인물들을 참살하고 만다. 신축辛丑, 임인壬寅 두 연간에 일어난

사화라 하여 '신임사화'라 부른다. 이때부터 노론과 소론 사이엔 돌이킬 수 없는 원한이 쌓이고 말았다. 결국 얼마 뒤 경종은 후사 없이 죽어 버리고 왕세'제'(아들이 아니라 동생이라 세자가 아니고 세제다)인 영조가 등극하면서 노론이 다시 집권하게 되었지만 이때의 원한은 두고두고 변주되었다.

영조 초기에 일어난 이인좌의 난(영조 4년, 1728)을 비롯하여 각종 역모사건은 영조를 왕으로 인정할 수 없는 소론과 그에 동조한 남인들이 일으킨 반역이었다. 희생된 4대신 가운데 김창집은 당대 최고의 대학자들을 배출한 가문의 일원이다. 농암 김창협, 삼연 김창흡이 특히 유명한데, 연암은 학맥상 이 라인에 속한다. 연암의 스승이자 장인인 이보천도 농암 김창협의 학풍을 계승한 처사였다. 약관 시절부터 친구였던 김이소는 바로 김창집의 증손이고, 절친한 벗 백동수의 조부도 이 역모에 연루되어 억울하게 죽임을 당했다.

신임사화가 일어나자 연암의 조부 박필균朴弼均은 정계 진출을 거부한다. 신임의리를 지키겠다는 뜻(영조 1년 4대신이 복권된 후에야 출사한다)에서다. 영조는 노론에 힘입어 왕위에 올랐지만 탕평책을 통해 정파 간의 균형을 이루기 위해 안간힘을 썼다. 하지만 사실 그건 '구색 맞추기'에 불과했다. 그런 식으로 봉합되기에는 양쪽의 골이 너무 깊었던 것이다. "붕당의 화가 진실로 심하였지만 탕평의 화는 붕당보다 백 배는 더하여 반드시 나라를 망하게 하고야 말 것입니다."홍대용, 『여채생서』與蔡生書; 김도환, 『정조와 홍대용, 생각을 겨루다』, 44쪽에서 재인용 홍대용뿐 아니라 연암이 그랬고, 연암의 조부, 장인과 처숙(이양천)이 그랬다. 탕평책에 대한 환상이 와장창 깨지는 장면이다.

물론 연암이 노론 '벽파'로 살아간 건 아니다. 현실정치의 장에 편입되기를 거부했기 때문이다. 50대 이후 생계형 관직에 나섰을 때였다. 심환지, 정일환 등의 권세가들(이들이 실질적인 노론 '벽파'다)이 연암을 끌어들이기 위해 접근해 왔지만 연암은 이들을 우스갯소리로 대처하면서 끝내 인연을 맺지 않았다. 그래서 우리는 또 헷갈린다. 현실정치의 장에 들어가기를 거부했으면서 신임의리에 대한 입장은 왜 그토록 투철했던 것일까? 그것은 당론 이전에 '의리' 혹은 철학의 문제였다. 현실정치의 논리에 따라 타협할 수 있는 사안이 아닌 것이다.

> 아버지의 이름은 재원載遠이며 음사로 진주목사까지 지냈다. 어머니는 숙인淑人 해남 윤씨로 영조 임오년(1762) 6월 16일 약용을 한강변의 마현리에서 낳았다. 이때는 청나라 건륭 27년이었다. ……그 이후부터 세상이 어긋나자 마현에 이사와서 살았는데 3세를 모두 포의로 마쳤다. 고조의 이름은 도태, 증조의 이름은 항신, 조부의 이름은 지해, 오직 증조만이 진사였다.「자찬묘지명」, 208쪽

나주 정씨는 팔대 옥당玉堂: 홍문관의 관리이라 불릴 정도로 명망 높은 가문이었다. 하지만 숙종 20년(1694) '갑술환국'에 연루되면서 정계진출이 막혀 버렸다. 주지하듯, 숙종은 '환국의 달인'이었다. 거의 5년 간격으로 환국을 주도했는데, 갑술환국은 남인에서 서인정권으로의 교체를 의미한다. 위 자료에서 '세상이 어긋나자'라는 대목이 그 뜻일 터이다. 이후 서인정권이 지속되면서 남인들의 정치적 영향

력은 급격하게 위축되었다. 다산의 아버지 정재원 역시 마재로 물러나 포의로 지내다가 영조가 탕평책을 표방하면서 겨우 벼슬에 나올 수 있었다.

하지만 '신임사화' 이래 중앙정계는 노론과 소론의 대결구도였고, 남인은 그 이합집산 속에서 가끔씩 곁다리로 끼어드는 게 고작이었다. 이제 남은 승부처는 오직 학문뿐이다. '농과 사의 일치'를 내세운 성호 이익을 구심점으로 하여 학문을 통한 출구찾기를 시도한 것이 성호학파다. 전략은 적중했다. 여기에서 안정복, 권철신, 권일신 같은 학자들을 비롯하여, 채제공과 이가환, 이기양과 정약용 등 기라성 같은 관료들이 배출되었기 때문이다. 하지만 이들은 천주교 문제를 둘러싸고 '신서파'와 '공서파'로 나뉘어 격렬한 갈등을 겪게 된다.

노론 '벽파'에게 신임의리가 당론의 핵심이라면, 이들의 정치적 카드는 '임오화변'이다. 다산의 출생 연도(임오년)가 정치적 기호가 될 수 있다는 건 이런 맥락에서다. 사도세자의 비극에 대해서는 여전히 논란이 분분하다. 당쟁의 희생양이라는 설과 사도세자의 광증으로 인한 부자 사이의 극단적 불화설 등등. 지금까지는 전자의 설이 우세했었지만, 최근에는 후자쪽에 비중이 실리는 양상이다.정병설의
『권력과 인간』, 박시백의 『조선왕조실록』 등을 참조할 것.

무엇보다 당시 소론이 그다지 영향력이 없었다는 사실은 주목을 요한다. 영조 집권 초반에 일어난 이인좌의 난 이후 각종 역모사건으로 소론은 거의 자멸 지경에 이르렀다. 또 사도세자가 굳이 부왕의 미움을 받으면서까지 소론과 손을 잡을 이유도 분명치 않다. 경종에 대한 의리 때문에? 글쎄다. 신임사화에서 보듯 소론도 자기 당파

를 위해 최선을 다했을 뿐이다. 아무튼 이 사건은 '미궁'이요 '참극'이다. 당쟁에 의한 것이든 부자간의 불화에 의한 것이든 사도세자는 너무 많은 사람을 죽였다. 조선왕조실록에 따르면, 무려 백여 명을 죽였다고 한다.이에 대해서는 고전번역원이 제공하는 〈고전컬럼 59〉 '성군도 역사를 조작하는가?'를 참조할 것.

연쇄살인을 저지를 정도의 광기에 휩싸였다면, 그건 이미 폭군이다. 더 놀라운 건 정조의 태도다. 효심이 지나쳤던 탓일까. 정조는 사도세자가 친 각종 사건사고를 덮어 버렸다. 진상을 규명하기보다 아비의 한을 푸는 데만 주력했다는 의혹을 씻기 어렵다. 이 점에선 남인들도 마찬가지다.

노론 측에선 정조의 탕평책을 참을 수 없어 했지만, 남인들에겐 그것이야말로 가뭄 뒤의 단비 같은 것이었다. 재야에서 학맥만 쌓던 그들에게 비로소 정계 진출의 출구가 열렸기 때문이다. 남인이 100년 만에 배출했다는 인물 채제공을 비롯하여 전대미문의 천재 이가환, 그리고 우리의 주인공인 청년 다산까지 이 남인계 스타들은 모두 탕평책의 작품이다. 그러니 이들은 정조를 절대적으로 지지할 수밖에 없다. 이들은 사도세자의 추숭을 통해 정조의 한을 풀어 주고 싶었다. 그것은 자신들을 수렁에서 건져 준 군주에 대한 보답이자 노론을 몰아붙일 수 있는 최고의 이슈이기도 했다. 왜냐하면, 그걸 제기하는 순간, 당시 당로에 있던 모든 세력이 책임을 져야 하기 때문이다. 그 비극을 막지 못했다는 사실만으로도 모두가 죄인이다. 그 원죄의 그물망에서 빠져나갈 길은 없다.

하지만 사도세자의 비극에 대한 책임을 소위 노론 '벽파'에게 전가하는 것이 옳은지는 미지수다. 처음 사도세자의 묘지를 이장하자고 상소를 올린 것은 연암의 삼종형8촌형 박명원이었다. 이들의 입장은 사도세자의 한을 풀어 주되 그걸 정치적으로 이용해서는 안된다는 것이었다. 연암 또한 마찬가지였다.

> 천 년 지나 성인 한 분
> 동방에서 왕위를 받으시니
> ....
> 재위하신 스물네 해 동안
> 한결같이 건강의 덕을 지켜
> 궁원 호칭 바로잡고
> 선왕을 깊이 사모하셨네
> 총악 같은 간신 잘라 버리고
> 현기 같은 외척 없애 버리니
> 밝게 내건 큰 의리가
> 모든 왕에 우뚝하네
> 교화하고 상벌 주기
> 우로 같고 상설 같아
> 누가 감히 현혹하고
> 누가 감히 속이리
>
> 「정조대왕 진향문」, 『연암집』(하), 273~275쪽

사도세자의 비극은 간신과 외척 때문이다. 그건 노론 벽파의 당

론과는 무관한, 그야말로 사도세자와 영조 사이에서 이간질을 했던 척족들을 지칭한다. 그리고 대의는 이미 밝혀졌다. 그런데도 남인과 소론들은 이 문제를 계속 정치적 카드로 이용하고자 했다. 이어지는 대목이다. "저 일만 삼천 선비들 / 어찌하여 광풍처럼 날뛰는가 / 군중으로써 위협하여 / 우리나라의 법도 거스르니 / 말세 풍속 길을 헤매며 / 자빠지고 쓰러지네." 정조 16년, 사도세자 30주기에 즈음하여 영남 유생 만여 명이 사도세자의 죄를 신원하고 그 책임자를 처벌해야 한다는 상소를 올린 사건을 두고 한 말이다. 연암은 이들을 "올빼미 아니면 승냥이"라며 격렬하게 성토하고 있다.

자, 그러면 참으로 기묘한 비대칭성이 발생한다. 연암의 핵심당론인 '신임의리'가 남인에게는 별 관심거리가 아니고, 남인이 높게 치켜든 '사도세자의 추숭' 문제는 연암에게 이미 대의가 밝혀진 사안이었다.

물론 이들의 생애에서 당파와 당론은 하나의 배경에 불과했다. 그들이 이런 조건에 견인당했다면 연암은 '연암'이 아니고 다산은 '다산'이 아닐 것이다. 그들은 자신의 태생적 한계를 넘어섰고, 그것을 때로 역이용했으며, 또 그것을 전복했다. 하지만 그럼에도 이들 역시 시대적 조건으로부터 자유로울 수는 없었다. 그리고 그것은 우리의 통념 속에 있는 역사적 표상의 이면을 알려 주는 소중한 자산이기도 하다. 우리는 늘 역사를 거대하게 절단한다. 선과 악, 시와 비, 좌와 우 등으로. 몹시 선명해 보이지만 사실 대부분은 망상이요, 편견이다. 통계치대로 살아가는 이가 없는 것처럼, 권력과 인생이란 언제나 미시적 선분 위에서 작동한다.

연암과 다산은 출신성분부터 다르다. 그들의 인생은 정반대편에서 시작되었다. 거시적으로 보자면, 분명 연암은 주류major고 다산은 비주류minor다. 하지만 내부로 들어가서 살펴보면 연암이 소수자고, 다산은 다수자다. 연암을 통해 노론 '벽파'의 이면을 볼 수 있고, 다산을 통해 성호 '좌파'의 권력의지를 읽어 낼 수 있다. 더 중요한 사항 하나. 이제 연암은 주류의 내부에서 균열을 일으키며 원심력의 소용돌이를 일으킬 것이고, 다산은 비주류들의 부활을 꿈꾸며 전력을 다해 중심을 향해 달려갈 것이다. 한사람은 중앙에서 변방으로, 다른 한사람은 변방에서 중앙으로. 원심력과 구심력의 한판 승부가 우리를 기다리고 있다.

우도(友道)와 강학(講學) — 연암의 '친구들'과 다산의 '형제들'

우리 집안은 대대로 청빈했다. 증조부인 장간공[박필균] 역시 청렴 결백하고 근검절약하셨으며, 집안일에 마음을 쓰지 않으셨다. 조부의 여러 형제분들이 한방의 좌우에서 증조부를 모셨으므로 아버지 형제는 책을 펴놓고 공부할 곳이 없었다. 마을 아이들 중에 아버지를 따라 공부하는 자가 10여 명쯤 되었다. 아버지는 이들에게 지시하여 뜰 가운데 서너 개의 서까래를 세우게 하였다. 그리하여 목수를 부리지 않고 눈썰미로 요량해 집을 완성하셨다. 아버지는 이 집에 큰아버지와 함께 거처하셨다.『나의 아버지 박지원』, 17쪽. 고딕 표시는 인용자의 것 연암도 다산도 가난했다. 신분과 처지는 달랐지만 부$_富$에 대한 태도는 서로 일치했다. 거의 유일한(^^) 공통점이다. 부와 학문, 재물과 명예가 결코 공존할 수 없음을 새삼 확인하게 해준다. 하지만 일상을 영위한 스타일은 서로 다르다. 위의 자료가 말해 주듯 연암은 태생적으로 친구들과 함께였다. 함께 공부하고, 함께 술을 먹고 함께 유람을 하고…….

명리학적으로 보면 연암과 다산은 모두 '비겁'$_{比劫}$이 발달된 사주다. 비겁은 나의 명주$_{命主}$인 일간과 같은 오행을 말한다. 연암의 경우엔 수$_水$, 다산의 경우엔 화$_火$다. 비겁은 육친으로는 형제와 동료, 동업자 등으로 풀이한다. '비겁 발달'이라는 건 그런 식의 관계가 아주 많다는 뜻이다. 그런데 흥미롭게도 연암의 경우는 친구들과, 다산의 경우엔 형제들과 인연이 깊었다. 물은 이질적인 것들과 '융합하는' 속성이 강하고, 불은 동질적인 것들을 통해 '확산되는' 속성이 강하다. 그래서인가. 비슷한 맥락에서 연암은 처갓집 식구들과 아주 가까웠고, 다산은 외가쪽과 정분이 많았다. 연암의 인맥이 혈연, 신분, 당파를 넘어 사방으로 뻗어나갔다면, 다산의 경우 당파와 가문 내에 더 집중되었다.

청년 연암, 과거를 작파하다!

연암은 16세에, 다산은 15세에 혼례를 치른다. 바야흐로 청년기가 시작된 것이다. 연암의 스승은 장인 이보천$_{李輔天}$과 처숙 이양천$_{李亮天}$이다. 장인과 처숙, 그리고 처남 이재성$_{李在誠}$. 청년 연암에게 깊은 영향을 끼친 인물들이다. 장인은 이 재기발랄한 사위에게 『맹자』를 가르쳤고, 처숙은 사마천의 문장 짓는 법을 가르쳤다. 이재성은 연암이 쓴 글의 평점으로 유명하다. 창작보다는 평론쪽에 장기가 있었던 것 같다. 연암의 제문을 쓴 이도 그다.

장인은 사위의 출세를 바라지 않았고, 연암이 과거장에서 시험지를 내지 않고 나오거나 기암괴석을 그리고 나오면 마음속으로 기뻐해 주었다. 이런! 그 장인에 그 사위? 그렇다. 이 시절의 특기할 사항은 이 청년이 과거로부터 멀어졌다는 사실이다. 연암이 왜 과거를 거부했는지는 아무도 알지 못한다. 몇 개의 파편적인 단서들이 존재할 따름이다.

첫번째 단서. 열일고여덟 살, 혼례 치른 지 얼마 되지 않아 우울증에 시달렸다. 먹지도 자지도 못하는 중증이었다. 이 양기 넘치는 청년이 왜? 한창 신혼의 재미에 빠졌을 땐데, 왜? 한창 입신양명의 투지에 불탈 그런 시기에, 왜? 명리적으로 보면 이때가 대운이 바뀔 즈음이다. 대운은 10년을 단위로 밟아 가는 운로運路다. 사람마다 대운의 숫자가 다른데, 연암의 경우는 9대운이다. 9세, 19세, 29세…… 등으로 삶의 리듬이 바뀐다는 뜻이다. 오호, 그러고 보니 대강 맞는 것도 같다. 연암협으로 튄 건 40세 전후, 관직에 나선 건 49세 전후, 사망한 것도 69세다. 특히 19세 전후에 들어온 대운은 경자庚子다. 대운 중에서도 '갑'甲이나 '자'子가 들어오는 대운은 무척 '세다'. 이전과는 전혀 다른 인생을 살게 된다는 뜻이다. 더구나 경자는 '금'과 '수'의 기운을 가진 운세라 연암이 원래 타고난 수기운을 더욱 왕성하게 해준다. 수기운이 왕성해지면 내면에 대한 성찰이 지나쳐서 우울증을 앓게 될 소지가 많다. 이렇듯 인생의 변곡점은 병과 함께 오는 수가 많다. 오장육부를 재배치하고 신체적 리듬을 바꾸어야 비로소 새로운 인생이 가능하기 때문이다.

좌우지간 그는 이 병을 고치기 위해 저잣거리를 떠돌며 수많은 타자들을 만난다. 분뇨장수, 거간꾼, 이야기의 달인, 바람의 사나이 등등. 그리고 그들의 이야기를 글로 옮긴다. 『방경각외전』放璚閣外傳이라는 다소 파격적인 처녀작이 이 즈음에 쓰여졌다. 소위 '마이너리그'와 접속한 것이다. 덕분에 병은 좀 고쳤지만 더 큰 문제가 생겼다. '메이저리그'가 영 재미없어진 것이다. 저잣거리의 생생한 인정물태를 접하고 그것을 글로 담아 내는 일을 했는데 과거공부가 재밌을 리가 있는가. 물론 그 이후에도 사찰을 찾아다니며 벗들과 함께 입시공부를 하긴 했다. 소과를 치르기도 했고, 영조대왕의 칭찬을 받기도 했다. 경인년(1770, 영조 46년, 연암 34세) 감시에 응시하여 초·종장에서 모두 장원을 차지했다. "방이 붙던 날 저녁, 임금님께서는 아버지(연암)에게 침전으로 입시하라는 특명을 내리시고, 지신사로 하여금 시험 답안지를 읽게 하셨다. 임금님께서는 손으로 책상을 두드리며 장단을 맞추어 가며 들으셨다. 그리고 나서 크게 격려하는 말씀을 해주셨다."『나의 아버지 박지원』, 32쪽 오호, 이런 영광이! 다산도 스물두 살 때 소과에 급제하여 정조와 처음으로 대면한다. 성군과 현신의 운명적인 만남! 하지만 연암과 영조의 만남은 영 썰렁했다. 감격과 영광은커녕 오히려 스트레스였던 것 같다. ─"아버지가 초시의 초종 양장에서 장원을 하신 것은 모두 우연이었으나, 임금님의 극진한 은혜를 입게 되매 그 명성이 더욱 높아졌다. 그래서 당시 시험을 주관하는 자들은 아버지를 반드시 회시에 합격시켜 자신의 공으로 삼으려

하였다." 『나의 아버지 박지원』, 33쪽 단번에 중앙정계의 주시를 받게 된 것이다. 보통 이럴 경우, 절호의 찬스라 여기지만 연암에겐 아니었다. 연암은 이런 식의 인간관계가 딱! 질색이었다. 시험지를 내지 않거나 그림을 그리는 등의 기행은 그런 상황에 대한 연암 나름의 응답이었던 것.

두번째 단서, 처숙 이양천의 급작스런 죽음이 그것이다. 혼례 치르고 얼마 지나지 않아 이양천은 유배를 간다. 영조 28년(1752) 10월 소론의 영수 이종성李宗城을 영의정으로 임명한 데 대한 상소를 올리는 바람에 영조의 분노를 산 탓이다. 역시 사건의 중심에는 '신임의리'가 있었다. 이양천이 흑산도로 유배 가는 장면은 훗날 연암에 의해 이렇게 재현되었다.

얼마 있지 않아서 나는 간언을 올린 일로 죄를 얻어 흑산도에 위리안치되었지. 그때 하루 낮 하루 밤 동안 700리 길을 달려갔는데, 도로에서 전하는 말들이 금부도사가 장차 이르면 후명이 있을 것이라 하니 하인들이 놀라서 떨며 울음을 터뜨렸지. 때마침 날씨는 차고 눈이 내리며, 낙엽진 나무들과 무너진 산비탈이 들쭉날쭉 앞을 가리고 바다는 눈앞에 끝없이 펼쳐졌는데, 바위 앞에 오래된 나무가 거꾸로 드리워져 그 가지가 마른 대나무와 같았지. 나는 바야흐로 말을 세우고 도롱이를 걸치다가, 손으로 멀리 가리키면서 그 기이함을 찬탄하며 "이것이야말로 어찌 원령이 전서로 쓴 (측백) 나무가 아니겠는가!" 하였지.

섬에 위리안치되고 나니 장기를 머금은 안개로 음침하기 짝이 없고 독사와 지네 따위가 베개나 자리에 이리저리 얽혀 언제 해를 끼칠지 알 수 없었지. 어느 날 밤 큰 바람이 바다를 뒤흔들어 벼락이 치는 듯했으므로 종인들이 다 넋이 달아나고 토하고 어지러워했는데, 나는 노래를 짓기를,

"남쪽 바다 산호가 꺾어진들 어쩌리오

오늘 밤 옥루가 추울까 그것만 걱정일레"

하였지. 원령이 편지로 답하기를, '근자에 산호곡을 얻어보니, 말이 완곡하면서 슬픔이 지나치지 않고 원망하거나 후회하는 뜻이 조금도 없으니, 그만하면 환난에 잘 대처할 수 있겠구려.'

「불이당기」不移堂記, 『연암집』(중), 63~64쪽

그 이듬해 6월 해배되었으나, 그로부터 몇 년 뒤(1755년)에야 관직에 복귀했다가 곧 생을 마친다. 처숙이자 스승이었던 이양천의 죽음 앞에서 청년 연암은 오열한다.—"이학사(이양천)야말로 진짜 눈 속에 서 있는 측백나무"였다면서. 연암의 일생에서 아주 짧지만 강렬한 인상을 남긴 '카메오'였다. 그리고 30대 이후에 겪은 또 하나의 죽음. 벗 이희천이 중국에서 수입한 책(조선에 대한 불경한 내용을 담은)을 소지한 혐의로 사형에 처하는 장면도 목도해야 했다. 내용도 모른 채 단지 소장만 했을 뿐인데, 세상에 이런 '개죽음'이 있나? 멘붕이었다! 연암은 충격을 이기지 못해 한동안 경조사를 일체 폐하고 칩거생활을 해야 했다. 이후에도 이런 식의 안타깝고 느닷없는 죽음은 계속 이어졌다. 그 슬픔과 비탄 속에서 청년 연암의 방황과 성찰은 더더욱 깊어졌을 것이다.

세번째 단서, 산송사건. 보통의 연보에는 이 사건을 결정적 계기로 보고 있다. 그만큼 큰 상흔을 남긴 사건이라는 뜻이다. 사건의 개요는 이렇다. 31세 되던 해 아버지가 돌아가시자 연암은 장지를 노원에다 마련했는데, 영의정을 지낸 녹천鹿川 이유李濡의 별장도 인근에 있었다. 그 지역에 살던 반인泮人; 성균관에 딸려 있던 천인들이 풍수설로 그 손자인 이상래를 꾀어 무덤자리를 오물로 더럽히면서 산송이 일어났다. 연암측에서 격쟁을 통해 당시 임금인 영조께 고하자 영조대왕이 노발대발하면서 사태가 커지고 말았다. 그러자 이씨 집안에서는 사직司直 이상지의 이름으로 상소를 올려 변론을 도모하였다. 이상지는 이상래의 이복형이다. 그런데 당시 이상지는 병이 들어 상황을 전혀 모르고 있었다. 그러자 영조는 이상지의 부형을 잡아다가 형벌을 가하며 신문을 하는 지경에 이르렀다. 병이 낫자 자신으로 인해 부형이 형벌을 당하신 것을 알게 된 이상지는 평생 폐인 노릇을 하며 다시는 벼슬을 하지 않았다. 그리고 다 떨어진 신을 신고 다니며 도성 안에 발을 들여놓지 않았다. 연암은 크게 상심하여 평생 다른 사람들에게 이 사건에 대한 시비를 논하지 않았다. 사태가 마무리되자 영조가 다시 원래의 묏자리를 찾아주었으나 연암은 받아들이지 않았다. 당시의 의론은 '임금님의 분부가 이와 같으니 거스를 수 없다'는 것이었다. 그러나 연암의 입장은 완강했다. "임금님의 분부가 비록 지극히 황감하기는 하나 이미 다른 사람과 원한을 맺은 터에 그곳에다 장사지낸다면 돌아가신 아버지께서 편안하시겠는가?" 『나의 아버지 박지원』, 30쪽 이 산송은 36년 뒤, 연암의 말년에 더 끔찍한 방식으로 '리바이벌'된다. 참 기가 막힌 노릇이다. "까닭없이 비방을 당한다"는 점괘가 이걸 뜻하는 것인가?

어쨌든 이후 연암은 과거를 완전히 작파한다. 그래서 이 사건을 원인으로 삼기도 하지만 이 또한 하나의 단서일 뿐이다. 사대부에게 과거는 선택지가 아니다. 그런데도 연암이 이 코스를 버렸다면 그건 훨씬 더 근원적인 문제다.

> 아버지는 소싯적 남들과 함께 과거공부를 하셨다. 그리하여 한문홍, 이희문, 이홍유, 황승원, 홍문영 등 여러 분과 때때로 어울려 과거시험의 글쓰기를 익히셨지만, 그것을 좋아하신 것은 아니었으며 또한 자주 하신 것도 아니었다. 매양 성균관의 과거시험장에 들어가시면 반드시 한유와 두보의 고체시를 본떠 시를 지으셨는데 그 시가 기이하고 뛰어나 읽을 만했으므로, 친구들이 특이한 구절을 외어 전하곤 하였다. 그러나 왕왕 한 편의 글을 다 짓지 않은 채 빈 답안지를 내고 나와 버리곤 하셨으니, 아버지께서 과거시험의 합격 여부에 별로 관심을 두지 않으셨던 건 젊은 시절부터 그랬던 것이다. 『나의 아버지 박지원』, 24~25쪽

그렇다. 조짐과 징후는 일찌감치 포착되었다. 쉽게 말해, 연암은 체질적으로 과거공부와는 영 안 맞았던 것이다. 사실 이보다 더 리얼하고 분명한 이유가 또 있을까. '대체 왜 과거를 포기했을까?'라는 질문에는 가문 좋고 머리 좋으면 무조건 다 출세를 향해 달려갈 거라는, 또 그래야 한다는 전제가 깔려 있다. 그래서 만약 그런 궤도에서 일탈한 이를 보면 무진장 신기해하면서 뭔가 특별한 사연이 있을 거

라고 간주한다. 정치적 명분이나 대의 아니면 출생의 비밀 혹은 사랑의 아픔…… 등등. 하지만 삶은 그런 식으로 진행되지 않는다. 솔직히 이런 전제야말로 인생에 대한 거대한 망상체계에 불과하다. 왜 과거를 작파했느냐고? 연암은 말하리라. "그렇게 살고 싶지 않았다. 다만 그뿐이다!"라고.

우도(友道), 타자들의 향연

좀더 말해 보라고 한다면, 아마도 그는 이렇게 덧붙이리라. 출세하는 것보다는 사람이 더 좋았기 때문이라고. 어린 시절의 삽화에도 나오지만 연암은 늘 누군가와 함께였다. 함께 밥을 먹고, 함께 책을 보고, 함께 유람을 하고. 태생적인 기질인 데다 이미 우울증을 치유하면서 그 재미를 톡톡히 맛본 바 있다. 물론 권세도 사람을 불러 모은다. 하지만 그건 어디까지나 이익과 세력이 우선이다. 따라서 거기에선 반드시 서열과 위계가 작동하게 되어 있다. 실리가 앞서고 서열이 작동하는 순간, 우정은 잠식된다. 그래서 결국 사람들은 떠난다. 또 다른 이익과 서열을 향해. 그 뒤에 남는 공허와 쓸쓸함. 그럴 때마다 사람들은 말한다. 세상 믿을 놈 하나 없어, 우정 따윈 필요없어! 하여, 그 뒤로는 더더욱 처절하게 권세와 이익을 붙좇는다. 그럴수록 더욱 고독해지고, 그럴수록 더욱 공허해지는데도.

연암은 청년기에 이런 이치를 사무치게 깨달은 바 있다. "세상의 벗사귐은 오로지 권세와 이익만을 좇았다. 그리하여 여기에 붙었다 저기에 붙었다 하는 세태가 꼴불견이었는데, 아버지는 젊을 때부터 이런 세태를 미워하셨다."『나의 아버지 박지원』, 20~21쪽 요컨대, 권력과 우정은 공존하기 어렵다. 둘 다 취하려다 둘 다 잃는 게 보통이다. 하지만 연암은 그런 어리석은 선택을 하지 않았다. 벗과 우정을 위해 권세와 이익을 버렸다. 이 장면을 보라!

> 아버지는 삼청동 백련봉 아래 세들어 사셨는데, 그 집은 바로 대장大將 이장오李章吾의 별장이었다. 당시 손님들이 날마다 많이 찾아왔다. 매양 눈 오는 아침이나 비 오는 저녁이면 말을 나란히 탄 채 술병을 들고 찾아와 좀처럼 빈자리가 없었다. 아버지는 처음엔 글을 짓고 벗을 사귀는 일이 즐거워서 그러는 줄로만 알았는데, 얼마 지나지 않아 조정의 벼슬아치들이 서로 자기 당파로 아버지를 끌어들이려 한다는 것을 아시게 되었다. 아버지는 이를 몹시 불쾌하게 여기셨고, 이후 초연히 세상에서 벗어나려는 뜻을 품으셨다. 『나의 아버지 박지원』, 31쪽

연암은 친구가 참 많다. 중요한 건 숫자보다 다들 개성이 넘친다는 사실이다. 홍대용, 유언호, 이서구──이들은 명문가 출신에 당론으로 보면 노론 '벽파'에 속한다. 홍대용洪大容은 당대 최고의 과학자, 유언호兪彦鎬는 당대 최고의 관료, 이서구李書九는 당대 최고의 시인이다. 석치 정철조鄭喆祚, 1730~1781는 소북파니 이미 오래 전에 추락한 당파 출신이다. 하지만 홍대용에 버금가는 과학자에다 그림에도 능했을뿐더러 '벼루의 달인'이었다. '석치'石痴라는 호가 바로 '돌에 미쳤다'는 뜻이다. 좋은 돌을 보면 크게 절을 올리고 나서 벼루를 만들었다고 한다. 정철조는 다산과도 인연이 깊었다. 그의 매부가 남인의

거물 이가환이다. 그러니 자연 다산과도 연이 닿을 수밖에. 거기다 다산은 공재 윤두서로 이어지는 외가쪽 핏줄 때문인지 그림에 대한 안목이 높았다. 화첩에 대한 시가 유독 많은 것도 그 때문이다. 정석치의 그림에 대한 시도 있다. 말이 나온 김에 한번 음미해 보자.

정석치의 용 그림(1784)

요즘 화가 용 그림은 귀신 그림 같아서
제멋대로 머리에 뱀꼬리 그렸다오
용 본 사람 드문지라 그러려니 믿고는
구름 속에 들어간 듯 몽롱하게 현혹되어 버리네
정공이 분발하여 실물처럼 그리고자
비늘 하나 눈 하나라도 살아 있듯 그렸다
꿈틀거리며 천장으로 솟구칠까 걱정되고
떨쳐 일어나 사람을 떠받을까 두렵구나
이 그림을 얻어 보기 어려운 건
남의 눈을 피하여 밀실에 숨어 그리기 때문
내게 누설 말란 다짐 이를 어기고 드러내는 건
솜씨 작은 그림으로 장난치는 풍속을 바로잡고자.

『다산시정선』(상), 55쪽

다산은 뭐든 대충 넘어가는 법이 없는데, 이 정도 찬사를 보낸 걸 보면 그림 실력이 대단했던 게 틀림없다. 이 대목에서도 연암과 다산의 차이가 엿보이는데, 연암에게 있어 정석치는 혼천의를 돌리며 홍대용과 밤새 토론을 하거나 아니면 이상한 기구들을 만들었다가 그 다음날 가면 몽땅 부숴 버리는 괴짜 과학자다. 헌데 다산에겐 이렇게 뛰어난 화가로 묘사되고 있다. 연암도 그의 서화를 높이 평가하긴 했지만 거기엔 늘 술 이야기가 따라 다녔다. "정옹은 술을 많이 마실수록 필흥이 더욱 도도하여, 그 큰 점은 공만 하고 먹방울은 튀어서 왼뺨에 떨어지곤 하지요. 남녁 '남'南자의 오른쪽 다리획이 종이 끝을 넘어 깔개 자리까지 뻗치자, 붓을 던지고 허허 웃더니 유유히 용호龍湖를 향해 떠나갔는데 지금은 찾아볼 수가 없소그려."「창애에게 답함 9」, 『연암집』(중), 386쪽 다산의 시에 그려진 모습과는 아주 딴판이다. 같은 사람이라도 누구와 벗이 되느냐에 따라 전혀 다른 존재가 된다는 걸 새삼 확인하게 된다.

박제가, 이덕무, 유득공 ── 검서관으로 유명했던 이들은 모두 서얼이다. 규장각에서 근무했고, 당연히 다산과 함께 작업을 했던 이들이다. 그런데도 다산이 연암의 존재를 몰랐다는 건 말도 안된다! 특히 다산은 박제가와 친했던 것 같다. 흑산도에서 유배생활을 하던 둘째형님 정약전한테 그 지역 들개들을 잡아 보신탕을 끓여 먹으라며 초정 박제가의 보신탕 '레시피'를 첨부한 걸 보면. 이 세 사람에다 이서구를 합하면 조선후기 '사대시인'이 된다. '사대가'란 한시漢詩 분야의 '사대천왕'이라는 뜻이다. 당대 최고의 시인들이 모두 연암그룹에서 배출된 셈이다. 다른 한편, 백동수는 조선 제일의 창검술을 자랑하는 무사이고, 유금·김용겸은 시대를 주름잡던 풍류의 달인들이다. 장복이와 창대는 열하 여행을 함께했던 하인들이고, 오복이는 원래 백동수의 겸인傔人; 청지기이었는데 연암의 풍모를 흠모하여 결국 연암의 청지기가 된 '열혈팬'이다. 평생 연암을 보필하다가 연암이 죽은 그 다음날 눈을 감았다고 한다. 저승길도 함께 가고 싶을 정도로 정이 깊었나 보다.

이렇듯 연암의 친구들은 상하층을 두루 아우르고 당파를 넘나들고 세대와 분야를 가로지른다. 말하자면, 그의 시선과 촉수는 늘 타자들을 향하고 있었다. 다르게 살고, 다르게 사유하고, 다르게 말하는 존재들! 그렇다. 우정이란 모름지기 타자들의 향연이다. 하여, 그의 인생극장은 온갖 친구들로 득시글거린다. 왁자지껄 시끌벅적. 세련되고 엄숙한 것은 이들과 잘 어울리지 않는다. 사상적 실험, 도발적 문체, 봉상스bon sens의 전복 등이 가능한 것도 그 때문이다. 그 소용돌이에서 탄생한 철학이 곧 '우도'友道다.

벗이란 제2의 '나'다. 그러므로 천 년 전의 옛사람을 벗한다거나 천 년 뒤의 지기知己를 기다린다거나 하는 말은 다 부질없다. 그런 말을 들으면 연암은 답답해서 미칠 것만 같다. "아아! 귀와 눈과 손과 발은 나면서부터 한몸에 함께 붙어 있으니, 나에게는 이보다 더 가까운 것이 없다. 그런데도 이처럼 믿을 수 없는데, 누가 답답하게 천 년이나 앞 시대로 거슬러 올라가며, 어리석게도 천 년이나 뒤 시대를 굼뜨게 기다릴 수 있겠는가?"『회성원집발』繪聲園集跋, 『지금 조선의 시를 쓰라』, 212~213쪽 고로, 벗이란 반드시 '지금 이 세상'에서 구해야 한다. 만약 벗이 없다면, 누구와 더불어 볼 것이며, 누구와 더불어 들을 것이며, 누구와 더불어 맛을 볼 것이며, 누구와 더불어 냄새를 맡을 것이며, 누구와 더불어 지혜와 깨달음을 같이할 것인가? 요컨대 우정이란 대의명분 혹은 목표의 공유 같은 것이 아니다. 천 년 전후를 오가며 자족하고 위로받는 것은 더욱 아니다. 공감과 소통, 접속과 변용을 의미한다. 느낌(감각)과 깨달음(지혜)—이 둘은 모두 신체적 감응을 필요로 한다. 몸이 아니면 어떻게 느낄 것이며, 몸이 아니면 어떻게 깨달음이 가능할 것인가? 따라서 중요한 건 신체성과 현장성이다. 연암이 우정을 위해 권력을 '내팽개친' 이유도 여기에 있다.

내 '친구'를 소개합니다!—유언호

그렇다고 연암이 정계 진출 자체를 몽땅 부정했던 건 아니다. 권세가들과는 말도 섞으려 들지 않았지만 연암그룹에는 입신양명한 이들도 더러 있었다. 이서구와 유언호가 거기에 해당한다. 이서구는 '사대시인'으로 꽤 알려져 있지만 유언호는 낯설다. 문장을 남긴 게 없어서일 것이다(역시 문장보다 더 불후한 건 없다^^). 유언호, 그는 주류 정치가였음에도 연암 생애 곳곳에 등장하는 절친 중의 절친이다. 젊은날 금강산 유람을 함께 했을 정도로 오랜 친구이기도 했다.

정조 초기 홍국영의 세도가 한창이었던 시절, 유언호가 조정에서 퇴청 후 연암을 찾아왔다. "홍국영이 잔뜩 독을 품고 있으니 얼른 서울을 떠나게!" 맥락이 분명치는 않지만 연암은 홍국영에 대해 비판적이었고, 그게 홍국영의 귀에 들어갔던 모양이다. 연암의 명성이 높다 보니 홍국영으로서도 영 신경이 거슬렸을 터이다. 벗 유언호의 조언대로 연암은 즉시 연암협으로 도주한다. 1778년 42세 때였다.

연암협은 아름답지만 궁벽한 곳이었다. 마침 유언호가 개성 유수留守로 자처했다. "산수는 퍽 아름답네만, 흰 돌을 삶아먹을 수는 없지. 이곳에서 개성까지는 30리 거리밖에 안되네, 개성 읍내에 성곽 가까이에 세들어 살 만한 집이 많거늘 왜 알아보지 않는가? 내가 임지에서 날마다 자네와 함께 지낸다면 자네도 기쁠 테지." 그렇게 해서 연암은 양호맹의 금학동 별장으로 거처를 옮겼다. 생활에 필요한 물품들은 유언호가 몰래 준비해 둔 터였다. 거기에서 연암은 고을 자제들을 가르친다. 선비 이현겸, 이행작, 양상회, 한석호 등등. 이들은 나중에 다시 연암골로 들어갈 때 책상자를 짊어지고 따라간다. 훗날 다산이 유배지에서 그랬듯이 연암 또한 이 낙척한 시절 배움을 통해 새로운 네트워크를 형성한 셈이다. 지성은 그 자체로 '움직이는 학교'다.

유언호의 활약은 거기서 그치지 않는다. 하루는 조정의 반열에서 당대의 문장을 일부러 평하면서 이런저런 말을 하다가 연암에 대해 말이 미쳤다. 유언호는 짐짓 웃으며 이렇게 말했다.

"허참. 인생의 궁달은 알 수 없는 것이외다. 박지원이 당시에 어떠했습니까? 내가 개성에 가서 들으니 가족들을 이끌고 떠돌아다니다 그만 부잣집에 눌러앉아 늙은 훈장 노릇을 하고 있다는군요."(유언호)
"껄껄~ 참으로 형편없이 됐으니 논할 것도 없구려."(홍국영)

그제야 유언호가 연암에게 알린다.—"이제야 자네가 화를 면하게 되었네." 두 사람의 호탕한 웃음이 들리는 듯하다. 훗날 개성유수를 그만두게 되자, 유언호는 연암을 다시 연암협으로 보내면서 생계를 위해 칙수전勅需錢 1천냥을 챙겨 주었다. 칙수전은 중국에서 칙사가 올 때를 대비하여 마련해 둔 돈이다. 일종의 공금인데, 그 돈을 대출해 주고 자신이 그 빚을 떠안은 것이다. 그러자 금학동의 유지들인 양호맹, 최진관 등 여러 명이 분담해 그 돈을 갚았다. 한참 뒤이긴 하지만 안의현감으로 부임하여 첫 녹봉을 받자 연암은 즉시 그 빚을 갚았다고 한다. 유언호는 자상하고, 연암은 아쌀하다!

　유언호는 1730년생이니 연암보다 일곱 살 위다. 서른두 살 때(1761년) 문과에서 수석으로 급제하여 정계에 진출하였다. 세손(정조)을 극진히 보살핀 덕에 정조 즉위 후 규장각 직제학을 비롯하여 각종 요직을 맡았다. 1783년 형과 어머니를 잃고 관직에서 물러났으나 1787년 다시 정조의 부름으로 우의정에 올랐다. 경종과 장희빈을 옹호한 남인 조덕린趙德鄰이 복관되자 이를 반대하다가 제주도로 유배를 갔으나 3년 만에 풀려났다. 이후 영돈령부사를 거쳐 다시 좌의정에 올랐다. 정조가 남인인 허적許積을 복관시키려는 데에 반발하여 사직했고 그 이듬해인 1796년에 사망하였다. 당론으로 보자면 초지일관 노론 벽파의 입장을 견지하였다. 그런데도 1802년 정조의 묘에 배향될 정도로 정조의 신임이 두터웠다. 이걸 보더라도 정조와 노론 벽파가 결코 적대적인 관계가 아니었음을 알 수 있다. 정조의 신임을 받은 것도 그렇지만, 정계의 한복판에 있었으면서도 연암의 절친한 벗일 수 있었던 건 사심이 없고 부귀에 집착하지 않았기 때문이다.

　유언호가 우의정 시절 연암이 찾아가니, "[겨울이건만] 홑이불이라고 있는 건 해어졌고, 자리 곁에는 몇 권의 책이 있을 뿐이었다. 옛날 안성에서 포의로 지낼 때와 똑같더구나. 자주 술을 데워오게 했지만 다른 안주라곤 없고 손과 주인 앞에는 이가 빠지고 투박한 큰 사발에 가득 담은 만두 100여 개뿐이었다."『나의 아버지 박지원』, 235쪽 과연 연암의 친구답다!

연암은 원님 노릇을 할 때 친구들에게 종종 선물을 보낸 적이 있다. 유언호에겐 대로 만든 발 두 장과 죽부인 한 개를 보냈는데, 유언호는 받자마자 즉시 앞 창에다 발을 친 후 한참 동안 매만지다가 답장을 보냈다. ─ "발 가득히 맑은 바람이 부니 그대 마음을 보는 듯하이!" 뭉클한 장면이다. 유언호가 위독하다는 소식을 듣자 연암은 편지 속에 인삼 몇 뿌리를 넣어서 보냈다. 병석에 있을 때 마침 연암이 벼슬이 갈려 서울에 들어오게 되자 날마다 시중드는 이에게 물었다. "연암이 도성에 들어왔다더냐?"

당시 그는 이미 약을 물리친 지 오래였다. 그러나 정조가 어의와 약을 보내자 "임금님께서 하사하신 약이니 먹지 않을 수 없구나" 하였고, 잠시 뒤 "벗이 보내 준 약도 한번 복용하고 싶구나." 약을 마시며 그는 탄식한다. "벗을 만나 보지 못하고 떠나야 하니 한스럽구나!" 연암 또한 그와 영결하지 못함을 길이 애달파했다. 이런 벗을 가질 수 있다니, 역시 연암은 우정의 달인이다.

한 가지 팁. 연암과 평생의 "웬수"였던 유한준이 바로 이 유언호의 집안이었다는 것. 절친의 친척이 원수라니, 아! 이것이 인생인가.

강학(講學) ─ 저 높은 곳을 향하여!

물론 다산도 많은 이들과 교유를 했다. 한때는 '죽란시사'竹欄詩社라는 모임을 이끌기도 했다. 헌데, 그 성격이 연암그룹과는 사뭇 다르다. 일단 회원 숫자가 정해져 있다. 모두 열다섯 명. 자격은 "서로 비슷한 연령으로 가까운 거리에 살며 맑은 시대의 신적臣籍에 올라 있고, 거의 비슷한 벼슬의 등급인 데다 그 뜻이나 취미의 지향하는 바가 함께 할 수 있는 부류들"『죽란시사첩서』竹蘭詩社帖書, 『다산문학선집』, 54쪽이다. 나이, 벼슬, 취미가 다 비슷해야 한다는 거다.

연암의 우도가 타자들의 네트워크라면, 다산의 친교는 동일성의 집합이다. 전자가 시끌벅적하다면, 후자는 세련되고 고상하다. 연암그룹이 종횡무진으로 문체적 실험을 했다면, 죽란시사는 명칭대로 시동호회다. 한시 창작은 사대부가 누릴 수 있는 최고의 문화생활이다. "살구꽃이 피면 한 차례 모이고, 복숭아꽃이 피면 한 차례 모이고, 한여름에 참외가 익으면 한 차례 모이고……" 이런 식으로 서늘한 바람이 불 때, 국화꽃이 필 때, 큰 눈이 올 때, 세모에 화분의 매화가 필 때 모인다. 또 "아들을 낳으면 한턱 내고 고을살이를 나가는 사람이 있으면 또 한턱 내고 벼슬이 승진한 사람도 한턱 내고 아우와 아들 중 과거에 합격한 사람이 있어도 한턱 내도록 한다." 고상하고 아름답긴 한데, 왠지 폐쇄적이고 자족적인 상조회(혹은 향우회) 느낌이 든다. 지적 모색이나 실험과는 거리가 멀다. 다산의 생애와 사상에서 친구들의 흔적은 이 정도다.

대신 다산의 삶을 규정하는 축은 '형제들'이다. 다산에겐 어머니가 모두 셋이다. 아버지 정재원의 첫번째 부인이 낳은 아들이 약현, 두번째 부인 해남 윤씨가 낳은 자식이 약전, 약종, 약용, 그리고 한 명의 누이다. 해남 윤씨가 죽자 잠성 김씨가 후취로 들어와 또 약횡을 낳았다. 동복누이가 조선 최초의 세례자인 이승훈의 아내다. 다산에겐 매형이 되는 셈. 거기다 이복형이지만 장남인 약현의 처남이 이벽이고, 약현의 딸 정난주(아명 명련)의 남편이 황사영이다. 이승훈, 이벽, 황사영 모두 조선 천주교사의 앞머리를 장식하는 '거물'들이다. 게다가 다산의 삶에 결정타를 날린 건 셋째형 약종이다. 그는 신선사상에 도취됐다가 뒤늦게 천주교에 입교한 다음 그야말로 독실한 신자로 살아간 인물이다. 한마디로 다산의 인맥은 형제들이 핵심이다. 거기에 가문과 당파, 학맥이 동심원을 그려나간다.

> 15세에 결혼을 하자 마침 아버지께서 다시 벼슬을 하여 호조좌랑이 되셨으므로 서울에서 셋집을 얻어 살게 되었다. 이때 서울에는 이가환 공이 문학으로써 일세에 이름을 떨치고 있었고, 자형인 이승훈도 또한 몸을 가다듬고 학문에 힘쓰고 있었는데, 모두가 성호 이익 선생의 학문을 이어받아 펼쳐나가고 있었다. 그래서 약용도 성호 선생이 남기신 글들을 얻어 보게 되자 흔연히 학문을 해야 되겠다고 마음을 먹었다.「자찬묘지명」, 209쪽

성호 이익과 녹암 권철신, 성호의 종손인 이가환, 당대의 명재상 채제공 등이 다산의 학적·정치적 인맥이다. 소위 성호 '좌파'라 불리는 군단이다. 이 중에서 이가환은 특히 독보적인 인물이었다. 성호 이익의 종손이라는 위상도 위상이지만, 무엇보다 그는 천고에 보기 드문 천재였다. 기억력이 뛰어나 "한차례 눈으로 보기만 하면 죽을 때까지 잊지 않다가 우연히 자극만 받으면 한 번에 수천 백 마디를 외워 마치 술통에서 술 쏟아지듯 유탄이 퍼부어 판대기를 뒤엎듯 하

였다. 구경·사서·23사에서 제자백가·시·부·잡문총서·패관·상역·산율학·우의마무牛醫馬巫의 설, 악성종양이나 치질 치료 등에 이르기까지 무릇 글자로 된 것은 한번 건드리기만 하면 물 쏟아지듯 막힌데가 없었"다.「정헌 이가환 묘지명」貞軒李家煥墓誌銘, 『다산산문선』, 97~98쪽 보통사람은 감히 넘볼 수 없는 경지다. 다산의 박람강기와도 일맥상통한다.

이렇듯, 다산의 네트워크는 안과 밖이 견고했다. 아무나 넘나들 수 없었고, 그 경계 또한 선명했다. 이들이 자신들의 정체성을 확보하는 방법은 강학이었다.

> 지난 기해년(1779) 겨울 천진암 주어사에서 강학회를 열었을 때 눈속에 이벽이 밤중에 찾아와 촛불을 켜놓고 경전에 대해 토론하며 밤새웠는데 그후 7년이 지나 서학에 대한 비방이 생겼으니 이 때문에 그처럼 멋지던 강학회가 다시는 열릴 수 없게 되었다.
>
> 「녹암 권철신 묘지명」鹿菴權哲身墓誌銘, 『다산산문선』, 87쪽

> 언젠가 겨울에 주어사에 우거寓居하며 강학회를 열었던 사람으로는 김원성, 권상학, 이총억 등 여러 명이었는데, 녹암께서 지켜야 할 규칙을 만들어 주셨다. 새벽에 일어나 얼음물을 떠서 세수를 하고 나서 숙야잠夙夜箴을 암송케 하고, 해가 뜨면 경재잠警齋箴을 암송하고, 정오가 되면 사물잠四勿箴을 암송하고, 해가 지면 서명西銘을 암송하도록 하였으니, 씩씩하고 엄숙하며 정성스럽고 공손한 태도로 규칙과 법도를 잃지 않았다.「선중씨 정약전 묘지명」先仲氏丁若銓墓地銘, 『다산산문선』, 201쪽

꽉 짜여진 커리큘럼과 스케줄, 새벽의 얼음물, 근신과 공손, 규칙과 법도, 그리고 천진암 주어사라는 장소성 —— 뭔가 종교적 고결함이 느껴지지 않는가(이 강학회는 16년 뒤, 다산이 금정찰방으로 좌천되었을 때 온양의 석암사에서 다시 한번 리바이벌된다). 하필 남인계, 그것도 녹암 권철신 계열의 남인들이 천주교와 접속하게 된 건 이런 분위기 때문이 아니었을지. 천주교는 신 앞의 평등을 부르짖지만 현실적으로는 로마 교황청을 중심으로 한 중앙집권체제를 고수한다. 기독교의 교리는 이 제도와 더불어 유입되었고, 그 회로 속에서만 신에 대한 해석이 가능했다. 하여, 성스럽고 거룩하지만 폐쇄적이다. 리추얼ritual ; 예배의식을 중시하는 것도 같은 맥락이다. 요컨대, 성호학파의 종교적 엄숙함과 천주교의 엄격한 격식은 절묘하게 맞아떨어졌다. 게다가 조선에선 불법이었다. 감시와 처벌의 그물망에 걸려들지 않으려면 더더욱 안과 밖의 경계가 견고해야 했다.

다산의 성향은 말할 나위도 없다. 그는 태생적 모범생이다. 연암과 마찬가지로 그 역시 과거공부를 못마땅히 여겼지만 꾹 참고 해낸다. 수기치인修己治人과 입신양명을 위해선 달리 대안이 없다고 여긴 것이다. 연암의 키워드가 우도友道라면, 다산학의 핵심은 효제孝悌다. "학문에 있어서 가장 중요한 내용인 효와 제로써 그 근본을 삼고, 예와 악으로써 수식을 하며, 정치와 형벌로써 도움을 주고, 병법이나 농학으로써 그 이익을 주겠다는 생각을 가져야 한다."「두 아들에게 답하노라」答二兒, 『유배지에서 보낸 편지』, 114쪽 효제를 공고히 한 뒤에야 경사와 예악으로, 병농과 의약의 이치를 터득할 수 있다는 입장이다. 우도가 수평적이라면, 효제는 수직적이다. 전자에겐 횡단과 융합이 중요하지만, 후자에겐 중심과 차서次序가 중요하다. 다산이 유별나게 예학에 주력한 것도 이런 맥락에서 이해할 수 있다. 다산은 뒤섞이는 것을 가장 싫어한다. 모든 것은 분명하게 정리되고, 체계화되어야 한다. 위와 아래, 중심과 변방, 좌와 우 등등. 요컨대 그는 항상 어떤 구심점을 향해 나아간다. 한걸음 또 한걸음, 저 높은 곳을 향하여! 이것이 그의 원초적 동선이자 리듬이다.

그의 사주팔자에 득시글거리는 '비겁'이 친구가 아니라 형제들이었던 건 그런 점에서 아주 자연스럽다. 그에게 형제들은 학문의 원천이자 삶의 동력이었다. 그리고 이 형제들은 운명적으로 천주교와 조우했다. 이들을 엮어 준 것도 천주교지만 이들을 파국으로 몰아간 것도 역시 천주교였다. 을사추조적발사건(1785)천주교도들의 비밀 신앙집회를 적발한 사건 이후, 개국성조 역할을 했던 이벽은 가문의 압박 속에서 의문의 죽음을 당한다. 저 천진암 주어사 강학회 때 새벽에 찾아온 인물 이벽. 그는 '새벽에 빛나는 별'이었다. 머나먼 서양에서 오는 한줄기 빛을 품고 철저히 자력으로 신앙의 씨앗을 뿌린 아주 특별한 존재. 아마도 그의 꿈은 순교였으리라. 하지만 순교의 시간이 오기도 전에 허무하게 스러져 버렸다. 다산은 그의 죽음을 이렇게 기린다.

이벽의 죽음(1785)

신선 같은 학이 인간에 내려왔나
높고 우뚝한 풍채 절로 드러났네
날개깃 새하얗기 눈과 같아서

닭이며 따오기들 꺼리고 성냈겠지.
울음소리 높은 하늘에 일렁였고
맑고 고와 속세를 벗어났노라
가을 바람 타고 문득 날아가 버리니
괜스리 바둥거리는 사람들 슬프게 한다.

『다산시정선』(상), 62쪽

    이벽의 죽음은 서곡에 불과했다. 그로부터 15년 뒤, 드디어 수난의 시간이 도래하였다. 이름하여 신유辛酉박해! 이때 셋째형 약종은 기꺼이 순교자의 길을 갔고, 그때 도주했던 조카사위 황사영은 그해 10월 체포되어 반역자로 '능지처참'되었다. 황사영의 아내, 곧 큰형 약현의 딸 난주는 제주도의 관노가 되었다. 둘째형 약전과 다산은 '배교자'가 된 덕분에 목숨은 건졌다. 놀랍게도 처남과 사위, 형제들이 온통 순교자에 반역자, 유배형 죄인들이 되었음에도 맏형인 약현은 자신도 가문도 지켜낼 수 있었다. 일찌감치 가문을 지키는 것만을 목표로 삼은 덕분이다. 첫 유배지인 경상도 장기에서 다산은 맏형의 예지력에 감탄을 금치 못한다. 「수오재기」守吾齋記가 그것이다. "대체로 천하의 사물이란 모두 지킬 것이 없고, 오직 나吾만은 마땅히 지켜야 하는 것이다." 나라는 것은 그 성품이 달아나기를 잘하여 가장 잃어버리기 쉬운 것이기 때문이다.

    나는 잘못 간직했다가 나를 잃은 자이다. 어렸을 때 과거의 명예가 좋게 보여서 과거공부에 빠져들어 간 것이 10년이었다. 마침내 과거에 급제하여 조정에 나아가 검은 사모에 비단 도포를 입고 미친 듯이 대낮에 큰길을 뛰어다녔는데, 이와 같이 12년을 지냈다. 또 굴러 떨어져 귀양길에 올라 한강을 건너고 조령을 넘고, 친척과 조상의 산소를 버리고 곧바로 아득한 바닷가의 대나무 숲에 달려와서야 멈추게 되었다. 이때에는 나[吾]도 땀이 흐르고 두려워 숨도 제대로 쉬지 못하면서, 허둥지둥 갈팡질팡 나의 발뒤꿈치를 따라 함께 이곳에 오게 되었다.

나는 나[吾]에게 말하기를 "자네는 무엇 때문에 여기에 왔는가? 바야흐로 여우나 도깨비에게 홀려서 끌려온 것인가? 아니면 해신이 부른 것인가? 자네의 가정과 고향이 모두 초천에 있는데, 어찌 그 본고장으로 돌아가지 않는가"라고 했다.

끝끝내 나라는 것은 멍한 채로 움직이지 않으며 돌아갈 줄을 몰랐다. 그 얼굴빛을 보니 마치 얽매인 곳이 있어서 돌아가고자 하나 돌아가지 못하는 듯하였다. 마침내 붙잡아서 함께 이곳에 머물렀다. 이때 나의 둘째형 좌랑공[약전]께서도 역시 그의 나를 잃고 나를 좇아 남해 지방으로 왔는데, 역시 나를 붙잡아서 함께 그곳에 머물렀다.「수오재기」,『다산문학선집』, 104쪽

막 유배지에 와서 자신의 이력과 처지를 곰곰이 되새겨 보는 장면이다. 그야말로 성찰의 순간이다. 그러던 중 자신의 큰형이 문득 대단하게 느껴진 것이다.―"유독 나의 큰형님만이 그의 나를 잃지 않고 편안히 단정하게 수오재에 앉아 계시니, 어찌 본디부터 지키는 것이 있어 나를 잃지 않았기 때문이 아니겠는가." 앞의 글, 104쪽 생각하

면 보통 내공은 아니다. 가문이 쑥밭이 되었는데, 그렇게 자신을 꿋꿋하게 지킬 수 있다는 것이. 만약 큰형이 이렇게 자리를 보존하지 못했다면 다산의 가문은 그야말로 바람처럼 흩어졌을 것이다. 아무튼 이런 소용돌이 속에서 둘째형 약전과 다산의 운명은 더더욱 끈끈하게 이어졌다. 하여, 약전은 다산에게 있어 친형이자 오직 하나뿐인 지기이면서 동시에 자신의 글에 대한 유일한 비평가였다.

나의 둘째형님을 소개합니다—정약전

정약전, 그는 아우보다 늦게 출사했다. 다산과는 달리 "무성한 수염에 풍채가 좋"았다. 성격도 호방하고 털털한 인물이었다. 술을 즐기며 출세에 연연하지 않았고, 동생 약용의 고지식함을 나무라기도 했다. "내 아우는 도량이 좁은 것이 유일한 흠"이라며.

정약전은 다산과 함께 천주교에 입교했다가 진산사건(1791)한국 천주교사 최초의 순교사건 이후 전향한 것으로 보인다. 그는 신유박해 때부터 본격적으로 다산의 인생에 등장한다. 신유년(1801) 정월 초 한바탕 피바람이 몰아친 다음, 약용과 약전은 유배지로 떠난다. 약전은 신지도로, 약용은 장기로. 하지만 그게 끝이 아니었다. 더 큰 회오리가 그들 형제를 기다리고 있었다. 그해 말 '황사영 백서' 사건이 터진 것이다. 두 사람은 이 사건의 배후로 지목되어 다시 끌려왔다. 하지만 둘 다 무고로 밝혀져 다시 유배지로 떠난다. 이번엔 약전은 흑산도로, 약용은 강진으로. "호남에는 아직도 서교에 대한 우려가 있으니 나를 강진현으로 유배시켜 진정시키도록 하고 약전은 흑산도, 나머지는 모두 영남과 호남으로 옮겨서 유배보내라"「자찬묘지명」, 231쪽는 정순왕후의 뜻이었다.

두 형제는 함께 유배지를 향해 가다가 마침내 나주읍 북쪽 5리쯤에 있는 율정점에 이르러 작별을 고한다. 살아서 보는 마지막 순간이다. 그 애달픔을 다산은 이렇게 노래하고 있다.

헤어지기 전날
동작나루 서쪽의 갈고리 같은 달
한 쌍의 놀란 기러기 모래섬을 넘네
오늘 밤은 눈 덮인 갈대숲에 함께 자지만
내일이면 머리 돌려 따로 날아가리
「놀란 기러기」, 『정약용과 그의 형제들』 2, 148쪽에서 재인용

당일 새벽
객점의 새벽 등불 파리하게 꺼질 듯
일어나 샛별 보니 이젠 슬픈 이별이어라.
말없이 서로 가만히 바라보며
애써 목소리 가다듬다 흐느껴 울고 마네.
머나먼 흑산도엔 바다와 하늘뿐인데
형님이 어찌 여기에 오셨단 말인가.
「율정점의 이별」(부분), 『다산의 풍경: 정약용 시선집』, 160쪽

가슴 미어지는 생이별이다. 하지만 인생도처 유반전! 정약전은 흑산도에서 제2의 인생을 시작한다. 선비로서의 자의식을 버리고

평민으로 거듭난다.

> 공이 바다 가운데 들어온 때부터는 더욱 술을 많이 마셨는데 상스러운 어부들이나 천한 사람들과 패거리가 되어 친하게 지내면서 다시는 귀한 신분으로서 교만 같은 것을 부리지 않았기 때문에 더욱 섬사람들이 기뻐하며 서로 싸우기까지 하면서 자기 집에만 있어 주기를 원했다. 「선중씨 정약전 묘지명」, 『다산산문선』, 205쪽

그랬다. 귀하고 천함의 분별망상에서 벗어나자 새로운 인생이 시작된 것이다. 그는 현지에서 다시 장가를 들어 두 아들까지 얻었다. 더욱 놀라운 건 그곳의 물고기들과도 깊은 교감을 나누었다는 사실. 『자산어보』玆山魚譜라는, 고전에서 찾아보기 힘든 특이한 생태보고서가 그 산물이다. 모르긴 해도 명리학적으로 '대운'이 크게 바뀌었을 것이다. 그렇지 않고서야 이런 식의 인생역전은 불가능하다. 다산 또한 강진에서 새로운 인생을 시작한다. 바야흐로 40대, 이후 18년간 학자로서의 최전성기를 구가한다. 강진과 다산초당, 이 '장소성'이야말로 다산학의 원천이다.

두 형제는 바다를 사이에 두고 편지로 서로의 안부를 묻고 학문적 성취를 나누었다. 둘째형 약전은 다산학의 첫 수신자이자 거의 유일한 평자였다. 연암에게 처남 이재성이 그랬던 것처럼. 약전은 자신은 학문을 포기했지만 아우의 학문적 성취에 깊은 찬사를 보내고 또 격려를 아끼지 않는다.

"가령 미용[다산]이 편안히 부귀를 누리며 존귀한 자리에 올라 영화롭게 되었다면 반드시 이런 책을 이룩하지는 못했을 것이다. …… 미용이 뜻을 얻지 못한 것은 고로 그 자신에게 있어 다행한 일이요, 우리 유학계에 있어서도 다행한 일이다. …… 하늘과 땅 사이에서 이 책을 지은 자는 미용이고 이 책을 읽은 자는 나인데, 내가 어찌 또한 한마디 말이 없어서야 되겠는가. 다만 나는 섬 가운데 갇힌 몸, 죽을 날이 머지않았으니, 언제 미용과 함께 한세상 한 형제로 살아볼 수 있으랴. 이 책을 읽고 이 글을 쓰는 것만으로도 만족한다. 나는 참으로 유감이 없도다. 아! 미용 또한 유감이 없을 것이다." 「사암선생연보」, 『정약용과 그의 형제들』 2, 247쪽에서 재인용

세상사에 초탈한 현자의 목소리를 듣는 듯하다. 이런 형을 둔 것만으로도 다산은 '행운아'다.

1814년 4월, 사헌부에서 의금부에 다산의 해배명령서를 보냈다. 14년간의 귀양살이가 끝나려는 순간, 정약전은 결심한다. "차마 나의 아우로 하여금 나를 보기 위하여 험한 바다를 두 번이나 건너게 할 수 없으니 내가 마땅히 우이보에 가서 기다릴 것이다." 「선중씨 정약전 묘지명」, 『다산산문선』, 206쪽

하지만 그는 흑산도 주민들의 정신적 지주이자 정다운 술친구였다. '복성재'復性齋라는 서당을 열어 아이들을 가르치는 섬마을 훈장님이기도 했다. 그야말로 '넝쿨째 굴러온 당신'이었다. 주민들은 결단코 그를 보낼 수 없었다. 할 수 없이 약전은 첩과 두 아들 학소와 학매를 태우고 안개 낀 흑산도를 밤에 몰래 빠져나갔다. 야음을 틈탄

도주! 그 소식을 듣자 섬사람들은 광속으로 달려갔다. 하여, 그날 흑산도 밤바다에선 세상에서 가장 기이하고 감동적인 '추격전'이 벌어졌다. 결국 약전은 주민들에게 생포(?)되어 되돌아올 수밖에 없었고, 해를 넘기고서야 겨우 주민들을 설득한 끝에 우이도로 이주할 수 있었다. 하지만 아우는 오지 않았다. 또다시 '악당'들의 작당으로 해배가 좌절되었기 때문이다. 1816년 6월 6일 아우를 기다리면서 약전은 마침내 세상을 떠난다. 우이도 사람들이 '우이도장'으로 그를 보내주었다. 그 소식을 들은 다산은 절규한다.

> 외롭기 짝이 없는 이 세상에서 손암[약전] 선생만이 나의 지기였는데 이제 그분마저 잃고 말았구나. …… 사람이 자기를 알아주는 지기가 없다면 이미 죽은 목숨보다 못한 것이다. 네 어미가 나를 제대로 알아주랴, 자식이 이 아비를 제대로 알아주랴, 형제나 집안 사람들이 나를 알아주랴, 나를 알아주는 분이 죽었으니 또한 슬프지 않겠는가? 경서에 관한 240책의 내 저서를 새로 장정하여 책상 위에 보관해 놓았는데 이제 나는 불사르지 않을 수 없겠구나. 「두 아들에게 부치노라」寄二兒, 『유배지에서 보낸 편지』, 98쪽

산전수전 다 겪은 다산이었지만 비통함과 안타까움이 사무쳤으리라. 단지 형님을 잃어서가 아니라 그 형님이 '정약전 같은' 인물이었기 때문이다. 이토록 소탈하고 이토록 자유로운 영혼이 또 있을까. 그런 형을 잃었으니 이 사건은 다산의 유배생활 가운데 가장 슬프고도 극적인 장면에 해당한다.

북학과 서학

> 나는 과거를 일찍 그만두어 마음이 한가하고 거리낌이 없었다. 그래서 산수유람을 많이 했었다. 『나의 아버지 박지원』, 34쪽

주어진 코스를 벗어나면 아주 '매끄러운' 공간이 열린다. 연암은 그 공간이 주는 자유를 만끽했다. 타고난 호기심에 구경벽까지 더해져 전국 곳곳을 떠돌아다녔다. 물론 늘 벗들과 함께였다. 유언호와 함께 금강산을 유람했고, 백동수와 함께 연암골을 발견했다. 이덕무, 이서구 등도 그의 유람에 동행하였다. 서쪽으로는 평양과 묘향산, 남쪽으로는 속리산과 가야산, 화양동과 단양 등 팔도의 명승을 유람하지 않은 곳이 없었다.

우정과 유람, 연암의 청춘은 이 두 가지로 충만하다. 그리고 그것을 추동하는 원동력은 다름 아닌 지성이다. 그들에게 있어 우정과 지성은 하나였다. 30대에 접어들면서 연암과 그의 친구들은 지금의 탑골공원 안에 있는 백탑 근처에 옹기종기 모여 살았고, 날마다 모여 지식의 '융합'과 '통섭'을 시도하였다. 이름하여, 백탑청연!

이들의 지성이 활짝 피어난 데는 영·정조라는 배경도 있었지만 명말청초明末淸初의 변화도 큰 몫을 담당했다. 특히 당시 중국은 강희제, 옹정제, 건륭제로 이어지면서 세계문명의 절정을 구가하던 때였다. 서양의 과학기술과 천주교가 적극적으로 동방을 공략하기 시작한 것도 이 무렵이었다. 연암과 그의 친구들을 자극하고 촉발한 건 그 중에서도 청 문명의 저력과 명청소품이다. 서양의 기술과 천주교

는 지적 호기심을 자극하는 것 이상이 될 수 없었다. 이들은 그보다는 주자에서 양명으로, 양명에서 이탁오로 이어지는 '양명 좌파'의 패러다임과 그것을 가능케 한 청 문명의 역동성에 열광했다. 소품체와 북학, 이 두 가지가 '백탑청연'의 키워드였다.

그러므로 이들에겐 연행이 단순한 여행이 아니라 청 문명의 실상을 접하는 일생일대의 찬스였다. 홍대용을 필두로 박제가, 이덕무 등이 이 연행의 대열에 합류하였다. 백탑청연 시절 연암은 벗들의 견문을 바탕으로 북학에의 열정을 키워갔다. 그 탐색과 모험이 충분히 무르익을 즈음, 연암에게도 마침내 연행의 기회가 찾아왔다. 홍대용이 다녀온 지 15년, 박제가와 이덕무가 다녀온 지 2년 만이었다.

1780년, 44세, 불혹의 나이를 훌쩍 넘긴 때였다. 건륭황제 70세 생일만수절 축하사절단의 정사正使였던 삼종형 박명원이 그를 자제군관개인비서으로 뽑아준 것이다. 이전의 연행들이 그랬듯이, 애초의 목적지는 연경이었다. 압록강을 건너 요동벌판으로, 요동에서 다시 산해관으로, 산해관을 지나 연경으로. 장장 2천여 리에 달하는 대장정이었다. 연경에선 유리창이 핵심이다. 유리창은 27만여 칸에 해당하는 문물 전시장으로 세계 곳곳에서 흘러들어오는 서책과 골동품, 혹은 사람들로 넘치는 곳이었다. 홍대용이 육비와 반정균, 엄성 같은 중국인 '세 친구'를 만난 곳도 이곳이다. 하지만 연암의 여행은 달랐다. 이 오랫동안 이어진 동선에 느닷없이 열하라는 낯선 항목이 불쑥 끼어든 것이다.

건륭제–열하–연암. 참으로 기묘한 조합이다. 건륭제는 청 문명의 절정을 구가한 황제다. 열하의 피서산장은 건륭제가 즐겨 머물렸던 장소로, 티베트·위구르·몽고 등 오랑캐들이 할거하던 동북방의 요새지다. 만주족 오랑캐 출신이라 오랑캐 땅을 그토록 좋아했던 것인가? 아니면 자신이 오랑캐 출신이라 오랑캐의 근성을 잘 알아서 그들을 길들이느라 그랬던 것인가? 강희제도 그랬지만, 건륭제는 열하의 피서산장을 즐겨 찾았다. 게다가 자신의 만수절 축제를 위해 방문한 티베트법왕(판첸라마 5세)을 영접하기 위해 황금궁전과 포탈라궁을 짓기까지 했다. 말하자면, 열하는 청 문명의 이질성과 역동성을 동시적으로 연출해 내는 장소였다. 거기다 연암은 또 누군가? 동이족임에도 소중화주의로 무장한 '이상한 나라' 조선의 선비다. 하지만 프리랜서 혹은 글쓰기의 달인! 그러니 하필 이때 연암이 열하를 간 것은 결코 우연이 아니다. 그럼 필연인가? 글쎄다. 좌우지간 연암, 건륭제, 열하——이 세 개의 낯선 항들이 연결되자 기묘한 '가역반응'이 일어났다. 북학의 사상이 존재와 세계에 대한 원대한 비전으로 고양되었고, 글쓰기를 향한 열정이 고문과 소품의 경계를 훌쩍 넘어 버렸다. 『열하일기』라는 '절대기문'이 탄생한 것이다.

　　다산의 청년기는 사뭇 다르다. 다산은 변경에서 중앙으로 진입한다. 음직에 외직으로 떠돌던 아버지를 따라 지방을 전전하면서 과거공부에 전념했고, 1783년 세자 책봉을 축하하기 위한 증광감시에 합격해 생원이 되었다. 이후 성균관에 들어가 태학생이 된다. 그 사이에 과제를 훌륭하게 수행하여 정조의 칭찬과 선물을 무수히 받지만 대과합격은 쉽지 않았다. 무려 6년간의 재수 끝에 1789년 대과에 급제하여 관직생활을 시작한다. 연암이 벗들과의 유람으로 청년기를 통과했다면, 다산은 오직 '입시'에 전념했다. 연암은 중심에서 외부로 시선과 발길을 돌렸다면, 다산은 중심에 대한 열망과 노력을 그치지 않았다. 연암은 주류였으나 기꺼이 마이너가 되고자 했고, 다산은 재야의 소수자였지만 주류에 진입하기 위해 분투했다. 그런 그에게 운명처럼 다가온 세계가 있었으니 천주교가 바로 그것이다.

> 갑진년(1784) 4월 보름에 큰형수의 제사를 지내고 우리 형제와 이벽과 함께 같은 배를 타고 물결을 따라 천천히 내려오면서 배 안에서 천지조화의 시초, 사람과 신, 삶과 죽음의 이치 등을 듣고 황홀함과 놀람과 의아심을 이기지 못해 마치 『장자』에 나오는 하늘의 강이 멀고 멀어 끝이 없다라는 것과 비슷했다. 서울에 온 후 이벽을 따라다니다 『천주실의』와 『칠극』 등 여러 권의 책을 보고 흔쾌하게 그쪽으로 기울어 버리기 시작했다. 「선중씨 정약전 묘지명」, 『다산산문선』, 210쪽

전도사는 개국성조 이벽이었다. 당대 지식인들에게 있어 서양 과학과 기술에 대한 호기심은 일반적인 것이었다. 천주교 역시 마찬가지였다. 그렇다고 다 빠져든 건 아니다. 특히 북학파의 경우, 천주교는 좀 신기하긴 했지만 별 볼 일 없는 '잡설'에 불과했다. 청 문명의 용광로 안에는 그보다 더 기이한 사상과 학설도 수두룩했기 때문이다. 북학파가 청문명이라는 용광로 자체의 저력을 탐구하고자 했다면, 다산학파는 그 용광로 속에 섞여 있던 아주 이질적인 결정체, 곧 천주교에 주목했다. 그들에게 있어 그건 기술을 넘어, 학문을 넘어 존재와 우주에 대한 가장 고귀한 가르침이었다. "마음속에 기뻐서

즐거워 사모하듯 했고, 처음부터 치켜세우며 여러 사람들에게 자랑하며 과시하기도 했습니다. 마음의 본바탕에 처음부터 기름이 엉키고 물들고 뿌리박고 가지가 얽혀 있듯이 했으면서도 스스로 깨닫지 못했습니다."「자찬묘지명」, 221쪽 훗날 정조에게 바친 '전향선언문'의 한 대목이다. 서교를 접하고 다산이 느꼈을 감동의 파토스를 짐작할 만하다. 처음엔 물론 유학과 공존할 수 있으리라 여겼다. 하지만 사상과 종교도 자기증식을 하는 법이다. 서교는 한번 싹을 틔우기 시작하자 강력한 파워와 카리스마를 발휘하기 시작했다. 더구나 그것은 '유일신' 사상이 아닌가. 다른 사상, 다른 종교와의 공존은 불가능하다. 다산을 매혹시킨 것도 바로 그런 점이리라. 하지만 그것은 매혹적인 만큼이나 치명적이었다.

이들이 천주교를 영입하는 코스 역시 연경이었다. 다산은 연행을 하지 못했지만 남인들은 사신단 일행에 섞여 연행에 참여하곤 했는데, 그들의 목적은 오직 천주당이었다. 그들은 청 문명이 아니라, 저 멀리 서방으로부터 오는 빛에 열광했다. 그것은 멀리서 오는 것이어서 더욱 간절했고, 그래서 더더욱 이 난세를 구원할 유일한 길이요 진리로 여겨졌다.

하지만 조선은 성리학의 나라였고, 군주 위에 또 다른 지존이 있을 수 없다. 천주교를 믿으려면 출세를 포기해야 하고, 출세를 하려면 천주교를 포기해야 한다. 형 약종과 이승훈, 이벽 등은 전자의 길을 택했다. 하지만 다산은 후자를 선택한다. 배교를 한 것이다. '수기치인'이라는 사대부의 소명을 버릴 수도 없었거니와 다산의 인생에 천주교를 대신할 만한 또 다른 대상이 나타났기 때문이다. 정조가 바로 그다. 얄궂게도 천주교를 처음 접한 그해(1784년)는 다산이 『중용강의』를 바치면서 정조와의 본격적인 만남이 시작된 해이기도 했다. 다산에게 있어 정조는 태평성대를 구현한 성군이다. 정조 스스로도 그렇게 자부한다. 조선을 떠받칠 '대일통의 도'가 자신 한사람에게 달려 있음을 믿어 의심치 않았다. 게다가 그런 군주가 자신의 능력과 인품을 온전히 알아주지 않는가. 정조와 천주교, 둘 사이에서 다산도 깊이 고뇌했으리라. 결국 그는 천주를 버리고 군주를 택했다.

하지만 좀더 깊은 차원에서 보면, 상황은 좀 달라진다. 그가 추구한 건 중심이고 이상이며 유토피아다. 천주교의 교리에 매료된 것도, 과거를 향해 일심으로 내달린 것도, 정조와 운명을 같이하게 된 것도 심리적·인식론적 원천과 구조는 다 동일하다. '적'들도 그걸 눈치챘던 것일까. 종교적 외피를 벗어던졌음에도 천주교는 끈질기게 그의 생에 달라붙었다. 아니라고, 아니라고 수없이 부정을 해도 '적'들은 믿지 않았다. 「자찬묘지명」의 아주 많은 내용이 서교에 대한 해명이라는 사실도 주목을 요한다. 이쯤 되면 이제 그가 진짜 신자인가 아닌가는 부차적이다. 신자든 아니든 천주교는 그에게 운명이었다! 연암에게 열하가 그랬던 것처럼.

'생계형' 관직과 '왕의 남자'

형수님이 돌아가셨다. 1778년 연암 나이 42세 때다. 이 해 3월에 이덕무·박제가가 연행을 갔으니, 바야흐로 북학의 바람이 한창 무르익던 시절이었다. 하지만 당시는 또 홍국영이 기세등등하던 때이기도 했다. 홍국영의 눈초리를 피해 막 연암협으로 숨어들던 그 즈음, 어머니나 마찬가지였던 형수님 전주 이씨가 세상을 떠난 것이다.

청렴을 가풍으로 내세운 연암의 집안은 대대로 가난을 숙명처럼 안고 살았다. 생계는 당연히 여인네의 몫이었고, 그러다 보니 형 박희원의 처인 형수님이 가장 역할을 하게 되었다. 형수님이 떠난 자리는 고스란히 그의 아내 몫이 되었다. 그나마 이때는 유언호가 완벽한 '서포터즈' 역할을 해준 덕택에 어찌어찌 버틸 수 있었다.

홍국영의 세도가 끝나고 정조의 본격적인 치세가 시작되면서 연암의 인생에도 큰 변화가 찾아온다. 가장 대표적인 것이 열하 기행과 『열하일기』의 완성이다. 20대가 방황과 유람이라면, 30대는 우정과 지성, 그리고 40대는 북학과 『열하일기』라고 할 수 있다. 『열하일기』가 나오자 연암의 명성은 하늘을 찌를 듯 높아졌지만 그렇다고 생계가 해결된 건 아니다. 더구나 그 사이에 벗들은 뿔뿔이 흩어졌다. 더러는 먹고 살기 위해 산중으로 들어가기도 했고, 더러는 정조의 탕평책과 문예정책에 힘입어 '정규직'에 진출하기도 했다.

'백탑청연'은 해체되었고, 형수님은 돌아가셨고, 『열하일기』는 탈고를 했고……. 물론 형님(박희원)이 계시긴 하나 이미 연로하셨고, 아내는 고생살이로 점점 몸이 야위어 갔다. 이제는 나이로나 뭘로 보나 집안을 책임져야 할 때다. 마침내 결단의 순간이 왔다. 평생 백두로 떠돌던 그가 관직을 얻기로 한 것이다. 1786년이면 막 50줄에 접어든 때다. 역시 대운의 변화가 무섭다. 기억하실지 모르겠지만, 사주명리학상 연암의 '대운' 수는 9다. 9대운을 타고난 이들은 9

세, 19세, 29세…… 이런 단위로 운명의 리듬이 바뀐다. 그렇다면 49세를 중심으로 인생의 변곡점이 생긴다는 뜻인데, 과연 그렇게 된 것이다.

과거를 보지 않았으니 '음직'이다. 역시 그의 영원한 '서포터즈' 유언호의 추천에 의해서였다. 종9품 선공감繕工監 감역. 건축의 신축과 보수를 맡은 공사감독관이다.

주변에선 이왕지사 늦깎이로 관직에 나섰으니 과거를 보라고 했다. 자격증을 갖추면 그 다음부터는 승승장구일 테니까. 중앙정계도 약간 술렁인다. 재야의 명망가가 정계에 입문했으니 말이다. 다시 심환지, 정일환 등 노론 벽파의 수장들이 그와 접선하기 위해 찾아들었다. 연암이 고작 미관말직에 머무를 리 없다고 판단한 것이다. 물론 잘못 짚었다!

> 아버지는 가난하게 사시다가 노년에 이르러서야 음관으로 벼슬길에 오르셨다. 세상 사람들은 아직도 아버지가 세상에 뜻이 없음을 알지 못하고 혹 이끌어 주려 하였다. 심환지나 정일환과 같은 이들은 모두 아버지의 젊을 때 벗이었으므로 찾아와 자신들의 뜻을 전하면서 아버지로 하여금 세상일에 관여케 하려고 했다. 그러나 아버지께서 우스갯말로 얼버무리며 무슨 말인지 못 알아듣는 듯한 태도를 취하자 마침내 다시는 찾아오지 않았다.
> 『나의 아버지 박지원』, 64쪽

음관들을 위한 특별시험에서도 연암은 청년기에 그랬던 것처럼 답안지를 내지 않고 나왔다. 한번은 꼭 시험에 응하라는 정조의 당부에도 불구하고 근무지인 제릉齊陵; 황해도 소재. 조선 태조 정비 신의왕후의 무덤으로 잽싸게! 달아난다. 그렇다. 연암은 정말로 미관말직微官末職을 원했다.

그가 원했던 건 오직 생계를 꾸릴 수 있는 녹봉이었다. 이름하여 생계형 관직! 최소한의 녹봉이 있고, 책을 볼 수 있는 한직이면 더할 나위 없이 좋다. 물론 맡은 바 소임에는 최선을 다하고 자신의 경륜을 아낌없이 펼친다. 공부를 하는 선비에게 직업의 귀천은 없다. 직업의 귀천을 나누는 건 소인배들이나 하는 짓이다. 마굿간 청소를 할지언정 온 정성을 다할 수 있는 것, 그것이 곧 그 인물의 내공이자 그릇이다. 일찍이 「예덕선생전」을 써서 분뇨 치는 일조차 얼마나 고귀한 것인지를 설파하지 않았던가. 그렇게 '무심한 능동성'으로 관직을 맡으니 점차 지위가 승격된다. "신해년(1791, 55세)에 한성부 판관에 임명"된 것이다. "당시 아버지의 명성이 다시 일세에 진동했으며 임금님께서도 또한 아버지를 주목하고 있다는 뜻을 비치셨다. 사람들은 장차 임금님의 파격적인 은총이 있으리라 여겼다. 그리하여 이끌어 주고자 하는 사람이 나오는가 하면, 시기하고 질투하는 사람도 있었다."『나의 아버지 박지원』, 75쪽

하지만 연암은 담담했다. 급기야 제릉령에 임명되자 한가로운 곳에서 마음대로 독서하고 저술할 수 있게 되었을뿐더러, 또한 각종 루머가 진실이 아님이 판명되어 뭇 사람들의 헐뜯는 소리가 사라진 것을 기뻐하였다. 그리고 그곳이 연암골과 가까웠으므로 일에서 벗어나면 연암골에 들어가 하루 이틀 묵으면서 소요하곤 했다. "그러

자 사람들이 또 다시 의심하고 괴이하게 여기며, '이 사람이 요즘 어찌 이리 조용하지?'라고들 했다. 이조참판 김문순이 도목정사에 참여해 이조판서에게 말하기를, '박지원이 어찌 오랫동안 이런 자리에 머물러 있겠습니까?'라고 하니 이조판서 아무개는 손을 휘저으며 말을 막았다. '그 속마음을 알 수 없소이다.'"『나의 아버지 박지원』, 76쪽

이것이 연암이 즐겨 구사한 '처세의 기술'이다. 정계에 입문했지만 결코 상승을 바라지 않았고, 다만 변방으로, 변방으로 떠돌았다. 각종 견제와 질시에도 정면으로 맞서지 않았다. 우스갯소리 아니면 침묵으로 대응했다. 권력의 장에선 어떤 말도 왜곡된다. 중요한 건 시비를 가르는 것이 아니라 시비로부터 벗어나는 것이다. 그래서 조금이라도 구차하면 바로 물러날 준비를 했다. 그것은 정치적 신념 이전에 몸을 보존하는 최고의 전략이었다. 하여, 그에게는 안의현감, 면천군수가 제격이다. 경상도 작은 고을의 사또, 충청도 작은 읍성의 군수. 이렇듯 그는 관직에 나아가서도 낮은 곳으로 흘러갔다. 계곡의 물처럼 맑고 명랑하게!

그런데, 참 팔자는 못 속인다고. 관직에 나간 지 반년도 못 되어 부인이 죽었다. 정미년(1787) 정월 5일의 일이다. 형수님이 떠난 뒤 집안의 가장 노릇을 하던 아내가 세상을 떠난 것이다. 고생이 끝나려 하자 생명줄을 놓아 버린 것. 이제는 자신이 아니어도 식구들이 굶지는 않을 것 같아 마음이 놓인 것일까. 아들 박종채는 어머니를 이렇게 회상한다. "마치 가난을 견디며 독서하는 군자 같으셨"다고. 가난이 그녀에겐 평생의 소명이자 수행처였나 보다.

연암은 이 현숙한 아내를 지극히 아끼고 존중했으며 그녀와의

의리를 평생 지켰다. 조선의 풍습은 양반 사대부의 경우 상처를 하면 반드시 처녀 장가를 들어야 했다. 중인 이하의 여성들이야 절개를 지킬 필요가 없었지만, 양반집 여성들은 일부종사를 해야 했기 때문에 이런 식의 '비대칭적'(잔혹한) 관습이 만들어진 것이다. 또 노년이 되어서도 재취를 들였던 것은 성욕도 성욕이지만, 그 이전에 의식주를 챙겨 줄 사람이 필요했기 때문이다.

그런 점에서 연암은 참 특별한 존재다. 비극은 연달아 온다고 아내의 상을 당한 그해 7월 형님 박희원이 향년 58세로 또 세상을 떠났고, 그 다음해(1788) 3월 일가족이 다 전염병에 걸렸는데, 그 와중에 맏며느리를 또 잃었다. 10년 전 형수님을 시작으로 아내와 맏며느리까지, 살림을 주관하는 여성들이 하나씩 사라져 간 것이다. 당연히 첩을 얻거나 재취를 들여야 할 처지였다. 하지만 연암은 69세로 생을 마칠 때까지 다른 여성을 취하지 않았다.

한편, 이때는 바야흐로 정조의 치세기간이었다. 정조는 1776년(25세)에 즉위하여 1800년까지 도합 25년간 임금의 자리에 있었다. 초반에 '홍국영의 세도와 몰락'이라는 풍파를 겪고 1780년 이후엔 본격적으로 자신의 포부를 펼치기 시작했다. 연암이 '생계형 관직'을 전전할 즈음은 정조가 30대 중반으로서 한창 자신의 시대를 열어가던 때였다. 할아버지 영조와는 좀 다른 방식으로 탕평책을 드라이브하면서 동시에 재야 남인세력을 국정의 파트너로 삼고 규장각에 초계문신들을 발탁하는 등등. 바로 이즈음에 청년 다산이 중앙정계에 입문한다.

기유년(28세, 1789) 봄에 나는 성균관에서 보던 시험에 표문으로써 수석하여 임금 앞에서 실시하는 대과에 응시, 갑과甲科; 조선시대 과거 합격자를 성적에 따라 나누던 세 등급 중 첫째 등급 2등으로 합격하여 희릉 직장으로 발령을 받고 대신들의 품의로 초계문신抄啓文臣으로 뽑혀 규장각에서 매월의 과제에 답변을 올리게 되었다. 「자찬묘지명」, 210쪽

생원이 되어 성균관에 들어온 지 6년 만이다. 태학생 시절의 일상을 짐작케 해주는 시가 하나 있다. 「호박 넋두리」南瓜歎라는 작품인데, 가난 때문에 일어난 해프닝을 담았다.

호박 넋두리(1784)

장맛비 열흘에 길이 끊기고
서울에도 시골에도 밥짓는 연기 끊겼네
태학에서 글 읽다가 집으로 돌아와 보니
대문에 들어서자 시끌시끌 야단났네
들어보니 며칠 전에 끼닛거리 떨어져
호박으로 죽을 쑤어 허기진 배 채웠다네
어린 호박 다 땄으니 이젠 어찌할까
늦은 호박꽃 피었으나 열매 아직 안 맺었네
항아리만큼 커다란 옆집 밭의 호박 보고
계집종이 남몰래 엿보고 훔쳐왔다네
돌아와 충성하려다 도리어 야단을 맞으니

누가 네게 훔치랬냐 회초리 꾸중 호되구나

어허 죄없는 아이에겐 이제 그만 화를 풀고

이 호박 나 먹을 테니 다시는 말하지 마소

밭 주인에겐 떳떳이 사실대로 말하구려

오릉중자 작은 청렴 내 아니 달갑네

나도 장차 때 만나면 청운에 오르겠지만

그리 못 되면 금광이나 캐러 가야지

만 권 서적 읽었다고 아내까지 배부르랴

두 뙈기 밭만 있어도 계집종 깨끗했을걸.

『다산시정선』(상), 57쪽

    다산은 유머가 없다. 선천적으로 고지식한 데다 후천적으론 더더욱 유머와 해학을 멀리했다. 오직 엄숙, 단정, 중후함을 연마하고 또 연마했다. 그래서 위 작품이 참 소중하다. 옆집 호박을 슬쩍했다가 회초리를 맞는 여종. 그 호박 자신이 먹을 테니 그만 화를 풀라는 청년 가장. 혹시 정말로 먹고 싶어서 그랬던 건 아닐까?^^ 서글프면서도 해학적이다. 이런 태학생 시절을 6년이나 보냈으니 참으로 고달팠으리라. 하지만 이제 드디어 대과에 합격하여 관직을 얻었으니, 고생은 끝!

    이때부터 다산의 승승장구가 시작된다. 하지만 부귀는 거저가 아니다. 연암은 관직을 얻자 아내를 잃었는데, 다산은 관직에 나선 지 얼마 되지 않아 아버지가 돌아가셨다. 삼년상을 마치고 나자 성균관 직강, 경기 암행어사 등 품계와 무관하게 정조를 지근거리에서 모시는 신하가 되었다. 정조가 내는 과제에 늘 수석을 차지하여 포상으로 진귀한 음식과 물건들을 하사받기도 했다.

> 가을에 임금께서 검서관 유득공을 보내어 『규운옥편』奎韻玉篇의 의례에 대하여 이가환과 나에게 상의하도록 하였으며, 겨울이 되자 나를 부르셔서 규영부奎瀛府에 들어가 이만수·이재학·이익진·박제가 등과 함께 『사기영선』史記英選을 교정하도록 하셨다. 출판할 책의 이름을 결정하는 데 자주 참여하도록 해주셨고, 날마다 진귀한 선물과 맛있는 음식으로 배불리 먹게 해주셨다. 또 자주 쌀이나 땔감·꿩·젓갈·홍시·귤 등 과일 및 아름답고 향기로운 보물들을 하사해 주셨다. 「자찬묘지명」, 221쪽

다산은 정조의 명을 100% 이상 수행했고, 정조는 그런 다산에게 상찬과 선물을 아끼지 않았다. 빛이 있으면 그림자도 있는 법. 정조의 총애가 다산 인생의 빛이라면, 천주의 '은총'은 다산 인생의 그림자다. 다산이 승승장구하던 그때 조선에는 천주교의 서곡이 울려 퍼지던 시점이었고, 따라서 다산의 정치적 이력에는 주기적으로 천주교 문제가 따라다녔다. 하지만 정조는 천주교 문제가 터질 때마다 적극적인 방패막이가 되어 주었다. 여론에 밀려 좌천시킬 때도 징벌의 의미보다는 자숙하면서 더 큰 능력을 발휘하라는 깊은 속내를 감추지 않았다. 금정찰방, 곡산부사가 된 것도 마찬가지다. "그때 세력을 잡은 자로 참소하고 질투하는 자가 많아 임금의 뜻은 내가 몇 년 외직에 근무하도록 하여 그 불길을 식히려 함이었다."「자찬묘지명」, 222쪽

하여, 부침이 많긴 했지만 이 시기 다산은 '왕의 남자'로서 보낸 득의의 시절이었다.

천주 대신 군주가 그의 앞길을 비춰 주고 있었고, 군주의 총애와 신뢰가 저토록 깊은데 관직의 높낮이가 무슨 대수랴! 그 끈끈한 연대감이 다산에겐 곧 삶의 비전이자 열정의 원천이었다. 연암이 늦깎이로 관직에 나가서도 변방의 낮은 곳으로 흘러갔다면, 다산은 청년의 패기와 열정으로 저 높은 곳을 향하여 거침없이 질주했다. 마치 태양을 향해 달려가는 이카루스처럼. 물과 불의 운명적 변주!

하지만 정조에게도 과연 다산이 그런 존재였을까? 물론 정조는 다산을 아꼈다. 그렇다고 다산이 정조의 유일한 심복이었으리라고 간주하는 건 큰 오산이다. 정조는 왕이고 지존이다. 스스로를 '만천명월주인옹'萬川明月主人翁이라고 자칭할 정도로 자긍심과 포부도 대단했다.—'달을 비추는 시내는 만 개지만 달은 오직 하나다! 나는 달이다!' 그에게 있어 다산은 탕평을 구현하기 위한 하나의 축이었고, 양성해야 할 수많은 인재 가운데 하나였다. 『정조어찰첩』을 보건대, 정조는 심환지와 깊은 교감을 나누었던 것 같다. 생각해 보면 당연하지 않은가. 설령 정책적으로 상충하는 지점이 있다고 해도 자신의 정치적 파트너는 어디까지나 노론이고, 노론 가운데서도 믿을 만한 존재는 심환지였던 것이다. 이제 밝혀지겠지만 심환지는 다산의 적극적 후원자이기도 했다. 이 모든 것이 노론 벽파의 전략이요 술수라고 말할 근거는 희박하다. 다산의 생애를 구성할 때 빠지는 함정이 바로 이 지점이다. 다산의 시선으로만 정조를 보아서는 안된다는 것. 이 시절 다산이 '왕의 남자'였던 건 맞지만, 왕에게는 그런 대상들이 많다는 것. 이걸 놓치게 되면 우리는 아주 '거대한 망상'에 빠지게 된다. 다산에 대하여, 정조에 대하여, 또 18세기에 대하여.

여기서 잠깐. 꼭 짚고 넘어가야 할 관전 포인트가 하나 있다. 연암이 관직에 나선 건 1786년, 다산이 대과에 급제하여 첫 직장을 얻은 건 1789년, 그렇다면 둘의 행로가 겹쳐지는 시점 아닌가. 만약 연암이 이때 과감하게 중앙정계에 입문했다면, 이런 장면이 혹 가능했을까. 때는 바야흐로 1790년대, '노론 벽파의 대문호 연암과 성호 좌파의 유망주 다산, 정조를 사이에 두고 한판 승부를 가르다!'라는. 적어 놓고 보니 유치하기 짝이 없다. 이런 식의 허황한 기대를 완전히 무너뜨리는 것만으로도 두 사람은 역시 고수다! 대신 아주 깨알 같은 교차지점이 하나 있다.

> 이 해(1792) 겨울에 수원에 성을 쌓는데 임금께서 말씀하시기를 "기유년(1789) 겨울에 한강에 부교를 놓을 때 약용이 그 방법을 아뢰어 주어 일이 성공적으로 이루어졌었다. 그에게 명하여 집에 있으면서 성곽제도에 대해 조목별로 올려바치게 하라"고 하셨다.
> 「자찬묘지명」, 212쪽

> 기유년(1789) 6월에 아버지는 평시서 주부로 승진하셨다. …… 이 해에 주교를 만들라는 임금님의 분부가 있었다. 다리가 완성되자 임금님께서는 주교사 제조들에게 조정의 대신과 무장들을 두루 불러 음악을 연주하며 낙성식을 올리도록 분부하셨다. 그날 여러 제조들이 편지를 써서 아버지를 초대했다. 그러나 당시 아버지는 학

질을 심하게 앓고 있던 데다가 음관으로서 그 자리에 참석하는 사람은 당신 말고는 아무도 없는지라 사양하고 가지 않으셨다.

날이 저문 뒤에도 계속해서 쪽지를 보내, "비록 가마를 타고서라도 참석하지 않으면 안되겠소이다. 이는 우리들이 공과 더불어 술이나 마시려고 그러는 게 아니외다"라고 하였다. 아버지는 마음 속으로 이상하게 여겨 마침내 아픈 것을 참고 참석하셨다. 아니나다를까, '박지원을 초청하라'는 임금님의 은밀한 분부가 있었다는 것이다. 당시 잔치는 몹시 성대했으며 풍악소리가 천지를 진동했다. 『나의 아버지 박지원』, 69~70쪽

부연하면, 정조는 1789년 양주 배봉산에 있던 사도세자의 묘를 화성(수원)의 화산으로 옮겼다. 그후 자주 화성으로 행차했는데, 그래서 배다리가 필요했다. 당시 다산은 막 대과에 급제한 상태였는데, 정조가 그 설계를 맡긴 것이다. 그리고 그해 말 한강에서 화성으로 이어지는 배다리 낙성식이 열렸다. 다산은 이 주교의 설계도를 작성했으니 당연히 참여했을 것이다. 연암은 음직인 데다 병이 들어 불참하려고 했다. 그런데도 정조는 기어코 그를 불러낸다(이 '은밀한 관심'은 대체 뭘 뜻하는 걸까?).

그렇다면, 연암과 다산은 이 낙성식 파티에 같이 있었던 게 아닐까? 그들은 멀리서 서로를 감지했을까? 아니면 간발의 차이로 엇갈렸을까? 상상하는 것만으로도 짜릿하다.^^

적은 늘(!) 가까이에 있다

영웅들에겐 이런 수사가 따라다닌다. '시대와의 불화!' '불평지기'를 숙명처럼 안고 다니다 억울하게 희생된 존재들. 이것이 영웅서사의 익숙한 스토리다. 다산의 동선은 그에 얼추 맞는다. 재야 남인 출신으로 절차탁마하여 정계에 입문했고, 30대의 한창 나이엔 승승장구하다가 그 절정에서 왕이 죽고 그와 동시에 가문과 당파 전체가 몰락해 버렸다. 이보다 더 극적일 수가 있을까? 어떤 영웅서사와 견주어도 최강급이다. 하여 다산에 대한 존경과 그리움이 높아질수록 그를 이렇게 만든 세력은 악의 축이 되어 버린다. 「자찬묘지명」에도 '악당들', '악인'이라는 표현이 자주 등장한다. 그 '악인'들은 구체적으로 누구일까? 노론 벽파! 이것이 우리가 아는 역사적 상식이다.

그런데 좀 이상하다. 만약 그렇다면 다산의 적은 노론 벽파의 수장 심환지여야 한다. 하지만 심환지는 다산이 위험할 때마다 손을 내밀어 준 인물이다. 금정찰방으로 좌천되었다가 다시 등용될 때도 심환지의 '강추'로 인해서였고, 혜경궁 홍씨의 환갑잔치 때 정조가 다산에게 시를 짓게 하자 당시 규장각 제학이었던 심환지는 "문장이 활발하기는 구름이 퍼지고 물이 흐르는 것 같고, 정교한 짜임새는 옥을 다듬고 비단을 짜놓은 것 같으니, 이러한 사람을 두고 이른바 문원의 기재라고 하겠다."이덕일, 『정약용과 그의 형제들』 1, 244쪽고 극찬한 바 있다. 천주교 관련 루머에 시달릴 때도 무고임을 밝혀 주었고, 신유박해 때도 다산의 처지를 몹시 안타까워했다. 당시 연암의 친구이자 노론 벽파에 속한 이서구 역시 공정히 판결하여 용서될 거라며 격려를 아끼지 않았다. '황사영 백서' 사건으로 다시 국문을 당하게 되었을 때, 그야말로 바람 앞의 촛불 신세일 때 그를 구해 준 것도 역시 노론 벽파의 수뇌급이었던 정일환이었다. 그러니까 적어도 다산을 죽이지 못해 안달한 건 노론 벽파 쪽이 아니었다.

진짜 적들은 가까이에 있었다. 그건 바로 같은 남인이자 함께 공부한 옛친구들이다. 1780년대를 통과하면서 남인은 '신서파'와 '공서파'로 분화한다. 공서파 중에서도 한때 신서파였던 인물들이 가장 큰 적이었다. 이들은 조직에 대한 정보를 잘 알고 있을뿐더러 자신들의 '전향' 혹은 '배교'한 사실을 내외에 천명하기 위해서도 한층 더 과격하게 반응했다. 거기다 개인적으로 감정까지 틀어지면 그건 정말 최악이다. 다산에게는 이런 '적들'이 아주 많았다. 이기경, 홍낙안, 목만중 등이 그들이다.

> 정조 7년(1783) 겨울, 이기경李基慶은 이승훈의 집으로 향했다. 곧 베이징으로 떠나는 이승훈을 전송하기 위해서였다. 이승훈은 아버지 이동욱이 동지사 겸 사은사 황인점의 서장관이 되자 북경에 따라가겠다고 자청했다. 그의 목적을 아는 이는 이벽뿐이었다. 이벽은 이승훈에게 베이징에 가면 천주당을 찾아가 세례를 받으라고 권유했다. 베이징에 도착한 것은 12월 21일. 이승훈은 다른 수행원들이 유리창을 찾을 때 곧바로 북당(북천주당)으로 갔다. 그곳에서 필담으로 그라몽 신부에게 천주교 교리를 배웠고, 이듬해(1784) 양력 2월 그라몽 신부에게 세례를 받았다. 이덕일, 『정약용과 그의 형제들』 1, 78쪽

세례명은 베드로. 조선 천주교의 반석이 되라는 뜻이었다. 이승훈 베드로는 천주교 관련 서적과 십자가, 성화, 그리고 서양과학서 등을 가지고 귀국했다. "세계 천주교 선교사상 선교사가 파견되기 전에 스스로 영세를 자청한 최초의 인물이 된 것이다."앞의 책, 81쪽

알다시피 이때만 해도 이기경과 다산은 친구였다. 하지만 얼마 있지 않아 1785년 을사추조적발사건으로 천주교가 불법화되면서 이기경은 천주교로부터 마음이 떠나기 시작한다. 「자찬묘지명」에 따르면 그가 두 마음을 먹기는 무신년(1788)부터였다고 한다. 이 해는 채제공이 정승으로 들어간 해이면서 남인 내에서 공서파가 본격적으로 분화되어 간 시기이다. 백 년 만에 정승을 배출했다면 분명 경사 중의 경사일 텐데 그때부터 갈등과 암투가 본격화되다니, 화와 복은 늘 함께 오는가 보다. 결정적인 분화는 1791년 진산사건 이후다. 진산사건은 윤지충, 권상연 두 신자가 천주교의 교리에 따라 제사를 거부하면서 벌어진 옥사다. 이때 "악인 홍낙안 등이 이 사건을 핑계삼아 착한 무리들을 모두 제거해 버릴 것을 꾀하려고" 채제공에게 상소를 올리자 정조가 목만중·홍낙안·이기경 등을 불러다 허실을 조사하게 하였다. 다산은 「자찬묘지명」에서 이 대목을 아주 상세하게 기술하고 있다.

그 내용을 요약해 보면, 이때만 해도 이기경은 다산을 구해 주고 싶었다. 그래서 나름대로 적당히 둘러대서 사태를 무마하려 했는데, 문제는 이승훈이었다. 이승훈은 자신에 대한 모든 종교적 혐의를 부인함과 동시에 "이기경이 상소를 올린 홍낙안보다 열 배는 음험하다"며 비난을 퍼부었다. 이승훈은 석방되었고, 분노한 정조는 이기

경을 함경도 경원으로 유배를 보냄과 동시에 '사전赦典; 국가적 경사가 있을 때 죄인을 사면하던 일에 끼이지 못하도록 하라'고 명했다. 그를 미워했던 다른 남인들은 한편 고소해하고 한편 안도했으나 다산은 몹시 불길했다.—"그렇지 않다. 우리 당의 화가 여기에서 시작될 것이다." 그러면서 틈틈이 연지동에 있던 이기경의 집을 찾아가 어린 자식들과 제사 등을 챙겨 주었다. 정조 19년(1795) 봄에 대사면이 있었으나 이기경만은 제외되었다. 정약용은 승지 이익운을 통해 이기경의 석방을 건의하도록 하였고, 결국 이기경은 해배되었다. 그러나 한번 돌아선 이기경의 마음은 돌아오지 않았다. 이기경은 이제 이승훈뿐 아니라 정약용까지도 표적으로 삼았던 것.

또 한 명 주목할 만한 인물이 박장설朴長卨이다. 1795년 중국인 신부 주문모周文謨의 입국이 밝혀지면서 신도 몇 명이 포도청에서 장사杖死; 볼기 맞는 장형으로 죽음당한 사건이 있었다. 이때 상소를 올린 인물이 박장설이다.

> 신은 나그네 신하라고 할 수 있는데, 전하께서 신들은 충의는 하나도 없는 신하로 간주하시니…… 아, 저 이가환이란 자는 단지 하나의 비루하고 험악하고 음험하고 사특한 무리일 따름입니다. 약간 글재주가 있어 세상을 기만하며 이름을 훔치고 있으나, …… 사학을 앞장서서 주도해 우리 유가의 도와 다르게 치달리고 있는 것이야말로 무엇보다도 용서하기 어려운 큰 죄라고 하겠습니다. ……이가환은 어리석은 조카[이승훈]를 내보내 몇 권의 요서를 사오게 한 뒤 부유한 사람들을 유혹하여 허다한 재화를 속임수로 획득하

는 한편 스스로 교주가 되어 그 요술을 확대 전파하면서 남의 자식을 해치고 남의 제사를 끊어 버린 것이 이루 헤아릴 수 없이 많습니다. 『정조실록』, 19년(1795) 7월 7일

여기까지는 그렇다 치자. 그 증거로 내세운 것이 이가환이 시험관일 때 다산의 형인 정약전을 부정입학 시켰다고 주장한 것이다. 누가 봐도 다산을 겨냥한 것임이 분명했다. 헌데, 실상을 조사해 보니 무고임이 드러났다. 분노가 폭발한 정조는 박장설을 유배보냈는데, 처음엔 두만강으로, 그 다음엔 남쪽 동래로, 다시 제주도로 압록강으로, 네 변방을 두루 돌아다니도록 했다. 시쳇말로 '뺑뺑이'를 돌린 것이다. 그 이유인즉슨, 상소문에서 '나그네 신하'라는 표현을 썼다는 것 때문이다. 다소 상투적인 언사였는데, 정조가 그 말꼬리를 잡고 늘어진 것이다. 뭐 나그네 신하라고? 그래 어디 나그네 생활 좀 실컷 하게 해주마! 이런 식으로. 그를 미워한 인사들이야 참 고소한 일이었을테지만, 당사자는 아주 '죽을' 맛이었을 것이다. 이래서 또 한 명의 원수가 탄생한다.

사람과 사람의 인연이란 참 묘하다. 원수인 줄 알았는데 은인이고, 은인인 줄 알았는데 원수인 경우가 태반이다. 노론 벽파가 천주교 문제를 전략적으로 이용한 건 맞다. 하지만 실제의 현장을 주도한 건 내부의 적이었다. 그런데 여기서 이기경만을 탓하기도 뭣하다. 이승훈은 대체 왜 그토록 이기경을 '하찮게' 대했을까? 자신의 호의가 외면당한 것도 분한데 거기다 왕으로부터 버림받고 유배지를 떠돌았으니, 절치부심하는 거야 당연지사. 그 원한이 결국 독화살이 되어

이승훈은 물론 다산에게까지 박힌 것이다.

　이들 '악인'들의 공격은 참으로 집요했다. 기회만 있으면 바로 다산을 걸고 넘어졌고, 마침내 정조가 죽자마자 온갖 유언비어를 퍼뜨려 다산 일파를 궁지에 몰아넣었다. 신유박해 때도 다산이 무혐의로 살아남자 흉언을 조작해 내어 다산의 형 약종에게 극형을 추가함으로써 다산이 재기할 길을 막아 버렸다. 집안에 대역부도大逆不道 죄인이 있으면 출사의 길이 막히기 때문이다. 그뿐 아니다. 그해 겨울 '황사영 백서' 사건이 일어나자 "악인 홍희운홍낙안의 개명·이기경 등이 백 가지 계책을 동원하여 조정을 공갈 협박하기도 하고, 자기들이 자원해서 사헌부의 벼슬자리에 들어가기도 해서는 발계하여 다시 국문하자고 청하여 약용 등을 기어코 죽이고야 말겠다는 것이었다."「자찬묘지명」, 231쪽 이때 다산을 구한 것이 앞서 말한 대로 노론 벽파의 핵심 정일환이었다. 심환지와 정순왕후는 국문을 주도하긴 했지만 증거가 나오지 않자 다산은 강진으로, 그의 형 약전은 흑산도로 유배지를 바꾸는 것으로 사건을 종결지었다. 하지만 홍희운은 달랐다. "천 사람을 죽여도 약용을 죽이지 않으면 아무도 죽이지 않은 거와 같"다며 길길이 뛰었다. 정말 원수도 이런 원수가 없다. 훗날 유배지에서 다산은 아들들에게 보내는 편지에서 이렇게 탄식한다. "벗을 고르는 일이 바르지 못하여 화살끝을 갈고 칼날을 벼리며 서로 시기하는 사람들이 모두 내가 옛날 친히 사귀던 사람들"「아들 학연에게 내려주는 교훈」示學淵家誡, 『유배지에서 보낸 편지』, 132쪽이었다고. 친구와 원수가 한끝 차이라더니 과연 그렇다.

　물론 노론쪽에도 다산의 적이 있긴 하다. 서용보徐龍輔라는 인물이 그다. 신유박해 당시 다산은 혐의가 없었다. 형 약종의 문건에서 다산이 배교자임이 명백해졌기 때문이다. 하여, 여러 대신들이 모두 무죄로 풀어 줄 것을 의론했으나 오직 서용보만이 고집을 부려 결국 경상도 장기로 유배를 가게 된 것이다. 그해 겨울 벌어진 '황사영 백서' 사건에도 역시 무혐의. 그럼 다산의 죄가 뭐지? 형을 잘못 둔 죄? 매형과 사돈을 잘못 둔 죄? 법적으로는 그렇다. 인식론적 차원이야 법이 따질 수 있는 사항이 아니니까. 그렇다면 18년간이나 유배지에 있을 이유가 없다. 실제로 1803년 겨울에 정순왕후가 다산과 그의 친구 채홍원을 함께 석방하라는 특별명령을 내린다. 하지만 이때 역시 서용보가 가로막았다. 다시 1810년 가을 다산의 장남 학연이 바라를 두들겨 억울함을 하소연한 덕택에 형조판서가 상소를 올려 석방시키라는 명령이 내렸다. 이번에는 이기경이 급히 대계를 올려 불발되고 말았다. 1814년에도 비슷한 일이 있었다가 결국 1818년 응교應敎: 홍문관·예문관의 정4품 관직 이태순이 강력한 문제제기를 하자 정승 남공철南公轍이 의금부의 여러 신하들을 꾸짖어 마침내 해배명령이 떨어진다. 남공철은 연암과도 교분이 두터웠던 노론 시파쪽 정승이었다. 그 사이에 정국의 주도권이 벽파에서 시파로 바뀐 것이다. 벽파건 시파건 결국 다산을 풀어 준 건 노론쪽이었다. 이쯤 되면 적과 동지가 헷갈리기 시작한다.

서용보와의 원한 감정 역시 이념이나 명분과는 다소 거리가 멀다. 일찍이 다산이 암행어사 시절 각 지역의 수령들을 감찰하다가 서용보의 비리를 적발한 적이 있었다. 그때 이후 단단히 '삐친' 것. 이념보다 감정이 더 무섭다는 게 이런 것이리라. 특히 서용보의 경우는 이기경, 홍희운과는 스타일이 약간 다르다. 노골적으로 적대하기보다 슬그머니 뒤통수를 치는 식이다. 예컨대, 18년 만에 해배되어 고향에 돌아왔더니 서용보가 마침 벼슬길에서 물러나 서쪽 이웃마을에 살고 있었다. 뜻밖에도 사람을 보내어 대단히 관곡款曲; 매우 정답고 친절함한 위로의 말을 보내왔다. 또 기묘년(1819, 다산 58세) 봄에 서용보가 다시 정승으로 들어갔는데 오고갈 때마다 은근하게 위로의 문안을 해주었다. 오호, 참회의 표현인가? 웬걸! 그해 겨울 조정의 의론이 경전經田하는 일에 다시 다산을 기용해서 쓰기로 결정이 났으나 서용보가 극력 저지하여 끝나 버렸다. 헉! 이기경 그룹이 집요하고 잔인하다면, 서용보는 비열하고 쪼잔하기 그지없다.

다산이 '영웅의 서사'를 잘 구현한 반면, 연암의 생애는 그런 명제를 간단히 배반한다. 주류 세력의 일원으로 태어났지만, 뚜렷한 사연 없이 정계진출을 포기했고, 이후 어떤 파당도 만들지 않았다. 불평지기를 가진 적도 없고, 왜 날 알아주지 않느냐고 탄식한 적도 없다. 오히려 숨기려고 해도 자꾸만 높아지는 명성이 부담스러울 뿐이었다. 가난을 숙명처럼 받아들였고, 그럼에도 구차한 내색은 단 한 번도 하지 않았다.

국문을 당한 적도, 유배를 간 적도 없다. 사극의 주인공이 되지 못한 것도 그 때문일 터이다. 사극의 주인공이 되려면 피가 터지고 살점이 흩어지는 '피바람'의 한가운데 있어야 한다. 연암은 그런 조건과 배치 자체로부터 탈주했다. 하지만 그런 그에게도 적이 있었다. 홍국영과 유한준. 먼저 홍국영과의 갈등은 연암의 밋밋한 인생에 끼어든 느닷없는 '파문'이었다. 연암과 홍국영은 당파나 가문상 가까운 관계다. 하지만 세도 앞에선 그런 건 통하지 않는다. 가깝기 때문에 더 용납하기 어려운 경우도 많다. 이 싸움은 앞에서 본 대로 좀 싱겁게 끝났다. 벗들의 도움도 지대했지만 무엇보다 홍국영의 권세가 불과 4년을 버티지 못한 채 허무하게 끝나 버렸기 때문이다.

그에 비하면 유한준俞漢雋과의 원한은 깊고도 질겼다. 유한준은 문장가로 이름난 인물이었다. 젊은 날 연암과도 친분이 있었는데, 연암에게도 자신의 문장을 인정을 받고 싶었던가 보다. 연암에게 자신의 글을 품평해 달라고 부탁하면서 비극이 시작되었다. 당시 유행한 장르 가운데 척독尺牘이 있었다. 편지글인데 촌철살인의 직격탄을 날리는 걸 특징으로 한다. 연암은 이 척독의 형식을 빌려 유한준에게 자신의 소견을 알린다. "그대의 문장이 몹시 기이하다 하겠으나, 사물의 명칭이 빌려온 것들이 많고 인용한 전거들이 적절치 못하니 그 점이 옥의 티라 하겠기에 노형을 위하여 아뢰는 바요. 벼슬 이름이나 지명은 남의 것을 빌려 써서는 안되오. 땔나무를 지고 다니면서 소금을 사라고 외친다면, 하루 종일 길에 다녀도 땔나무 한 다발 팔지 못할 것이오."「창애에게 답함」答蒼厓, 『연암집』(중), 375~376쪽다. 창애가 유한준이다. 인용이 많은 데다 그나마 또 잘못 인용했다는 뜻 아닌가. 유한준으로서는 몹시 쓰라린 평가다. 박종채에 따르면, 이 편지로 인해 유한준이 연암에게 앙심을 품게 되었다고 한다.

헌데, 이것 말고도 그에게 보내는 편지가 여덟 통이 더 남아 있다(유한준의 문집에는 이 편지들이 한 통도 남아 있지 않다고 한다. 아마 태워 버렸을 것이다). 화담 서경덕의 유명한 일화—장님이 눈을 떴는데 길을 잃고 주저앉아 울고 있자 화담 선생이 "도로 눈을 감고 가라"고 했다는 ─ 와 함께 이런 조언이 붙어 있다. "눈을 뜨게 된 장님이 길을 잃은 것은 다름이 아니라, 만물의 모습이 뒤바뀐 데다 희비의 감정이 작용했기 때문입니다. 이것이 바로 망상이라는 거지요. 지팡이로 더듬고 발길 가는 대로 걸어가는 것, 이것이야말로 우리들이 분수를 지키는 참된 이치요, 제 집으로 돌아가는 확실한 인증이라오." 「창애에게 답함 2」答蒼厓之二, 『연암집』(중), 378쪽 망상에 끄달리지 말라는 뜻? 그러기 위해선 도로 눈을 감으라는 것. 세번째 편지는 아주 짧다.

> 마을의 어린아이에게 『천자문』을 가르쳐 주다가 아이가 읽기 싫어하는 것을 나무랐더니, 하는 말이, "하늘을 보면 새파란데 하늘 '천' 天자는 전혀 파랗지가 않아요. 그래서 읽기 싫어요" 하였소. 이 아이의 총명함은 창힐倉頡; 문자를 처음 만들었다는 인물이라도 기가 죽게 하는 것이 아니겠소. 「창애에게 답함 3」答蒼厓之三, 『연암집』(중), 379쪽

문장에는 '생동하는 기운'이 중요하다는 것이다. 결국 이 편지들의 메시지를 종합하면 이렇다. ─ '그대의 글은 진부한 데다 독창성이라곤 없다! 부디 망상에서 벗어나 그대 자신의 글을 쓰시오!' 글쓰는 이들에겐 최고의 조언이다. 하지만 유한준에게 그건 독이었다. 자신의 존재를 송두리째 무너뜨리는! 그 독에 감염되는 순간, 그는 원한의 화신이 되고 말았다. 연암은 이런 정황을 잘 몰랐던 것 같다. 그러기에 계속 편지를 보낸 것이 아닐까. 뭔가 예감은 있었을 것이다. 다섯번째 편지가 그것이다.

저물녘에 용수산에 올라 그대를 기다렸으나 그대는 오지 않고 강물만 동쪽에서 흘러와 어디론가 흘러갔습니다. 밤이 깊어 달빛 비친 강물에 배를 띄워 돌아와 보니, 정자 아래 고목나무가 하얗게 사람처럼 서 있기에 나는 또 그대가 거기에 먼저 와 있는가 의심했었다오.「창애에게 답함 5」答蒼厓之五,『연암집』(중), 381쪽

언뜻 보면 '연인' 사이 같다. 산 위에서 그대를 기다리는데 날은 저물어 가고 돌아와 고목나무를 보고는 그대라고 착각하고……. 사연은 잘 모르겠지만 안타깝고 또 답답하다. 이후에도 몇 통의 편지를 더 보냈지만 답장은 없었다. 대신 유한준은 그때부터 본격적으로 연암의 '안티'로 활약하기 시작한다.

연암이 관직에 나섰을 때, 지위가 조금이라도 높아질라치면 곧바로 상소를 올려 "불가!"를 외쳤고, 안의현감 시절 연암이 마침 '호복임민'胡服臨民;오랑캐 옷을 입고 백성들을 대했다설에 연루되자, 이때를 놓칠세라 『열하일기』에 '노호지고'虜號之稿;오랑캐의 연호를 썼다는 루머를 퍼뜨렸다. 그런 정도야 참아 줄 만했다. 대꾸할 가치도 없을뿐더러 반박하기도 민망한 수준이었으니까. 또 미관말직이야말로 연암이 원하는 바였으니 그것도 별 게 아니었다. 유한준의 편에서 보자면 참 난감한 적이었던 셈이다. 치명상을 입히려면 약한 고리가 있어야 하는데 도무지 그걸 찾기가 어려웠으니 말이다. 그래서 더더욱 열을 받았을 듯.^^

하지만 뭐든 애를 쓰다 보면 길이 보인다고, 마침내 유한준에게 한을 풀 수 있는 절호의 찬스가 왔다. 산송山訟이 바로 그것이다. 때는

1802년(임술년), 연암의 나이 66세, 유한준은 71세. 관직에서 물러나 조용한 노년을 보내던 연암은 할아버지인 장간공 박필균의 묏자리를 포천으로 이장할 계획을 세웠다. 정해년(1767) 산송으로 급하게 임시로 부친의 장례를 치렀던 터라 그 또한 좋은 땅으로 옮겨야 했다. 포천 기지리에 있는 산을 사서 먼저 장간공 묘를 이장하였다. 그런데 얼마 후 유한준이 그 사촌동생을 사주하여 몰래 묘를 파내게 했다. 연암 집안에선 당연히 따졌다.

"이 산에 유씨의 분묘가 있소이까?"
"없소이다."
"여기에 유씨 문중의 집이 있소이까?"
"없소이다."
"이곳이 유씨의 땅이오니까?"
"아니외다."
"그렇다면 묘를 파낸 이유가 어디에 있소이까?"

유한준은 그의 선조가 여막살이 하던 초막의 옛터가 그 아래에 있기 때문이라고 했다. 그러자 연암이 물었다. "그렇다고 한다면 시비와 곡직은 재판관이 가려줄 일이 아니오? 선조의 옛터가 증거라면 왜 소송으로 해결하려 하지 않고 갑자기 이처럼 패악한 짓을 하셨소?" 유한준의 대답이 압권이다.

"나는 송사나 법 같은 건 모르외다! 파낼 '굴'掘 자만 알 뿐이오."
이판사판! 이에 앞서 유한준 집안의 종손인 구환이 자식도 없이 일찍 죽었다. 한준은 과부로 지내던 구환의 노모를 업신여겨 몰래 사람을 시켜 구환의 무덤을 파내게 했다. 구환의 노모는 통곡하며 손가락을 깨물어 혈서를 써서 억울함을 하소연했으나 한준은 중지하지 않았다. 여기서 잠깐! 이 노모가 연암과 같은 반남 박씨였다고 한다. 헐~ 이 얽히고설킨 혈연관계라니. 아무튼 이리하여 구환의 관을 파내어 장간공의 묘 뒤쪽 한 자약 30.3cm쯤 되는 곳에 옮겨 놓았다. 당시 땅이 꽁꽁 얼어붙어 있었으므로 눈을 끌어모아 봉분을 만들고 그 위를 거적으로 덮었다. 대체 왜 이런 짓을? 이 산에 유씨 집안의 무덤이 있음을 증명하기 위함이었다. 허걱! 이 지경에 이르자 연암은 탄식한다. "이는 사람의 이치를 갖고 다툴 일이 아니로구나!"

하여 소송과 무관하게 서둘러 다른 산을 구해 이장하려 했다. 날짜를 택일하여 아흐레 정도 남겨두고 있었다. 유한준은 이 소식을 듣자 부랴부랴 그 문중 젊은이들 중 빈천하고 불량한 자들을 꼬드겨 이장하기 전에 다시 묘를 파내게 했다. 그리하여 마침내 관이 드러나는 지경에 이르렀다. 정말 갈 데까지 간 것이다.

"너무 심하구나! 처음에는 그가 오로지 묏자리를 빼앗으려고 그러는 줄로만 알았다. 그런데 지금 그가 하는 짓을 보니 너무도 악독하다. 이는 필시 어떤 세력과 결탁하여 음모를 꾸미려는 것이다. 그러니 더 이상 말해서는 안된다."

그리하여 마침내 장지를 양주의 성곡으로 바꾸었다. 이게 산송의 전모다. 내막을 알고 보면 더 기가 막히다. 유한준은 연암을 자극하여 관에 소송장을 올리게 만들 작정이었다. 당시는 경주 김씨(정순왕후의 친정)가 권세를 잡고 있었는데 연암과 이들이 사이가 좋지 않았으므로 그걸 빌미 삼아 연암을 해치려 했다는 것이다. 아들 박종채는 절규한다. ─"이 자는 우리 집안과 백 대의 원수다!" 다행히 연암은 그가 쳐 놓은 덫에 걸려들지 않았다. 시비를 내려놓은 덕분이다. 유한준의 행동은 임계점을 넘어 버렸다. 저 불타는 증오 앞에 시비가 대체 무슨 소용이랴.

한편, 이건 단순히 유한준의 문제라고 보기도 어렵다. 연암은 정해년 이후 아버지와 조부의 산소를 옮길 생각을 늘 갖고 있었다. 하지만 또 항상 이렇게 경계했다. "차라리 들판 한가운데다 무덤을 썼으면 썼지 어린아이 하나라도 왜 이곳에 무덤을 쓰느냐라고 이의를 제기하는 일이 있어서는 안 된다. 이는 돌아가신 부모를 욕되게 하는 일이다." 하여, 비록 주인 없는 무덤이 있는 산이라 할지라도 그런 산은 피하여 돌아보지도 않았다. 그러다 보니 36년 만에야 겨우 한군데 빈 땅을 얻었는데 결국 이런 변을 당했으니 이 또한 운명이란 말인가.『나의 아버지 박지원』, 164쪽

정말 그렇다. 유한준도 명색이 사대부 문장가고, 앞서 말한 대로 유언호와 같은 집안이다. 객관적으로 본다면, 저토록 치졸한 복수극을 할 까닭이 없다. 성공한다 해도 자신의 명예 역시 땅에 떨어질 건 불 보듯 뻔한 노릇 아닌가. 그런데도 도저히 참을 수가 없었던 것이다. 젊은 날 당한 혹평이 그렇게 가슴에 사무쳤던 것일까? 정말 그런 거냐고 묻는다면 유한준은 말하리라. 너희가 문장을 아느냐? 문장가에게 문장이란 삶의 축이자 존재의 무게중심이다. 그게 한낱 표절

과 사이비로 찍혔는데, 그걸 받아들인다면 나는 이제 살아갈 방도가 없다. 그러니 이 치욕, 이 분노를 대체 어떻게 참으란 말인가? 명리학적으론 이런 경우, '살'이 끼었다고 한다. 설명도, 해독도 불가능한 사건들을 우주적 인과로 설명하는 용어다. 이를테면, 유한준도, 연암도 살아가면서 감내해야 하는 몫이 있었던 것이다. 살기 위해선 반드시 치러야 할 대가 같은 것이라고나 할까. 그래서 운명이다! 연암이 시비를 내려놓은 것도 그 때문이다.

송사를 벌이지도, 한판 붙지도 않았지만 연암의 가슴속 불은 꺼지지 않았다. 그후 연암에겐 화병이 생겼다. 원래 체질적으로 풍담과 정충(怔忡: 가슴이 두근거리는 증세) 등을 앓긴 했지만, 이 사건이 화근이 되었던지 심한 풍비를 앓다가 마침내 생을 마감했다. 그렇다면 유한준의 복수는 결국 성공한 셈인가. 하지만 연암 또한 멋지게 한방을 먹였다. 유한준이라는 '더러운' 이름을 역사에 길이 남기게 해주었으니 말이다. 무슨 말이냐고? 이제 유한준은 연암의 생애를 말할 때면 어김없이 등장하는 '카메오'가 되었다. 연암의 대책없는 '안티'로, 평생 음모와 비방을 일삼은 '악플러'로, 무덤을 파낸 '도굴자'로……. 역사에 이름을 남기는 방법도 참 가지가지다.

이로써 보건대 적은 멀리 있지 않다. 늘 가까이에 있다. 먼 데 있는 적은 언제든 나의 벗이 될 수 있다. 음양의 법칙이기도 하다. 음이 극하면 양이 되고, 양이 극하면 음이 되듯이. 극과 극은 서로 알아본다. 하여, 집단 간의 대규모 전쟁이 벌어지지 않는 한 서로 적대할 일이 별로 없다. 허나 가까이 있는 친지, 비슷한 정서를 지닌 이들끼리는 상극의 힘, 곧 척력이 작용한다. 서로 밀쳐 내려고 하기 때문이다.

로마제국이나 진시황의 나라 같은 거대한 제국의 멸망도 외부의 침략자가 아니라 내부자들로 인한 것임을 환기해 보라.

어찌 됐든 연암은 문체로 인해 평생의 악연을 만들었고, 다산은 서학으로 인해 백대까지 이어질 원수들을 만났다. 유한준과 이기경은 모두 '악당들'이다. 하지만 그들로 인해 연암과 다산은 자신의 사상과 문장을 더더욱 벼릴 수 있었으니, 이 또한 기막힌 아이러니 아닌가.

추방, 그리고 죽음

왕이 죽었다! 왕의 죽음은 그 왕을 둘러싼 집합적 신체의 붕괴를 의미한다. 서기 1800년, 간지로는 경신庚申년이었다. 천간과 지지가 모두 금金이니 금기운이 왕성한 해다. 왕의 죽음은 하늘이 무너지는 것에 비유된다. 다산에게 이것은 은유도 상징도 아니었다. '실제상황'이었다. 이제 우주의 중심인 하늘, 더 구체적으로 태양이 사라졌다. 태양이 없다면 대지도 생명도 없는 법. 이제 자신을 떠받치고 있던 생의 기반들이 사라질 것이다. 인디언들이나 유목민들은 거대한 재앙이 다가올 때면, 그전에 지축이 흔들리는 소리를 듣는다고 한다. 느낌이 아니라 실제로.

다산 또한 어떤 예감이 있었던 것일까. 그 전해부터 사직상소를 올리고 마현리로 돌아가려고 마음먹는다. "경신년(39세, 1800년) 봄에 나는 참소하고 시기하는 사람이 많음을 알고 고향으로 낙향하여 칼날을 피하려고 처자식을 거느리고 마현의 고향으로 돌아가 버렸다."「자찬묘지명」, 227쪽 그리고 그 예감은 적중했다.

그해 여름 6월 12일 왕이 내각의 아전을 보내 그리움을 전했다. 다산은 또 감격했다. 아무리 두려워도, 아무리 비방이 심해도 다시 나아가리라, 임금께서 나를 잊지 않고 불러 주신다면! 하지만 그게 마지막이 될 줄이야. 그 다음날부터 정조의 등에 종기가 퍼지기 시작했다. 『조선왕조실록』을 보면 조선의 왕들은 등창으로 목숨을 잃은 경우가 많다. 일단 퍼지기 시작하면 걷잡을 수가 없고, 침을 써서 고름을 짜면 한 되가 나온다고 할 정도로 무서운 병이다. 고름을 짜 낸다고 치료가 되는 것도 아니다. 그 다음엔 정기가 다 빠져서 더 위태롭게 된다. 담음이 뭉쳐 악성종양이 된 경우가 아닌가 싶다. 과도한 스트레스와 운동 부족, 또 지나친 성생활과 기름진 식사 등 왕의 일상은 그 자체로 담음과 어혈의 원천이었으니, 왕 노릇도 참 힘들다는 생각이 든다. 정조 역시 아버지 사도세자로 인한 '화병'이 종창을 일으킨 듯한데, 어쨌든 병이 악화되어 결국 그달 28일에 세상을 뜨고 만다. 급작스런 죽음이었다. 다산이 느꼈을 충격이 어떠했을까? 생각하면 모골이 송연해진다.

아니나 다를까 정조의 장례를 치르자마자 악성루머가 퍼지기 시작했다. "공제公除: 왕이나 왕비가 죽은 뒤 36일 동안 일반 공무를 중지하고 조의를 표하던 일의 날이 지난 뒤부터 점차 들리는 소리는 악당들이 참새 떼 뛰듯 날뛰며 날마다 유언비어와 위험스러운 이야기를 지어내고 사람들의 귀를 현혹시키고 있다 했다. '이가환 등이 앞으로 난리를 꾸며 4흉 8적을 제거한다'는 이야기까지 꾸며 대고는 그 네 명과 여덟 명의 이름에 절반은 당시의 재상들과 명사들의 이름이 끼여 있었고 절반은 자기네들 음험한 무리들의 이름을 끼워 넣고는 당시의 사람들에게 분노를 격발시키게 하고 있었다."「자찬묘지명」, 228쪽 화란의 조짐이 분명해졌다. 다산은 처자를 마현으로 돌려보내고 홀로 서울에 머무르며 사태의 추이를 관찰하다가 겨울에 졸곡제가 끝나자마자 아예 낙향을 해버렸다. 이때 여유당與猶堂이라는 편액을 걸었다. 여유당은 발음이 주는 부드러움과는 정반대의 뜻을 담고 있다.

> 노자의 말에 "여與여! 겨울의 냇물을 건너는 듯하고, 유猶여! 사방이 두려워하는 듯 하거라"라는 말을 내가 보았다. 안타깝도다. 이 두 마디의 말이 내 성격의 약점을 치유해 줄 치료제가 아니겠는가. 무릇 겨울에 내를 건너는 사람은 차가움이 파고들어와 뼈를 깎는 듯할 테니 몹시 부득이한 경우가 아니면 하지 않을 것이며, 온 사방이 두려운 사람은 자기를 감시하는 눈길이 몸에 닿을 것이니 참으로 부득이한 경우가 아니면 하지 않을 것이다.
> 「여유당기」, 『다산문학선집』, 101~102쪽

무엇이 이 '작은 거인'을 이토록 떨게 했을까? 앞부분에 이런 자가진단이 나온다. "나는 나의 약점을 스스로 알고 있다. 용기는 있으나 일을 처리하는 지모가 없고, 착한 일을 좋아하는 하나 선택하여 할 줄을 모르고, 정에 끌려서는 의심도 아니하고 두려움도 없이 곧장 행동해 버리기도 한다." 이것이 정화丁火, 특히 화火기운이 발달한 사람들의 특징이다. 곧장 앞을 향해 나아가는 행동파! 머리보다 발이 앞선다. "이 때문에 어린 시절에는 일찍이 방외方外에 몰두하며 의심하는 마음을 가지지 못했고, 이미 장년이 되어서는 과거공부에 빠져 다른 것은 돌아보지도 않았으며, 서른이 넘어서는 지난 일에 대한 후회가 깊이 벌려졌지만 두려워하지를 않았다." 이 방외가 곧 천주교일 것이다. 화기운과 유일신 사상은 서로 상통한다! 불은 늘 위를 향해 솟구치기 때문이다. 유일신 종교도 마찬가지 아닌가. 방외에서 과거공부로. 다시 말하면, 천주교에서 국가학으로! 둘 다 강력한 중심성을 작동시킨다는 공통점을 지닌다.

그 다음 진술도 아주 재미있다. "이러했기 때문에 무한히 착한 일만 좋아하다가 남의 욕만 혼자서 실컷 얻어먹게 되었다. 안타까운 일이다. 이 또한 운명일까. 성격 탓이겠으니 내 감히 또 운명이라고 말하랴." 무한히 착한 일? 남의 욕만 실컷? 참 원색적이라 재밌는 표현이다. 고지식하다고 해야 할지 자기중심적이라고 해야 할지.

그런 점에서 여유당이라는 편액은 일종의 바리케이드 혹은 부적에 해당한다. 거침없이 질주하다 문득 화란의 조짐을 읽고 그 지점에서 만난 깨우침이기도 하다. 이 시점을 중심으로 다산의 생애는 '비포'와 '애프터'가 갈린다. 다산의 문집을 『여유당전서』라고 말한다. '여유당'에 담긴 뜻을 되새겨 보면 뭔가 팽팽한 긴장감이 느껴질 것이다.

과연 예감대로 화란은 당도했고, 피할 길은 없었다. 바로 그 다음해 정초부터 천주교에 대한 대박해가 시작되었다. 그해는 신유辛酉년, 경신년과 마찬가지로 천간과 지지가 모두 금金인 해다. 경신년이 양금陽金이라면 신유년은 음금陰金이다. 보통 신금辛金과 유금酉金은

가장 정교한 금, 보석이나 칼에 담긴 기운이라고 말한다. 고도의 정련성과 아름다움, 하지만 그 안에는 치명적인 예리함과 냉혹함이 담겨져 있다. 다산에게 신유년은 그런 해였다.

앞서 본 대로 시련은 한 번으로 끝나지 않았다. 그해 겨울 '황사영 백서' 사건으로 다시 피바람이 불어닥쳤다. 신유박해 때 도주한 황사영이 상복 차림으로 제천의 토굴에 은거하면서 작성한 문서가 바로 '황사영 백서'다. 신앙의 자유를 확보하기 위해 조선을 청나라에 복속시키고, 서양 제국에 군함과 군대를 요청하자는 '엄청난' 내용을 담고 있다. 무려 1만 3,311자로 이루어진 대장편이다. 그 문서를 중국과 로마 교황청에 보낼 작정이었는데, 그 직전에 체포되었다. 이기경과 홍낙안 등은 이때다 싶어 다시 다산을 배후세력으로 지목하였다. 이때의 정황을 보면 정말 '기적 같은 생환'이다. 친형 약종은 이미 패역무도죄로 처형되었고, 조카사위인 황사영은 반역자가 되어 능지처참을 당했지만, 약전과 약용은 이 심문 과정에서 오히려 천주교 신자라는 혐의가 풀리게 되었다. 땅끝으로 추방되긴 했지만 그 지옥의 아수라장에서 살아남은 게 어딘가. 첫 유배지인 장기에서 쓴 예설禮說, 이아설爾雅說 및 여러 시 작품이 조사과정에서 압수되었는데, 그것들이 결정적으로 다산의 무죄성을 증명해 주었다고 한다. 어떤 글은 숱한 사람을 죽이기도 하고, 어떤 글은 이렇게 목숨을 살리기도 한다.

정조의 죽음과 신유박해, 그리고 귀양살이 ─ 다산의 생애에는 이 사건들이 동시적으로 일어났다. 왕이 죽자 피의 박해가 시작되었고, 그리고 땅끝으로 추방되었다! 죽음과 박해와 추방 ─ 그의 인생에서 이 세 단어는 동의어다!

연암에게도 정조의 죽음은 충격이었다. 당시 연암은 면천군수 노릇을 하고 있었다. 변방의 음직이었지만 왕과의 은밀한 유대는 끈끈하게 이어지고 있었다. 사실 따지고 보면 연암과 정조는 한 집안이다. 연암의 삼종형 박명원이 화평옹주의 남편이고, 화평옹주는 정조에겐 고모니까 박명원이 고모부에 해당하는 셈이다. 그러면 연암과 정조는 사돈의 팔촌격! 이런 인연 때문인지 연암은 정조의 진향문을 작성하는 제술관으로 차출된다. 물론 충청감사를 대신해서 쓰는 형식이었다.

천 년 지나 성인 한 분
동방에서 왕위를 받으시니
기자箕子 홍범洪範으로 다시 질서 세우고
문운 거듭 창성했네
공자 생각 주공 마음
계승하고 본받아서
크고 넓은 정책 펴니
한·당조차 옹색하다 여기셨네

「정조대왕 진향문」(부분), 『연암집』(중), 273쪽

통상적인 표현들이지만 정조한테는 충분히 어울리는 칭송이다. 평생 왕의 지근거리에 가지 않으려 애썼던 연암으로서도 정조의 죽음은 비통한 일이었다. "천만 년 지나도록 / 강녕 길이 받으시리 믿

었는데 / 어쩌자고 하루 저녁 / 하늘나라로 떠나셨소 / 하늘이 무너지고 땅이 꺼진 듯 / 온 세상 사람들 부모를 여읜 듯이 여기네" 「정조대왕 진향문」, 『연암집』(중), 280쪽 하지만 연암이 느낀 슬픔과 허탈감은 다산과는 비할 바가 아니었다. 권력투쟁의 장에서 벗어난 자의 자유가 바로 이런 것일 터.

　하지만 신유박해는 당쟁을 넘어 사회 전체를 뒤흔든 대변고라 자연히 연암 주변에까지 불똥이 튀었다. 하긴 그전에 면천군수를 하면서 가장 주력했던 일도 군내의 천주교 신자들을 회유하는 일이었다. 덕분에 신유박해 때 면천군에선 한 명의 희생자도 나오지 않았다. 하지만 연암 주변의 지식인들은 사정이 달랐다. 연암의 절친한 벗 가운데 서얼 출신의 이희경李喜慶이라는 인물이 있다. 그의 동생 이희영李喜英이 천주교 신자로 이때 순교했다. 또 하나 주목할 만한 인물이 김건순金健淳이다. 김건순은 청음 김상헌 가문의 종손으로 노론에서는 안회가 다시 태어났다는 칭송을 들을 정도로 촉망받던 인물이다. 당파로나 학맥으로나 연암과도 가까운 편이라 할 수 있다. 한번은 그가 연암을 찾아와 가르침을 청했다. 돌아간 뒤 연암의 안색이 좋지 않았다. "내가 전부터 김군을 한번 만나 보고 싶었다. 그런데 지금 만나 보고 나니 마음이 안 좋구나. 그 재주는 정말 천하의 기이한 보배라 이름할 만하더구나. 그러나 천하의 기이한 보배는 모름지기 견고하고 두터운 그릇에 보관해야 엎어지거나 깨어지지 않는 법이다. 그런데 이제 그의 그릇을 보건대 이러한 보배를 간직하기에는 부족하니 마음이 몹시 안됐다." 『나의 아버지 박지원』, 191쪽

　과연 연암의 예견은 적중했다. 얼마 뒤 김건순은 천주교와 관련

된 '강이천의 옥사'(1797)에 연루되어 종손 자격을 박탈당했다. 이미 청나라 신부 주문모(1794년 입국)의 지도로 입교한 상태였다. 그때의 옥사에선 풀려났지만 신유년에는 순교를 피할 수 없었다. 다산의 「자찬묘지명」에도 이 이름이 등장한다. "여러 대신들이 모두 무죄로 풀어 줄 것을 의론했으나 오직 서용보만이 고집을 부려 안된다고 해서, 나는 장기현으로 유배당하고 형님 약전은 신지도로 유배형을 받았다. 약종뿐만 아니라 나머지 사람들, **이가환, 권철신, 이승훈, 김건순, 김백순, 홍낙민은 살아남지 못했다.** 오직 이기양은 단천, 오석충만은 임자도로 유배를 당했다." 고딕 표시는 인용자―221~230쪽

다산과는 비교할 바 없지만, 이렇게 연암도 신유박해의 파장을 직·간접으로 겪긴 했다. 하지만 그해에 연암은 오히려 승진한다. 면천군수에서 양양부사로. 음직으로선 넘볼 수 없는 자리라고 한다. 관운이 비로소 열린 셈인가. 그럴 리가! "9월에 양양에 부임하셨다. 하지만 아버지는 이때부터 더욱 세상에 뜻이 없으셨다. 억지로 하루하루를 보내는 심정"『나의 아버지 박지원』, 154쪽이었다고 한다. 왕의 죽음 탓일까. 아니면 그 왕과 더불어 시절이 바뀐 탓일까. 당시 집권세력은 노론 벽파와 정순왕후의 척족인 경주 김씨들이었다. 연암은 이들과 사이가 좋지 않았던 것 같다. 하기사 좋아 봤자 뭐 어쩌겠는가. 정조가 그렇게 챙겨 주려고 해도 요리조리 피해 다녔는데 한낱 척족세력들이 연암의 인생에 개입한다는 건 어불성설이다.

생각해 보면 관직생활이 지겨워질 때도 되었다. 체질에 맞지도 않는 생계형 관직을 15년 가까이 했으니 말이다. 결국 신흥사의 권력형 중들과 갈등을 겪게 되자 곧바로 사직을 한다.―"궁속과 중

들에게 제압되는 고을 원이 아전들과 백성들을 어찌 다스린단 말인 가!" 원인은 그들이 제공했지만 연암도 이 타이밍을 놓치지 않았다. 박수칠 때 떠나지는 못하더라도 더 이상 했다가는 구차함에 떨어질 수도 있다고 여긴 듯하다.

> 아버지께서 양양부사를 그만두고 집으로 돌아오신 날 저녁이었다. 때마침 저본 『난정첩』蘭亭帖을 보내온 사람이 있었다. 아버지는 즉시 사랑채에 술상을 마련하고 촛불을 밝히게 하셨다. 그러고는 『난정첩』을 책상에 올려놓고 몇 차례나 본떠 쓰신 다음 감상하고 품평하며 몹시 즐거워하셨다. 그래서 곁에 모시고 있던 사람들도 먼 길을 오느라 고생한 일을 싹 잊을 수 있었다. 『나의 아버지 박지원』, 255쪽

퇴임 이후에 맞이한 평화와 여유! 역시 관직은 그의 체질이 아니었던 게다. 이후에도 강산薑山 이서구李書九가 결원이 생길 때마다 연암에게 벼슬할 뜻을 물어 왔지만 연암은 단호하게 사양한다. "벼슬살이 10년에 책 한 권이 날아갔구나!"라는 탄식이 말해 주듯이, 그의 인생에선 글쓰기가 가장 원초적 동력이었다. 이후 서울 종로구 계동에 '계산초당'을 짓고 조용한 만년을 보내던 차 그 악명 높은 유한준의 산송을 겪고 울화통이 치미는 증세에 시달린다.

> 아버지는 중년 이래 험난한 일들을 겪으시며 울적한 마음을 펴지 못해 늘 울화가 치밀어오르는 병이 있으셨다. 임술년(1802)의 산변 이

후 더욱 애통해하고 상심하셔서 마음이 횅하니 빈 듯하셨다. …… 갑자년(1804) 여름 이후 병세가 극도로 심해졌으나 약을 물리치고 드시지 않았다. …… 아버지는 병이 점점 더 위독해지셨지만 그럼에도 지계공과 이희경 두 분을 자주 불러서 조촐한 술상을 차려 서로 담소하게 한 다음 그 주고받는 말에 귀를 기울이곤 하셨다. 마침내 이 날 하늘의 가호도 그쳐 끝내 운명하셨으니, 유언은 깨끗이 목욕시켜 달라는 말씀뿐이셨다. 염습할 적에 아버지의 몸은 희고 깨끗했으며 얼굴은 편안히 주무시는 듯했다.『나의 아버지 박지원』, 165~166쪽

을축년(1805) 10월 20일 진시오전 8시경. 향년 69세. 처남 이재성과 서얼친구 이희경, 두 벗이 주고받는 이야기 소리를 들으며 죽음을 맞이했다. 니체가 꿈꾸었던 바로 그런 죽음이었다. 높고 쓸쓸하게!

1805년이면 정조 사후 5년 뒤다. 정순왕후의 수렴청정이 끝나면서 순조시대가 열렸고, 노론 벽파에서 노론 시파로 권력이 이동하던 때다. 아울러 벽파, 시파의 구분도 사라지고 오직 현실정치의 권력 다툼만 남은 세도정치가 시작되었다. 안동 김씨, 풍양 조씨 등등. 18세기의 조선과는 아주 다른 지형이 펼쳐진 것이다. 이렇게 본다면 연암의 죽음은 정조, 그리고 노론 벽파의 몰락과 궤를 같이한다. 연암과 정조, 연암과 노론 벽파는 '가까이하기엔 먼' 당신의 관계였지만 시절인연으로 본다면 하나의 그물망 안에 있었던 것.

연암은 죽고, 다산은 추방되었다. 연암은 70세의 문턱에서 이승을 하직했지만, 다산은 그때 막 40대에 접어들 무렵이었다. 연암이 죽은 이후에도 다산은 아주 많은 세월을 살아남았다. 다산이 죽은 건

1836년이니 무려 30여 년의 시간이다. 그 시간의 반쯤은 유배지에서, 나머지 반은 고향 마현리에서 보냈다. 그 세상에는 정조도 없고, 연암도 없다. 남인의 세상도, 노론의 세상도 아니다. 더 이상 다산을 탄압하지도 않지만, 그렇다고 알아주지도 않았다. 정조시대와는 영 '딴판'이었던 것이다. 상부가 세도정치로 치달아 가는 동안, 하층부는 심각한 지각변동을 일으키기 시작했다. 1811년 홍경래의 난을 시발로 19세기 내내 민란이 끊이지 않았다. 다산은 과연 이런 지각변동을 얼마큼 감지했을까?

다산이 겪은 가장 큰 변화는 추방되는 순간부터 정치가에서 학자로 거듭났다는 사실이다. 유배지에서의 18년 동안 그는 쓰고 또 썼다. 신기한 건 해배 이후에도 18년을 더 살았지만 집필을 더 하지는 않았다는 점이다. 환갑에 쓴 「자찬묘지명」을 위시하여 이가환, 정약전, 권철신 등의 묘지명을 쓰는 데 몰두하거나 기존의 저작들을 손봤을 뿐 새로운 담론을 저술하지는 않았다. 18년의 창작으로 충분하다고 느꼈기 때문일 터(양적으로는 분명 그렇다!^^).

하지만 다산의 학문과 문장을 알아주는 이는 참으로 드물었다. 가장 이상적인 통치의 모든 사항을 다 정리했건만 세상은 무응답이었다. 승지 신작申綽과 더불어 『주례』에 대한 해설을 가지고 서너 차례의 편지를 주고받은 것이 고작이었다. 5년째 되던 해 마침내 응답이 왔다. 놀랍게도 그 대상은 직각直閣; 규장각에 소속된 관직 김매순金邁淳, 노론측 대가였다. 그가 다산의 『매씨상서평』梅氏尙書評을 평하면서 '유림의 대업을 이루었다'며 극찬을 했다. 다산은 감격했다. 하지만 그게 전부였다.

다산의 노년은 그토록 적막했다. 하지만 다산은 그 시간들을 느긋하게 견뎌낸다. 불평도 회한도 없이! 때론 유람을 하고, 때론 묘지명과 시를 쓰면서. 마치 여백의 미라고나 할까. 이 여백이 아니었다면 다산의 삶은 치열하긴 하되 참으로 팍팍했으리라. 그 덕분인지 그의 시에도 어느덧 유머가 스며든다.

늙은이의 즐거움 老人一快事(1832)

1. 대머리
늙은이의 한 가지 통쾌한 일은
대머리가 참으로 유독 즐거워.
머리털은 본디 군더더기건만
처리하는 제도가 각기 다르다.
꾸밈이 없는 자들은 땋아 늘이고
귀찮게 여긴 자들은 깎아버림 많구나.
……
이제는 머리털이 온통 없으니
모든 병폐가 어디에 기댈 것인가.
머리 감고 빗질하는 수고로움도 없어지고
또한 백발의 부끄러움 모면했노라.
빛나는 머리통 박통같이 희고
둥근 두개골 모난 발바닥에 맞장구치네.
널따란 북쪽 창 구멍으로

솔바람 불어 대니 머릿골 시원하구려.

말총으로 짠 때 묻은 망건일랑

꼭꼭 접어 상자 속에 버려 두노라.

평생을 풍습에 얽매이던 사람이

이제야 통쾌한 선비 되었네그려.

『다산시정선』(하), 742~743쪽

대머리야말로 노인이 누리는 한 가지 통쾌한 일이란다. '2. 합죽이'에선 이빨이 몽땅 빠지니 걱정거리가 없어져 "통쾌하도다 의서 가운데에서 / 치통이란 글자는 지워 버려야겠지." '3. 침침한 눈'에선 눈이 어두워지니 『예경』이니 『주역』이니 연구하지 않아도 되니 참 좋단다. "옳고 그름도 이미 다 잊었고 / 어려움 분별하는 일 따라서 게을러졌구나 / 호수와 산의 경치를 / 바라보는 것만으로 충분하다오." 이런 식으로 '반전의 유머'가 퍼레이드처럼 이어진다. 노년에 맞이한 자유와 여유! 더 보탤 것도 뺄 것도 없는 삶의 경지에 도달한 것이다.

순조도 죽고 다시 임금이 바뀌어 헌종 2년(1836) 2월 22일 진시 초각. 다산이 생을 마감한 시간이다. 환갑 때 「자찬묘지명」을 썼으니 그로부터도 14년이 더 지난 시점이다. 이날은 회혼식 날이었다. 1776년 2월 22일 혼례를 올렸고, 그로부터 꼭 60년이 지났다. 연암이 그랬듯이 다산 또한 아내와의 의리를 지켰다. 18년의 생이별 속에서도 다른 여인을 취하지 않았고 회혼식까지 맞이할 수 있었으니 말이다.

결혼 60주년 回巹詩(1836)

60년 풍상의 세월 눈 깜짝할 새 굴러 왔지만

복사꽃 화사한 봄빛은 신혼 때와 같네

생이별과 사별이 죽음을 재촉하나

잠깐 슬프고 길이 즐거운 건 임금님 은혜겠지

오늘밤 뜻 맞는 대화가 새삼 즐겁고

옛적 치마에는 먹 흔적이 남아 있네.

나눠졌다 다시 합해진 내 모습 같은

술잔 두 개 남겨 두었다 자손에게 물려 주려네.

『다산의 풍경: 정약용 시선집』, 211쪽

회혼식 3일 전에 남긴 시다. 이승에서의 마지막 언어였다. 시 속에 나오는 "옛적 치마에는 먹 흔적이 남아 있네"라는 구절에는 사연이 있다. 강진에 있을 때 몸져 누워 있던 다산의 아내가 헌 치마 다섯 폭을 인편에 보내 주었다. 시집올 때 입고 온 분홍색 치마였다. 다산은 그 치마를 가위로 재단하여 조그마한 책자를 만들었다. 다섯 폭 가운데 네 폭에는 두 아들에게 주는 경계의 말을, 나머지에는 어린 딸에게 매조를 그려 제시를 써서 보냈다(1813). 아내는 신혼 때 입었던 치마를 보내고, 남편은 그 치마에 자식들을 위한 글을 쓰고. 진정 아름답고도 애틋한 풍경이다. 그렇게 긴 시간을 떨어져 있었는데도 슬픔은 짧고 즐거움은 길었다니, 두 사람의 정분을 짐작할 만하다.

거기다 회혼식을 위해 모인 친지들이 다함께 임종을 지켜 주었으니 이보다 더 '행복한' 죽음도 없으리라. 떠나는 자와 보내는 자 모두 축제가 아니었을까.

뫼비우스의 띠

연암은 키가 크고 풍채가 좋았다. 목소리도 우렁차서 수십 보 떨어진 담장 밖에까지 울려 퍼졌다. 눈자위는 쌍꺼풀이 졌으며, 귀는 크고 희었다. 광대뼈는 귀밑까지 뻗쳤으며 긴 얼굴에 듬성듬성 구레나룻이 있었다. 이마에는 달을 바라볼 때와 같은 주름이 있었다. 한편, 다산은 '작은 거인'이었다. 혼례식날 처종형 홍인호가 "사촌매부 삼척동자"라고 놀렸다는 기록이 있다. 일곱 살에 마마를 앓아 오른쪽 눈썹 위에 흔적이 남아 눈썹이 모두 세 개가 되었다. '삼미자'라는 호는 그래서 만들어진 것이다. 상처를 감추는 게 아니라 자신의 개성으로 바꾸는 변전! 다산은 언젠가 술회했듯이 외탁이었나 보다. 해남 윤씨였던 어머니의 할아버지가 조선회화사의 거봉인 공재恭齋 윤두서尹斗緖다. 또 그 증조부가 「오우가」와 「어부사시사」로 유명한 고산孤山 윤선도尹善道. 공재는 자화상이 특히 유명한데, 얼굴 모습과 수염이 다산과 많이 닮았다고 한다. 박람강기의 측면에선 고산 윤선도의 기질과도 상통한다.

연암은 '제비바위'燕巖다. 물찬 제비의 형상. 살집이 꽉 차 있지만 언제든 날아오를 듯한 날렵함을 자랑한다. 다산은 '차의 산'茶山이다. 산은 움직이지 않는다. 하지만 그 속에 차밭을 품고 키운다. 범접할 수 없는 카리스마를 지녔지만 그 내면의 디테일은 더할 나위 없이 세밀하다. 이것이 두 사람의 '호'에 담긴 이미지다. 두 사람은 그 이름에 걸맞게 살았다.

연암은 물찬 제비처럼 유영했다. 그런 점에서 '연암협'을 만난 건 필연이다. 과거를 포기하고 산수를 유람하다가 만난 땅, 그곳은 권력의 외부에서 마주친 '자유의 새로운 공간'이었다. 물은 수기운이요, 북쪽이다. 그런 점에서 연암협이 개성에 있다는 건 자연스런 이끌림이다. 다산이 다산을 만난 건 유배지에서다. 변경으로 추방당한 뒤 그 유형지에서 만난 대전환의 발판이 다산이다. 거기 남쪽의 끝은 불의 방향이다. 역시 다산의 불기운과 멋지게 조응한다. 둘은 이렇듯 상반된다.

연암의 생은 물처럼 매끄럽게 흘러 다녔다. 과거를 포기할 때도 팔도를 유람할 때도 열하로 갈 때도 다시 관직에 나갈 때도 그의 생애는 뚜렷한 마디가 없다. 매끄럽게 이어지기 때문에 어디가 시작이고 끝인지 헷갈린다. 또 어디를 향해 가는지도 짐작하기 어렵다. 하지만 다산은 그렇지 않다. 그의 생은 불꽃처럼 솟아오르고, 천리마처럼 내달린다. 하여, 그의 동선은 뚜렷하기 이를 데 없다. 서학에 경도될 때도, 정조를 향해 달려갈 때도, 추락하여 추방당할 때도, 유배지에서의 삶도, 학문적 성취도 그에게는 도무지 불투명한 대목이 없다. 오르고 내리고 꺾이고 상승하는 국면이 모두 명명백백하다. 생애의 궤적이 주는 이 차이는 그들의 취향과 성정에서도 그대로 드러난다.

연암은 술을 즐겼다. 열하로 가는 여행에서도 술병을 늘 끼고 다녔다. 야삼경 별빛 아래 고북구 장성을 넘을 때 그 감회를 이기지 못해 장성의 벽에 뭔가를 남기려 했으나 먹을 갈 물이 없었다. 그러자 낮에 먹다 남은 술을 따라 붓을 적셔 문장을 남긴다. 술로 쓴 덕분일까. 「야출고북구기」夜出古北口記는 조선 500년 이래 최고의 문장이라는 칭송을 듣는 '명작'이다. 열하에선 주점에 갔다가 몽고인과 회자回子; 중국의 소수민족 중 하나로 이슬람교를 믿는 후이족들을 기죽이려고 중국 고량주를 큰 잔에다 부어 '원샷'하는 해프닝을 벌이기도 한다. 술을 즐기긴 했지만 주사는 없었다. 밤새 50여 잔을 마시고도 다음 날 아침 태연하게 담소하다가 훌쩍 말에 올라 연암골로 향했다는 '전설'(?)을 남기기도 했다. 반면, 다산은 술에 약했다. 많이 마신 적이 없어 주량이 얼마인지도 모른다. 자식들한테도 술을 멀리하도록 했다.

> 너의 형이 왔을 때 시험삼아 술 한잔을 마시게 했더니 취하지 않더구나. 그래서 동생인 너의 주량이 얼마나 되느냐고 물었더니 너는 너의 형보다 배도 넘는다 하더구나. 어찌 글공부에는 그 아비의 버릇을 이을 줄 모르고 주량만 훨씬 아비를 넘어서는 거냐?
> 「학유에게 부치노라」寄游兒, 『유배지에서 보낸 편지』, 93쪽

정말 '빵 터지는' 대목이다. 자식이 머나먼 유배지까지 찾아왔는데 술이 얼마나 늘었는지 시험하는 아버지. 동생이 자기보다 더 주량이 많다고 '꼰지르는' 형. 공부는 아비를 닮지 않고 주량만 아비를 넘느냐는 아버지의 한탄. 시트콤이 따로 없다. 아버지의 잔소리는 계속 이어진다. 그 가운데 자신의 술버릇에 대한 일화도 곁들인다.

벼슬하기 전에 중희당에서 세 번 일등을 한 덕택으로 임금님이

소주를 옥필통에 가득 따라서 하사했다. 왕이 내리는 어사주이니 사양하지도 못하고 다 마시면서 혼잣말로 탄식했다. "이제 난 죽었구나!" 그런데 그렇게 심하게 취하지 않았던 것. 또 춘당대에서 임금을 모시고 공부하던 중 맛난 술을 큰 사발로 하나씩 하사받았는데 그때 여러 학사들이 곤드레만드레가 되어 정신을 잃고 혹 남쪽을 향해 절을 하고 더러는 자리에 누워 뒹굴고 했지만 자신은 읽을 책을 다 읽어 차례를 마칠 때까지 조금도 착오가 없었다는 것. 다만 퇴근했을 때 조금 취기가 있었을 뿐이라는 것. 앞의 글, 93쪽 참 썰렁하다. 이렇게 시시콜콜 늘어놓지 않아도 될 것 같은데……. 이러니 형 약전이 "내 아우는 도량이 좁은 것이 흠"이라는 소리를 한 게다. 쩝!

 술에 대한 취향과 태도가 다른 건 체질 탓이다. 연암처럼 수기가 많은 이들은 술이 잘 받는다. 술이 화기운이라 수승화강에 도움이 되기도 한다. 하지만 화기가 많은 사람에게 술은 치명적이다. 한 모금만 먹어도 온몸이 불타는 형국이 된다. 그럼에도 계속 마시면 그 다음엔 중독이 되어 버린다. 또 주사도 만만치 않다. 필름이 끊어지는 건 다반사고 폭언에 폭행을 휘두르기도 한다. 그러니 다산이 술을 멀리한 건 양생적으로나 윤리적으로나 아주 지혜로운 처사였다. 하지만 아들들한테도 그런 원칙이 먹힌 것 같지는 않다. 그러면 결국 이 모든 말은 '잔소리'가 되어 버리고 만다.

 이렇게 서로 대조되는 두 사람에게도 중첩되는 지점이 있다. 첫 번째가 관직시기. 연암은 노년에 다산은 청년기에 둘은 함께 관직생활을 했다. 하지만 둘의 접점은 극히 희박하다. 서로의 영역이 달랐기 때문이다. 같은 공간을 점유했음 직한 순간은 앞서 말했듯 1789

년 배다리 낙성식 정도가 고작이다. 문체반정 때는 논리적으로는 격하게 대립했지만 그때도 공간적으로는 멀리 떨어져 있었다.

이렇듯 공간적 마주침은 몹시 희박했지만 아주 기묘하게 중첩되는 시간적 리듬이 하나 있다. 유배지에서 보낸 다산의 삶과 프리랜서로 지낸 연암의 중년기가 그것이다. 다산은 강진에서 오직 읽고 쓰고 가르친다. 연암의 중년기 역시 그러했다. 과거를 포기한 뒤 그는 오직 읽고 쓰고 배우고 가르쳤다. 권력의 외부에서 펼쳐진 지성의 향연! 연암의 백탑청연은 앞에서 많이 언급했으니 다산의 경우만 살펴보자.

> 나는 해변가로 귀양을 가자 '어린 시절에 학문에 뜻을 두었지만 20년 동안 속세와 벼슬길에 빠져 옛날 어진 임금들이 나라를 다스렸던 대도大道를 알지 못했다. 이제야 겨를을 얻었구나'라는 생각이 들어 그때야 흔연스럽게 스스로 기뻐하였다. 육경과 사서를 가져다가 골똘히 생각에 잠기고 밑바탕까지 파내었다. 한나라 위나라 이후로부터 명·청에 이르기까지 유학사상으로 경전에 도움이 될 만한 모든 학설을 광범위하게 수집하고 넓게 고찰하여 잘못되고 그릇되었음을 확정해 놓고는 그런 것 중에서 취사선택하고 나대로의 학설을 마련하여 밝혀 놓았다. 「자찬묘지명」, 233쪽

처음에 내가 역易을 탐색하고 예를 연구하여, 다른 여러 경서에 손을 대면서 하나의 깨달음이 신명이 통하고 저절로 알아지는 듯하여 누구에게 이야기할 수 없는 것이 많이 있었다. 나의 형 약전이

흑산도 바다 가운데 계시며 한 편의 책이 완성될 때마다 보시고는 "네가 이런 정도에까지 도달한 것은 너 스스로도 알지 못할 것이다. 오호라! 도가 잃어버린 지 천 년에 백 가지로 가리어서 덮여져 있었는데 헤쳐 내고 분해해 내서 그 가리어 있음을 확 열어젖혔으니 어찌 너의 힘만으로 해낸 것이겠느냐"라고 해주셨다.『시경』에 "하늘이 백성을 깨우치는 것은 훈塤을 부는 듯, 지篪를 부는 듯하도다"라고 했거니와 성性이 기호임을 알아냈고 인仁이란 효제임도 알아냈으며 서恕란 인술仁術임도 알고 하늘의 강감降監이 있음을 알아, 경계하고 공경하며 부지런히 힘쓰고 힘써 장차 늙음이 이를 것을 잊은 것은 하늘이 나에게 내려 주신 복이 아니라고 하겠는가.「자찬묘지명」, 244~245쪽

깊고도 넓은 학문의 세계가 있었으니 다산은 결코 외롭지 않았다. 게다가 흑산도에 있는 형은 최고의 독자이자 논평가였다. 그뿐인가. 다산초당에는 인근 지역의 학인들이 자원방래하였다. 다산학의 아주 많은 부분은 그들과의 공동작업이다.『삶을 바꾼 만남』정민 지음, 문학동네, 2011에 그 공부의 과정들이 아주 세밀하게 그려져 있다. 특히 황상黃裳이라는 제자는 다산을 평생의 스승으로 모신 인물이다. 요컨대, 모든 지식인들이 꿈꾸는 최고의 시간을 다산은 유배지에서 누린 것이다. 부귀공명과 지성은 결코 양립할 수 없음을 이보다 잘 보여 줄 수 있을까. 또 배움과 익힘, 독서와 글쓰기만이 생을 구원한다는 사실을 이보다 더 잘 보여 줄 수 있을까. 연암이 '연암'이 되고, 다산이 '다산'이 된 건 이 시간들을 통과했기 때문이다. 다만 시기가 달

랐을 뿐이다. 연암은 청년기에 자발적으로 그것을 선택했고, 다산은 중년 이후 국가 권력에 의해 그 조건에 처해졌을 뿐이다. 이거야말로 기묘한 오버랩이 아닌가.

그리고 또 하나. 해배 후 다산은 산수를 유람하면서 백두白頭로 지낸다. 『흠흠신서』와 『매씨서평』을 수정하고 망자들을 위한 묘지명을 쓰는 것이 전부였다. 그 나머지는 산수를 유람하며 시를 쓰는 유유자적한 삶을 보냈다. 중앙정계에서 그를 부른 건 두 번이었는데, 익종순조의 아들과 순조가 위중할 때, 그의 의학을 빌리기 위함이었다. 허나 그것도 입궁하기도 전에 둘 다 사망하는 바람에 그대로 발길을 돌리고 말았다. 이래저래 중앙정계와는 도무지 연이 닿지가 않았던 것이다. 그런 점에서 다산의 노년기는 연암의 청년기랑 닮았다. 연암 또한 그 시절 과거장을 뛰쳐나와 팔도유람을 하면서 시와 산문을 쓰지 않았던가.

그래서 참으로 묘하다. 평행선을 달리던 두 사람. 물과 불, 파동과 입자로 공존불가능해 보였던 두 사람의 인생이 이렇게 멋드러지게 교차하다니. 전체 과정은 모두 100년이다(연암의 출생 연도 1737년에서 다산의 사망 연도 1836년까지). 다산의 후반부는 연암의 전반부다. 연암에게 프롤로그였던 것이 다산에겐 에필로그다. 프롤로그에서 에필로그로, 후기에서 서곡으로. 그렇게 두 사람의 인생궤적은 서로 맞물려 돌아간다. 마치 뫼비우스의 띠처럼.

2장
기묘한 '트리아드'— 연암과 다산, 그리고 정조

2장
기묘한 '트리아드' — 연암과 다산, 그리고 정조

흔히 영·정조 치세를 묶어 '조선의 르네상스'라 부른다. 그 르네상스의 주역이 연암과 다산임은 말할 나위도 없다. 하지만 연암과 다산은 둘 다 '정조'시대의 인물이다. 물론 영조시대에 태어나긴 했다. 연암은 영조 13년, 다산은 영조 38년. 다산은 너무 어려서 영조와는 인연이 닿을 수가 없었지만, 연암은 소과에 급제하여 영조를 친견하는 영광을 누리기도 했다. 만약 그때 연암이 출사를 결심했다면, 연암과 다산은 정적이 되었을 확률이 높다. 그리고 만약 둘이 적으로 맞섰다면, 18세기 정치사는 박진감이 넘쳤겠지만 '조선의 르네상스'는 불가능했을 터, 다행히 연암은 그때 영조의 손길을 뿌리쳤다. 그래서 결국 두 사람은 정조시대의 인물이 되었다.

정조는 25세에 등극하여 25년을 재위에 있었다. 25년은 무려 53년으로 최장수 재위를 기록한 할아버지 영조에 비하면 반 정도에 불과하지만 그렇다고 짧은 시간이라고 하기는 어렵다. '권불십년'은 결코 농담이 아니다. 또 절대시간으로 계산해도 25년은 꽤 긴 편에 속한다. 자신의 경륜과 비전을 온전히 펼치고도 남을 시간이다. 더 중요한 건 연암이 지성사에서 '미친 존재감'을 드러낸 시기도, 다산이 정치권에서 '질풍노도'의 다크호스로 활약한 것도 이때라는 것이다. 하여, 연암과 다산의 인생극장에서 정조가 빠져서는 곤란하다.

더군다나 그는 단순한 배경인물이 아니다. 짧고 강렬하게 등장했다 사라지는 '카메오'는 더더욱 아니다. 이 두 사람의 생애에 깊은 실루엣을 드리운 채 생의 변곡점마다 그 존재감을 강렬하게 각인시키는 제3의 주인공이다. 이를테면, 주연 같은 조연?! 하여, 연암과 다산, 그리고 정조는 어떤 멜로보다 '찐한' 삼각관계를 펼친다.

'트라이앵글'(삼각형)에서 '트리아드'(삼중주)로

연인관계는 둘밖에 모른다는 말이 있다. 겉 다르고 속 다르기 때문이다. 부러 속이려고 그러는 것도 아니다. 그건 막장드라마에서나 하는 '짓'이고, 대개는 욕망과 표상이 어긋나기 때문이다. 즉, 욕망은 기질이나 품성 등 '자연'에 속하는 데 반해 표상은 언어라는 사회적 그물망을 통과해야 한다. 그때 미끄러진다. 즉, 모든 욕망은 언어의 회로를 거치면서 변주, 왜곡될 수밖에 없다. 게다가 각자 구사하는 문법도 다 다르지 않은가. 그러니 관계를 맺는다는 건 기본적으로 '다중추돌'에 다름아니다. 회한과 미련, 동경과 좌절이 수없이 교차할 수밖에 없다. 연인관계만 그런 것도 아니다. 사람과 사람 사이는 기본적으로 엇갈림의 연속이다. 더구나 근대 이전엔 군신, 사제, 우정 등이 훨씬 더 다이내믹한 관계였다. 욕망과 표상이 심각하게 어긋나는 지점이기도 했다. 열렬한 사모와 동경, 쓰라린 결별의 아픔, 배신과 음모 등등. '충신연주지사'忠臣戀主之詞: 충신이 임금을 그리워하며 부른 노래라는 장르가 별도로 존재했을뿐더러, 무엇보다 조선시대 가사의 백미인 「사미인곡」思美人曲, 「속미인곡」續美人曲이 바로 그런 배치의 산물이다.

우리가 아는 바로는 정조와 다산은 찰떡궁합이다. 서로가 서로를 열렬하게 연모했으며 서로를 지켜 주지 못해 안타까워했던 관계다. 정조를 다룬 드라마에는 늘 다산이 등장하고 정조 없는 다산의 일대기 역시 불가능하다. "벼슬하기 전부터 임금이 나를 알아주었고 벼슬에 나온 뒤로는 임금께서 나를 더욱 깊이 이해해 주셨다. 임금 곁에서 중요한 정책을 수립할 때도 임금의 뜻과 내 뜻이 부합되었던 게 많았는데 사람들이 알아차리지 못한 것이 많았다."「아들 학연에게 내려주는 교훈」示學淵家誡, 『유배지에서 보낸 편지』, 132쪽 남들은 잘 모르지만 우리는 깊은 관계였어, 라는 고백처럼 들린다. 그래서 만들어진 이미지가 정조와 남인의 끈끈한 연대, 그것을 가로막는 노론과 정순왕후라는 도식이다. 한술 더 떠 마치 정조와 남인이 손을 잡기만 했더라면 조선이 개혁에 성공하여 식민의 길에 들어서지 않았을 거라는 환상이 만들어지기도 했다.

과연 그럴까? 정조는 국왕이다. 그 나라는 '성리학과 사대부'의 나라다. 남인만이 더 특별한 개혁의 프로젝트를 가지고 있었을 리 없다. 십분 양보하여 그 당시 정조 혹은 남인이 개혁에 성공했다 치자. 그로부터 100여 년 뒤에까지 그것이 유지, 계승될 거라는 보장이 있는가? 택도 없는 소리다. 만약 남인이 권력을 장악했더라면 남인 또한 세도정치를 향해 달려갔을 것이다. 그건 이전의 당쟁사가 충분히 증언해 준다. 그럼에도 이런 역사적 판타지가 널리 유포되어 있는 건 남인에 속한 다산이 워낙 '걸출한' 업적을 남겼기 때문이다. 하지만 이건 어디까지나 후대적 사안에 속한다. 정조가 살았을 적 다산은 패기만만한 젊은 관료의 하나였다. 지금 우리가 아는 그 '다산선생'이 아니었다. 따라서 정조가 다산을 아낀 건 맞지만 다산에게만 마음을 줄 처지는 결코 아니었다. 정조의 측근은 어디까지나 노론 벽파였다. 심환지와 김종수, 유언호, 이서구 등에 대한 신뢰와 총애는 더할 나위 없이 높았다. 거기다 '천생오태사'天生五太史라 불리는 김조순, 심상규, 서영보, 이만수, 남공철 등이 포진하고 있었고, 규장각의 초계문신들을 중심으로 한 소위 '탕평당'도 정조의 측근이었다.

물론 남인들도 탕평을 위해서는 반드시 필요한 국정의 파트너였다. 하지만 핵심인물은 채제공과 이가환이었다. 다산은 초계문신이자 남인의 젊은 유망주 정도에 불과했다. 정조는 이 각계파들을 고루 사랑하고 관리해야 했다. 이 평범한 진실을 놓치면 역사에 대한 과잉해석이 가능해진다. 2009년에, 정조가 1796년부터 승하하기 보름 전까지 심환지에게 보냈던 비밀편지묶음(『정조어찰첩』)이 공개되자 학계가 술렁였던 것도 그 때문이 아니었을지. 정조와 노론 벽파, 특히 심환지와는 서로를 잡아먹지 못해 으르렁거린 줄 알았는데 이렇게 '살가운' 관계였어? 하루에도 몇 번씩 서찰을 보낼 만큼? 하지만 생각해 보면 그렇지 않은가. 일단 함께 국정을 운영해야 한다면 서로 간에 끈끈한 정서적 소통이 없이는 불가능하다. 설령 전략적 관계라고 하더라도 서로 등을 돌리기 전까지는 친밀감을 나누는 것이 더 자연스럽지 않은가. 요컨대 다산과 정조가 찰떡궁합인 건 맞다. 하지만 다산은 일편단심이었지만 정조는 결코 그럴 수 없었다는 것.

그럼 연암과는 어떤가? 정조와 연암은 인척관계다. 앞서도 말했지만, 삼종형 박명원이 정조의 고모부에 해당할뿐더러 이전에도 연암 집안에서 공주의 남편, 곧 부마를 많이 배출해 왔기 때문이다. 게다가 경종 시절 영조에 대한 충성을 과시한 '신임의리'를 목숨처럼 지키는 집안의 자손 아닌가? 고로, 둘은 혈연적으로 깊이 얽혀 있다. 하지만 연암은 이런 관계를 박차고 길 위로 나섰다. 그래서인가. 정조시대를 대표하는 문인이면서도 정조를 다룬 소설이나 사극에선 한 번도 등장하지 않는다(하긴 작가들도 연암을 도대체 어떻게 등장시켜야 할지 난감할 것 같긴 하다. 권력투쟁 아니면 애정전선에 연루되지 않는 한 사극에 나오기란 참, 어렵다ㅆㅆ). 하지만 연암의 생애에서 정조의 그림자는 의의로 깊고 넓다. 가문의 영광 탓이기도 하지만 무엇보다 정조가 '호학군주'였기 때문이다. 정조는 군주이자 당대 최고의 학자이기도 했다. 사대부들이 왕을 공부시키기 위해 열었던 경연을 스스로 주관했으며 오히려 무시로 과제를 내어 관료들을 궁지에 몰아넣곤 했다. 이 호학군주의 눈에 연암이라는 문장가가 포착되지 않을 리가 없다. 정조는 어떻게든 연암을 자신의 주변에 두고 싶어 했다. 한 명의 인재가 아쉬운 마당에 연암 같은 그릇을 탐내는 거야 당연지사다.

자, 그렇다면 이제 하나의 트라이앵글이 그려진다. 연암과 다산, 그 사이에 있었던 호학군주 정조. 정조는 이 둘의 인생에 깊은 영향을 미쳤다. 셋은 각기 자신의 길을 가면서 서로가 서로에게 의지하는 삼각형을 만들어 낸다. 연암과 다산은 엇갈렸지만 정조는 다산을 사랑했으면서 동시에 연암에게 끊임없이 손을 내밀었다(그렇다면 연암과 다산은 연적인 셈인가?^^). 그런데 이 삼각형은 고정되어 있지 않다. 계속 변주된다. 시절에 따라 꼭짓점도 바뀌고 또 삼각형의 모습도 달라진다. 그 궤적을 따라가다 보면 아주 흥미로운 '삼중주'가 탄생한다. ─ 트라이앵글에서 트리아드로!

타는 목마름으로!

다산에게 정조는 태양이었다. 은유가 아니라 실제로 그랬다. 장희빈의 몰락 이후 남인은 오랫동안 재야에서 떠돌았다. 이후 정계는 노론과 소론이 양분했고, 북인은 일찌감치(광해군과 더불어) 소멸되었으며 남인은 한낱 들러리에 불과했다. 게다가 영조 초, 소론 과격파들이 일으킨 '이인좌의 난'으로 남인의 근거지인 영남은 반역향이 되어 버렸다. 사방이 막혀 버린 형국! 그랬던 그들에게 처음 문을 열어준 것이 탕평책이었다. 탕평이란 '탕탕평평', 곧 당파에 관계없이 고르게 인재를 등용하겠다는 뜻이다. 하지만 그것은 이름처럼 결코 아름답지도 쉽지도 않은 길이었다. 노론들에겐 '붕당보다 더 사악한' 일로 간주되었고, 심지어 여러 파당 중에 '탕평당'을 하나 더 추가하는 형국을 낳기도 했다. 하지만 어찌됐든 남인에겐 한줄기 빛이었다. 다산은 그 빛을 향해 일념으로 달려갔다.

  다산도 알고 있었다. 과거공부는 학문의 정도가 아니고 오히려 학문의 도道를 망치는 것임을. 하지만 그럼에도 다산은 과거라는 관문을 거부하지 않았다. '경세치용'이라는 더 높은 목표와 비전을 위해 그 괴로움을 기꺼이 감당하기로 작정한 것이다. 연암과는 참 다른 면모다. 우울증으로 방황하던 연암의 10대와 달리, 다산은 10대부터 음직으로 떠돌던 아버지를 따라 화순, 예천, 진주 등을 돌면서 입시에 매진했다.

스타트는 그런대로 괜찮았다. 22세 되던 해(1783) 4월 세자책봉을 축하하기 위해 열린 증광감시에서 합격한 것이다. 그 옛날 연암이 소과에 합격하여 영조를 친견했듯이 다산에게도 그런 순간이 다가왔다. 합격자들이 선정전에 들어가자 정조가 특별히 다산을 주시했다. "얼굴을 들라", "나이가 몇이냐?" 단 두 마디뿐이었지만, 연보에는 이 순간을 '성군과 현신의 운명적인 마주침'으로 묘사하고 있다. 다산은 그 감격을 이렇게 시로 노래했다.

생원시에 합격하여 임금님을 뵙다(1783)

남색 도포 단정히 입고 대궐로 들어가자
통례들이 안내하여 섬돌 아래 늘어섰네.
옥피리 소리 바람에 날리며 신선 의장대 옮기자
빛나는 일산 깊은 곳에 임금님 앉으셨네.
연회에선 은술잔 은총 두루 받았고
백패와 붉은 모자 가슴에 안고 머리에 쓰네.
임금 말씀에 대답하고 뒷걸음쳐 물러나니

궁중엔 버들 도성의 꽃 정말로 늦봄일세.

『다산시정선』(상), 43쪽

봄의 이미지로 넘실거리는 작품이다. 이 순간 다산의 마음 또한 봄이었으리라. 영조의 칭찬을 들은 이후 연암은 '엇'나가기 시작했지만, 다산은 이 영광을 잊지 않았다. 그 다음해 여름, 『중용강의』 80여 조목에 관한 글을 바침으로써 정조의 큰 칭찬을 받는다. 당시 도승지 김상집金尙集이 사람들에게 이르기를 "정아무개는 임금의 칭찬을 받음이 이와 같으니 크게 이름을 떨치리라"고 했다. 자신의 존재감을 내외에 확실히 부각시킨 것이다.

온통 화기로 충만한 다산의 팔자 탓일까. 아니면 남인으로 태어났기 때문일까. 다산은 원초적으로 '태양족'이다. 빛을 향하여! 저 높은 곳을 향하여! 이 두 가지가 태양족의 특징이다. "사나이의 가슴 속에는 항상 가을 매가 하늘로 치솟아오를 기상을 품"『유배지에서 보낸 편지』, 173쪽어야 한다는 게 그의 지론이었다. 그 열망에 부응하여 또 하나의 빛이 다가왔다. 서교가 그것이다. 정조와 마주친 이듬해 다산은 처음 서교를 접하고 영혼의 '깊은 떨림'을 체험한다. 그의 인생에 아주 낯설고도 신비로운 태양이 떠오른 것이다. 한사람(연암)은 평생 군주라는 태양을 피해 다녔고, 다른 한사람(다산)은 '두 개'의 태양과 마주쳤다. 이 무슨 운명의 장난이란 말인가? 하늘 아래 태양을 피할 곳은 없다. 아무리 피해도 그 빛은 따라오게 마련이다. 반대로 태양이 너무 눈부시면 그 빛에 의해 존재는 소멸되어 버린다. 전자가 연암의 운명이라면, 다산의 운명은 후자였다. 군주와 상제──하늘 아래 두 개의 태양이 없듯이 18세기 조선에서 군주와 천주교가 공존할 길은 없다.

> 그러나 변려문騈體文; 문장 전편이 대구로 구성되어 있는 한문 문체. 사륙문四六文이라고도 한다의 학습에 온 마음을 기울여 공부하고 표表·전箋·조詔·제制를 익히며 그런 글들을 여러 백 권 수집을 하면서 태학에서 달마다 내리는 과제와 열흘마다 보는 시험에 높은 점수로 뽑혀 서적이나 종이·붓 등을 자주 하사받기도 하고 경연에 올라가는 가까운 신하처럼 임금께서 자주 면담하도록 해주시어 그 밖의 일에는 참으로 마음을 기울일 겨를을 내지 못했었다.「자찬묘지명」, 209쪽

정조의 요구와 기대에 부응하느라 차츰 서교의 영향권에서 벗어나게 되었다는 이 진술은 참일 것이다. 둘을 한꺼번에 다 섬긴다는 건 사실상 불가능하다. 만약 정조와의 밀착관계가 없었다면 다산 또한 이벽이나 이승훈처럼 천주교에 올인했을 것이다. 그랬다면 천주교사에는 또 한 명의 위대한 순교자가 추가되었을 것이다. 대신 '다산학'은 탄생할 수 없었으리라.

이후 다산의 생애는 정조와 함께한다. 소과에 합격하면 일단 성균관에서 태학생이 될 수 있고, 그 다음에 대과에 합격해야 관직에 나아갈 수 있는데, 다산은 이 기간이 좀 길었다. 참 위로가 되지 않는가. 다산 같은 '거인'도 알고 보면 삼수, 사수생이었다는 사실이^^. 대신 6년 동안의 태학생 시절 내내 정조가 내주는 과제에 성실하게 응답하여 수시로 상을 받았다. 그러다 마침내 기유년(28세, 1789) 봄,

대과에 수석으로 합격, 희릉직장禧陵直長으로 첫발령을 받는다. 동시에 규장각 초계문신으로 뽑혀 왕을 지근거리에서 모시게 되었다. 이후 왕이 내는 과제에 늘 최고의 성적으로 뽑혔고, 경기 암행어사, 병조참의, 동부승지 등 승승장구의 길을 달린다.

다산이 밟아간 이 코스에서 관직의 품계는 그다지 중요하지 않다. 승진과 좌천이 아니라 중요한 건 정조와의 깊은 정서적 유대다. 정조는 모든 관료들에게 학문적 성과를 요구했다. 신하들은 업무능력과 함께 학술능력도 평가받아야 했다. 신하들 입장에서 보면 참 고단했을 것이다. 과거에 급제하면 이제 '공부 끝!'인 줄 알았는데, 이건 뭐 입시 때보다 더 많은 숙제에 시달려야 하다니. 그렇다고 업무가 줄어드는 것도 아니다. 그렇기는커녕 오히려 공부에 비례하여 실천할 사안들은 더더욱 늘어났다. 불평도 적지 않았을 듯싶다. 하지만 다산은 그 모두를 다 만족시켰다. 암행어사면 암행어사, 수사관이면 수사관, 시험관이면 시험관, 무슨 일이건 맡은 바 소임을 완수했다. 동시에 정조가 수시로 부과하는 학술적 과제도 거뜬히 해냈다. 실무적 능력과 학문적 깊이를 동시에 연마시켜 주는 군주라니. 다산에겐 이보다 더 이상적일 수 없다. 왕의 총애와 신뢰가 깊어질수록 다산은 더 큰 성과로 응답했다.

「자찬묘지명」에필로그에 나오는 삽화 한 가지. 경술년(1790) 겨울, 정조의 명에 따라 상의원에서 『논어』를 읽고 있었는데 갑자기 내각의 어전이 와서는 소매 속에서 종이쪽지를 꺼내 보였다. "이건 내일 강독할 『논어』의 장입니다." 놀란 다산. "이런 걸 어떻게 강독할 사람이 미리 엿볼 수 있단 말인가?" "염려할 것 없습니다. 임금께서 지시하신 것입니다." "그렇지만 미리 엿보는 일은 할 수 없다. 마땅히 『논어』 전편을 읽어 보리라." 아전이 웃으며 돌아갔다. 다음 날 경연장. 임금이 분부했다. "정약용은 별도로 다른 곳을 하도록 하라." 강을 틀리지 않고 끝내자 임금이 웃으시며 "과연 전편을 읽었구나."「자찬묘지명」, 247쪽 쉽게 말하면, 다산은 정조가 쳐 놓은 '함정'에 빠지지 않은 것이다. 이런 식으로 다산과 정조의 사랑은 깊어만 갔다. 물론 총애가 깊어질수록 비방은 산처럼 쌓여 갔으니, 다산 또한 그 점을 너무나 잘 알고 있었다. "경연에서 온화하게 말을 주고받고, 일을 처리할 때 비밀히 부탁하고 임금이 마음속으로 믿고 의지하여 서신이 자주 오고가고 하사품이 자주 내려질지라도 그런 것을 총애나 영광으로 믿어서는 절대 안된다. 뭇사람들이 노여워하고 시기하게 되니 결국은 재앙이 따르게 마련이다."「아들 학연에게 내려주는 교훈」示學淵家誡, 『유배지에서 보낸 편지』, 133쪽 하지만 연인들이 그러하듯, 한번 시작된 열정은 멈추기 어렵다. 이제 다산은 정조 없는 세상을 상상조차 하기 어려웠다. 그의 생애 가운데 가장 빛나는 장면 하나.

> 며칠 후에 상원에서 백화가 만발하자 임금께서 영화당 아래서 말을 타시며 내각의 신하 채제공 이하 10여 인과 나와 6~7인도 모두 말을 타고 따르라 하여, 임금을 호위하여 궁궐의 담을 돌아서 석거문에 이르러 말에서 내려 농산정으로 돌아 들어가 물굽이에서 연회를 베풀었다. 모든 궁궐 안 동산에 있는 수석, 화훼의 뛰어난 경관과 궁중에서 사용하는 책상, 비장된 도서 등 구경하지 않은 게 없었다. 또 임금이 행차를 옮겨 서총대에 이르러 활을 쏘시며 여러 신

하들에게 구경하게 하였고, 석양 무렵쯤 부용정에 이르러 꽃을 구경하고 고기를 낚았다. 그러면서 우리들에게 태액지에서 배를 타고 시를 읊게 하셨다. 저녁밥을 마치고 궁중에서 사용하는 초를 하사받고 모두 돌아왔었다.

며칠이 지나서 임금이 세심대에 행차하여 꽃을 구경하셨는데 내가 또 따라갔었다. 술이 한 바퀴 돈 후 임금께서 시를 읊으시고 여러 학사들에게 임금의 시에 화답하는 시를 짓도록 하셨다. 내시가 채전 한 축을 올려바치니 임금께서 나에게 임금이 계시는 장막 속에 들어와 시를 베끼도록 명령하셨다. 내가 임금님 바로 앞에서 붓을 뽑아들고 글씨를 쓰려는데 임금께서 자세가 고르지 못하니 두루마리 종이를 임금님의 책상 위에다 편편하게 놓고서 글씨를 쓰라고 하셔서 내가 머리를 조아리며 감히 나아가지 못하고 있었더니, 임금께서 급히 독촉하여 내가 마지못해 명령대로 책상 위에 놓고 글씨를 썼다. 임금께서 모든 글자를 바싹 다가서서 보시고는 잘 썼다고 칭찬해 주셨으니 나를 대해 주시던 일이 이와 같았었다.「자찬묘지명」, 217~218쪽

임금과 함께 꽃놀이를 하고 낚시를 하고 시를 쓰고……. 그야말로 태평성세요 생의 클라이맥스다. 다산은 속필로 유명했다. 그 속필의 솜씨를 임금 앞에서 뽐내는데 바로 코앞에서 임금이 찬사를 내려주다니, 그때의 기쁨과 떨림이란! 보는 이들도 숨이 막힐 지경이다. 그러니 어찌 그 순간을 잊을 수 있으랴. 산전수전 다 겪은 후, 이제는 돌아와 죽음을 준비하면서 「자찬묘지명」에 이 장면을 고스란히 재

현해 낼 때, 그때 다산의 심정은 어떠했을까.

하지만 '봄날은 간다!' 모든 봄이 그러하듯, 다산의 봄날 또한 짧았다. 가장 큰 걸림돌은 역시 천주교였다. 과거의 연인이 발목을 붙잡은 셈이다. 아니라고, 아니라고 부인해도 소용이 없었다. 이제는 모든 관계를 정리했다고, "구곡간장을 더듬어 보아도 진실로 남은 찌꺼기가 없"노라고 밝히고 또 밝혔건만, 그래도 아무 소용이 없었다. 그때마다 정조는 굳건한 보호막이 되어 주었다. 다산의 진심을 믿었기 때문이다. 이 과정은 한편의 막장드라마에 버금간다. 정적들은 다산의 과거를 집요하게 물고 늘어지고, 다산은 한때 마음을 준건 사실이지만 지금은 오직 임금님뿐이라고 하소연하고, 정조는 내가 믿는다는데 '니들이 왜 난리냐'고 호통을 치고. 장애가 클수록 그리움은 더 깊어만 가는 법, 다산과 정조의 관계 또한 그러했다.

> 이 무렵 임금님의 보살핌과 관심을 가져 주심이 날로 깊어져 밤이 깊어서야 문답이 끝나고 하니 좋아하지 않는 자들이 시기를 했었다. 홍시보가 나에게 말하기를, "자네 좀 조심하게. 우리 청지기에 옥당의 아전이 된 자가 있는데 말하기를 '야밤에 정공丁公의 야대가 끝나지 않으면 옥당에서 아전을 보내 엿보느라 걱정되어 잠을 자지 못합니다'라고 하데 그려. 자네는 그런 걸 감당하겠나"라고 하였다.「자찬묘지명」, 227쪽

밤늦도록 이어지는 둘만의 대화. 시새움의 눈초리와 그들의 하수인들, 은근하게 그런 정황을 알려주는 조력자들. 궁중 사극을 방

불케 한다. 이런 식으로 총애와 참소는 반복, 고조된다. 1800년 즈음, 분위기가 심상치 않음을 감지하고, 다산은 문득 낙향을 결정한다.

> 경신년(39세, 1800) 봄에 나는 참소하고 시기하는 사람이 많음을 알고 고향으로 낙향하여 칼날을 피하려고 처자식을 거느리고 마현의 고향으로 돌아가버렸다. 며칠이 지나지 않아 임금께서 들으시고 내각을 시켜 나를 부르신다 하기에 돌아와 보니, 임금께서 승지를 통해 유시해 주시기를 "규영부는 이제 춘방이 되니 처소를 정하기를 기다려 들어와 교서校書의 일을 하게 하라. 내가 어찌 그를 놓아두겠느냐"라고 하셨다 한다.「자찬묘지명」, 227~228쪽

멀리 떨어져 있었지만 둘은 서로에 대한 애정과 신뢰를 확인한다. 정조도 다산에 대한 미련을 거둘 수 없었고, 다산이야 뭐 태생적인 '태양족' 아니던가. 유배지에서도 자식들에게 절대 변두리로 밀려나지 말고 어떻게든 서울 근처에 살라고, 어떤 상황에서든 반드시 '문명인'으로 살아가라고 다그치던 인물이 아닌가. 결코 은둔하며 안분자족할 스타일이 아니다. 더구나 정조와 다산은 학술로 맺어진 관계다.

여름 6월 12일 마침내 달밤이어서 한가롭게 앉아 있었더니 문을 두드리는 사람이 있어 들어오도록 하니 내각의 아전이었다.『한서선』10질을 가져왔는데 하는 말이, 임금께서 유시하시기를 "오래도록 서로 보지 못했다. 너를 불러 책을 편찬하고 싶어서 주자소鑄

字所: 조선시대 중앙에서 활자를 만들어 책을 찍어 내던 부서를 새로 벽을 발랐으니 그믐께쯤 경연에 나올 수 있을 것이다"라고 하셨다 하니, 위로의 말씀이 대단하셨다. 또 "이 책 5질은 남겨서 가전家傳의 물건을 삼도록 하고 5질은 제목의 글씨를 써서 돌려보내도록 하라" 하셨다 한다. 아전이 말하기를, 유시를 내리실 때 얼굴빛이 못 견디게 그리워하는 듯하셨고 말씀도 온화하고 부드러워 다른 때와는 달랐다고 하였다. 「자찬묘지명」, 228쪽

아전이 나가자 다산은 감격의 눈물을 흘린다. '너를 부르고 싶어 주자소의 벽을 새로 발랐다'는 전언이 특히 뼈에 사무쳤으리라. 그런데 그것이 마지막이었다. "그 다음날부터 임금의 건강에 탈이 났고 28일에 이르러 하늘이 무너지고 말았다. 그날 밤에 하인을 보내 책을 하사해 주시고 안부를 물어 주신 것이 끝내는 영결의 말씀이었고 임금과 신하의 정의情誼는 그날 밤으로 영원히 끝나고 말았다. 나는 이 일에 생각이 미칠 때마다 눈물이 홍수처럼 쏟아짐을 참지 못하곤 했다."

다산의 인생은 드라마틱하다. 마치 희랍비극을 보듯 기승전결이 뚜렷하다. 하여, 고비고비마다 감정을 격발시킨다. 이 대목도 그중 하나다. 이 마지막 순간이 있었기에 비극성이 더 고조된 것인지 아니면 다산의 생애에 드리워진 비극의 그림자 때문에 이 순간이 극적으로 보이는 것인지는 잘 모르겠다. 다만 그 모든 것이 운명이라 할 밖에!

이것이 다산과 정조의 러브라인이다. 다산에게 정조는 자신을

저 높은 곳으로 이끌어 주는 태양이요 빛이었다. 이상적인 군주이자 학문적 스승이었으며 경세치용의 '롤모델'이었다. 결국 '인생의 거의 모든 것'이었다. '타는 목마름으로!' 그는 그 빛을 향해 달려갔다. 그 태양이 스러지자 그의 인생도 함께 추락했다. 그와 동시에 또 다른 태양이었던 천주교와의 관계도 자연스레 정리되었다. 주변에 포진하고 있던 천주교 신자들이 모두 순교했기 때문이다. 정조와 천주교, 두 개의 태양이 한꺼번에 사라진 셈이다. 하지만 그럼에도 그는 멈추지 않았다. 이번에는 생의 모든 에너지를 학문과 지성으로 폭발시켰다. "폐족이 되었으니 이제 비로소 독서할 때를 만났구나!" 뭘 하든 불꽃처럼 타오르는 것, 드높은 이상을 향해 맹렬하게 달려가는 것, 그것이 다산이다.— 불꽃 혹은 다크호스!

은밀한 밀당?

다산이 청년기에 바로 정조를 만난 것과는 달리 연암이 정조를 만난 건 늘그막에 들어서였다. 그러고 보면 연암의 '인생극장'에 등장하는 인물들은 참 잡다하다. 당파, 세대, 신분과 직업, 분야 등이 마구 뒤섞여 있다. 요컨대, 연암은 '태양족'이 아닌 것이다. 하나의 빛, 하나의 중심을 향해 달려가는 건 그의 기질과는 영 어울리지 않는다. 저 높은 산정이 아니라 드넓은 광야를 매끄럽게 이동하는 스타일이다. 곧, 그의 길은 사방으로 열려 있다.

마흔은 불혹, 쉰이면 지천명이다. 천명을 알게 된……것 같지는 않고 생계가 너무 어려워진 나머지 연암은 쉰 살에 비로소 관직에 나선다. 병오년(1786) 7월 선공감 감역(종9품)에 임명되었다. 음직이라 당시 이조판서로 있던 유언호의 천거를 통해서였다. 정조가 유언호에게 물었다.

"지금 재주가 있는데도 등용되지 못한 채 불우하게 지내는 자로 누가 있는가?"
"신이 벼슬하기 전에 사귄 박지원이라는 자가 있사옵나이다."
"나도 오래전에 그 자에 대해 들은 적이 있소. 경이 책임지고 천거하도록 하오."

오래전이라? 언제를 말하는 걸까? 이때가 1786년임을 고려한다면 이미 『열하일기』가 시중에 널리 유포되었을 때다. 정조도 『열하일기』를 읽었을 것이다. 그리고 충분히 감지했을 것이다. 『열하일기』에 담긴 연암의 내공과 저력을.

이후 정조는 연암을 끊임없이 주시한다. 국왕으로서 모든 관리들의 동향을 파악하는 거야 당연한 노릇이다. 즉, 여기서도 연암에게만 특별한 시선을 준 것처럼 오해할 필요는 없다. 중요한 건 어떤 방식의 주시인가 하는 점이다. 일단 처음엔 과거를 보게 해 크게 쓰고 싶었던 것 같다. 음직으로는 한계가 있기 때문이다. 하지만 이미 보았듯이 연암은 요리조리 빠져나간다. 그러나 정조도 만만치 않았다. 은밀하지만 구애의 손길을 포기하지 않았다. 배다리 낙성식(기유년, 1789년)에 참가시킨 것도 그 중 하나다. 당시 연암은 학질을 앓고 있었던 데다 음직이라 굳이 참여할 필요가 없었다. 그런데 계속 쪽지가 하달되었는데, 알고 봤더니 '박지원을 초청하라'는 은밀한 지시가 있었다는 것이다. "당시 잔치는 몹시 성대했으며 풍악소리가 천지를 진동했다." 그때 연암은 무슨 생각을 했을까? 자기를 살뜰하게 챙겨 준 왕에 대해 나름 뿌듯했을까? 아니면 부담스러웠을까? 후자에 가까웠겠지만 전자의 마음이 전혀 없었다고 할 수도 없다. 사람의 마음이란 늘 움직이는 거니까.

이후에도 이런 식의 '밀당'은 계속된다. 연암은 관직에 관한 한 조금이라도 구차한 사항이 있으면 절대 받아들이려 하지 않았다. 그러다 보니 결국 미관말직 말고는 남을 게 없었다. 정조는 어떻게든 가까이 당기려 하나 연암은 어떻게든 멀어지려는 형국! 그 절정이 문체반정이다. 문체를 어지럽힌 배후조종자로 『열하일기』가 지목되자 세상은 술렁거렸다. 사실 그 발언은 질책이라기보다는 찬사에 가까웠다. 정조의 이 언술로 『열하일기』는 18세기 최고의 저작으로 인정받게 되었다. 이보다 더 강력한 구애가 어디 있으랴. 하지만 연암은 냉담했다. 그렇다고 이서구나 박제가처럼 까칠하게 태클을 걸지도 않았다. 한없이 자신을 낮춤으로써 정조의 권위를 세워 주었지만 그렇다고 정조가 원하는 새로운 문장을 짓지도 않았다. 헐~ 이렇게 교묘할 데가! 정조도 더 추궁하지 않았다. 하지만 연암에 대한 정조의 마음은 더 깊어졌다.

한번은 차원差員; 어떤 임무를 맡겨 다른 곳으로 파견하던 벼슬아치으로 상경했을 때다. 대궐에 들어와 임금을 알현하라는 특명이 있었다. 밤이 이슥하여 인정종通行禁止를 알리는 종을 친 지 하마 오래되었고, 궁궐에는 촛불이 휘황하였다. 곁에는 승지와 사관밖에 없었다. 정조는 안의현의 농사가 어떤지 도내 백성들의 실정은 어떤지 자상하게 물어보았다. 연암은 정성껏 답했다. 정조가 웃으며 말했다. "너는 문인이다. 수령 일에 어둡지는 않느냐?" 이 자상한 배려에 연암도 감동했다. 훗날 영해에서 유배생활을 하고 있던 이서구에게 이런 편지를 보냈다. "스스로 생각건대 시골 마을의 하찮은 수령이 천 리 밖 대궐에 다다라 임금님 얼굴을 뵈었으니 지극한 영광이라 할 것이오. …… 그러므로 도의로 보나 직분으로 보나 숨김 없이 모두 아뢰었어야 마땅한데, 가슴속에 간직한 만 마디 말이 죄다 등줄기의 줄줄 흐르는 땀으로 변해 버리는 바람에 품은 뜻을 다 아뢰지 못하고 말았소이다." 『나의 아버지 박지원』, 87~88쪽 너무 떨려 제대로 말을 못했다는 것이다. 영조를 만났을 때와는 영 딴판이다.

그런가 하면 정조도 연암에 대한 속내를 이렇게 밝힌 적이 있다.

"박지원은 평생 조그만 집 한 채도 없이 궁벽한 시골과 강가를 떠돌며 가난하게 살았다. 이제 늘그막에 고을 수령으로 나갔으니 땅이나 집을 구하는 데 급급하리라 생각했다. 그런데 듣자하니 정자를 짓고 연못을 파서 천 리 밖에 있는 술친구와 글친구들을 초대하고 있다니, 문인의 행실이 이처럼 속되지 않기도 참 어려운 일이다. 또 들으니 고을 원으로서의 치적 또한 훌륭하다는구나." …… 며칠 후 박제가에게 …… "박지원이 다스리는 고을에 문인들이 많이 가서 노닌다고 하는데, 너만 공무에 매여 가지 못하고 있으니 혼자 탄식하고 있었을 것이다. 휴가를 내어 너도 한번 가 보는 게 좋겠다."

마침내 박제가가 분부를 받들어 안의를 방문해 임금님께서 전후에 걸쳐 내리신 은혜로운 말씀이 이와 같았음을 전했다. 『나의 아버지 박지원』, 105~106쪽

정조도 충분히 감지했으리라. 자신이 더 다가가면 연암은 저만치 달아날 것임을. 그렇다면 그가 살고 싶은 대로 살게 해주는 것이 최선이다. 아무리 미관말직이어도 최선을 다할 뿐 아니라 속된 풍조에 물들지 않고 문풍을 갈고 닦으니 그 정도면 정조로서도 더 바랄 것이 없다.

물론 정조는 연암의 재능을 활용할 궁리를 멈추지 않았다. 그는 관찰사와 수령들로 하여금 저마다 농서를 지어 바치게 하였다. 이때 연암이 지은 것이 『과농소초』課農小抄다. 이 책에는 토지 소유의 상한을 주장한 연암의 토지개혁안인 「한민명전의」限民名田議가 수록되어 있다. 정조는 크게 흡족했다.――"요즘 경륜을 펼친 좋은 책을 얻어 소일하고 있다." "농서대전은 박지원으로 하여금 편찬케 해야 할 것이야." 연암을 실학자로 부각시킨 데는 정조의 역할이 컸다.

경신년(1800) 6월, 정조가 승하하자 연암은 통곡했다. "나는 하잘것없는 기예라 할 문예로 인해 임금님의 은혜로우신 분부를 여러 번 받들었다. 남들은 잘 모르겠지만, 나는 임금님의 융성한 지우知遇; 남이 자신의 인격이나 재능을 알고 잘 대우함를 받았다. 그러나 그 은혜를 조금도 갚지 못했으니 이것이 나의 지극한 한이다." 연암도 정조의 은근하지만 두터운 호의를 충분히 느끼고 있었던 것이다. 다산이 느꼈을 회한에는 비할 수 없지만 연암의 슬픔 또한 엄청났다. 그해 8월에 양양

부사로 승진했는데, 그건 본래 문과에 급제해야 가능한 지위로 음관으로선 처음이었다 한다. 곧장 부임하라는 분부가 있었건만 굳이 상경하여 사은숙배하고자 하여 여러 승지들이 명을 어겼다며 나무랐다.——"시골 고을에서 수령의 직무에 얽매여 있다 보니 임금님께서 승하하셨는데도 대궐에 나아가 곡을 하지 못했소이다. 이제 또 멀리 영동 지방으로 가게 되었거늘 혼전魂殿: 임금의 국장 뒤 3년간 신위를 모시던 전각에 하직조차 못하다니요! 만일 벌을 받아야 한다면 달게 받겠소이다."『나의 아버지 박지원』, 154쪽 연암으로선 그렇게라도 정조와 작별의 인사를 나누고 싶었던 것이다.

거기다 정조의 진향문을 짓는 제술관에 임명되었다. "돌아가신 임금님의 지극한 덕과 큰 업적은 역사에 이루 다 기록할 수 없다. 예법을 엄히 하고 대의를 밝히신 글은 가히 천지의 도와 어긋나지 아니하고 귀신에게 물어도 틀림이 없다 할 것이며 백세 후의 성인이라 할지라도 옳다 하리니 백왕의 으뜸이라 할 만하다. 또한 학문이 올바르고 의리가 정밀하셨으니 누가 감히 현혹하거나 어지럽힐 수 있었겠느냐? 지금 내가 하찮은 글을 지어 30년 동안 가슴속에 간직해 온 생각을 쏟아내었구나. 하지만 이 글은 본래 '의리' 두 글자를 넘어서지 않는다."『나의 아버지 박지원』, 153쪽 그런가? 그렇다면 참 이상하다. 그런 성인이 다스리는 시대에 왜 적극적으로 출사하지 않은 것일까? 이런 생각이 드는 건 우리만이 아니었나 보다. 어떤 사람이 물었다. "선왕의 사랑하심이 그처럼 두텁고도 지극하셔서 입신할 방도까지 말씀해 주셨는데, 공이 그 뜻을 받들지 않은 것은 어째서였습니까?"

답변이 아주 공교롭다.

"임금님께서 나를 버리지 않으셨으니 내 어찌 분부를 받들어 스스로 힘쓰지 않을 리 있겠소. 그러나 직접 어명을 받은 것은 아니었소이다. 벼슬에 나아가고 물러남은 신하된 자의 큰 도리이므로 조금도 구차하게 행동할 수 없는 법이지요. 내가 주저했던 건 바로 이 때문이라오. 하지만 마음속으로는 잠시도 황공스럽지 않은 적이 없었으니 내 어찌 임금님의 뜻을 저버리겠소?"『나의 아버지 박지원』, 147쪽

오호! 직접 손을 내민 게 아니라 항상 누군가를 통해 전달했다는 것이다. 하여, 조금이라도 잘못 행동하면 구차하게 되기 때문에 늘 한걸음씩 물러났다는 것이다. 대체 이게 무슨 의미일까? 왕이 직접(!) 불렀으면 못 이기는 체 하고 중앙정계로 진출했을 거라는 뜻인가? 더 확실하게, 더 강렬하게 당겨 주기를 원했다는 뜻인데, 이걸 어디까지 믿어야 할까? 분명한 건 이게 연암스타일이다. 알 듯 모를 듯, 허나 구차하지 않게!

그런데 그러고 보면 정조 또한 연암을 그렇게 대하지 않았던가 싶다. 직접 맞짱을 뜨기보다 늘 우회적으로, 누군가를 시켜서, 의중을 떠보는 식으로. 그렇다면, 연암과 정조는 둘 다 '밀당'의 고수였던 셈이다.

팁 한 가지. 명리학적으로 보면 정조의 명주(일간)는 기토己土다. 다산과는 화생토火生土로 '상생'의 관계고, 연암과는 토극수土克水로 '상극'의 관계다. 상생은 서로가 서로를 보완해 주는 관계인 데 반해, 상극은 서로 끌리기는 하지만 충돌할 우려가 많다. 그럴 땐 적당한

거리에 있는 것이 상책이다. 더 기막힌 조합은 세 사람의 지지地支다. 태어난 날의 일주를 다시 정리해 보면, 연암은 계해癸亥, 정조는 기묘己卯, 다산은 정미丁未다. 천간의 관계는 앞에서 설명한 바와 같고, 지지는 '해묘미' 삼합으로 목국木局을 이룬다. 우연의 일치겠지만, 세 사람이 맺은 인연의 흐름과도 잘 어울린다.

'삼중주'를 위한 세 개의 연대기

　　연암 : 1737~1805년
　　정조 : 1752~1800년
　　다산 : 1762~1836년

세 사람의 생몰연대다. 앞서 언급했듯이 연암의 탄생 연도(1737)에서 다산의 사망 연도(1836)까지 꼭 100년이다. 그러니까 이 '삼중주'는 딱 1세기 동안에 일어난 스토리인 셈이다. 연암은 정조보다 열다섯 살, 다산보다는 스물다섯 살이 많다. 나이차가 큰 편이다. 요즘 같으면 잘 마주치기도 어려운 관계다. 각자의 인생역정도 다이내믹하기 그지없다. 연암과 다산은 그렇다 치고, 정조는 또 어떤가. 세손 시절 불과 열한 살에 아버지의 참혹한 죽음을 목격했고, 평생 그에 대한 울분과 회한을 안으로 삭이며 살아야 했다. 그럼에도 폭군이 되지 않았던 건 단 하나 그가 복수보다는 학문을, 권력보다는 지성을 더 좋아했기 때문이다.

요즈음에는 평소에 독서하는 사람이 드문데 그런 현상이 나는 너무도 이상하다. 하늘 아래 책을 읽고 이치를 연구하는 것만큼 아름답고 고귀한 일이 무엇이 있겠는가? 나는 일찍부터 이렇게 생각해왔다. 첫째로 경전을 연구하고 옛날의 진리를 배워서 성인이 펼쳐놓은 깊고도 미묘한 비밀을 들여다본다. 둘째로 널리 인용하고 밝게 분별하여 천 년의 긴 세월 동안 해결되지 않은 문제를 시원스레 해결한다. 셋째로 호방하고 힘찬 문장 솜씨로 지혜롭고 빼어난 글씨를 써내어 작가들의 동산에서 거닐고 조화의 오묘한 비밀을 캐낸다. 이것이야말로 우주 사이의 세 가지 통쾌한 일이다.안대회, 『정조 치세어록』, 21~22쪽

진리를 익히고, 문제를 해결하고, 문장을 짓는 것, 이것이 "우주 사이의 세 가지 통쾌한 일"이란다. 이 통쾌함을 만끽했기에 그 끔찍한 상흔을 기꺼이 감내할 수 있었을 것이다. 이렇게 보면 세 사람 가운데 정조가 가장 비운의 주인공인 듯하다. 연암과 다산도 부모를 일찌감치 잃는 아픔을 겪었지만 그런 상흔을 안고 살지는 않았다. 하긴 조선의 왕들 중에 좋은 팔자라고 할 만한 이가 과연 누가 있을까. 가족들의 참변은 기본이고 왕이 되어서도 암살 위험 아니면 역모에 시달려야 하고. ─ 죽거나 아니면 죽이거나. 어찌 생각하면 가장 고달픈 신분이라는 생각도 든다. 정조의 가족사는 그 중에서도 최강급에 속한다. 아비의 죽음도 죽음이지만, 죽음에 이르는 과정이 너무 길었다. 사도세자가 자결을 거부했기 때문이기도 했고, 설령 죽인다 해도 세자의 몸에 누가 칼을 댈 것인가. 그래서 아마도 그 '일물'─物;뒤주

을 썼을 것이다. 그러다 보니 한여름 땡볕에 무려 8일 남짓을 몸부림쳐야 했다. 사도세자의 이 길고도 긴 절규가 정조의 몸에 아로새겨진 것일까. 정조는 사도세자의 능을 찾을 때마다 피눈물을 흘리고 온몸으로 울부짖었다. 수원에 화성을 세운 목적도 궁극적으로는 거기에 있었다. 사도세자가 환갑을 맞이하는 해에는 동갑이었던 어머니의 회갑연을 화성에서 치렀고, 세자(순조)가 성년이 되면 자신은 상왕으로 물러나 화성에 가서 아비의 한을 풀어 주겠다는 것이다. 그만큼 정조의 삶에는 사도세자의 그늘이 깊게 드리워져 있었다. 물론 그 뜻을 이루지는 못했다. 그래도 죽은 다음에 사도세자와 서로 마주보는 곳에 묻혔으니 그로서는 소원을 푼 셈이다.

흥미로운 역사적 팁 한 가지. 사도세자의 능을 이장한 수원은 일찍이 윤선도가 효종의 능으로 추천한 명당이다. 당쟁으로 인해 송시열에게 밀려서 버려졌던 카드인데 정조가 그 가치를 재발견해서 고산의 명예를 되살려 주었다. 기억하겠지만 윤선도가 바로 다산의 외가다. 그 점에서도 정조와 다산은 인연이 깊다. 다산의 인생역정도 정조 못지않게 다이내믹하다. 초년은 그럭저럭 무난했지만 40대 이후는 실로 가혹했으며 게다가 자식들이 많이 요절하는 아픔을 겪어야 했다. 6남 3녀를 낳았으나 4남 2녀를 어려서 잃었다. 정조는 아비로 인해, 다산은 자식의 요절로 애간장을 끓여야 했다.

정조와 다산의 인생에 비하면 연암의 인생은 참 밋밋하다. 애통한 가족사나 추국 혹은 유배형 같은 걸 겪지도 않았고, 대형 옥사에 연루되지도 않았다. 중심으로부터 벗어나 낮은 곳으로 흘러갔던 인생전략이 적중한 것이다. 그는 가난을 기꺼이 택했다. 가난하되 구차하지 않은 삶! 그것이 팔자의 험난한 고비를 넘어가는 액막이 역할을 한 것 같다.

아무튼 세 사람의 인생은 때론 가깝고 때론 멀어지면서 서로 교차한다. 그 교차점들을 따라가다 보면 멋진 삼중주가 탄생한다. 특히 1783년, 1792년, 1801년이 가장 두드러진 변전 포인트에 해당한다. 역사적인 사건이 벌어진 해이기도 하지만, 세 사람의 동선이 묘하게 엇갈리는 지점이기 때문이다.

또 하나, 평전의 주인공이 꼭 사람이라고 생각하는 건 큰 오해다. 인생극장에선 때론 시간이, 때론 공간이 주인공이 되기도 한다. 그걸 중심에 놓으면 사람을 따라 갈 때와는 전혀 다른 리듬이 탄생한다.

1783년(癸卯) — 연암, 『열하일기』를 완성하다

먼저 첫번째 연대기는 1783년이다. 정조 7년, 연암의 나이는 마흔일곱. 이 해는 연암 생애 최고의 해다. 『열하일기』가 완성되었기 때문이다. 중원땅을 밟은 지 꼭 3년 만이다. 『열하일기』는 조선왕조 5백년을 통틀어, 더 나아가 한반도에 한문이 유입된 이후에 나온 최고의 걸작이다. "그의 문장은 천마가 하늘을 나는 것 같아 굴레를 씌우지 않았건만 자연스럽게 법도에 다 들어맞는다. 그러므로 그의 문장은 문장 가운데 으뜸이라 할 만하며, 후생이 배워서 이룩할 수 있는 것이 아니다." 구한말의 문장가 김윤식의 평가다.「책머리에」, 『나의 아버지 박지원』 한마디로 문장의 절대경지라는 것! 조선에서만 그런 것도 아니다. 중국이나 일본, 세계 그 어디에서도 『열하일기』만큼 특이한 글쓰기는 없다. 그런『열하일기』가 바로 이 해에 탈고된 것이다.

연암이 중원땅에 들어선 건 3년 전 1780년(경자) 여름이었다. 한창 여행 중이었던 7월에 둘째아들 종채가 태어났다. 종채는 둘째지만 독자나 마찬가지다. 첫째인 종의가 큰 형님의 양자로 들어갔기 때문이다. 종의가 태어난 지 무려 14년 만에 얻은 아들이라 기쁨은 더욱 배가되었다. 연암이 관운(명리학적으로 관운은 곧 아들운이기도 하다)이 없어선지 아들이 귀한 데다 이 아들 역시 벼슬과는 인연이 없었고, 대신 아들 규수로 하여금 할아버지 연암의 가학을 잇게 하였다(이 사람이 바로 대원군 시절의 명재상 박규수다). 평생 포의로 지내면서 아버지에 대한 평전『과정록』을 남겼으니 그는 아버지 연암의 일생을 기록하기 위해 태어난 존재라 할 수 있다. 지금 우리가 연암의 일생을 이렇게 친밀하게 재현할 수 있게 된 것도 이 둘째아들 종채 덕분이다. 그 점에서도 1780년은 아주 특별한 연대다.

연암의 연행은 늦깎이였다. 당시 연암은 홍국영의 예봉을 피해 연암협으로 도주했다가 홍국영이 몰락하면서 다시 서울로 돌아와 처남 이재성의 집에서 묵고 있었다. 하지만 오래된 벗들이 다 뿔뿔이 흩어진 뒤라 헛헛한 마음으로 40대를 보내던 차, 느닷없이 다가온 행운이 바로 연행이었다. 삼종형 박명원이 건륭황제 칠순잔치(만수절) 축하사절단 단장이 되었는데, 연암을 자신의 자제군관으로 삼아 여행단에 참여시킨 것이다. 북학에 대한 연암의 열정을 헤아려 준 것이다.

음력 5월 25일 한양을 떠나 한 달 만에 압록강에 도착, 6월 24일 강을 건너 요동벌판과 산해관을 지나 8월 1일 북경에 도착했다. 북경에서 5일간 체류한 뒤, 다시 8월 9일 열하에 도착, 7일간 체류하고 8월 20일 북경으로 귀환한다. 9월 17일 북경을 떠나 동일한 코스를 밟아 10월 27일 한양에 입성한다. 5월 25일에서 10월 27일까지! 장장 5개월에 걸친 여행 동안 보고 듣고 체험한 '메모뭉치'를 한 보따리 안고서. 귀국 후에는 연암협과 처남의 집을 왕래하면서 이 초고들을 정리하는 데 매진한다. 그해 1월 영천군수로 부임한 절친한 벗 홍대용이 "얼룩소 두 마리, 농기구 다섯 가지, 줄 친 공책 스무 권, 돈 2백 냥"을 보내며 저술을 격려한 것도 이 시기다. 그렇게 하기를 3년여 드디어 『열하일기』가 완성되었다.

『열하일기』의 첫장이 「도강록」이다. 이 「도강록」의 서문을 이때 썼다. 가장 앞에 나오는 글을 가장 마지막에 쓴 것이다. 무릇 모든 책의 완성은 서문을 통해 이루어진다는 걸 확인하게 된다. 반응은 뜨거웠다. 사실은 완성도 되기 전에 필사본으로 나돌면서 화제를 불러일으키고 있던 중이었다. "누가 알았겠느냐? 책을 절반도 집필하기 전에 벌써 남들이 그걸 돌려 가며 베껴 책이 세상에 널리 유포될 줄을."『나의 아버지 박지원』, 50쪽 그도 그럴 것이, 그것은 일찍이 보지 못했던 문체적 실험이자 삶에 대한 새로운 비전이었다. 열광적 환호와 지독한 혐오가 동시에 쏟아졌다. 촛불에 불태워질 뻔한 것도 그런 맥락에서 이해하면 된다. 태워 버려야 하는 책인가 아니면 낡은 문법을 태워 버릴 책인가. 어느 쪽이든 성공이다! 연암이 가장 견디기 어려웠던 건 '데면데면한' 상찬이었을 터다. 그건 쓰지 않아도 좋을 문장이라는 뜻이니까.

그런 점에서 1783년은 연암의 해라고 해도 좋다. 하지만 안타깝게도 같은 해에 홍대용이 세상을 하직한다. 평소에 별탈이 없었는데, 갑자기 중풍으로 입이 돌아가고 혀가 굳어 말을 못하다가 순식간에 그리된 것이다. 향년 53세. 또 다른 지기知己 정석치를 잃은 지 2년 만이다. 친구에 살고 친구에 죽는 연암으로선 가슴이 미어졌다. 손수 시신을 염하는 한편 그를 위한 묘비명을 쓴다. 이 묘비명 또한 불후의 명작이다. 이 글은 담헌의 중국친구들에게 보내는 편지로 구성되어 있다. 홍대용은 1765년 숙부가 서장관으로 중국에 갈 때 따라갔다가 북경의 유리창에서 육비陸飛, 엄성嚴誠, 반정균潘庭筠과 깊은 친교를 나눈다. 연암은 이 사실을 담헌의 생애 가운데 가장 빛나는 순간으로 꼽은 것이다.

> 아! 덕보는 세상에 살아 있을 때도 이미 비범하기가 마치 옛날의 특이한 사적 같았다. 벗으로서 지성至性을 지닌 이라면 반드시 널리 전파하여, 덕보의 이름이 비단 양자강 남쪽 지방에 두루 알려지게 할 뿐만이 아닐 터이다. 구태여 내가 그의 묘지를 짓지 않더라도, 덕보의 이름을 불후하게 할 것이다.「홍덕보 묘지명」,『연암집』(상), 343쪽

연암은 홍대용의 이름이 천하에 널리 전파되기를 바랐다. 그의 국량을 알아주기에 조선은 너무 협소했다 여긴 것일까. 이 글이 그가 열하를 다녀오고『열하일기』를 완성하는 시점이라는 점도 의미심장하다. 아직 중국여행의 장쾌한 여정이 긴 여운으로 남아 있을 때다. 그래서 담헌과 유리창 선비들의 교유가 더더욱 애틋하게 다가왔을 것이다. 즉, 이 작품은 홍대용의 인생뿐 아니라 연암의 시선 역시

중원의 대지를 향하고 있음을 말해 준다. 담헌과 연암은 역시 북학의 대가다! 『열하일기』와 「홍덕보 묘지명」, 한 해에 불후의 명작을 연달아 완성했으니, 연암과 벗이 되고자 하는 이라면 1783년이라는 연대기를 가슴 깊이 기억해야 마땅하리라. 물론 그가 느낀 이별의 비통함도 함께. 홍대용이 죽은 후, 연암은 다시는 음악을 듣지 않았다. 함께 즐기던 악기들마저 모두 남들에게 주어 버렸다 한다.

그럼, 연암이 『열하일기』를 완성하는 그 순간, 다른 두 사람은 어디에서 무엇을 하고 있었을까. 흥미롭게도 이 해에 정조와 다산의 운명적인 첫 대면이 있었다. 아, 얼굴을 처음 마주한 건 그 전 해 소과에 합격했을 때고, 여기서 말하는 첫 대면은 본격적으로 군신관계를 시작했다는 의미다.

> 계묘년(22세, 1783) 봄에는 경의과 진사시험에 합격하여 태학에서 공부하게 되었다. 그때 임금이 『중용강의』中庸講義 80여 조목에 관하여 답변토록 과제를 내려주셨는데 이때 나의 친구 이벽이 학식이 넓고 품행이 고상하다는 이름을 얻고 있어서 함께 과제에 답변할 것을 의론했다. 이발기발理發氣發의 문제에 있어서 이벽은 퇴계의 학설을 주장했고 내가 답변한 내용은 문성공 율곡 이이의 학설과 우연히 합치되어서 임금이 다 보시고 난 후 매우 칭찬하시고 1등으로 삼아 주셨다. 도승지 김상집이 밖에 나와 사람들에게 말하기를 "정아무개는 임금의 칭찬을 받음이 이와 같으니 크게 이름을 떨치리라"고 했었다.「자찬묘지명」, 209쪽

앞에서 이미 언급되었던 그 대목이다. 16세에 성호 이익의 유고를 읽고 크게 감발받아 학문에 뜻을 두었고, 18세에 서울로 와서 본격적으로 과거공부를 한 지 4년 만이다. 계묘癸卯년의 계癸수는 다산에게는 관운을 의미한다. 또 관성은 육친상 아들을 의미하기도 한다. 그래서인가. 9월 12일 큰아들 학연도 이때 태어났다. 청년 다산으로선 득의에 찬 해임에 분명하다. 하지만 이 영광과 기쁨 뒤에는 비극의 그림자가 짙게 드리워져 있다.

위의 자료에 나오듯, 함께 토론하면서 과제를 수행했다는 사돈(맏형 정약현의 처남)이자 지기인 이벽이 그 비극의 전령사다. 그 이듬해 다산은 둘째형 약전과 함께 이벽을 통해 서교에 입문하게 된다. "갑진년(1784, 23세) 4월 이벽을 따라 두미협으로 배를 타고 내려가다 처음으로 서교에 대하여 듣고 한 권의 책을 보았다." 이 만남 또한 강렬하고 매혹적이었다. 정조와 서교, 두 개의 빛이 동시에 다산의 영혼과 신체를 휘감았던 것이다. 물론 이때만 해도 이 두 개의 빛이 서로 충돌하리라곤 생각하지 못했다. 둘 다 공존할 수 있을 거라고 믿었다. 하지만 그건 불가능했다. 천주교는 그저 여러 학설, 여러 이교 가운데 하나가 아니었다. 인격신에다 유일신을 믿는 종교였다. 유일신이란 무엇인가? 여타 다른 신들을 모두 우상으로 간주하는 신이다. 제사조차 조상신을 섬기는 행위로 간주한다. 그러니 다산이 천주교에 입문했다는 건 일생일대의 엄청난 사건임에 분명하다. 물론 당시에야 아주 순수한 지적, 영적 호기심이었으리라. 하지만 다산이 이벽을 통해 성서를 접하는 그 순간 그(와 그의 둘째형 약전)의 등 뒤에선 저 멀리 거대한 소용돌이가 몰려오고 있었다.

1783년 바로 이 해에 이승훈이 세례를 받기 위해 중국의 천주당으로 향한다. 조선인으로선 최초였다. 이벽은 개국성조라 불린다. 교황청에서 파견한 신부가 없이 자체적으로 그 역할을 대행한 인물이라는 뜻이다. 이렇게 자발적으로 신앙의 씨를 뿌리고 난 다음, 이들은 어떻게든 로마 교황청과 연결되고 싶었다. 그래서 이승훈을 파견한 것이다. 이 사건으로 조선은 서양과 처음으로 하나의 운명공동체가 되었다. 저 머나먼 이역에 있는 로마 교황청의 움직임이 조선의 신자들, 나아가 18세기 정치에 깊은 파장을 일으키게 되었으니 말이다. '서구화', '세계화'의 조짐은 이때부터라고 봐야 하지 않을까.

　그런 점에서 연암과 다산은 중국이라는 타자를 통해 전혀 다른 세계를 만난 셈이다. 전자는 청 문명의 역동적인 이질성을, 후자는 천주교와 서양 문명이라는 아주 낯선 세계를. 당시 조선의 지배적 이데올로기는 북벌론이었다. 청나라 오랑캐를 정벌하여 중화문명을 회복해야 한다는 것이 북벌론의 핵심이었다. 북벌론에서 북학으로! 이것이 연암과 그의 친구들이 시도한 사상적 모험이자 전환이었다. 그럼 다산은? 북벌과 북학의 배치를 뛰어넘어 서학으로 도약해 버렸다. 다산과 그의 형제들은 청나라 문명 자체에 큰 관심이 없었다. 성리학이나 양명학, 혹은 이단으로 치부되는 불교와 도교 따위로 세계를 구원하기는 틀렸다고 본 것이다. 전혀 다른 프레임, 파천황적인 패러다임에 대한 갈증을 느끼던 차, 문득 서교를 만난 것이다. 마침 문명사적 차원에서 보자면 '서세동점'西勢東漸이 막 시작되는 때였다. 그런 점에서 서교와 조선의 만남, 서교와 다산의 만남은 거역할 수 없는 운명이었다!

북학과 서학, 그 사이에 정조가 있다. 정조의 이념과 사상은 어디까지나 정학, 곧 성리학이다. 정조는 성리학을 발판으로 북학과 서학이라는 낯선 사상의 도전을 헤쳐 나가야 했다. 물론 이때는 그 도전이 얼마나 거셀지 상상조차 하지 못했다. 1783년은 정조 7년째니 홍국영이 세도를 부린 4년여를 빼고 나면, 정조로서는 치세를 위한 초기화 작업을 막 마친 즈음이었다. 김종수(노론), 채제공(남인), 서명선(소론) 등 각 당파의 인물을 고루 등용하여 영조와는 다른 탕평을 시도하고 외규장각을 완성(1782)했으며, 문효세자(1782년 탄생, 5세 때 독살당함)를 얻어 한창 기쁨을 누릴 때다. 나이도 30대 초반, 군주로서도 청년기에 해당한다.

　　연암과 정조는 서로 다른 영역에 있었고, 다산과 정조는 이제 막 만남이 시작되었을 뿐이다. 연암과 다산의 거리는 말할 나위도 없고. 하여, 이 연대기의 주인공은 연암이다. 『열하일기』가 완성되었으니, 18세기 지성사에 연암의 '북학'이 가장 먼저 존재감을 드러낸 셈이다. 물론 『열하일기』는 북학이라는 코드로 환원되는 저술이 아니다. 그 안에는 지금까지는 상상하지 못했던 사유의 잠재적 힘들이 난무한다. 하지만 그 힘들의 가치를 알아차리는 데는 아주 많은 시간을 기다려야 했다.

　　1792년(壬子)—정조, 문체반정을 일으키다
　　『열하일기』가 완성된 시점이 명확하지 않듯이, 문체반정도 시기가 좀 애매하다. 정치적 반정이야 거사와 종료의 시점이 분명하지만, 문체는 그렇게 판가름이 날 일이 아닌 데다 정조는 즉위 초부터 서적의 수입과 사대부들의 문체에 대하여 직·간접으로 개입을 해온 터였다. 정조는 태생적 성리학자다. 개혁군주라는 이미지 때문에 이 점이 종종 망각되곤 하는데, 이건 명백한 사실이다. 군주라서 그렇기도 했지만 학자로서의 경향은 더더욱 그러했다. 그가 남긴 저술, 곧 『홍재전서』 184권 100책은 대부분이 주자와 관련된 것임을 환기할 필요가 있다. 그런 점에서 문체반정은 '문체와 국가장치'의 한판승부이자 북학과 서학의 도전에 대한 성리학의 응전이기도 했다.

1792년 10월 19일, 정조는 동지정사 박종악朴宗岳과 대사성 김방행金方行을 불러들여 엄중한 하교를 내린다.

"어제 책문의 제목 하나를 내어서 위서僞書의 폐단에 관해 설문을 해보았다. 근래 선비들의 추향이 점점 저하되어 문풍文風도 날로 비속해지고 있다. 과문科文을 놓고 보더라도 패관소품稗官小品의 문체를 사람들이 모두 모방하여 경전 가운데 늘상 접하여 빠뜨릴 수 없는 의미들은 소용없는 것으로 전락하였다. 내용이 빈약하고 기교만 부려 전연 옛사람의 체취는 없고 조급하고 경박하여 평온한 세상의 문장 같지 않다. 세도와 유관한 것이어서 실로 작은 걱정이 아니다. 내가 그것을 바로잡아 보려고 고심 끝에 책문의 제목으로까지 내었던 것인데 만일 그 폐단만을 말하고 실효를 거두지 못하면 무슨 보탬이 되겠는가. 이러한 폐단의 근원을 아주 뽑아서 없애 버리려면 애당초 잡서雜書들을 중국에서 사오지 못하게 하는 것이 제일이다.

그리하여 앞서의 사행 때도 물론 누누이 당부해 왔었지만 이번 사행에는 더욱더 엄히 단속하여 패관소기稗官小記는 말할 것도 없고 경서經書나 사기史記라도 당판唐板인 경우 절대로 가지고 오지 말도록 하고, 돌아오는 길에 압록강을 건널 때 하나하나 조사해서 군관이나 역관 무리라도 만일 가지고 오는 자가 있으면 바로 교서관에서 압수하여 널리 유포되는 폐단이 없게 하라." 『정조실록』 16년 10월 19일. 고딕 표시는 인용자

요컨대, 사대부들의 문풍이 날로 패관소품의 문체에 물들어 가고 있다는 것이다. 문체는 세도와 유관한 것이어서 좌시할 수가 없다. 하여, 중국에서 들여오는 책들을 모두 금지한다는 것이다. 패관기서는 그렇다 쳐도 경서나 사기는 왜? "우리나라 서책은 종이가 질겨 오랫동안 두고 볼 수 있으며 글자가 커서 늘 보기에도 편리한데 하필 종이도 얇고 글씨도 자잘한 당판을 멀리서 구하려 하는 것인가. 그런데 이것을 꼭 찾는 이유는 누워서 보기에 편리해서인 것이다. 이른바 누워서 본다는 것이 어찌 성인의 말씀을 존숭하는 도리이겠는가." 호오, 중국판은 '소프트'해서 자세가 흐트러진다는 것. 결국 글을 읽고 쓴다는 건 신체를 길들이는 것임을 말해 주는 대목이다. 문체는 신체다?! 이것이 '문체반정'의 시발이었다.

문체반정이란 문체를 순정한 고문古文으로 되돌린다는 의미다. 보통 권력이 지성에 개입하는 건 내용과 관련해서다. 불경한 단어를 구사했다거나 아니면 불온한 사상이 담겨 있다거나. 헌데 문체반정은 내용이 아니라 표현의 '형식'에 대한 대대적인 검열을 선포한 것이다. 정조 같은 호학군주가 아니고서야 애시당초 불가능한 노릇이

다. 서적 수입금지뿐이 아니라 과거시험에 대한 검열도 강화하라고 명령한다.

> "성균관 시험의 시험지 중에 만일 조금이라도 패관잡기에 관련되는 답이 있으면 비록 전편이 주옥같을지라도 하고下考;벼슬아치의 근무 평가에서 제일 낮은 성적로 처리하고 이어 그 사람의 이름을 확인하여 과거를 보지 못하도록 하여 조금도 용서가 없어야 할 것이다. 내일 승보시陞補試를 보일 때 여러 선비들을 모아두고 직접 이 뜻을 일러주어 실효가 있게 하라. 엊그제 유생 이옥李鈺의 응제應製 글귀들은 순전히 소설체를 사용하고 있었으니 선비들의 습성에 매우 놀랐다. 지금 현재 동지성균관사로 하여금 일과日課로 사륙문四六文만 50수를 짓게 하여 낡은 문체를 완전히 고친 뒤에야 과거에 응시하게 하도록 하였다. 그런데 그 사람은 일개 유생에 불과하여 관계되는 바가 크지 않지만 띠를 두르고 홀을 들고 문연文淵에 출입하는 사람들도 이런 문체를 모방하는 자들이 많으니 어찌 크게 안타까운 일이 아니겠는가." 『정조실록』 16년 10월 19일, 고딕 표시는 인용자

애꿎게 유생 이옥이 걸려들었다. 하필 이때 과거를 보다니. 운도 없고 복도 지지리도 없는 인물이다. 이옥의 문체는 지금의 시선으로 봐도 특이하기 이를 데 없다. 트랜스젠더라고 해도 믿을 정도로 여성적인 정조에다 세필로 그린 듯 디테일이 섬세하다. 애상성의 극치에 강도 높은 클로즈업, 주제의식의 부재 ─ 정조가 '혐오하는' 모든 것을 다 갖추고 있다. 거기다 이옥은 특별한 당파나 가문에 연루되어

있지도 않다. 한마디로 제대로 걸린 셈이다. 결국 이옥은 이 사건의 최대의 희생양이 되고 만다. 하지만 거꾸로 생각하면 최고의 투사이기도 했다. 끝까지 문체를 고치지 않았기 때문이다(고치고 싶어도 그럴 수 없었다는 게 더 정확한 표현일 테지만). 충군充軍을 당하고 과거에서 배제되고 끝내 이름없이 스러져 갔으면서도 자신의 글을 고스란히 남겼다. 정조가 그렇게 쓰지 말라고, 쓰면 가만 안 둔다고 했던 그런 글을! 그 나름의 복수를 훌륭하게 수행한 셈이다 이옥에 대한 자세한 사항은 채운, 『글쓰기와 반시대성, 이옥을 읽는다』를 참조할 것.

아무튼 10월 19일 이후의 사건 개요를 정리해 보자.

정조 16년(1792 임자년) 10월 25일

내각이 부사과副司果 남공철의 함답緘答; 육품 이상 벼슬아치에게 서면으로 심문할 때 서면으로 회답하는 일에 대해 아뢰자, 비답하기를,

"대답 내용이 비록 장황한 느낌이 드나 문체는 소품을 본따지는 않았다. 그냥 되돌려 주지 않고 그대로 판하判下; 올린 안을 임금이 허가함한다. 그가 이 뒤로는 단 한마디 반마디라도 혹시 옛 버릇이 묻어나오기만 하면 이는 참으로 어버이를 저버리고 나라를 저버린 것이라고 다짐했는데, 그에게 있어서는 그야말로 나무꾼이 벼슬아치가 되고 미천한 자가 높은 자리에 오르는 듯한 일대 좋은 소식이다. 공함 발송에 관한 전교와 답통答通의 공초供招를 조지朝紙; 승정원에서 재결 사항을 기록하고 베껴서 반포하던 관보에 반포하여 많은 사람들이 다 보게 하라. 그가 비록 전철로 되돌아가고픈 생각이 있을지라도 그도 사람인데 어떻게 그렇게야 하겠는가. 그러니 법을 적용할 필요 없

이 그냥 직에 임하게 하여 스스로 새로운 길을 찾도록 하라. 지금 이 처분은 생각없이 한 일이 아니다. 문풍文風이란 세도와 관계되는 것이기에 남공철 한사람으로 많은 선비들이 타산지석을 삼게 하고자 함이다. 직책으로나 지위로 보아 나와 아주 가까운 각신들도 조금도 가차없이 금지하고 꾸짖고 하여 부끄러움을 알게 하는데, 더구나 나이 젊은 유생으로서 승보시陞補試의 과제課製 사이에 발을 내디디고 후일 모두 경·사대부가 될 자들이겠는가. 우선 반시泮試에서부터 만일 전교를 따르지 않는 자가 있으면 한결 같이 태학의 법전 격례格例에 따라 바로 선비들이 모이는 곳에다 죄과를 쓴 판자를 매달아 두고 더 심한 자는 북을 치며 성토하고 그 다음 가는 자는 매를 때리고 그 사실을 기록하여 괄목할 만한 실효가 있도록 하라. 그리고 이번 재가한 사항을 대·소과의 과거 규정에 기록해 두도록 예조가 잘 알아서 처리하라" 하였다.

정조 16년(1792 임자년) 11월 3일

내각에 전교하기를,

"그것이 비록 한 가지 일이지만 역시 형정刑政에 관계되니 어찌 죄를 짓고서 요행히 면할 수 있겠는가. 이상황李相璜과 남공철은 서울에 있다는 이유로 문계問啓하고 김조순金祖淳만은 동일한 죄를 지은 부류인데도 죄의 그물을 벗어났을 뿐만 아니라 감히 사행길에서 의기양양하였다. 상황과 공철은 어떤 사람이기에 저같이 고생을 겪어야 하고 조순은 그가 하는 대로 내버려 둔다는 것인가. 상황과 공철에게 물었던 조목으로 그대로 김조순이 도착해 있는 지방의 도신에게 관문關文을 띄워 그가 압록강을 건너기 이전에 답통答通을 받고 반성하는 글과 시詩도 지어 올리게 하여 공철이 지은 것과 함께 게시판에 써 걸도록 하라. 그리고 심상규沈象奎도 요행히 제재를 피하게 할 수 없으니 역시 공함을 띄워 공초를 받도록 하라" 하였다.

내각이 전 대교待敎 심상규의 함답 내용을 아뢰자, 상이 이르기를, "구두가 떨어지지 않으니 언문으로 번역하고 주해를 달아 올리게 하라" 하였는데, 대체로 곤욕을 주기 위해서였던 것이다. 상규가 글자마다 주해를 달아 올리자, 상이 그의 재주에 대해 연신筵臣들 앞에서 칭찬을 아끼지 않았다.

남공철, 이상황, 김조순, 심상규――모두 정조가 아주 아끼는 노론계열의 각신들이다. 자기와 가까운 각신들한테 본때를 보임으로써 성균관 유생 및 사대부들에게 경고장을 날리고 있다. 북을 치고 성토를 하고 매를 때리고…… 무섭기는 한데 왠지 좀 웃기지 않는가. 음란소설을 쓴 것도 아니고 불온문서를 작성한 것도 아니고 다만 좀 새로운 스타일로 썼을 뿐인데 저런 벌을 내리다니 말이다. 꽤 오래 전에 패관소설 좀 봤다고 대신들을 저렇게 어린애 다루듯 하는 것도 그렇다. 사행길에 나선 김조순한테는 압록강을 건너기 전에 반성문을 쓰라고 독촉하고, 심상규가 쓴 건 구두가 안 떨어진다고 혼을 내고, 다시 숙제를 해내자 또 신하들 앞에서 엄청 칭찬을 해주고. 군신관계가 졸지에 훈장과 학동 사이처럼 되어 버렸다.

하긴 문체와 권력의 충돌은 그 자체로 부조리하다. 진시황의 분서갱유 혹은 독재자들의 금서정책이 보여 주듯, 보통은 국가장치에 반하는 말과 글들을 무조건 침묵, 봉쇄시켜 버리는 식으로 진행된다. 권력의 폭력성과 무능함을 동시에 보여 주는 방식이다. 헌데 정조는 그게 아니라 자신이 검열관이자 스승이 되어 사대부들한테 문체를 제대로! 가르쳐 주겠다는 것이다. 그만큼 학술과 문장에 자신이 있었던 셈인데, 그러다 보니 저런 해프닝이 벌어진 것이다.

당연히 반발이 없을 수 없다. 부교리 이동직李東稷이 채제공, 이가환 등 남인들을 겨냥한 상소를 올린다.

정조 16년(1792 임자년) 11월 6일

부교리 이동직이 상소하기를,

"아, 저 채제공이 군주를 저버리고 나라를 등졌으며 역적을 두호하고 악당과 무리를 이룬 죄를 어떻게 다 처벌하겠습니까. …… 또 이가환 같은 자는 채제공에게 빌붙어 그의 후원을 받아 왔으면서도 역모의 진상이 낭자하게 드러난 오늘까지 그는 그의 당여黨與로서의 처벌에서 빠져 있으니 그에게 있어서는 행운이라 할 것입니다. …… 하물며 그들의 문장이라는 것이 학문상으로는 대부분 이단異端 사설邪說들이고 문장이래야 순전히 패관소품을 숭상할 뿐입니다. 누구나 알고 있는 경전經傳을 언제나 별 쓸모없는 것으로 보고 있으니 그들 문장은 문장이라고 말할 수도 없습니다. 이단을 물리치고 정도를 지키는 이때에 그러한 무리들을 그냥 내버려 두고 논의하지 않을 수 없습니다. 신은, 가환에게 성균관을 관리하도록 제수한 명을 아울러 환수하고 이어 사판에서 그 이름을 삭제하여 세도를 위하고 명기_{名器}를 소중히 여기는 뜻을 보여 주어야 한다고 생각하는 바입니다."

참고로 이동직은 소론이다. 『열하일기』의 문체에 대해서도 트집을 잡은 인물이다. 그가 채제공과 이가환을 공격하는 건 당쟁의 일환이다. 그런데 그의 주장에 따르면, 이들의 문장도 이단 사설이면서 패관소품이라는 것이다. 그러니 그들도 당연히 징벌대상이 아니냐는 것. 쉽게 말하면, '문체반정을 한다면서 왜 쟤네들(남인들)은 그냥 내버려 두느냐'는 것이다. 충분히 있을 법한 반론이다.

그럼 이에 대한 정조의 응답은?

"먼저 이가환의 문제부터 말하는 것이 좋겠다. 그대는 가환의 문체가 경전을 쓸모없는 것으로 여긴다는 말로 얘기를 삼았는데 그것이 바로 내가 한마디 하고 싶으면서도 못하고 있던 문제였다. 그런데 그대가 그 말을 하니 참으로 이른바 가려운 곳을 긁어 주는 격이다. …… 저 가환으로 말하면 일찍이 좋은 가문의 사람이 아닌 것도 아니었지만 백 년 동안 벼슬길에서 밀려나 수레바퀴나 깎고 염주알이나 꿰면서 떠돌이나 시골에 묻혀 지내는 백성으로 자처하였던 것이다. 그러자니 나오는 소리는 비분강개한 내용일 것이고 어울리는 자들이라곤 우스갯소리나 하고 괴벽한 짓이나 하는 무리일 것 아닌가. 주위가 외로우면 외로울수록 말은 더욱 편파했을 것이고 말이 편파적일수록 문장도 더욱 괴벽했을 것이다. 그리하여 오채_{五采}로 수놓은 고운 문장은 당대에 빛을 보고 사는 자들에게 양보해 버리고 이소경離騷經이나 구가九歌를 흉내냈던 것인데 그것이 어찌 가환이 좋아서 한 짓이었겠는가. 조정이 그를 그렇게 만든 것이다. …… 그대는 가환에 대해 말하지 말라. 가환은 지금 골짜기에서 교목喬木으로 날아 오른 것이고 썩은 두엄에서 새롭게 변화한 것이다. 그의 심중을 통해 나오는 소리가 왜 점차 훌륭한 경지로 들어가지 못할 것이라고 근심하는가."

허, 참 희한한 논리다. 촌구석에서 비분강개하다 보니 비뚤어질 수밖에 없었지만, 지금 교목으로 날아오르는 중이니 걱정하지 않아도 된다는 것. 일단 눈감아 주기로 작정하면 아무도 못 말리는 법이다. 이렇게 남인들에 대한 공격을 비호해 주면서 동시에 각신들의 문풍에 대한 간섭은 계속되었다.

정조 16년(1792 임자년) 11월 8일

내각이 동지 서장관 김조순의 함사緘辭; 관(官)으로부터 신문 받을 사람이 관아에 직접 출두하지 않고 서면으로 올리는 진술서 내용을 아뢰니, 비답하기를, "어느 사람이 허물이 없겠는가마는 고치는 것이 중요하다. 정자程子와 장자張子는 대현大賢이었으면서도 사냥하고픈 생각을 끊지 못하였고 어린 시절 손자孫子·오기吳起의 병서兵書들을 즐겼었다. 대체로 학자들이 자품이 높다 보면 먼 곳에 있는 것에 마음이 치닫고 재주가 있다 보면 밖으로 내닫는 법이다. 그것이 그름을 알고서 고치기를 꺼리지 않고 고치고서는 다시 범하지 않으면 되는 것이다. 이 함답을 보니 문체가 바르고 우아하고 뜻이 풍부하여 무한한 함축미가 있음을 깨닫겠다. 촛불을 밝히고 읽고 또 읽고 밤 깊은 줄도 모르게 무릎을 치곤하였다.

저 부들부들하다 못해 도리어 옹졸해진 남공철의 대답이나 경박하게 듣기 좋게만 꾸민 이상황의 말, 뻣뻣하여 알기 어려운 심상규의 공초는 모두가 입술에 발린 소리로 억지로 자기 변명을 하기 위해 한 소리들이지만 이 사람만은 할 것은 한다, 못할 것은 못한다고 하여 결코 스스로를 속이거나 나를 속이려 함이 없음을 알겠다. 이 판부判付를 파발마를 보내 그에게 알려 그로 하여금 마음 놓고 길을 떠나 먼 길을 잘 다녀 오게 하라" 하였다.

이 대목에서도 웃음이 '빵' 터졌다. 김조순을 각별히 띄워 주면서 남공철, 심상규, 이상황에 대해서는 '옹졸하다' '경박하다' '뻣뻣하다' 등의 표현을 써가며 여지없이 씹어 대는 건 또 뭔가(참고로 정조는 죽기 전에 김조순의 딸을 아들 순조의 비로 맞아들인다. 그만큼 신뢰가 대단했다는 뜻이다). 이가환 무리는 그토록 진지하게 엄호해 주면서 각신들한테는 이렇게 노골적으로 비아냥거린다? 이로써 짐작컨대, 정조는 후자들과 훨씬 더 가까웠다. 이렇게 마음껏 흉을 볼 수 있는 관계라면 보통 가까운 사이가 아니다. 하지만 남인들과는 그렇지 못했던 것 같다. 자상하고 따뜻했지만 엄숙하고 진지했다. 흉허물을 터놓을 만한 사이는 아니었던 것이다.

해가 바뀌었다. 천재적 문인이지만 미미한 유생에 불과한 이옥을 희생양으로 만들고 각신들을 길들이는 한편, 박제가와 이덕무 등 규장각 검서관이자 서얼 출신들에게까지 견책 처분을 내렸을 무렵 그 파장이 드디어 연암에게까지 미쳤다. 1793년 1월 16일, 안의현감으로 재직 중이던 연암은 직각 남공철로부터 편지를 받는다. 그 전해 섣달 28일에 띄운 서한이었다. 평소 교분이 있던 처지라 별 생각없이 펼쳐들었다가 연암은 반도 못 읽어서 "혼비백산"한다. 그냥 안부 편지가 아니라 문체반정의 경과를 전하고 있었기 때문이다.

> "지난 번에 문체가 명·청을 배웠다 하여 임금님의 꾸지람을 크게 받았고 치교 등 여러 사람과 함께 함추를 당하기까지 하였습니다. 저는 또 내각으로부터 무거운 쪽으로 처벌을 받아 죗값으로 돈을 바쳤습니다. 그 돈으로 술과 안주를 마련하여 내각에서 북청 부사로 부임하는 성사집성대중의 송별연을 벌였는데, 대개 사집은 문체가 순수하고 바르기 때문에 이런 어명이 내렸던 것입니다. 낙서 영공이서구과 여러 검서檢書가 다 이 모임에 참여하였으니, 문원의 성사요 난파의 미담이라, 영광스럽고 감격스러워 이에 아뢰는 바입니다." 「남직각에게 답함—부 원서」答南直閣公轍書—附 原書, 『연암집』(상), 199~200쪽

자신은 문체가 타락하여 벌금을 냈고, 그 벌금으로 문체가 바르고 순수한 성대중의 송별연을 열어 주라는 어명이 내렸다는 것이다. 영광이요 감격이라고 말하는데 말투에 씁쓸함이 묻어 있다. 명분도 좋고 취지도 그럴싸한데, 왠지 정조의 각본에 놀아나고 있는 느낌이다. 아무튼 이 대목에 이를 즈음, 연암은 속으로 뜨끔했을 것이다. 아니면 드디어 올 것이 왔구나! 했던가. 사연인즉, 그 전날 경연에서 자신(남공철)에게 하교하기를, "근자에 문풍이 이렇게 된 것은 모두 박

지원의 죄다.『열하일기』를 내 이미 익히 보았거늘 어찌 속이거나 감출 수 있겠느냐?『열하일기』가 세상에 유행한 후로 문체가 이같이 되었거늘 본시 결자해지인 법이니 속히 순수하고 바른 글을 한 부 지어 올려『열하일기』로 인한 죄를 씻는다면 음직으로 문임文任 벼슬을 준들 무엇이 아깝겠느냐? 그러나 그렇게 하지 않는다면 무거운 벌을 내릴 것이다."『나의 아버지 박지원』, 106쪽라고 했다는 것이다. 말하자면,『열하일기』가 문풍타락의 원흉이자 배후라는 것이다. 이로써 정조가 연암과 '연암체'를 예의 주시하고 있었음이 명백해졌다.

그런데 이어지는 남공철의 조언이 아주 흥미롭다. "이런 임금의 말을 들으면 필시 영광으로 여기는 마음과 송구한 마음이 한꺼번에 뒤섞일 줄 상상되오나, 다만 이 '순수하고 바른 글 한 편'은 진실로 졸지에 지어 내기는 어려울 터이니, 어떻게 하려고 하시는지 모르겠습니다." 자신도 겪어 봐서 아는데, 순정한 글을 짓는다는 게 쉽지 않다는 것, 그러니 참 걱정된다는 투다. 그래서 '명청의 학술을 배척하는 글을 지으라는' 등, '영남 산수기를 지어 보내라는' 등 횡설수설하다 편지를 마친다. 임금이 시켜서 편지를 쓰기는 하는데, 자신도 문체반정에 대한 생각이 정리가 안된 터라 미안하기도 하고 걱정되기도 하고…… 아무튼 심사가 복잡했던 듯하다.^^

편지의 내용이 알려지자 서울의 여론은 뜨거웠다. "임금님께서『열하일기』를 거론하신 것은 기실 노여워하여 하신 말씀이 아니라 장차 파격적인 은총을 내리시려는 것이다. 그리고 임금님의 분부 중에 여러 사람의 잘못을 일일이 지적하면서도 특히 박아무개를 들어 죄인 중의 우두머리라고 하신 것은 임금님께서 박아무개에게 주의를 주어 그 글이 좀더 발전되게 함으로써 장차 문임을 맡기려는 의도이시다. 더군다나 『열하일기』를 가리켜 문체를 그르친 장본이라 하시면서도 그것을 익히 보셨노라고 하여 애호하는 뜻을 나타내셨음에랴! 반드시 바른 글을 한 부 지어서 얼른 바치도록 해야 한다."
안의에 와 있던 문사들은 말할 것도 없었다. 그들은 붓을 들고 책을 펼쳐 연암에게 참고가 되는 글을 베끼는 일을 한다든가 사실을 고증하는 일을 떠맡고자 하였다. 하지만 이미 앞에서 보았듯이 연암은 담담했다.

"임금님의 이번 분부는 참으로 전무후무한 은총이오. 임금님께서 『열하일기』의 문체가 잘못되었다고 하여 죄를 주셨으니 신하된 도리로서 그 죄를 받는 것이 마땅하오. 견책을 받은 몸이 새로 글을 지어 올려 자신의 글이 바르다고 자처하면서 이전의 잘못을 덮으려 해서야 쓰겠소? 더구나 잘못을 반성하고 바른 글을 지어 바치면 음지으로 문임 벼슬을 주는 것도 아깝지 않다고 하신 것은 스스로 반성하는 길을 열어 주신 것이어늘, 만일 이에 편승해 우쭐하여 글을 지어 바친다면 이는 바라서는 안될 것을 바라는 것이겠지요. 바라서는 안될 것을 바라는 건 신하된 자의 큰 죄오. 그래서 나는 새로 글을 지어 바치려고는 하지 않으며, 예전에 지은 글 몇 편과 안의에 와 지은 글 몇 편을 뽑아 서너 권의 책자로 만들어두었다가 임금님께서 또다시 글을 지어 올리라는 분부를 내리시면 그때에 가서나 분부를 받들어 신하의 도리를 다할까 하오." 『나의 아버지 박지원』, 109~110쪽 연암의 판단이 맞았다. 정조는 연암을 벌주지도 않았고 다시 글을 지어 올리라는 분부를 내리지도 않았다. 소문만 무성한 채 사건은 가라앉았고, 문체반정 자체도 슬그머니 종식되었다. 배후 운운한 걸 보면 정조도 그걸로 문체반정을 마무리할 생각이 아니었나 싶다.

사실 정조가 겨냥한 바는 두 가지였다. 하나는 당연히 문풍을 바로잡기 위한 정치적 포석이었다. 조선에 소설과 패사소품이 유통된 지는 오래되었다. 영조는 잠을 이루지 못할 때는 언문소설을 즐겨 들었다고 하고, 사도세자 역시 『금병매』 『육포단』 같은 소설에 빠졌다는 기록이 있다. 간호윤, 『당신, 연암』, 51쪽

그래서인지 정조는 소설과 패관잡기를 더한층 혐오했다. 거기에 빠져서는 결코 사대부의 정학을 제대로 구축할 수 없기 때문이다. 사대부의 정학이 바로 서지 않으면 왕권도 지킬 수 없다. 그런데 문체반정에는 또 하나의 포석이 있었다. 앞서도 보았듯이 서학에 연루된 남인들을 보호하기 위한 국면전환용 카드가 그것이다.

서교와 조선의 만남은 결코 스쳐 지나가는 우연이 아니었다. 그 인연은 깊고 강렬했다. 1784년 이승훈이 세례를 받고 온 뒤 이제 서학은 더 이상 서양의 학문과 기술을 의미하지 않았다. 그것은 신앙이었고 실존적 선택의 문제였다. 따라서 그것은 결코 조선이라는 국가장치와의 충돌을 피할 수 없었다. 만약 예언자가 있었다면, 이때쯤 조선의 지축이 흔들리는 조짐을 감지했을 터이다.

첫번째 충돌은 1785년 '을사추조적발사건'이다. 추조秋曹: 법률 등의 일을 맡던 형조를 말함에서 투전판을 단속하다가 엉뚱하게 신자들의 예배모임을 목격하게 된 것이다. 큰 옥사가 일어나지는 않았지만 이 사

건으로 천주교는 처음으로 불법단체가 되었다. 1785년이면 다산이 서교에 입문한 그 다음해다. 김범우라는 첫 순교자를 배출한 것도 이 사건이다(김범우는 이때 혹독한 고문을 당하고, 일 년 뒤에 병사한다). 이것이 미미한 징후였다면 본격적인 지진은 1791년에 일어났다. 진산사건이 그것이다. 윤지충, 권상연 두 사람이 제사를 거부하고 부모의 신주를 불태운 것이다. 이것은 조선에서 결코 용납받을 수 없는 행위였다. 많은 사대부들이 이 사건으로 배교를 했다. 아니, 할 수밖에 없었다. 드디어 서교와 유교가 공존할 수 없는 지점에 도달했으니 말이다.

조정은 들끓었다. 노론과 소론, 남인의 공서파 등은 이때부터 남인 '신서파'를 몰아부치기 시작했다. 특히 그 중에서도 공서파의 공격은 맹렬하기 짝이 없었다. 이런 정치적 지형 속에서 문체반정이 일어난 것이다. 진산사건과 서교문제에 대한 정조식 대응책이었던 셈이다. '문제는 서교야!'라고 외치는 이들에게, '문제는 문체야!'라고 정치적 이슈를 슬쩍 이동시킨 것.

허나, 단순히 국면전환용만은 아니었다. 정조의 논리에 따르면 서교문제도 결국은 패사소품과 관련되어 있다. 그리고 그것은 하나같이 중국에서 오는 서적을 통해 전파되고 있었다. 서적 수입금지는 이런 맥락이다. 하지만 더 근본적인 문제는 문체다. 고문의 규범과 권위가 무너지면 사학이 범람하게 되고 그것이 한편으론 패관문학을, 다른 한편으론 서학을 부추긴다는 것이다. 방법은 다시 정학을 바로잡는 것뿐! 요컨대, 정조가 사상사의 흐름을 읽는 중요한 코드는 문체였다.

그럼 이때 다산은 어디에 있었을까? 진산사건은 다산에게도 큰 충격이었다. 드디어 선택의 시간이 왔다. 서교를 택할 것인가? 아니면 정조를 택할 것인가? 다산 같은 성품으로는 이승훈이나 다른 사대부 신자들처럼 '속으로는 믿으면서 왕 앞에서는 배교한 척' 한다는 건 불가능하다. 하여, 이때 그는 서교를 버린다. 하지만 그 영향을 벗어나지는 못했다. 형제들과 주변 친지들이 온통 천주교 신자들이었기 때문이다. 진산사건 이후 한층 불리해진 조건에서도 1792년 3월 다산은 홍문관록에 오른다. 그리고 그해 4월 9일 아버지 정재원이 진주에서 급서한다. 이후 다산은 3년상을 치르느라 정계를 벗어나 있었다. 그러니까 1792년 문체반정의 현장에 다산은 없었던 것이다. 그럼 그는 문체반정과 전혀 무관했던 것일까? 그렇지 않다.

이보다 앞서 기유년(1789) 11월 친시親試: 임금이 직접 과거장에 나와 성적을 살피고 급제자를 정하던 시험에서 정조는 문체에 대한 책문을 과제로 제출했다. 문장과 세도의 연관성을 논하라는 것이었다. 이때 쓴 글이 다산의「문체책」文體策이다. 이 글은 특히 과격하다. 패관잡서에 대한 맹렬한 공격과 비난, 엄중한 처벌과 금지를 요구하고 있다. 정조의 마음과 정확히 일치하는 언술이다. 이 과제를 내줄 때의 정조의 의중도 바로 그것이었다. 앞 부분에 나온 10월 19일의 하명에서 '그것을 바로잡아 보려고 고심 끝에 책문의 제목으로까지 내었던 것인데'라는 대목이 바로 이것을 의미한다. 일종의 여론조사를 겸하여 책문의 과제로 계속 제출했던 것이다. 그렇다면 문체반정은 이미 예견된 것이었다. 다만 시점이 문제였을 뿐!

따라서 이 연대기의 주인공은 단연 정조다. 정조는 고문을 사수하는 판관이었고, 연암은 고문을 타락시킨 배후조종자였으며, 다산은 정조의 돌격대였다. 연암은 다산과 정조의 그물망을 뱀처럼 교묘하게 빠져나갔지만 두 사람 또한 집요했다. 다산은 이 책문뿐 아니라 기회가 있을 때마다 소품체에 대한 공격을 멈추지 않았다. 물론 단 한 번도 연암의 문장을 직접 거론한 적은 없다. 정조는 문체반정이 끝나고 한참 뒤에까지 연암을 공략했다.

> 정사년(1797, 61세) 7월 면천군수에 임명되자 먼저 대궐에 들어와 임금님을 알현하고 뒤에 사은하라는 특명이 내렸다. 어전에 나아갔더니 임금님께서 물었다. "내가 지난번에 문체를 고치라고 했는데 과연 고쳤느냐?" …… "성스러운 분부에 황공하와 아뢰지 못하옵나이다." 임금님은 웃으시며 말씀하셨다. "내가 최근에 좋은 글감 하나를 얻었다. 너를 시켜 좋은 글 한편을 짓게 하려 한 지 오래다."『나의 아버지 박지원』, 129쪽

그래서 지은 글이 「서이방익사」書李邦翼事다. 연암의 글 가운데 가장 '인기가 없는' 작품이다. 임금이 내준 숙제로 뛰어난 문장을 짓는다는 건 불가능하다. 문체란 지성의 원초적 리듬과 강밀도를 표현하는 것이다. 국가장치가 개입하는 순간 리듬은 경직되고 강밀도는 이완된다. 아무리 뛰어난 시라도 교과서에 수록되는 순간 껍데기만 남는 것처럼. 그것이 문체의 숙명이다. 연암은 「서이방익사」를 통해 그걸 증명해 준 셈이다. 결국 이 게임에는 승자도 패자도 없다! 3자 사이의 팽팽한 줄다리기만 있을 뿐!

1801년(辛酉) — 다산, 땅끝으로 추방되다

세번째 연대기는 1801년 신유년이다. 신유박해가 일어난 그해다. 이 사건의 발단에는 정조의 죽음이 있다. 정조가 죽지 않았더라면? 물론 그래도 충돌은 불가피했을 것이다. 천주교는 이미 조선 내부에 깊숙히 뿌리를 내렸고, 잇단 탄압에도 물러설 기미가 전혀 없었다. 그렇기는커녕 탄압의 강도에 비례하여 더더욱 세를 넓혀 갔다. 정조는 천주교에 대체로 관대했다. 여러 가지 이유가 있겠지만 더 시급한 과제들이 많았고, 천주교 문제가 불거지면 탕평책에 치명타를 입을 수 있어서다.

그랬던 정조가 느닷없이 죽은 것이다. 때는 1800년 6월 13일, 정조의 등에 난 종기가 악화되기 시작했다. 본인의 진단으로는 가슴속의 화기 때문이라 했다. 그 말이 맞다면, 아버지 사도세자의 한이 마침내 화병으로 폭발한 것이다. 6월 20일 다소 호전되었지만 그 다음 날 다시 고통을 호소했고, 6월 25일 종기에서 피고름이 몇 되나 쏟아졌다. 종기가 제거되면 통증은 가라앉지만 대신 '기허'氣虛 상태가 된다. 종기와 더불어 정기도 함께 빠져나간 탓이다. 경옥고를 올렸지만 혼수상태에 돌입, 6월 28일 정순왕후가 달려왔으나 그 직후 숨을 거두었다. 향년 49세. 워낙 급작스런 일이라 독살설이 유포되기도 했지만 정조의 건강이 무너진 예후는 충분히 있었다. 게다가 그 전해인 1799년 1월 7일 김종수가 죽고, 그 열흘 뒤인 1월 18일 채제공이 죽었다. 김종수와 채제공은 노론(벽파)과 남인(좌파)을 대표하는 명재상이다. 둘은 물론 서로를 역적이라 몰아부칠 정도로 정적이자 라이벌이었다. 그럼에도 둘이 있었기에 정조의 탕평책이 빛날 수 있었다.

따라서 둘의 죽음은 정조시대의 종언을 알리는 조짐에 해당한다. 두 사람이 떠난 그 다음해 과연 정조가 죽었으니, 정조의 죽음도 결국은 하늘의 뜻이었다고 할 밖에.

게다가 1800년은 18세기가 마감하고 19세기가 시작되는 시점 아닌가. 공교롭게도 그 전해인 1799년 청나라 건륭황제도 세상을 하직했다. 그것은 '강희─옹정─건륭'으로 이어지던 태평성세가 끝났음을 의미한다. 조선의 사정도 마찬가지다. 영·정조의 르네상스가 19세기 벽두에 문득 종결되어 버린 것. 알다시피, 19세기는 청과 조선 모두에게 있어 난세다. 영명한 지도자도 원대한 비전도 다 사라졌다. 상하의 축은 무너졌고, 명분과 현장 사이의 연결고리도 없이 각개약진하는 시기다. 한마디로 동아시아 문명의 지반이 요동치기 시작한 것이다.

정조의 죽음과 동시에 정조가 팽팽하게 당기고 있던 모든 줄이 끊어져 버렸다. 어린 순조를 대신하여 정순왕후의 수렴청정이 시작되었고 그와 함께 경주 김씨 척족들과 노론 벽파가 전면에 나서게 되었다. 남인은 물론 노론 시파들도 궁지에 몰린 형국이다. 권력의 축이 바뀌면서 겪은 첫번째 격변이 바로 신유박해였다. 정조의 죽음이 원인인 것처럼 느껴지는 건 이런 연대기적 인접성 때문이다. 더구나 천주교와 연루된 남인들에게는 정조의 부재를 뼈저리게 느끼는 순간이었을 터, 부재를 통해 존재성을 증명한다는 게 이런 것이리라.

따라서 이 연대기의 중심은 단연 다산이다. 정조의 죽음만으로도 엄청난 비극인데, 곧바로 가문 전체가 풍비박산되는 사건을 겪었으니 말이다. 실제로 다산의 뇌리에는 정조의 죽음과 신유박해가 고스란히 겹쳐져 있다. 1800년 여름, 왕이 죽자마자 유언비어가 난무했다. "이가환 등이 앞으로 난리를 꾸며 4흉 8적을 제거한다"는 것. 4흉 8적에는 당시 대신들과 자신들의 이름을 끼워 넣었다. 집권당으로 하여금 분노를 격발시키고자 한 것이다. 역시 다산을 공격했던 '옛친구'들, 아니 다산의 표현에 따르면 '악당들'이 한 짓이었다. "나는 화란의 낌새가 날로 급박해짐을 헤아리고 곧바로 처자를 마현으로 돌려보내고 혼자 서울에 머무르며 세상 변해 감을 관찰하고 있었다. 겨울에 임금의 졸곡卒哭: 삼우제 뒤 곡을 끝낸다는 뜻으로 지내는 제사이 지나자 영영 열상으로 낙향해 버리고는 오직 초하루나 보름날의 곡반哭班: 국상 때 곡을 하던 벼슬아치의 반열에 참가할 뿐이었다."「자찬묘지명」, 228~229쪽

그렇게 초조와 긴장 속에서 보내던 중 드디어 '빅뱅'의 순간이 오고야 말았다. 1800년 12월 19일. 봉헌축일을 맞아 천주교도들이 약국(천주교신도 최필제의 집)에 모여 예배를 보다가 포졸들에게 적발되는 사건이 벌어졌다. 포졸들은 신도들이 예배 때 내는 소리를 투전의 장단으로 여겨 들이닥쳤는데 그곳에서 이상한 풍경을 발견하게 된 것이다. 1785년 추조적발사건과 아주 흡사하다. 이 사건이 빌미가 되어 드디어 1801년 1월 10일 정순왕후의 엄중한 하교가 내려진다.

신유년(1801, 순조 1년, 다산 40세)에 태비가 유시를 내려 서교를 믿는 사람은 코를 베고 멸종시켜 버린다는 경고를 하였다. 정월 그믐 하루 전날 이유수·윤지눌 등이 편지를 보내 책롱사冊籠事를 알려오자 나는 즉시 서울로 달려 들어왔다. 이른바 책롱이라는 것은 대

여섯 사람의 편지들이 섞인 문서인데 그 중에는 나의 집안 편지가 들어 있었다. 윤행임이 그러한 상황을 알아내서 이익운과 의논, 유원명을 시켜서 상소하여 나를 붙잡아다 조사를 하여 나와 관계없는 일임을 밝혀 내 화봉을 미리 꺾어 버리자고 하였고, 최헌중·홍시보·심규·이석 등이 애쓰며 권하기를 그렇게 받아들여 앞으로 전화위복이 되게 하라 하였지만 내가 받아들이지 않았다.「자찬묘지명」, 229쪽

다산의 형 약종은 조정의 탄압과 금지에도 독실한 신자의 길을 걸어간 인물이다. 서교를 금한다는 태비의 유시를 듣자 그는 드디어 순교의 시간이 왔음을 직감했다. 하여, 하인을 시켜 지게에다 자기가 소지하고 있던 서교에 관련된 각종 문건들을 작은 농에 넣은 다음 그 위에 땔감 및 솔잎을 얹어 옮기려고 했다. 그런데 마침 한성부 별육금란別肉禁亂: 밀도살을 적발하는 관리의 검문에 걸린 것이다. 그들은 밀도살을 의심하여 조사를 한 것인데, 엉뚱하게 서교 관련 자료를 적발하게 되었다[이것이 '책롱사(건)'의 내용이다]. 그걸 미리 안 다산의 측근들이 다산의 혐의를 풀어 주기 위해 선수를 치자고 제안을 해온 것이다. 하지만, 그런 식의 '짜고 치는' 플레이를 받아들일 다산이 아니다. 더구나 친형이 연루된 사건 아닌가.

2월 8일 사헌부와 사간원에서 죄상을 적어 임금께 올리어 국문을 청하게 되자 이가환·정약용·이승훈이 모두 투옥되었고 나의 형 약전과 약종 및 이기양·권철신·오석충·홍낙민·김건순·김백순

등이 차례로 투옥되었다. 그러나 그 문서 뭉치 중에서는 내가 관계 없음이 분명히 드러났다. 이어서 형틀에서 풀어 주고 사헌부 안에서 편히 있게 해주었다. …… 옥사의 위관 이병모가 말하기를 "자네는 앞으로 무죄로 풀려날 걸세. 음식도 많이 들며 몸을 아끼시게"라고 했고, 심환지가 말하기를 "쯔쯔, 혼우婚友가 운명이 어찌 될지 알 수 없구나"라고 했다. 지의금 이서구, 승지 김관주 등도 공정히 판결하여 용서될 거라고 했고, 국문할 때 참관했던 승지 서미수가 은밀히 기름 파는 노파를 불러다가 재판 소식을 나의 처자에게 전해 주라고 하면서 나의 죄질은 가벼워 죽을 걱정은 없으니 식사를 하게 하여 살아나게 하라고 시킨 일까지 있었다. 「자찬묘지명」, 229쪽

혐의가 없기도 했지만 다산 또한 최선을 다해 자신의 무혐의를 입증하고자 했다. 11일의 2차 추고를 보자. "이런 지경에 이르니 사학을 하는 사람들이 저의 원수입니다. 이제 만일 10일을 기한으로 영리한 포교를 입회시켜 내보내 준다면 이른바 사학의 소굴을 잡아서 바치겠습니다." "다른 사람은 몰라도 황사영은 사학을 했는데, 그는 저의 조카사위이기 때문에 차마 곧바로 고하지 못했습니다. 그는 죽어도 변하지 않으니 조카사위라고 하더라도 곧 원수입니다." 이때 곤장 30대를 맞았다. 13일의 추고는 한발 더 나간다. "예배 장소를 알아내는 방법이 있는데 최창현이나 황사영 같은 무리는 계속해서 형벌을 가해도 실토하지 않을 것이니 반드시 그 노비나 어린아이 가운데 사학에 물들었지만 그리 심하게 물들지 않은 자를 잡아서 물으

면 혹 그 단서를 찾아낼지도 모르겠습니다."이덕일, 『정약용과 그의 형제들』 2, 115쪽 자신이 배교자임을 열심히 증거한 것이다.

결정적으로 2월 11일 셋째형 정약종이 체포되었다. 이 장면도 참 극적이다. 경기도 마재에서 서울로 말을 타고 오는 도중에 금부도사가 지나쳤다. 정약종이 하인에게 일렀다. "가서 누구를 잡으러 가는 길이냐고 묻고, 혹시 나를 잡으러 가는 길이라면 더 멀리 갈 필요가 없다고 해라."이덕일, 앞의 책, 83쪽

과연 금부도사 한낙유는 정약종을 잡으러 가는 길이었다. 이미 도주할 곳도 숨을 곳도 없다. 어차피 순교밖에는 달리 길이 없다. 지금이 바로 그 순간이다! 기꺼이 잡혔고, 마지막까지 신앙을 전도하면서 죽음을 맞이하였다. 역설적이게도 그가 아우 다산을 살렸다. 그의 진술 속에서 가족과 형제들이 신앙을 버렸기 때문에 자신이 집을 나갔음이 밝혀졌기 때문이다.

다산과 둘째형 약전은 혐의를 벗었으니, 무죄석방이 될 수도 있었지만 이미 말했듯이 서용보의 반대로 약전은 신지도로, 다산은 장기로 유배를 가야 했다. 사건이 여기서 종결되었다면, 유배생활은 짧게 끝났을지도 모른다. 하지만 더 큰 파국이 이 두 형제를 기다리고 있었다. 신유박해가 시작되자, 정약현의 사위였던 황사영은 박해를 피해 도주하여 여주, 원주를 거쳐 제천으로 갔다. 한 신자의 집에 도착하여 토굴을 팠고, 그 토굴에서 은닉하면서 '황사영 백서'를 작성했다. 황사영 백서에는 조선 천주교사, 특히 박해의 역사가 고스란히 기록되어 있다. 그런 점에서 참 소중한 자료다. 문제는 그 다음이었다. 백서의 결론은 이렇게 박해를 받고 있으니 조선을 청나라에 복속

시키고 또 서양의 함포를 가지고 와 조선을 위협하여 천주교를 허용하게 해달라고 청원한 것이다. 오 마이 갓! 폭력을 더 큰 폭력으로 해결하고자 하다니. 종교적 자유와 구원의 경계를 훌쩍 넘어 버린 것이다. 법적으로야 당연히 반역이다. 결국 11월 5일 황사영은 대역부도의 죄로 능지처참당한다.

황사영이 체포되자 다산의 적인 홍희운(홍낙안의 개명)·이기경 등이 갖은 계책을 다 동원하여 조정을 공갈 협박하기도 하고, 자원하여 사헌부의 벼슬자리에 들어가서는 다시 국문을 청하여 다산을 기어코 죽이려 했다. 이때 다산을 구한 인물이 노론 벽파의 핵심인물인 정일환이다. 그가 황해도로부터 들어와 다산은 "서쪽지방에서 백성을 아끼는 정치를 남겼으니 죽여서는 안된다"고 세차게 발언하였고. 또 죄인의 공초에 이름이 나오지도 않았는데 체포해 오는 법은 없다고 심환지에게 국문하자는 요구에 동의하지 말라고 강력하게 권했다. 허나, (어떤 의중인지는 모르겠으나) 심환지가 태비에게 청하여 봄철 대간의 계사를 윤허받았다. 이에 다산은 다시 형 약전과 함께 유배지에서 끌려와 추국을 당했다. 하지만 결국 무고로 밝혀져 목숨을 건졌다. 그런데, 이 사건으로 두 형제의 유배지가 장기에서 강진으로, 신지도에서 흑산도로 바뀌었다. 이 또한 운명의 대반전이 아닐까. 장기에 그냥 있었더라도 다산은 학문과 저술을 했을 터이지만 "다산선생"이 되지는 못했을 것이다. 다산선생이 되려면 어디까지나 강진의 '다산초당'으로 가야 한다. 정약전의 삶 역시 아주 다르게 펼쳐졌을 것이다. 특히 흑산도의 생태보고서인 『자산어보』는 나오지 못했을 것이다. 그래서, 이 장면을 보면 강진과 흑산도가 두 사람을 끌어당긴 것 같은 느낌이 든다. 존재와 공간 사이의 오묘한 인연이 이런 것인가!

후일담 하나.

> 윤영희가 내가 사나 죽나를 알아보러 대사간 박장설의 집을 방문하여 재판이 되어 가는 형편을 물어보았는데, 마침 그때 홍희운이 도착함으로써 윤영희가 골방으로 피해 들어가자 홍희운이 말에서 내려 집으로 들어오며 발끈 성을 내면서 말하기를 "천 사람을 죽이고 약용을 죽이지 않으면 아무도 죽이지 않은 거와 같소. 공은 왜 힘껏 다투지 않습니까?"라고 하니, 박장설이 대답하기를 "그자가 스스로 죽지 않는데 내가 어떻게 죽일 수가 있나?"라고 말하였다고 한다. 홍희운이 가 버리자 박장설이 윤영희에게 "답답한 사람 같으니라고, 죽어지질 않는 사람에게 음모해서 죽이려고 재차 큰 옥사를 일으켜 놓고는 또 나보고 다투지 않는다고 책망하는구려"라고 하더란다. 「자찬묘지명」, 231쪽

박장설은 '나그네 신하'라는 상소의 그 당사자다. 정조의 분노를 사 두만강, 동래, 제주도, 압록강 등지로 떠돌면서 귀양을 살았던 그 인물이다. 그런 인물인데도 홍희운의 악행에는 따라갈 수가 없었던 게다. "천 사람을 죽여도 약용을 죽이지 않으면 아무도 죽이지 않은 거와 같소." 와우! 다산에 대한 저주이긴 하지만, 다른 한편 다산에 대한 최고의 평가이기도 하다.(일당천!)^^

왕은 죽고 다산은 추방당하고…… 그럼 연암은? 연암은 그 전해

면천군수에서 양양부사로 승진되어 강원도 양양에 있었다. 신유사옥의 폭발은 거대했다. 연암의 근거리까지도 파편이 튀었다. 이희영, 김건순 등이 그들이다. 앞에서도 언급했지만, 이희영은 절친한 벗인 이희경의 동생이고, 김건순은 김상헌의 종손으로 노론의 명문가 출신이었다. 하지만 천주교 신자가 되면서 가문에서 축출되었고 마침내 순교의 길을 가게 되었다. 또 이 박해와는 별도로 그해 9월엔 괘서사건(掛書事件)에 연루되어 윤가기가 처형되고 박제가는 함경도 종성으로 유배를 간다. 시절이 하수상한 건 연암에게도 마찬가지였다. 또 이 해에 신흥사 중들과의 마찰로 사직서를 내고 늘그막에 시작한 관직생활을 마감한다. 쓸쓸한 귀향!

정조의 죽음과 더불어 연암의 생애도 막바지를 향해 달려간다. 정조가 떠난 지 5년 뒤 연암도 세상을 떠난다. 그러고 보면 연암은 온전히 '정조시대의 인물'이었다. 한편, 다산은 바닥까지 추락했지만, 그 추락의 힘으로 다시금 생의 의지를 불태운다. 천주교와 군주 못지않게 그를 솟구치게 한 것이 있었으니, 다름 아닌 학문과 저술이 그것이다. 그런 점에서 18년의 유배생활은 그의 인생에서 가장 빛나는 시기라 할 수 있다. 천주와 군주처럼 저 높은 곳에 있는 태양이 아니라, 선진경학을 통해 자기 안에 있는 '내면의 빛'을 발견하고 그것을 온전히 펼쳐 낸 시기라는 점에서 그렇다.

이 지점에서 문득 떠오르는 뒷이야기 하나. 정조가 죽은 뒤 연암은 삶의 의욕을 잃었다. 꼭 정조 때문이라 할 수는 없지만 어쨌든 시기적으로 그렇다. 울울한 마음으로 만년을 보내다 곧이어 생을 마감했다. 분명 깊은 관계는 아니었지만, 운명적으로는 이렇듯 끈끈하게 연동되어 있었던 게다. 그런가 하면, 정조와 다산은 몹시 뜨거운 관계였다. 또 정조가 죽은 뒤 다산은 엄청난 비극을 겪었다. 하지만, 다산은 그때부터 본격적으로 인생의 새로운 국면에 접어들었다. 흔히 생각하기엔 다산이 만사에 의욕을 잃었을 것 같은데…… 그렇기는커녕 마치 그 추락을 기다렸다는 듯이 그는 스프링처럼 튀어 올랐다. 그러고는 두발로 우뚝 섰다. 그리고 뚜벅뚜벅 흔들림 없이 그 길을 갔다. 정조도 서교도 없는, 학문과 지성의 저 드넓은 광야를 향하여!

이것이 삼각관계의 아이러니다. 겉궁합과 속궁합이 다르듯이, 겉으로 드러나는 관계와 실제 속내는 사뭇 다른 것이다. 그래서 운명이라고 말하는 것이다. 하긴 이 모든 것이 운명이 아니고 무엇이란 말인가?

> 처음 신유년(1801) 봄에 옥중에 있을 때 하루는 근심하고 걱정하다 잠이 든 꿈결에 어떤 노인이 꾸짖기를 "소무蘇武; 중국 전한시대 정치가로 흉노에 잡혀 19년간 억류되었다 귀국함는 19년도 참고 견디었는데 지금 그대는 19일의 괴로움도 참지 못한다는 말인가"라고 했었다. 옥에서 나오던 때에 당하여 헤아려 보니, 옥에 있던 것이 꼭 19일이었다. 유배지에서 고향으로 돌아옴에 당하여 헤아려 보니, 경신년(1800) 벼슬길에서 물러나던 때로부터 또 19년이 되었다. 인생의 화와 복이란 정말로 운명에 정해져 있지 않다고 누가 말하겠는가. 「자찬묘지명」, 232쪽

연암이 그랬듯, 그의 귀환 역시 쓸쓸했다. 귀향한 후에도 18년을

더 살았지만 그건 이미 다산의 시대가 아니었다. 정조 이후 상부구조는 노론 벽파에서 다시 시파로, 또다시 세도정치로, 이념도 없고 오직 이해득실을 중심으로 "헤쳐 모여"를 반복했고, 하부에선 1811년 홍경래의 난을 시발로 19세기 내내 민란이 그치지 않았다. 사무치게 그리워할 군주도 없고, 치열하게 맞붙어야 할 정적도 없었다. 은혜도 원수도 없는 세상을 무슨 재미로 살아갈거나. 그저 담담하게 노년을 보내다 1836년 2월 22일 진시, 75세의 나이로 생을 마감한다.

근데 다산의 연보를 보면 그 연도 옆에 아주 재밌는 기록이 첨부되어 있다. 다산이 죽은 그해에 프랑스인 신부 모방이 조선에 입국했다는 것. 최초의 서양인 신부가 도래한 것이다. 신유박해로 서교가 뿌리뽑힌 줄 알았는데, 웬걸! 박해는 신앙을 더욱 불붙게 한다. 피의 수난이야말로 한 종교를 그 지역에 뿌리내리게 하는 최고의 방편이다. 게다가 이제 성리학도, 실학도, 아니 조선을 이끌어 왔던 그 어떤 이념도 다 사그라들어 갔으니 더더욱 그럴 수밖에.

중국인 신부 주문모의 도래만 해도 아직 서교와 조선 사이엔 중국이라는 교량이 있었다. 하지만 이제 그런 중간단계는 필요없다. 서양과의 직접적 교류가 시작된 것이다. 그렇다! 동방의 고요한 아침의 나라 조선에 저 멀리서 서양의 쓰나미가 몰려오고 있었다. 그런 점에서 '프랑스인 신부 모방 입국'은 마치 예언서의 한 구절처럼 느껴진다. 서구의 도래와 함께 다산의 부활을 예견하는!

3장
문체반정 — 18세기 지성사의 '압축파일'

3장
문체반정 — 18세기 지성사의 '압축파일'

정조 17년(1793). 정조는 남인 영수 채제공을 영의정으로, 노론 영수인 김종수를 좌의정으로 삼는다. 정조시대를 대표하는 재상들이자 양 당파의 수장들이다. 탕평의 하이라이트이기도 했다. 헌데, 그 3일 뒤 채제공은 사직상소를 내면서 사도세자의 추숭 문제를 본격적으로 제기한다. '임오화변'을 공론화함으로써 당시의 집권층 전체에 책임을 묻고자 하는 정치적 승부수였다. 노론 영수 김종수는 거세게 반발했다.—"신은 의리상 저 사람과는 한 하늘 아래 있을 수 없사옵니다", "역적들의 앞잡이가 되려고 한 것이 명약관화하다" 등등. 사실 노론 벽파는 사도세자의 죽음에 직접적 책임이 없다. 영조와 사도세자의 애증으로 곤혹스러웠던 건 노론도 마찬가지였다. 흔히 사도세자와 소론과의 연대 때문이라고들 하지만 당시의 정황상 개연성이 희박하다. 영조 초에 일어난 이인좌의 난 이후 소론은 급격히 세가 위축되었고, 만약 그런 문제였다면 영조도 전혀 다르게 대처했을 것이다. 채제공은 도승지 시절 사도세자를 보호하기 위해 애썼는데 정작 '임오화변' 때는 상을 입어 현장을 지키지 못했다. 남인의 입장에서 보자면 사도세자 문제는 최고의 카드였다. 자신들을 등용시켜 준 정조에 대한 보답이자 집권당인 노론을 한꺼번에 궁지에 몰 수 있는 사안이기 때문이다.

하지만 채제공의 승부수는 정조조차 당혹케했다. 야심차게 끌고 오던 탕평책을 멋지게 구현하려는 순간 갑자기 조정을 아수라장으로 만들어 버린 탓이다. 이때 정조가 들고 나온 것이 '금등지사'金縢之詞라는 카드다. 사연은 영조시절로 거슬러 올라간다. 채제공이 도승지로 있을 때 영조가 사관을 물리치고 어서御書 한 통을 내리면서 금등 속에 간직하게 했다는 것. 금등은 쇠줄로 봉인한 궤짝이라는 뜻으로 『서경』의 한 편명을 말한다. "피 묻은 적삼이여 피 묻은 적삼이여 / 동桐이여 동이여, 누가 영원토록 금등으로 간수하겠는가 / 천추에 나의 품으로 돌아오기를 바라고 바라노라."『정조실록』 17년 8월 8일 이인화의 소설 『영원한 제국』으로 유명해진 이 삽화는 이때의 난국을 돌파하기 위한 정조의 '히든카드'였다. 금등지사가 실제로 있었는지는 명확하지 않다. 하지만 영조와 사도세자 사이의 애틋한 정을 증언하는 절규 앞에서 정국은 가라앉았다.

이 상소사건 때 다산은 부친상으로 여막살이를 하고 있었다. 사도세자의 문제에 관한 한 다산은 냉철했다. 금등지사로 정국은 가라앉았지만 그것은 정파 간의 감정적 골을 더 깊게 할 것임을 직감했다. "우리 당의 참혹한 환란은 대개 이 사건에서 움트고 있었다." 연암 또한 사도세자 문제에 관해서는 입장이 선명했다. 정조의 효심엔 충분히 공감하지만 그것을 정치적 이슈로 삼는 덴 동의하지 않았다.

이렇듯 탕평과 사도세자의 추숭 문제는 정조시대를 달군 '뜨거운 감자'임에 분명하다. 하지만 지성사의 쟁점은 아니었다. 연암과 다산, 18세기 지성사의 대표주자들이 고심한 사안은 더더욱 아니었다. 그럼 이들이 주역으로 등장하는 무대는 무엇일까? 문체반정文體反正이 그것이다. 문체반정은 커다란 정치적 파국을 초래하지는 않았다. 그래서 상대적으로 미미하게 비친다. 하지만 그것이 미치는 파장은 탕평이나 정쟁보다 훨씬 더 깊고 격렬하다. 사유의 방향 및 인식론적 배치와 관련된 사항이기 때문이다.

조선의 왕들은 나름의 트렌드가 있었다. 효종이 북벌, 숙종이 환국, 영조가 탕평, 이런 식으로. 겉으로 보자면 정조시대는 탕평과 사도세자다. 하지만 이 둘은 모두 영조시대의 계승이거나 잔재다. 그럼 정조시대만의 고유한 트렌드는 무엇일까? 북학과 서학이다. 흥미롭게도 이 두 가지를 유입한 장본인이 바로 『홍길동전』의 저자이자 광해군시대의 이단아 허균이다. 전자를 대표하는 철학자는 양명 좌파의 이탁오다. 이탁오의 『분서』는 중국철학사의 이단이다. 이 저서를 처음 들여온 이가 허균이다. 한편, 연암은 조선에 천주교를 처음 들여온 것도 허균이라고 한다. 사실 여부를 떠나 허균의 사상적 스펙트럼을 짐작케 해주는 언급이다. 아무튼 광해군 무렵 시작된 문명사적 변환이 정조시대에 와서 본격적으로 불거진 셈이다. 요컨대 정조시대를 다른 시대와 구별시켜 주는 건 낯설고 이질적인 사상들의 각축이었다. 문체반정을 클로즈업해야 하는 이유가 여기에 있다.

두 개의 '축'— 문체와 서학

남인이 사도세자라는 카드를 쥐고 있었다면, 노론에게도 비장의 카드가 있었다. 천주교가 그것이다. 1791년 진산사건 이후 이제 천주교는 순교의 피바람을 향해 달려간다. 천주교 신자들 가운데는 중인 이하 평민, 여성 등 소위 사회적 소수자들이 많았다. 사대부들의 경우, 진산사건 이후 상당수가 배교를 했지만 다산 주변의 인물들만은 그렇지 않았다. 다산은 스스로 '전향선언문'을 쓰기도 하고 배교했음을 증명하기 위해 각고의 노력을 펼쳤지만 권일신, 이가환, 정약종 등은 태도가 모호했다. 노론쪽에서 이걸 좌시할 리 없다. 아니 그 이전에 더 큰 적은 남인 내부의 '공서파'들이었다. 다산의 평생 원수 가운데 하나인 홍낙안은 채제공의 조카다. 그럼에도 다산을 걸고 넘어졌다는 건 채제공과도 연을 끊겠다는 뜻이다. 실제로 이들은 채제공 사후에 그를 끌어내리는 일도 마다하지 않았다. 그 정도로 천주교 문제는 안팎의 공적을 만드는 핵심이슈였던 것.

여기서도 짐작할 수 있듯이 서학은 사도세자 문제 같은 정치적 이슈가 아니다. 당파간 이해득실에 따라 취하고 버릴 수 있는 사안이 아니라는 것이다. 그것은 존재와 세계가 맺는 새로운 방식, 곧 세계관과 존재론, 인식론의 문제다. 따라서 그 매트릭스에 들어서려면 존재의 모든 것을 걸어야만 한다. 따라서 정치적 타협의 여지가 없다. 진산사건 이후 숱한 배교자가 나왔음에도 1794년 중국인 신부 주문모가 입국한다. 종교적 색깔이 더더욱 강해진 것이다. 주문모를 잡기 위해 한바탕 피바람이 불었지만 주문모는 강완숙이라는 여성 신자의 집에 은닉하면서 무려 6년여간 포교활동을 펼쳤다. 탄압과 금지가 강해질수록 신앙의 불꽃 또한 더욱 거세지는 형국! 처음 불을 지핀 건 남인, 그 중에서도 성호 좌파였지만 이쯤 되면 이젠 그 영향력을 훌쩍 넘어서고 만다. 즉, 남인들이 끄고 싶다고 끌 수 있는 것이 아니었다.

다른 한편 노론계 지식인들을 사로잡은 건 소품체였다. 소품체란 명말청초 양명학의 이단아 이탁오의 철학을 문학비평으로 변주한 원굉도袁宏道 그룹(공안파)의 문체적 실험을 의미한다. 고문이 규범과 권위 안에 갇혀 버렸다면 소품은 짧고 강렬했다. 고문을 통해서 보는 세상은 지루한 반복이지만 고문의 휘장을 벗어던지니 세상은 무수한 차이들의 향연이었다. 고문이라는 프레임을 벗어나니 존재와 세계는 마치 '등 푸른 고등어'처럼 펄떡거렸다. 연암과 그의 친구들은 이 역동적인 에너지에 열광했다. 북학 혹은 실학이라는 새로운 패러다임의 원천도 바로 그것이었다.

아이러니하게도 이 문체의 전복적 힘을 가장 먼저, 그리고 제대로 간파한 것이 정조였다. 정조는 서학보다 이 문체가 더 위험하다고 주장했다. 천주교와 패사소품, 이것이 어떻게 동일한 항목으로 묶일 수 있을까. 지금의 시선으론 도무지 이해가 되지 않지만 정조에겐 그게 가능했다. "그가 만약 뛰어난 문장을 쓰고 싶었다면 육경과 양한의 문장이 좋은 모범이 될 터인데, 기이를 힘쓰고 새로운 것만 찾다가 몸과 이름을 낭패보기에 이르렀구나! 무슨 버릇인가!"「자찬묘지명」, 219쪽 여기서 '그'는 다산을 지칭한다. 천주교 문제로 여론이 시끄러워지자 다산을 금정찰방으로 좌천시키면서 정조가 한 말이다. 다산이 서교에 빠진 것이 뛰어난 문장을 쓰기 위해 기이한 문체를 찾아다니다 그렇게 되었다는 언술이다. 서교를 문체의 문제로 환원하고 있는 것이다.

정조의 입장에서 볼 때 서학과 소품체는 모두 중국에서 유입된 서적으로부터 기인한다. 이 흐름을 차단하는 것이 급선무다. 서적 수입을 금지하고 이미 들여온 서적은 불태우고 감염된 이들은 처벌하거나 교화하면 된다. 이건 비단 서학만 그런 것이 아니다. 소품체 역시 마찬가지다. 여기가 정조만의 독특한 안목이 작용하는 곳이다. 정조의 입장에서 보면 서학보다 소품체가 더 문제였다. 서학은 누가 봐도 사학이자 이단이어서 적발해 내기가 어렵지 않다. 성리학의 입장에서 보면, 불교와 도학 역시 이단이다. 이단 없는 시대가 있었던가. 그리고 또 남인들과 서얼들이 거기에 빠지는 것도 이해가 된다. 오랫동안 버림받고 낙척한 '고신얼자'孤臣孼子; 임금의 신임을 받지 못하는 신하와 어버이의 사랑을 받지 못하는 서자를 아울러 이르는 말들이다 보니 그런 삐딱한 스타일에 물들게 된 것이다. 음지에서 양지로 나오기만 하면 이들은 언제든 '전향'할 것이다. 이게 정조의 입장이었다. 이런 근거 없는 자신감이라니. 짐작건대 정조는 서학의 정체를 잘 모른다는 것. 이것이 어떻게 유래했는지 혹은 이 뒤에 어떤 문명과 기술이 자리하고 있는지를 깊이 탐구하지 않았다는 것. 따라서 서학에 대한 정조의 관용에는 안이함과 무지도 한몫하고 있다. 만약 그 뿌리와 원천을 알았다면 어떻게 되었을까. 서양문명과의 능동적 접속을 시도했거나 아니면 발본색원하려 들었거나.

하지만 소품체는 달랐다. 사대부들 가운데서도 문장을 쓰는 집단, 한마디로 지성의 주역들이 연루되었는데, 그들 대부분이 노론계열이었다. 중신들도 있고 규장각의 초계문신들도 있고 재야의 문장가들 역시 거기에 경도되어 있다. 이건 심각하다. 조용히 은근하게 침투하여 무의식적으로 젖어들게 한다. 그걸 대충 용납하다 보면 어느새 고문의 지반이 와해될 것이고 그땐 돌이킬 수 없게 된다. 왜냐? 고문과 더불어 성리학도 와해될 테니까. 결국 문제는 문체다!

> 내가 일찍이 소품의 해는 사학보다 심하다 했으나 사람들은 정말 그런지 몰랐다. 그러다가 얼마 전의 사건이 있게 된 것이다. 사학을 물리쳐야 하고 그 사람을 죽여야 한다는 것을 사람들은 쉽게 알 수 있다. 하지만 이른바 소품이란 문묵文墨과 필연筆硯 사이의 일에 불과하기 때문에 연소하고 식견이 천박하며 재예가 있는 자들은 일상적인 것을 싫어하고 신기한 것을 좋아하므로 서로 다투어 모방하여 어느 틈엔가 음성淫聲 사색邪色이 사람의 심술을 고혹시키게 되는 것이다. 그 폐단은 성인을 그릇되이 여기고 경전에 반대하며 윤리를 무시하고야 말 것이다. 더욱이 소품의 일종은 명물고증학으로 한 번만 변하면 사학에 들어가게 된다. 그러므로 나는 사학을 제거하려면 마땅히 먼저 소품을 제거해야 한다고 말하는 것이다.
>
> 「일득록」日得錄, 『홍재전서』, 216쪽; 강명관, 『안쪽과 바깥쪽』, 203쪽에서 재인용

일목요연하게 소품에서 사학을 꿰고 있다. 서로 대치하고 있던 사항들을 한큐에 꿰고 있어서 언뜻 궤변처럼 보이기도 하지만 정조의 입장에선 이것이 가장 합리적인 대응책이었다. 탕평이 노론과 소

론, 남인을 고루 기용하는 것이라면, '문체반정'은 양쪽을 동시에 길들일 수 있는 유일한 대안이라 여긴 것이다.

주지하듯이, 조선 초기에는 훈구파와 사림파의 '피 튀기는' 대결이 주를 이루었다면, 선조 이후 사림파가 조정을 평정하면서부터는 이$_理$와 기$_氣$를 둘러싼 논쟁이 주를 이루었다. 퇴계 이황과 고봉 기대승, 율곡 이이 등이 그 대표주자들이다. 하지만 효종의 죽음 이후, 예송이 핵심사안으로 떠오르면서 당파간 분화가 가속화되었다. 논쟁의 축이 형이상학적 이념에서 윤리적 실천의 장으로 옮겨진 것이다. 한편, 조선후기에 이르면 이$_理$와 기$_氣$는 더 이상 사상적 이슈가 될 수 없었고, 예송 또한 특별히 더 부각될 상황이 아니었다. 중국에선 양명학이라는 새로운 담론이 출현하였지만 조선에선 주자학의 권위가 워낙 압도적이어서 양명학이 직접적으로 영향력을 행사하기가 어려웠다. 대신 양명학에 젖줄이 닿은 공안파의 비평론을 적극 수용함으로써 새로운 출구를 모색한 것이다. 그러니까 소품체는 스타일 혹은 수사학이 아니라 사상적, 인식론적 첨점이었던 것.

문체반정이 18세기 지성사의 '압축파일'이라는 건 이런 맥락에서다. 이 압축파일의 주역은 말할 나위도 없이 연암과 다산이다. 연암은 탕평책을 비판했지만 노론 벽파의 정치적 입장에는 동조하지 않았다. 다산은 탕평책을 적극 지지했지만 그렇다고 남인의 이해관계를 위해 활동한 건 아니다. 하지만 서학과 패사소품에 관해서는 달랐다. 그것은 가치의 문제이자 철학적 원리에 관한 것이었다. 18세기 지성사를 움직인 주역답게 둘은 한치의 양보도 없었다.

다산과 패사소품 : "재앙 가운데 가장 큰 것이오니"

앞서 예고한 대로 문체반정이 일어날 무렵 다산은 부친상을 입고 여막에서 지내고 있었다. 하지만 그 직전 정조가 직접 실시한 시험에서 문체와 세도 사이의 깊은 연관성을 증명하는 글을 쓴 바 있다. 제목은 「문체책」文體策; 문체개혁책. 이 글은 책문이라 정조의 질문과 다산의 답변으로 이루어져 있다. 정조의 문제의식과 다산의 사유를 함께 읽을 수 있는 좋은 자료다.

정조가 제시한 첫번째 논제. "문장은 한 시대의 체제가 있어 세도와 함께 높아지기도 하고 낮아지기도 하니, 그 문장을 이야기하면 그 시대를 평론할 수 있을 것이다." 그에 대한 다산의 답변은 이렇다.

> 참으로 전하께서는 성학이 높고 밝아 경술과 문장이 천고에 뛰어나시어 모든 제왕들은 물론하고 비록 글만을 연구하며 초야에 있는 선비라도 능히 그 문턱에 이를 이가 적으므로 그 감별을 단호히 하고 취사를 엄격히 하시어, 피사詖辭: 편파적인 말나 궤언이 능히 전하의 명감明鑑 앞에 도망치지 못하게 하여야 할 것입니다. 「문체책」, 『다산 논설선집』, 257쪽

일단 정조의 학문적 수준을 높이 평가하면서 시작한다. 핵심은 그 다음이다. 그런데 '참 이상하다'는 것이다. 그렇게 뛰어난 안목을 갖추고 있으면서 왜 "정미한 것과 조잡한 것을" 가리지 않느냐는 거다. 다산의 논지는 이렇다. "세도世道란 마치 흐르는 강물이 한번 그

길이 열리면 갈수록 더욱 밑으로 내려가 졸졸 흐르는 지류를 막지 않으면 마침내 산하를 뒤덮게 되기에 이르므로 지금이라도 그 지류를 가로막고 큰길로 소통시"켜야 한다. 문체 또한 마찬가지다. 천지간에 큰 문장은 물태와 인정만 한 것이 없다. 그러니 물태와 인정의 변화를 잘 관찰한다면 문체의 변화도 파악할 수 있다. 차가움과 따뜻함, 이로움과 해로움, 득과 실——인정물태의 원리는 이 테두리를 벗어나기 어려운데, 문체 또한 그러할 뿐이다. 따라서 방법은 아주 간단하다. "피사·궤언의 글들이 전하의 세상에 쓰이지 못하게 하신다면 제나라가 변하여 노나라로 되고 노나라가 변하여 도에 이르는 것은 잠깐 사이에 이루어지는 일입니다."

여기까지가 서론이라면 그 다음 정조의 본격적인 질문이 이어진다.

> 근래에 문풍이 점차 달라져서 소위 글을 한다는 선비들이 육예의 문체를 본받으려 하지 않고 골똘히 애쓰는 바를 도리어 자잘한 패관문학에 두어, 그 짓는 시나 문이 으레 변려체여야 하므로 붓을 잡기도 전에 기운이 먼저 풀어져서, 마치 깊은 잠 속에 빠진 자가 가끔 잠꼬대를 늘어놓듯 해놓고도, 스스로 공교로움을 다했다거나 묘리를 터득했다고 하지만 실은 호로葫蘆도 그리지 못하고 마치 숨바꼭질 놀이와 흡사하다. 이것을 향당에 쓰자니 도리어 학구들의 진부한 말 같지 못하고, 조정에 쓰자니 대소의 사명詞命에도 적합하지 못하다. 내가 이를 민망히 여겨 매번 경연에서 신하를 대할 적마다 문체를 혁신해야 한다고 되풀이해서 경계하였으나 나의 말

을 막연히 받아들여 그 성과가 묘연하다. 만약 조추啁啾하는 누습을 일소하고 모두가 순정한 데로 돌아감으로써 한 시대의 문체를 이룩하여 온 나라의 이목을 새롭게 하려면, 그 방법은 무엇인가? 「문체책」, 『다산논설선집』, 261쪽

무슨 질문이 이렇게 긴가? 요약하면 이렇다. 선비들이 패관문학에 빠져 기운이 해이해져 버렸다. 그러니 향당에서도 조정에서도 도무지 쓸 수가 없다. 그러니 어떻게 하면 순정한 문체로 돌아갈 수 있는가? 호오, 참 흥미로운 언술이다. 문체는 곧 신체성, 또는 체력이다. 따라서 문체가 그릇되면 인재를 기를 수 없고, 그러면 국가장치가 위태로워진다. 요컨대, 문체가 곧 권력의 원천이자 제도적 동력이라는 것. 그러므로 정조에게 있어 문체반정은 단순한 국면전환용 카드가 아니었다. 그것은 그야말로 '총력전'에 속한 통치의 기술이었다. 이에 대한 다산의 답변은 단호하고도 격렬하다.

신은 혜성·패성孛星과 무지개·흙비 오는 것을 일러 천재天災라 하고 한발·홍수로 무너지거나 고갈되는 것을 일러 지재地災라 한다면, 패관잡서는 인재人災 중에서 가장 큰 것이라 생각합니다. 음탕한 말과 더러운 이야기가 사람의 심령을 방탕하게 하며, 사특하고 요사스런 내용이 사람의 지식을 미혹에 빠뜨리며, 황당하고 괴이한 이야기가 사람의 교만한 기질을 신장시키며, 화려하고 아름답고 쪼개지고 잗다란 글이 사람의 썩썩한 기운을 녹여 버립니다. 자제가 이것을 일삼으면 경사經史 공부를 울타리 밑의 쓰레기로 여기

고, 재상이 이를 일삼으면 조정의 일을 등한히 여기고, 부녀가 이를 일삼으면 길쌈하는 일을 마침내 폐지하게 될 것이니, 천지간에 재해가 어느 것이 이보다 더 심하겠습니까. 신은 지금부터라도 국내에 유행되는 것은 모두 모아 불사르고 북경에서 사들여 오는 자를 중벌로 다스린다면, 거의 사설邪說들이 뜸해지고 문체가 한 번 진작될 것이라 생각합니다. 「문체책」, 『다산논설선집』, 262쪽

패관잡서는 천재와 지재에 상응하는 '인재', 그 중에서도 가장 큰 재앙에 해당한다는 것. 이어지는 구절에선 곧바로 패관잡서가 음탕한 말과 더러운 이야기로 등치된다. 그것은 심령과 지식을 미혹에 빠뜨려 씩씩한 기운을 녹여 버린다. 그러니 이것을 허용하면 경전과 역사 공부와 조정의 일, 집안의 길쌈까지 다 폐하게 될 것이다. 한마디로 이건 국가와 가정을 말아먹는 '악의 축'이다.

이렇게 가혹한 이분법과 적대감이 또 있을까. 만약 여기에 패관잡서 대신 천주교를 넣으면 어떻게 될까? 다산의 적들이 주장하는 논리와 똑같이 된다. 그래서 이분법은 일종의 부메랑이다. 적을 향해 날린 무기가 고스란히 되돌아오기 때문이다. 그리고 논지가 이렇게 진행되면 결론은 하나뿐이다. 가차없이 차단하고 금지시키는 것. 이미 들어온 책은 불태우고 들여오는 이들은 중벌로 다스려야 한다. 서교를 반대하는 이들의 결론과 동일하다.

그 다음의 전개양상도 마찬가지다. "아아, 문풍이 전아하지 못하기로는 우리나라 같은 데가 없고, 문체가 날로 멸망해 가기로는 요즈음 같은 때가 없을 것입니다." 이처럼 위기를 고조시키면서 동시에

고문의 찬란함과 위대함을 한층 고양시킨다. "한 세대의 글이 해와 달처럼 명백하고 산악처럼 정대하며, 규장圭璋처럼 혼후渾厚; 온화하고 인정이 두터움하고 태갱太羹; 고깃국이나 현주玄酒; 제사 때 술 대신 쓰는 맑은 물처럼 담담하여 그 화평하고 아창雅暢함이 순舜의 소韶나 탕湯의 호濩를 종묘나 명당에서 연주하는 것과 같게 하면, 저 찢어지고 보잘것없는 젖은 북을 치고 썩은 나무를 두드리며, 반딧불을 벌여놓고 의미도 없는 문사文詞를 죽 늘어놓는 것과 같은 것들은 모두 없애려 하지 않아도 스스로 없어질 것입니다."

그럼 어떻게 해야 하는가? "지금부터라도 관각의 모든 응제나 학교의 시재하는 글에 모두 이것을 표준으로 삼아서 그 취사를 엄격하게 하고, 과거 시험장의 글도 정식에 구애 없이 각 체를 섞어서 시험"해야 한다. 학교와 시험, 제도를 총동원하여 치밀하게 훈련시켜야 한다는 것. 어쩜 이렇게 정조와 생각이 똑같을까? 마치 정조의 '아바타'처럼 여겨질 정도다.

왕 앞에서 직접 서술하는 책문이라 그런 건 아닐까?…… 싶지만 그건 아니다. 다산의 성격상 이중플레이를 할 리도 없지만, 여기 담긴 내용과 관점은 이후에도 투철하게 견지된다. 유배지에서 보낸 편지에서도 틈만 나면 경학공부의 중요성을 강조하고 있고, 유배지에서 돌아온 이후에도 패사소품과 소설류의 문체에 대한 비난은 결코 멈추지 않았다. 이 모든 것을 떠나 가장 확고부동한 증거는 다산의 작품 자체다. 다산의 그 방대한 저술 가운데 패사소품이나 소설류는 전혀 없다. 아니, 그 이전에 문체에 대한 실험 자체가 부재한다. 2천 수가 넘는 한시를 남긴 것도 같은 맥락의 소산이다. 요컨대 다산은 문체에 관한 한 실로 정통파이자 '메이저리거'였던 것이다.

서학과 접속하고 선진고경의 세계로 입문하는 등 성리학적 도그마를 벗어나 새로운 이상을 추구했으면서도 표현형식에 있어서는 어떤 변이도 용납하지 않았다!? 이건 대체 무얼 의미하는 걸까? 내용적 '혁신'과 형식적 '보수' 사이의 이 지독한 괴리는 과연 어디로부터 기인하는 것일까? 아니면 이 괴리 자체가 다산 사상의 특성과 연결되어 있는 것은 아닐까? 다시 말해 그의 사상이 이런 식의 '형식적 전형성'을 요구하고 있는 것은 아닐까? 그렇다면 이것은 괴리가 아니라 '혼연일체'라고 봐야 한다. 이 미스터리를 풀 수 있다면 다산사상의 진면목에 좀더 다가갈 수 있을 것이다.

연암과 문체 : "썩은 흙에서 지초가 돋아나는 법"

> 문장에 고문과 금문의 구별이 있는 게 아니다. …… 중요한 것은 자기 자신의 글을 쓰는 것이다. 귀로 듣고 눈으로 본 바에 따라 그 형상과 소리를 곡진히 표현하고 그 정경을 고스란히 드러낼 수만 있다면 문장의 도는 그것으로 지극하다. 『나의 아버지 박지원』, 179쪽

그는 스스로 문장을 이렇게 자부하였다.

> 나의 문장은 좌구명·공양고를 따른 것이 있으며, 사마천·반고를 따른 것이 있으며, 한유·유종원을 따른 것이 있으며, 원굉도·김성

탄을 따른 것이 있다. 사람들은 사마천이나 한유를 본뜬 글을 보면 눈꺼풀이 무거워져 잠을 청하려 하지만, 원굉도·김성탄을 본뜬 글에 대해서는 눈이 밝아지고 마음이 시원하여 전파해 마지 않는다. 이에 나의 글을 원굉도·김성탄 소품으로 일컬으니, 이것은 사실 세상 사람들이 그렇게 만든 것이다.유만주,『흠영』欽英, 1779. 11. 11; 강명관,「문체와 국가장치: 정조의 문체반정을 둘러싼 사건들」,『문학과경계』 2호, 2001년 가을, 132쪽에서 재인용.

문체에 대한 연암의 기본 입장은 이렇다. 정조와 다산은 고문으로 돌아가라고 외치지만 고문이냐 금문이냐는 별 문젯거리가 안된다. 중요한 건 뜻을 곡진하게 드러낼 수 있는가, 현장의 생동감을 드러낼 수 있는가에 있을 뿐이다. 스타일은 상관없다. 사마천·반고든, 한유·유종원이든. 헌데 고문을 쓰면 사람들은 꾸벅꾸벅 존다. 반면, 원굉도·김성탄의 글을 보면 눈이 확 떠진다. 여기서 중요한 건 눈을 '뜬다'는 사실에 있다. 대체 왜? 고문은 지겹기 때문이다. 옳고 엄숙하고 훌륭하면 뭐하는가. 반복과 권태의 회로에 빠져 있는 걸. 여기서 포착해야 하는 진실 하나. 세상에서 가장 무서운 건 '권태'다. 문체건 삶이건 정치건. 그래서 권태만큼 막중한 정치적 이슈는 없다.

하지만 정치인들만큼 이 문제에 무심한 집단도 없다. 왠 줄 아는가? 권력투쟁에는 권태가 없기 때문이다. 늘 쫓고 쫓기고, 죽고 죽이는 '권력게임'의 장에 권태가 끼어들 틈이 어디 있으랴. 그러니 대중들도 자신들처럼 그렇게 사는 줄 안다. 그래서 늘 도그마에 빠지는 것이다. 고로 도그마는 '거대한 반복'이자 '끔찍한 권태'다. 중요한 건 그 반복의 회로에서 빠져나오는 것이다. 생성을 향한 실험은 그때 비로소 가능하다.

요컨대, 중요한 건 원굉도·김성탄이 아니다. 명청소품 혹은 공안파가 아니다. '활발발'한 생동감 그 자체다. 그러니 이것을 어떻게 국가와 제도가 길들일 수 있단 말인가. 국가와 제도는 '일방향적' 균질화를 강제한다. 따라서 그 배치에선 생성과 창조가 불가능하다. 생성과 창조에는 '방향이 없다'. 사방으로 열려 있어서 어디로 튈지를 모르는 것, 그것이 생성이요 창조다. 이에 대해 정조와 다산은 이렇게 반박할 것이다. 바로 그래서 위험한 거라고. 그렇게 천방지축으로 날뛰는 것들이 대체 세상을 위해 뭘 하겠느냐고. 풍속만 어지럽힐 뿐 아무 대책도 없을 거라고. 그러고도 아무런 책임도 지려 하지 않을 거라고.

그러면 연암은 이렇게 반박하리라. 그렇다면 결국 문제는 고문이냐 아니냐가 아니지 않는가. 옛것이냐 지금 것이냐는 논쟁도 솔직히 부질없다. 만약 그거라면 해법은 간단하다. "아! 옛것을 배우는 사람은 형식에 빠지는 것이 병이고, 새것을 만들어 내는 사람은 법도가 없는 것이 탈이다. 만약에 옛것을 배우더라도 변통성이 있고, 새것을 만들어 내더라도 근거가 있다면 지금의 글이 옛날의 글과 마찬가지일 것이다."『초정집서』楚亭集序,『나는 껄껄선생이라오』, 160쪽 이것이 그 유명한 '법고창신'法古創新론이다. 옛것을 본받아 새것을 창조한다! 대체 이걸 누가 부인할 수 있겠는가. 정조와 다산도 이걸 부인하지는 않으리라. 그야말로 천하무적의 논리다. 달리 말하면 그만큼 진부하기도 하다. 하지만 연암이 누군가. 이 정도의 논리에서 그칠 리가 없다.

이렇게 본다면 하늘과 땅이 아무리 오래되었다고 하지만 끊임없이 새로운 것으로 존재하고, 해와 달이 아무리 오래되었다고 하지만 빛은 날마다 새로운 것이다. 또 이 세상에 문헌이 아무리 많이 나와도 내용은 각각 다르다. 그렇기 때문에 날짐승, 길짐승, 물속에서 사는 짐승, 뛰는 짐승 중에는 아직 알려지지 않은 것이 있을 것이며, 산천초목에는 반드시 신비스러운 구석이 있을 것이며, 썩은 흙에서 지초가 돋으며, 썩은 풀에서 반딧불이 생긴다.「초정집서」,『나는 껄껄선생이라오』, 161쪽

썩은 흙에서 지초가 돋고 썩은 풀에서 반딧불이 생긴다? 만해 한용운의 시 「알 수 없어요」의 마지막 단락, "타고 남은 재가 기름이 됩니다"를 떠올리게 하는 표현이다. 그렇다. 연암이 말하고자 하는 바는 낡은 것과 새로운 것 사이의 변주다. 정조와 다산이 고문과 소품 간의 이분법적 장벽을 강조한다면, 연암의 포인트는 '사이', '변주'에 있다. 사이의 변주가 가능하다면 어떤 문장이든 상관없다. "고문을 배우려는 자는 자연스러움을 구해야 마땅하며, 자기 자신의 언어로부터 문장의 입체적 구성이 생겨나도록 해야지 옛사람의 언어를 표절하여 주어진 틀에 메워 넣으려 해서는 안된다. …… 고정된 하나의 틀로 천만 편의 똑같은 글을 찍어 내는 게 바로 오늘날의 과문科文이다."『나의 아버지 박지원』, 185쪽 결국 핵심은 자연스러움, 자기 자신의 언어, 입체적 구성 등이다. 그 반대편에 표절, 주어진 틀, 고정성, 과문 등이 존재한다. 자발성과 다양성이 없다면 그건 죽은 글이다. 아무리 고상하다 한들 '죽은' 글은 사람들을 다 끄덕끄덕 '졸게' 만든다. 인정

물태의 생생한 리얼리티도 포착하지 못하면서 이용후생, 경세치용이 어떻게 가능하단 말인가.

연암이 가장 참지 못한 건 바로 진부함이었다. 문체뿐 아니라, 삶의 윤리에서도 그랬다. "만년에 병환 중이실 때 붓을 잡아 큰 글자로 '인순고식因循姑息, 구차미봉苟且彌縫'이라는 여덟 글자를 병풍에 쓰셨다. 그리고 말씀하시기를, '천하만사가 이 여덟 글자로부터 잘못된다'라고 하셨다."『나의 아버지 박지원』, 228쪽 인순고식은 낡은 관습에 사로잡혀 편안함만을 추구하는 것, 구차미봉은 구차하게 임시변통을 일삼는 것. 둘 다 진부함의 극치다. 천하만사, 인생만사의 재앙과 오류가 다 여기에서 비롯된다는 것이 연암의 철칙이었다. 고로 생성과 창조는 이 진부함과 결코 공존할 수 없다.

정조가 문체반정의 배후에 『열하일기』가 있다고 단언한 것도 그 폭발적 잠재력을 감지했기 때문이다. 다른 각신들을 길들이는 건 쉽다. 또 패사소품에 푹 빠진 인물들, 이옥이나 이덕무 등 '미미한 유생'들에게 혼찌검을 내는 것도 어렵지 않다. 하지만 『열하일기』는 다르다. 이건 고문도 아니고 금문도 아니다. 패사소품도 아니고 소설도 아니고 사마천도 아니고 유종원도 아니다. 말하자면 자신이 쳐놓은 그물망을 요리조리 빠져나간 '그 어떤' 것이다. 직접 벌을 내리지 않고 남공철을 통해 간접적으로 연암의 의중을 떠보았던 것도 그 때문일 것이다. 다른 한편, 다산이 문체에 대해 그렇게 공격적이었음에도 연암에 대해서는 끝내 침묵한 것도 그 때문이 아닐지. 문풍을 타락시킨 배후인 건 분명한데, 정작 연암의 문체는 패사소품과는 전혀 다른 리듬과 강밀도를 지니고 있음을 다산 또한 모르지 않았을 것이다. 그렇다고 그걸 인정해 줄 순 없는 노릇이다. 그러니 침묵할 수밖에.

앞서 확인한 대로, 문체반정 이후 정조는 연암에게 '이방익'에 관한 글을 지어올리라고 명한다. 그럼 당연히 순정한 고문체여야 할 것 같은데, 연암의 생각은 다르다.

> 이는 어명을 받아 지어 바치는 글인지라 허술하고 평범해서는 안 되며, 고문도 아니고 금문도 아닌 글을 지어야 할 걸세. 문법은 의당 『사기』나 『한서』처럼 파란波瀾과 생색生色이 묘해야 하겠지.…… 우리나라 사대부들은 중화를 높이고 오랑캐를 배척하는 춘추대의에 엄하여 곧잘 중국에 변란이 있다고 생각하는지라 변방의 어리석은 백성이 소동을 일으키기 좋아한다고 여기고 묘족과 만족이 교화가 되지 않아 강남 길이 끊어졌으리라고 늘 의심한다네. 지금 이처럼 이방익은 바다에 표류하여 민월을 지나왔건만 만 리 길이 전연 막히지 않았으니 중국이 안정되고 조용하다는 사실을 충분히 증명하여 우리나라 사람들의 뭇의심을 통쾌하게 깨뜨린바, 그 공적은 그렇고 그런 일개 사신보다 훨씬 낫다 할 것이네. 나의 이 뜻을 글에다 부연해 넣으면 묘하지 않겠나? 『고추장 작은 단지를 보내니』, 85~88쪽

역시 연암이다. '고문도 금문도 아닌' 글을 짓겠다는 것이다. 물론 기본 틀은 『사기』와 『한서』를 참조할 생각이다. 하지만 『사기』와 『한서』의 생명력인 '파란과 생색'이 묘해야 한다. 파란波瀾은 물결의 파장이 일으키는 무늬고, 생색生色은 만물의 생동하는 빛깔이다. 파

란생색! 오, 시각과 촉각을 동시에 촉발하는 기발한 어법이다. 그뿐인가. 이방익의 표류를 통해 춘추대의에 빠진 사대부들의 허황한 꿈을 깨뜨리겠단다. 거대담론은 대체로 허황하다. 중화가 어지럽기를 바라는 마음으로 중화를 보니 아주 기본적인 팩트조차 온통 오류투성이다. 하여, 이방익의 표류와 귀환 자체가 그 오류와 편견 '너머'의 실상을 보여 준다는 취지를 부연해 넣겠다는 것.

왕명에 의한 글이지만 문장에 대한 문장의 묘리를 하나도 버리지 않았다. 그렇다고 왕명에 맞서 저항하겠다는 것도 아니다. 적당히 미봉하겠다는 건 더더욱 아니다. 왕명에 부응하면서도 자신의 개성과 원칙을 충분히 발휘하겠다는 것, 그야말로 연암만이 구사할 수 있는 유연성이다.

다산과 서교 : "미혹되었나이다"

"붓으로 오악을 누르리라." "까닭없이 비방을 당한다." 전자는 꿈이고, 후자는 점괘다. 꿈과 점을 하나로 합치면 '뛰어난 문장력으로 인해 평생 욕을 먹을 것이다.' 연암의 인생을 한 문장으로 정리하면 이렇게 되는데, 과연 그랬다. 문장이 아무리 탁월해도, 아니 탁월할수록 비난과 루머에 시달렸다. 『열하일기』 같은 대작을 쓰고 일세를 풍미하는 문호가 되었어도, 문장으로 그 어떤 부와 권세를 얻으려 하지 않았는데도 '안티'들의 공격은 그치지 않았다. 문체반정 이후 더욱 심해졌다. 정조가 특별히 주시하고 있음이 알려지자 이젠 노골적인

시기와 질투까지 더해졌다. 역시 팔자대로 산 셈인가.^^

그 점에서는 다산 또한 다르지 않았다. 20대 후반 대과에 합격하면서 정계에 입문했는데, 그때부터 비방이 그치지 않았다. 왕의 총애와 신임이 높아질수록 시기와 질투 또한 배가 되었다. 비방의 주내용은 당연히 서교였다. 연암에게 문체가 그랬듯이, 다산에게 서교는 평생 지울 수 없는 주홍글씨였다. 1797년 6월 동부승지를 제수받자 다산은 드디어 결단을 내린다. 자신과 서교의 관계를 만천하에 밝히기로 작정한 것이다. 「천주교 관계의 전말을 상소합니다」辨謗辭同副承旨疏란 글이 바로 그것이다.

> 신이 돌아보건대, 어떤 사람이 은혜를 이와 같이 받았겠습니까. 신은 본래 초야의 외롭고 한미한 사람으로, 부모의 음덕과 사우의 도움이 없었는데 다만 우리 전하께서 교화 양육해 주시는 공을 힘입어 어린 나이에서 장년에 이르렀고, 천한 사람으로 귀하게 되어, 6년 동안 성균관에서 시험했고, 3년 동안 내각에서 각과하여, 외람되이 학사에 뽑혔고, 대부의 품계에 올랐습니다. …… 이것이 성인의 세상입니다. 신은 이미 다행히도 성인의 세상에 태어났고 또한 다행스럽게도 성인의 문하에 노닐었으니, …… 그런데 신이 불초함으로 인해서 10여 년 동안 얻은 비방의 내용은 음흉하고 요사하고 괴이하고 허망하고 간사하다는 것이어서 반목과 갈등 속에 빠져 늘 논란의 대상이 되었습니다.「천주교 관계의 전말을 상소합니다」, 『다산논설선집』, 306~307쪽

먼저 한미한 출신임에도 성인 같은 군주의 치하에서 극진한 배려를 받았음을 환기하고 있다. 그러니 그 배려와 은총에 보답하기 위해서라도 자신을 둘러싼 논란에 종지부를 찍고 싶다는 것이다.

> 신은 이른바 서양 천주교에 대하여 일찍이 그 책을 보았습니다. 그러나 책을 본 것이 어찌 바로 죄가 되겠습니까. 말을 박절하게 할 수 없어 책을 보았다고 했지, 진실로 책만 보고 말았다면 어찌 바로 죄가 되겠습니까. 대개 일찍이 마음속으로 좋아하여 사모했고, 또 일찍이 이를 거론하여 남에게 자랑하였습니다. 그 본원 심술心術에 있어서, 일찍이 기름이 스며들고 물에 젖어들며 뿌리가 접거하고 가지가 얽히듯 하여도 스스로 깨닫지 못했습니다. 대저 이미 한 번 이와 같이 되면, 이것은 맹자 문하의 묵자요, 정자 문하의 불교의 선파입니다. 대질이 훼손되고 본령이 그릇되었으니, 그 침혹의 깊고 얕음과 개과천선의 빠르고 늦은 것은 논할 것이 없습니다. 앞의 글, 308쪽

한마디로 요약하면, "미혹되었나이다!" 그렇다. 다산은 서교에 미혹되었다. 무엇에, 어떤 점에 그토록 끌렸는지는 밝히지 않았다. 이미 지난 일이라 굳이 말할 필요가 없다고 여겨서였을까. 명쾌하고 논리적인 것을 중시하는 다산의 평소 어법과는 좀 다르다. "맹자 문하의 묵자, 정자 문하의 선불교"라는 건 당시 서학에 대한 일반적 평가다. 외부에서 도래한 것을 이미 존재하고 있는 프레임에 끼워맞추는 방식인 것. 다른 한편 이것은 탄압의 예봉을 막는 방편이기도 하

다. 묵가와 불교는 이단이긴 하지만 유교와 오랫동안 공존해 왔다. 천주교도 그런 정도에 불과하니 적당히 용납해 달라는 뜻이다. 아이러니하게도 불교 및 도교가 서교의 방패막이가 된 셈이다.

이어지는 약간의 변명. 자신이 천주교의 책을 접한 것은 약관 초기였는데, 이때에 "천문의 역상가와 농정의 수리기와 측량의 추험법을 말하는 자가 있으면 세속에서 서로 전하면서 이를 가리켜 해박하다"고 여기는 풍조가 있었다. 자신도 그런 유행에 부화뇌동했다는 것이다. 헌데 정작 서양기술은 별로 익히질 못했고, 오히려 사생설과 극벌의 경계 같은 교리에 빠졌는데, 당시에는 그걸 "유문의 별파"나 "문원의 기이한 감상" 정도로 인지했다는 것이다. 요컨대 종교로 받아들인 건 맞지만 유학과 대립된다고 여기지는 않았다는 것. 이런 것을 '격의종교' 혹은 보유론적 입장이라고 한다.

> 1583년 예수회 선교사 마테오 리치가 중국 남부 광둥성에 첫발을 디딤으로써 중국 선교가 시작되었다. 그가 속한 예수회는 동양의 전통사상과 융합하는 방식으로 동양선교에 나섰다. 천주교의 하느님을 상제로 번역한 것은 이런 사고에서 나온 것이었다. 이런 방식의 번역을 격의格義라고 하는데 천주교 신앙과 중국 전통사상을 융합하려는 시도였다. 예수회 신부들은 중국에서 필요로 하는 천문관측술 등의 과학기술을 갖고 있었던 데다가 동양의 전통사상을 존중하는 유연한 자세를 갖고 있었기 때문에 국가권력과 마찰을 일으키지 않으면서 전교해 나갈 수 있었다. 이덕일, 『정약용과 그의 형제들』 1, 121쪽

서양기술에 대한 호기심, 보유론적 위상 — 다산과 서학의 관계는 여기까지다. 적어도 다산의 진술에 따르면 그렇다. 이후에는 성균관에 들어오고 관직생활에 바빠서 절로 멀어졌다는 것. 그런데도 서교와 연루되었다는 오명을 계속 뒤집어 썼으니, "허명만 사모하다가 실화를 받는다는 것은 신을 두고 이른 것입니다."

다산의 진술 속에 깔린 초기 천주교사를 정리해 보면 이렇다.

1783년 이승훈, 세례를 받기 위해 중국의 천주당 방문(필담으로 교리를 배운 뒤, 그 다음 해 세례를 받았다)
1784년 이벽에 의해 다산과 정약전 입교
1785년 을사추조적발사건
1791년 진산사건
1794년 중국인 신부 주문모 입국

점차 종교적 색채가 강해지면서 동시에 국법과의 마찰이 불가피해지는 양상이다. 이 와중에 작은 에피소드 하나가 첨가된다. 1787년 감제柑製: 해마다 제주도에서 진상하는 황감을 성균관과 사학 유생들에게 내리고 실시하던 과거가 열렸는데, 이날의 과제는 한나라 분유사에 관한 것이었다. 분유사란 토지신에 대한 제사를 뜻한다. 이때 과장에 나갔던 이승훈은 백지를 제출했다. 이를 목격한 이기경이 그 연유를 묻자 이렇게 답했다. "천주학에서는 천주 이외에 다른 신을 제사하지 않네. 비단 제사하지 않을 뿐만 아니라 비록 글로 짓는다 해도 큰 죄로 치네." 이덕일, 앞의 책, 125쪽 이건 더 이상 보유론이 아니다. 이렇게 되면 서교와 유교는 더 이상 공존불가능하다. 남인 내에서 '공서파'가 분리된 것도 이즈음일 터이다. 공서파의 대표주자이자 다산의 적들인 이기경·홍낙안 등은 정조에게 서교 금지 및 서적의 소각을 요청했다. 그에 대한 정조의 답변. "정학正學이 밝아져서 사학邪學이 종식되면 상도常道를 벗어난 이런 책들은 없애려 하지 않아도 저절로 없어져서 사람들이 그 책을 연燕·초楚의 잡담만도 못하게 볼 것이다. 그러니 근원을 찾아 근본을 바르게 하는 방법이 바로 급선무에 속한다."『정조실록』 12년 8월 6일 문체반정 때 펼친 논법과 동일하다.

이 사건은 진산사건(1791년)의 예고편에 해당한다. 진산 지역의 천주교 신자 윤지충, 권상연 두 사람이 제사를 거부하고 신주를 불사른 진산사건은 부모의 제사조차 우상숭배로 간주한 것이었다. 그런 식의 교리해석에는 로마 교황청의 노선변화가 주효하게 작용하였다. 예수회의 경우 '격의종교'의 입장이었던 반면, 도미니크파와 프란체스코파는 아주 교조적인 입장을 견지하였다.

> 로마 교황 클레멘스 11세와 베네딕토 14세는 18세기 초·중반 거듭 성명을 발표해 동양에서 조상의 제사를 엄금시켰다. 특히 1742년에는 교황 베네딕토 14세의 훈령으로 중국 내 예수회의 전교 활동이 금지되었고, 심지어 1773년에는 예수회 본부가 한때 해산당하기까지 했다. 천주교가 갖고 있는 중앙집권적 체제의 문제점이 고스란히 드러난 것인데, 그 결과는 천주교가 1784년 중국에서도 큰 박해를 받은 것으로 나타났다.이덕일, 『정약용과 그의 형제들』1, 122쪽

조상 제사는 성리학의 나라인 조선에선 그야말로 민감한 이슈였다. 이승훈과 권일신은 이 문제에 대한 답을 얻기 위해 중인 역관 윤유일을 베이징으로 파견한다. 연암이 갔던 해로부터 10년 뒤인 1790년, 이번엔 건륭황제의 팔순생일 축하 사절단을 따라간 것이다. 그때 윤유일이 만난 주교 구베아는 프란체스코파 소속이었다. 그의 답변은 분명했다.──"제사는 우상을 숭배하는 것이고 하느님을 믿는 것과 위배되는 것이오."이덕일, 앞의 책, 123쪽 이 대목을 보면 참 섬뜩하다. 구베아 주교는 이 말이 불러올 피의 수난에 대해 예견하고 있었을까? 혹은 신을 섬기기 위해선 그런 수난쯤이야 당연히 감내해야 한다고 본 것일까? 한편 생각하면, 이런 게 나비효과인가 싶기도 하다. 북경의 나비가 날갯짓을 하면 뉴욕에선 지진이 일어난다고, 저 머나먼 로마 교황청의 노선투쟁이 수많은 조선인들의 운명을 좌지우지하게 되었으니 말이다. 어쨌든 이제 조선에서 천주교는 죽음을 불사하지 않고서는 선택할 수 없는 종교가 되었다. 실제로 이때부터 사대부 출신의 신자들은 급속하게 줄었다. 하지만 다산 주변의 인물들──정약종과 이승훈 등은 오히려 신앙이 더 견고해져 갔다. 그럴수록 공서파들의 공세도 점차 거세져 갔고. 다산과 둘째형 약전도 이때 마음을 돌렸다.

신해년(1791년)의 변(진산사건)이 불행히 근래에 나왔으니, 신은 이 일이 있은 이래로 분개하고 상통하여 마음속에 맹세해서 미워하기를 원수같이 하고 성토하기를 홍역같이 하였는데, 양심이 이미 회복되자 이치가 자명해졌으므로, 전일에 일찍이 흠모한 것을 돌이켜 생각하니, 하나도 허황하고 괴이하고 망령되지 않은 것이 없었습니다. 거기에 이른바 사생의 말은 석가모니가 만든 공포령이고, 이른바 극벌의 경계는 도가의 욕화를 없애라는 것이고, 그 비뚤어지고 변박하다는 글은 패사소품의 지류의 나머지에 불과한 것입니다. 「천주교 관계의 전말을 상소합니다」, 『다산논설선집』, 308쪽

미혹에서 빠져나오니 서교야말로 '원수'와 '홍역'이나 다름없었다는 것이다. 그런데 위의 논지에서 아주 흥미로운 포인트가 하나 있다. 천주교의 사생설은 불교의 공포령이고, 극벌의 경계는 도가의 논리라는 대목이 그것이다. 앞서 언급한 대로 천주교를 이단의 일종으로 파악하는 관점이니 그건 그렇다 치자. 문제는 그 다음이다. '패사소품'의 지류라는 건 또 뭔가? 이렇게 되면 서교가 패사소품과 동격이 되어 버린다. 정조 역시 천주교 열풍을 문체의 문제로 치부하지 않았던가? 다산도 서교의 미혹을 벗어나면서 비슷한 결론에 도달한 것이다. 역시 다산과 정조는 잘 '통'한다!

진산사건 이후 조선 천주교사는 또 한 번 극적인 장면을 연출한다. 정조 18년(1794) 12월 말, 중국인 신부 주문모가 입국한다. 최초로 교황청에서 인정한 신부가 도래한 것이다. 다음 해 6월, 주문모는 서울에 잠입하여 북촌 정동, 계동 등에 머물면서 세례를 주고 미사를 집전했다. 6개월쯤 되었을 때 한때 신자였던 한영익이 이벽의 형인 이격에게 이 사실을 고했다. 이격은 경악을 금치 못했다. 그 험한 꼴을 당하고도 미혹에서 벗어나지 못하다니. 즉시 그 사실을 조정에 알리자 체포령이 떨어졌다. 역관 최인길은 양반 출신 여교우 강완숙의

집으로 주문모를 빼돌리고 자신이 대신 체포당해 순교의 길을 간다. "이후 강완숙의 집은 6년 동안이나 교회이자 주교관의 역할을 하기에 이르렀다."이덕일, 같은 책, 224쪽

'나그네 운운' 하는 박장설의 상소가 올려진 것은 바로 이때였다. 그 결과 박장설도 좀 심하게(나그네처럼) 유배형을 당했지만 정조는 부글거리는 여론을 잠재우기 위해 이가환을 충주목사(정3품), 정약용을 금정찰방(종6품)으로 좌천시켰다. "이때 호서(충청도) 지방 대부분이 점점 사학에 물들어가고 있었는데 충주가 가장 심했으므로 특별히 가환을 그곳의 수령으로 삼고, 또 정약용을 금정찰방으로 삼은 뒤 각각 속죄하는 실효를 거두도록 한 것이었다."『정조실록』, 19년(1795) 7월 25일 금정은 충청도 홍주에 소속된 역원으로 천주교 신자가 아주 많았다. 다산은 정조의 뜻에 부응하기 위해 최선을 다한다. 조정의 금령을 여러 차례 설명하는 등의 맹활약을 펼쳤는데, 이즈음에 '내포의 사도'라 불리는 이존창이 체포된다. 정조는 이 사건을 좀 '띄워 주고' 싶었다. 하지만 다산은 강력하게 거절한다. "만일 혹시 임금님께서 마음을 돌리지 않으시고 명령으로 이렇게 강요하신다면 약용은 먼 지방으로 귀양살이를 가는 한이 있어도 감히 도적을 체포했다는 공로로는 어떤 내용도 종이 위에 적을 수가 없습니다."「오사 이정운에게 답합니다」, 이덕일의 같은 책 289쪽에서 재인용 직접 체포한 것도 아닌 데다 그걸 공로로 인정받는다는 건 다산의 성품상 받아들이기 어려웠던 것이다.

이후 금정에서의 활동을 높이 평가받고 심환지의 추천을 받아 다시 상경하여 각종 요직을 맡게 된다. 1797년 동부승지를 제수받자

다산은 드디어 결단의 순간, 곧 천주교와 자신의 관계를 분명하게 해야 할 때가 왔다고 판단했다. 사직상소 형식을 빌려 쓴 이 '고해성사'가 바로 그것이다. '배교의 변'을 '고해성사' 형식으로 쓰다니, 이보다 더 기막힌 아이러니가 또 있을까? 다음은 이 고해성사의 하이라이트 부분이다.

> 당초의 물든 자취는 아이의 장난과 같았는데 지식이 차츰 자라자 문득 적수로 여기고, 분명히 알게 되어서는 더욱 엄하게 배척하였고, 이미 늦게나마 깨우치고서는 더욱더 심하게 미워하였으니, 얼굴과 심장을 헤치고 보아도 진실로 나머지 가린 것이 없고, 구곡간장을 더듬어 보아도 진실로 남은 찌꺼기가 없는데, 위로는 군부에게 의심을 받고 아래로는 당세에 견책을 당하였으니, 입신을 한번 잘못함으로써 만사가 와해되었습니다.「천주교 관계의 전말을 상소합니다」, 『다산논설선집』, 313쪽

'얼굴과 심장을 헤치고 보아도 가린 것이 없고, 구곡간장을 더듬어도 단 하나의 찌꺼기'도 없단다. 영적 가치와 신앙에 대해 이렇게 말할 수 있다니, 과연 다산답다! 문체반정의 배후로 몰렸을 때 연암이 보인 반응과 참으로 대조적이다. 슬그머니 은근슬쩍 두리뭉실 넘어간 연암. 지조와 원칙은 견지하되 정치적 변명은 극도로 자제한 연암과 달리 다산은 신앙의 문제를 단호하게 천명하고 있다.

정조는 크게 만족했다. "착한 마음의 싹이 마치 봄바람에 만물이 자라는 것 같다. 종이에 가득히 자신에 대해 열거한 말은 듣는 이

를 감동시킬 만하다. 사양치 말고 직책을 수행하라." 드라마라면 여기서 대단원의 막을 내린다. 해피엔딩!

하지만 현실은 '해피엔딩'이 아니라 '네버엔딩'이다. 정조는 믿어 주었지만 여론은 그렇지 않았다. 이후에도 서교라는 주홍글씨는 집요하게 그를 따라다녔고, 결국 그것은 신유박해라는 빅뱅을 향해 달려가고 있었다. 하긴 그건 한 번의 '고해성사'로 떼어낼 수 있는 딱지가 아니었다. 서교는 서교대로 맹렬하게 세를 확장해 갔고, 그와 더불어 서교에 대한 증오 역시 더한층 증폭되고 있었으니 말이다. 젊은 날 한때의 "미혹"이었다면 다산으로선 참으로 억울한 노릇이다. 하지만 과연 그럴까? 구곡간장을 다 뒤져도 한점 의혹도 없다 했지만 심연의 무의식에서도 과연 그럴까? 한가지만은 분명하다. 미혹되었건 미혹에서 벗어났건 다산에게 있어 서교는 '운명'이라는 것.

연암과 천주교 : "요사스런 패설에 불과하다"

다산은 중국을 한 번도 가지 못했지만 그 중국을 통해 서교와 접속했고, 연암은 북경에 가서 천주당을 직접 찾아갔지만 아무도 만나지 못했다. 인연이 희박했던 것이다. 대신 엉뚱하게 티베트불교와 접속했다. 티베트불교는 중국불교와도 다른 밀교에 속한다. 성리학의 입장에서 보면 이단 중의 이단이라 할 수 있다. 하지만 연암은 거리낌 없이 온갖 촉수를 다 동원하여 밀교의 역사와 기원, 법왕의 이적행위 및 교리까지 상세히 취재한다. 다산과 서교/연암과 티베트불교, 여기서도 둘의 포물선은 완벽하게 엇갈린다.

물론 연암도 서학의 영향에서 벗어날 수 없었다. 18세기 지성사의 한 조류였을 뿐 아니라 서양의 과학기술과 더불어 유입되었기 때문에 적어도 지식인이라면 어떤 방식으로든 서학과 마주쳐야 했다. 연암의 글 속에도 이런 흔적들은 곳곳에 숨어 있다. 대표적인 것이 '우정론'이다. 앞에서도 보았듯이, 연암과 우도는 불가분의 관계다. 그것은 삼강오륜의 수직적 라인을 수평적으로 뒤집는 전복적 과정이기도 하다. 굳이 영향관계를 따지자면, 공안파의 이론적 원천에 해당하는 이탁오의 『분서』로 이어지지만, 그 구체적인 수사학에 있어서는 마테오 리치의 『교우론』에 닿아 있다.

김명호 교수의 연구에 따르면, 『교우론』은 마테오 리치가 1595년에 쓴 최초의 한문저술로, 우정에 관한 서양의 격언과 일화를 소개한 것이다. 이수광의 『지봉유설』芝峯類說, 1614년에 언급되어 있을 정도로 꽤 일찍 조선에 소개된 책인데, 연암이 그걸 적극 차용했다는 것이다. 바로 이 대목이다. 이하 『교우론』 관련 내용은 김명호, 「연암의 실학사상에 미친 서학의 영향」, 『연암 박지원 연구』로부터 큰 도움을 받았다.

> 옛날에 붕우朋友를 말하는 사람들은 붕우를 '제2의 나'라 일컫기도 했고, '주선인'이라 일컫기도 했다. 이 때문에 한자를 만든 자가 날개 '우'羽 자를 빌려 '붕'朋 자를 만들었고, 손 '수'手 자를 겹쳐서 벗 '우'友 자를 만들었으니, 붕우란 마치 새에게 두 날개가 있고 사람에게 두 손이 있는 것과 같음을 말한 것이다.「회성원집 발문」繪聲園集跋, 『연암집』(중), 109쪽

이 내용은 "나의 벗은 타인이 아니라 곧 나의 반쪽이요, 바로 '제2의 나'이다. 그러므로 벗을 자기처럼 여겨야 마땅하다"라는 『교우론』 제1장을 변주한 것이다. 『열하피서록』 초기 필사본의 하나. 이 필사본에 대해서는 김명호, 「『열하일기』 이본의 재검토: 초고본 계열 필사본을 중심으로」를 참고에선 "서양인은 붕우를 '제2의 나'라고 불렀다"고 하여 출처를 분명히 밝히고 있다. 물론 이건 마테오 리치의 독창적 사유가 아니라, 아우구스티누스의 『고백록』과 아리스토텔레스의 『니코마코스 윤리학』, 키케로의 『우정론』 등 서양 윤리학의 고전들에서 계속 이어져 오던 어법이다. 따라서 천주교의 교리와는 직접적인 연관이 없다. 설령 교리라 하더라도 이 정도는 보유론에 해당한다.

과학적 지식과 보유론——조선의 보통 사대부들과 마찬가지로 연암도 여기까지였다. 종교적 교리가 아닌 저 이역만리에 있는 '문명지'라는 차원에서라면 서학은 아주 매력적이다. 하지만 서양의 입장에선 반대였다. 과학기술과 윤리학을 전파하려고 동방을 찾은 건 아니다. 궁극적인 목적은 포교다. 자신들이 숭배하는 신의 존재를 동방에도 전파하고자 하는, 아니 전파해야 한다는 소명의식의 발로가 일차적이었다. 그런 점에서 연암과 천주교가 서로 비껴갔던 건 어쩌면 당연해 보인다. 유일신, 절대자, 교황이라는 구심점 등은 연암이 평생 벗어나고자 했던 사항들 아닌가.

1798년 연암은 면천군수로 재직 중이었다. 면천군 역시 서교의 영향권에 들어 있었다. 다산도 마찬가지로 연암도 천주교 신자들을 색출하고 교화시키는 게 주요 임무 가운데 하나였다. 이 시절 연암은 김필군이라는 평민 출신 신자를 선처한 일로 충청감사 이태영과 마찰을 빚게 된다. 연암은 자수하고 배교하는 신자는 관대하게 처분해야 한다는 입장이다. 하지만 병영이나 순영에선 실적을 올리기 위해 처벌을 강화하려고 했다. 죄상을 찾아내기 위해 안달하는 수사관들에게 연암은 간곡하게 충고한다.—"불쌍히 여겨야지 기뻐하지 말라." 그리고 충청감사의 처사에 항의하여 사의를 표명하는 편지를 올린다.

> 삼가 엎드려 생각건대, 조정이 이런 어리석은 백성들에 대해 본시 바라는 것은 미혹과 잘못을 깨닫게 하여 형정刑政을 번거로이 아니하고도 성상의 교화에 복종하게 만들자는 것이니, 태양이 막 솟으면 도깨비가 재주를 못 부리고, 훈풍이 잠시만 불어도 얼음과 눈이 저절로 녹는 법입니다. 그러므로 필공같이 미혹된 놈이라도 하루아침에 잘못을 느끼고 깨닫자 곧 적당한 벼슬자리로 보답해 주었고, 존창같이 흉악한 놈도 7년 동안을 완강히 항거하고 있으나 아직도 참형을 내리지 않고 있습니다.「순찰사에게 올림」上巡使書, 『연암집』(상), 300쪽

앞의 논지는 정조의 입장과도 상통한다. 뒤의 사건은 부연 설명이 필요하다. 최필공은 혜민서 의원으로 1790년 입교했다가 진산사건 때 배교한 뒤 관서의 '심약'審藥으로 차송되었다(다시 입교했다가 신유박해 때 처형당했다). 또 이존창은 앞에서 나왔듯이 '내포의 사도'로 불렸다는 그 인물이다. 충청도의 관교官校 출신으로 녹암 권철신 등에게서 천주교를 배웠다고 한다. 진산사건 때 배교를 서약하고 풀

려났으나 다시 전도활동을 하다가 1795년 체포되어 감영에 구금되었다. 앞서 보았듯이 다산이 금정찰방으로 좌천되었던 시기에 그 지역에서 체포된 것이다.

연암은 중인 이하 평민신자들에 대해선 최대한 관용을 베풀어야 한다는 입장이다. 하지만 사대부 신자들에 해서는 몹시 비판적이었다. "지금 이 사학의 무리는 총명하고 경술에 밝은 사람들 속에서 많이 나왔으며, 그 괴수된 자는 대대로 벼슬하는 문벌들 사이에 건재해 있어서, 가벼운 처벌은 겨우 외보外補: 지방관에 보충 임명함로 마감되고 금서는 감춰진 채 드러남이 없으며, 높은 벼슬이 금방 제수됨으로써 진장이 암암리에 전수되고 화려한 직함이 그전대로 있음으로써 사설은 더욱 치성한 형편입니다. 달아난 죄인들이 숨어 있는 소굴로 이보다 큰 것이 어디 있으며, 징계와 토벌이 엄하지 못한 것으로 이보다 더함이 어디 있겠습니까?"「순찰사에 답함 2」,『연암집』(상), 317쪽

이 진술은 앞에 나온 사건들과 연계된 사항이다. 앞서 나온 것처럼, 박장설의 상소로 여론이 들끓자 정조는 이가환을 충주목사로 보임한 바 있다. 연암이 보기에 이건 지나치게 관대한 처사다. "대신(사헌부 관원)의 상소 중에 '저 가환도 역시 성군이 다스리시는 세상에 사는 일개 인물인데 감히 천륜을 허물어뜨리고 임금의 교화를 가로막음이 어찌 이 지경까지 이를 수 있습니까?'라고 하였다." 박장설의 상소를 인용한 것이다. 정조는 박장설의 상소가 무고라며 분개했지만 연암은 달랐다. "대개 가환이 이와 같은 지목을 받은 지가 오래였다. 치우치게 성은을 입은 것이 어떠했는가? 그런데도 묵은 버릇을 고치지 아니하니, 진실로 대신의 상소대로라면, 삼묘와 같은 처형을

어찌 모면할 수 있으랴!" 삼묘三苗는 요순시대 사흉의 하나를 뜻한다. 처형받아 마땅하다는 것이다. 헌데, 의아한 것은 이즈음엔 이가환과 더불어 다산도 늘 표적이 되곤 했는데, 연암은 다산에 대해서는 아무런 언급이 없다. 이가환만큼 중요한 인물이 아니라서? 아니면 그 전해에 쓴 '고해성사' 때문에? 궁금하기 짝이 없다.

    아무튼 연암의 관점은 간단하다. 거물들은 관대하게 처분하면서 무식하고 미욱한 평민신자들은 그렇게 "눈을 부릅뜨고 기염을 토하며 성토를 먼저 가하"느냐는 것이다. 혹은 "남이 스스로 속죄하려는 자료를 이용해서 이미 항복한 자에 대해 공을 세우려 해서야 되겠습니까? 이러기에 금하면 금할수록 더욱 복종하지 않는 것입니다." 하여 연암은 '내포의 사도'로 불리는 이존창조차도 관대하게 처분할 것을 주장한다. "저 존창은 권가와 윤가[진산사건의 두 주역] 두 역적에 비하면 강상의 죄를 범한 흔적이 없을뿐더러, 필공에 비하면 미혹을 깨친 마음이 상당히 있사옵니다. …… 그가 써서 바친 자술서를 보면 비록 문리는 제대로 통하지 않으나 뉘우침이 뼈에 사무쳐, 성세의 평민이 되기를 소원하는 말뜻이 너무도 애절하여 사람을 족히 감동시키고도 남습니다." 그러니 용서해 주어야 한다. 설령 나중에 다시 번복한다(실제로 그랬다. 하여 결국 신유박해 때 순교했다) 해도 "차라리 일개 존창에 대해 법을 제대로 적용하지 못한 실수를 하는 편이 나을 것"이라는 주장이다.

    다산은 자신의 결백을 주장하기 위해 이존창의 체포에 공을 세웠고, 연암은 이존창의 석방을 주장하고…… 참 흥미진진한 엇갈림이다. 연암은 이런 식으로 면천군의 신자들을 교화해 나갔다.

당시 면천은 사학에 물든 자가 많았으므로, 부군이 우려하여 듣는 대로 적발해서 관하인의 천역에 붙들어 매고, 매양 공무가 파하면 한두 놈을 불러 놓고 반복하여 타이르니, 형벌을 쓰지 않고도 다 감복하여 깨달아 바른길로 돌아오게 되었으며, 심지어 그중에는 후회하고 한탄하여 눈물을 흘리는 자까지 있었다. 급기야 신유년(1801)에 큰 옥사가 일어났지만, 면천 경내에는 아무 일이 없었다.

「순찰사에게 답함 1」, 『연암집』(상), 315쪽

그럼 연암은 대체 천주교를 어떻게 생각했을까? 연암의 말대로 당시의 수령들은 천주교가 왜 사邪가 되는지도 모르면서 알쏭달쏭하게 말하거나 윽박지르거나 할 뿐이다. 그렇게 해서는 복종을 받을 수도 없고 설득도 불가능하다.

지금 이른바 서양의 학술이란 양주도 아니요, 묵적도 아니요, 도가도 아니요, 불교도 아니요, 전혀 의리를 갖추지 못한 요사스런 패설에 불과한 것이니, 말류에 이르기를 기다릴 것도 없이 그 폐단이 화를 이룰 것은 홍수나 맹수보다 더 심한 데 그칠 뿐만이 아니다. 대저 저들의 화수토기의 설이나 영혼제방의 설은 이야말로 불교의 찌꺼기 중의 찌꺼기에 불과한 것이다. 그리고 저들의 이른바 부모 모질 등의 어구와 같은 것은 너무도 패륜이 심해 강상의 죄를 벗어날 수 없다. …… 심지어는 자식이 그 아비를 등지고 도망하고, 계집이 그 남편을 버리고 달아나며, 위로는 벼슬아치와 선비들로부터 아래로는 노예와 천한 백성까지 짐승이 광야를 달리듯이 하여,

하마 그 무리들이 나라의 절반을 차지하였다.앞의 글, 306~307쪽

　다산은 천주교를 묵자와 선불교에 빗댔는데, 연암은 그런 부류에도 낄 수 없다고 보고 있다. 다만 요사스런 패설에 불과하다. '화수토기'火水土氣(4원소설)나 영혼제방 같은 '썰'은 불교의 말단 중의 말단에 해당할 따름이다. ─ "남녀가 섞여 앉고 위아래도 구별이 없으며, 삶을 가벼이 여기고 죽기를 즐거워하여 칼에 죽거나 형에 죽어 들판에 시신이 버려지는 것을 천당에 갈 수 있는 첫째 가는 인과로 삼는다. 또 한 사람이 열 사람에게 전도하는 것을 큰 공으로 삼는다." 강상의 윤리를 교란하는 것, 삶보다 죽음을 중시하는 것, 수난을 당할수록 천당에 가깝다고 하는 것. 이게 연암이 파악한 천주교의 대체적인 윤곽이다.

　천주교가 조선사회에 급속하게 유입된 건 성리학적 질서 외부에 있는 마이너들의 정서와 접속했기 때문이다. 남인 사대부들과 중인 이하의 평민, 그리고 여성들. 이들이 보기에 성리학적 세계 안에서는 출구가 없다. 태평성세에 대한 기다림도 이젠 지쳤다. 헌데 아주 멀리서 어떤 빛이 보인 것이다. 이 모든 모순과 갈등을 한큐에 해결해 주는 '초월적 주체', 곧 천주가 계시다니, 이 얼마나 경이로운가. 천주는 천지신명이나 옥황상제 따위가 아니다. 유일무이한 신, '유일신'이다. 유일신이 존재하려면 다른 신(혹은 신성한 것들)은 다 사라져야 한다. 유일신을 제외한 다른 것들은 한낱 잡신 아니면 우상에 불과하다. 다신교에서 일신교로! 동양사상에선 실로 낯선 개념이다. 그래서 더 강렬했고, 그래서 더 배척을 받을 수밖에 없었다. 아무튼

이 신이 등장하는 순간, 사회적 신분과 성적 차별은 무색해진다. 신 앞에선 만민이 평등하다. 신분질서가 없이도 살아갈 수 있는 세상이 열린 것이다. 하지만 거기에는 대가가 필요하다. 이제 모든 인간은 일평생 천주를 영접해야 한다. 즉, 생사의 모든 권한을 천주께 맡겨야 한다. 궁극적인 목적은 죽어서 천당에 가는 것이고, 그때 비로소 인간은 불멸을 얻을 수 있다. 따라서 이승에서의 삶은 그저 과도기에 불과하다. 『열하일기』의 표현을 빌리면 "지구는 제쳐두고 하늘로 별을 붙잡으러 가겠다고"(「일신수필 서」) 하는 격이다. 아주 색다른 우주가 펼쳐진 것이다.

연암도 이에 대해 대강의 감은 잡았다. 하지만 논리를 정교하게 파고들지는 못했다. 연암의 세계관과는 도무지 접점이 없었던 탓이리라. 뒤이어 전개되는 논리들도 엉성하기 그지없다. 예컨대, 사학이 처음 들어온 것은 허균으로부터 시작되었다거나 중국 천주당의 서양사람들은 역법에는 정통하지만 모두 요술쟁이라거나 일본에 전파되어 임진왜란의 주역인 가토 기요마사加藤淸正가 크리스천인데 참형을 당했다거나 하는 등등.

이런 관점은 『열하일기』에서도 드러난다. 「곡정필담」鵠汀筆談에서 연암과 곡정 왕민호가 천주교에 대해 이야기를 나누는 장면이다.

> "대저 저 서양인들이 말하는 야소라는 것은 중국 말에 어진 사람을 군자라 한다든지 토번의 습속에 승려를 라마라 부른다든지 하는 것과 같습니다. 야소는 한결같은 마음으로 하늘을 공경하여 온 천지에 교리를 세웠지만, 나이 서른에 극형을 당해서 그 나라 사람

들이 몹시 애모하여 야소회를 설립하고는 그의 신을 공경하여 '천주'라 부르게 되었지요. 그래서 야소회에 들어간 자는 반드시 눈물을 흘리며 비통해하면서 잊지 않는다고 합니다. 천주는 어릴 때부터 네 가지 맹세를 했습니다. 색념을 끊고, 벼슬 욕심을 버리며, 천하에 가르침을 펼치되 다시는 고향으로 돌아갈 미련을 남기지 않았습니다. 비록 부처를 배격했으나 윤회의 설은 독실하게 믿었다고 합니다. 명나라 만력 연간에 서양 사람 사방제라는 이가 광동 지역에 왔다가 죽었는데, 뒤를 이어 이마두 등 여러 사람들이 들어왔던 것입니다. 그들의 교리는 일을 밝히는 것으로 종지를 삼고, 수신을 요체로 삼으며, 충효와 자애로 실천을 삼으며, 개과천선하는 것으로 입문을 삼으며, 삶과 죽음 같은 큰일에 대해서 미리 준비하여 근심이 없도록 하는 것을 최종 목표로 삼는답니다. 서방의 모든 나라들이 이 가르침을 신봉한 지 벌써 천여 년이 되었는데 나라가 크게 편안하고 오래도록 잘 다스려지고 있다 합니다. 그러나 그 말이 너무 과장되고 허탄하여 중국 사람들은 믿는 이가 없습니다."(곡정)

"만력 9년(1581년)에 이마두가 중국으로 들어와 북경에 머무른 지 29년이나 되었습니다. …… 윤회설을 독실하게 믿고 천당과 지옥의 설로 불교를 마치 원수처럼 비방하고 공격한 것은 무엇 때문일까요?"(연암)

"서학이 어찌 불교를 비방할 수 있겠습니까. 불교는 정말 고원하고 오묘합니다. 다만 비유가 많아서 끝내 귀결점이 없으니 깨닫고 보면 결국 남는 건 '환幻' 한 글자뿐입니다. 저 야소교는 본래 불교의 찌꺼기를 어정쩡하게 얻은 겁니다. 중국에 들어온 뒤 중국의 글을 배우고서야 비로소 중국 사람들이 불교를 배격한다는 것을 알고 즉시 중국을 도리어 본받아 불교를 배척하였습니다. 그들은 중국 서적 안에서 상제나 주재主宰 같은 말들을 끄집어내 우리 유학에 아부하였습니다만, 그 본령이야 원래 명물과 도수에서 벗어나지 않으니 이미 우리 유학의 제 이류에 떨어진 셈입니다."(곡정)

곡정 왕민호의 견해가 곧 연암의 견해라고 봐도 무방하다. 연암은 천주교를 포함하여 서학 전체에 깊은 관심을 가졌지만 이미 보았다시피 인연이 영 닿지를 않았다. 당연히 그 맥락과 이치를 깊이 따져 볼 기회가 없었고, 그저 자신이 접한 몇 가지 교리만으로 판단을 내렸으니 이런 결론이 나올 수밖에 없었다. 요컨대, 다산에게 패사소품이 이론의 여지가 없는 끔찍한 재앙이었듯이, 연암에게 천주교는 사상적 말류요 요설에 불과했다. 여기에는 한치의 물러섬도 용납되지 않았다. 다산이 공권력을 총동원해 문체를 바른 곳으로 되돌려야 한다고 했듯이, 연암 또한 천주교에 대해 발본색원을 주장했다.

이에 대하여 조정의 금령이 없는 것은 아니었으나, 그 금령이 너무도 관대하여 참형이 한두 사람의 비천한 부류에 가해졌을 뿐이며, 외보外補는 마침 열배 백배로 넝쿨처럼 불어나는 기회가 되기에 충분하여, 물이 더욱 깊어지고 불이 더욱 치성해지듯이 되니, 두어 해를 못 가서 온 나라가 다 그리 쏠리고 말 것이며, 그때 가서는 금지하려야 금지할 길이 없을 것이다.「순찰사에게 답함 1」,『연암집』(상), 308쪽 연암과 다산이 가장 극단적으로 대치한 국면이 바로 여기일 터, 이건 대체 무엇을 의미할까. 간단히 말하면, 다산은 소품체에 대해 무관심했고, 연암은 천주교에 대해 무지했다. 당쟁이나 파벌 등의 사안에 대해선 그토록 냉철했던 두 사람이 이 두 사안에 관해선 이토록 과격한 척결을 외쳤으니 말이다. 하지만 아주 역설적으로 둘은 그것이 지닌 폭발적 잠재력을 충분히 감지했다고 할 수 있다. 문체가 세도를 어떻게 뒤흔들 수 있는지, 천주교가 얼마나 조선인의 영혼을 사로잡을 수 있는지. 그렇다면 무지한 게 아니라 너무나 잘 알고 있었던 것이 아닐까. 오호, 그렇다면 아는 것과 모르는 것의 경계는 과연 무엇일까?

실패, 그리고 파국 — 죽거나 나쁘거나

조선왕조에선 세 번의 반정이 있었다. 먼저 연산군을 몰아낸 중종반정. 광해를 몰아낸 인조반정. 그리고 정조의 문체반정! 앞의 두 반정과 뒤의 반정은 성격이 아주 다르다. 전자는 피가 튀고 살점이 날아가는 권력투쟁이지만 후자는 피도 없고 살육도 없다. 오직 선언과 반성문, 논란과 징벌이 있었을 뿐이다. 솔직히 시작도 끝도 모호하다.

결과만 놓고 본다면 중종반정과 인조반정은 성공했지만, 문체반정은 실패했다. 정조의 문체반정에 부응하여 반성문을 제출한 이들은 주로 규장각 각신들이었다. 이상황, 김조순, 남공철 등등은 정치관료였다. 이들이 지식인들의 문체에 미치는 영향은 상대적으로 미미하다. 한 시대의 문체를 주도하는 건 어디까지나 재야의 문장가들이다. 권력의 장에서 벗어나야 지성과 문장이 펄펄 살아 숨쉴 수 있기 때문이다. 연암그룹과 이옥, 김려 등이 거기에 속한다.

문체반정은 이들을 단 한 명도 길들이지 못했다. 정조 가까이 있던 문장가들인 이서구와 박제가는 정조의 입장을 노골적으로 비판했고, 문풍 타락의 배후로 지목받은 연암은 교묘하게 그물을 빠져나갔으며, 이옥은 끝내 문체를 고치지 못한 채 세상을 등졌고, 소심한 이덕무는 자송문에 대한 스트레스로 병사했다. 더 결정적으로 19세기 이후 지성사는 침몰해 버렸다. 더 이상 어떤 사상적 모색도, 문체적 파격도 없었다. 결국 문체반정은 고문을 부흥하지도 못한 채 다만 새로운 흐름을 중지시키는 역할만 한 셈이다. 죽거나 나쁘거나!

그리고 문체와 국가장치 사이의 대결에서 결정적으로 결락된 부분이 있다. 정조는 명청의 문집들의 문체를 다음과 같이 규정했다. ①초쇄嘺殺 ②파쇄破碎·비리鄙俚 ③섬미纖微 ④경박輕薄·부경浮輕·부박浮薄 ⑤기궤奇詭·환기幻奇·신기神奇.강명관,「이덕무 소품문 연구」,『안쪽과 바깥쪽』, 221쪽

이것들을 정리해 보면 '슬픔의 과도한 노출', '자질구레한 것, 부서진 것, 미세하고 가벼운 것', '신기하고 특별한 것'에 대한 집착 등이다. 당대의 문체에 이런 측면이 있었던 것은 틀림없다. 이옥, 이덕무의 문장은 특히 그랬다. 하지만 연암은 다르다. 연암 미학의 핵심은 유머와 패러독스다. 하지만 정조건 다산이건 이 점에 대해서는 침묵했다. 연암체의 진면목을 보지 못했거나 아니면 보고도 모른 척 했거나.

그리고 이런 문체를 비판하는 근거도 '이념과 실용' 두 가지 척도였다. 즉, "실용은 예악·병형·전곡·갑병의 예에서 보듯 국가의 제도나 혹은 물질적 조건, 조금 더 구체적으로 말하면 그 조건의 개선과 관련된 것"이고, 이념은 당연히 주자학이다. "사학(천주교)의 횡류 역시 정학이 밝혀지지 않았기 때문이다. 정학을 밝히는 것은 주자를 존숭하는 것보다 앞서는 것이 없다." 강명관, 『안쪽과 바깥쪽』, 223쪽

실용과 이념은 국가장치, 곧 유형의 법칙이 지배하는 세계이고, 문체와 지성은 정신, 곧 무형의 원리가 주도하는 세계다. 서로 층위가 다르다는 뜻이다. 전자의 잣대로 후자를 길들이는 것은 근본적으로 불가능하다. 이런 점을 꿰뚫지 못한 것은 다산과 정조의 치명적 한계다.

그렇다고 천주교에 대한 국면을 전환한 것도 아니다. 애초 서교 문제를 들고 나온 것은 노론 문인들이 아니라 남인 내의 '공서파'였고, 신서파에 대한 그들의 증오심은 노론 벽파보다 한술 더 떴다. 그러다 보니 여론을 잠재우지도 못했고, 무엇보다 자신이 아끼는 신하들을 과연 서교의 그물에서 벗어나게 했는지도 의문이다. 연암의 글에도 나오지만 이가환에 대한 의구심은 조금도 사그라들지 않고 있다. 오직 다산만이 자신을 소명하는 글을 올렸을 뿐이다. 지켜 주지도 못하고 거기에서 벗어나게 하지도 못했으니 이거야말로 실패가 아니고 무엇인가. 그런 점에서 신유박해는 정조의 부재(죽음)가 초래한 비극이기도 하지만, 정조로 인해 상당 부분 배양 혹은 조장된 측면도 없지 않다.

문체는 얼굴이고, 종교는 영혼이다. 권력과 국가장치는 결코 이

것을 포획할 수 없다. 다만 검열과 박해를 할 수 있을 뿐이다. 그래서 원초적으로 '반동적'이다. 문체반정 역시 그 점을 새삼 확인시켜 준 셈이다.

덧붙이면, 문체와 서학은 둘 다 지성사의 세계화와 맞물려 있다. 소품체는 명말청초 곧 양명학의 조선적 변주에 해당하고, 천주교는 서양과 동양의 마주침이라는 문명사적 사건의 일환이다. 전자를 통해 성리학적 지반은 심각한 지각변동을 겪어야 했고, 후자는 동양 전체를 침몰시킬 거대한 쓰나미의 예고편에 해당했다. 지진과 쓰나미! 하지만 연암과 다산, 그리고 정조까지도 이런 세계사적 배치를 읽어내지는 못했다. 하긴 그들에게 그것을 요구하는 것 자체가 무리일 수 있다. 아직은 다만 징후에 불과했으니까. 그들의 위대함은 이 징후가 불러일으킨 시대적 균열 위에서 각자에게 주어진 길을 최선을 다해 갔다는 사실에 있다. 오직 모를 뿐! 오직 갈 뿐!

연암 박지원의 친구들

「**규장각도**」(김홍도 作, 위)**와 백탑(白塔, 아래)** 정조는 젊은 문신들 중 뛰어난 자들을 선발하여 규장각에 두었다. 박제가, 유득공, 이덕무 등도 규장각에서 일을 했다. 아래 사진은 탑골 공원 내에 있는 원각사지 10층 석탑으로 연암 시대에는 이를 백탑이라 불렀다. 연암과 연암의 친구들은 서로 백탑 근처에 모여 살았는데 이덕무의 집은 백탑의 북쪽에, 이서구의 사랑은 서쪽 편에, 북동쪽으로 꺾어진 곳에는 유득공의 집이 있었다고 한다. 이들은 밤마다 모여 글을 짓고, 술을 마시고, 풍류를 즐겼다. 규장각과 백탑은 이들의 주경야유(晝耕夜遊)의 현장!^^ 상상해 보라, 규장각에서 칼퇴근한 뒤 백탑으로 내달리는 연암파(?)의 모습을. 창덕궁에서 탑골공원은 멀지 않으니 연암의 벗이 된 기분으로 직접 한번 걸어 보시기를!

『한객건연집』(韓客巾衍集) 표지와 본문(필사본) 『한객건연집』은 이덕무·박제가·유득공·이서구의 시를 선집한 책이다. 시집을 만든 사람은 유금(柳琴), 유득공의 숙부다. 유금은 1776년 연경에 가면서 이 책을 가져갔는데 이를 본 청나라 문인 이조원(李調元)과 반정균(潘庭筠)이 평어와 서문을 주었다. 그리하여 재편집된 『한객건연집』의 권두에는 이조원, 반정균의 서문이, 중간중간에는 평어가, 맨끝에는 총평이 실리게 되었다. 저자의 약전과 시집 곳곳에 달려 있는 주석은 유금의 것으로 애초에 중국인에게 보여 주기 위한 시집이었으므로 조선에 대해 알지 못하는 중국 사람들을 배려한 것이라고 한다. 사대시인의 명성도 명성이었지만 중국 명사의 시평이 포함되어 있었기에 『한객건연집』은 조선후기의 시집 중 사본이 많기로도 유명하다.

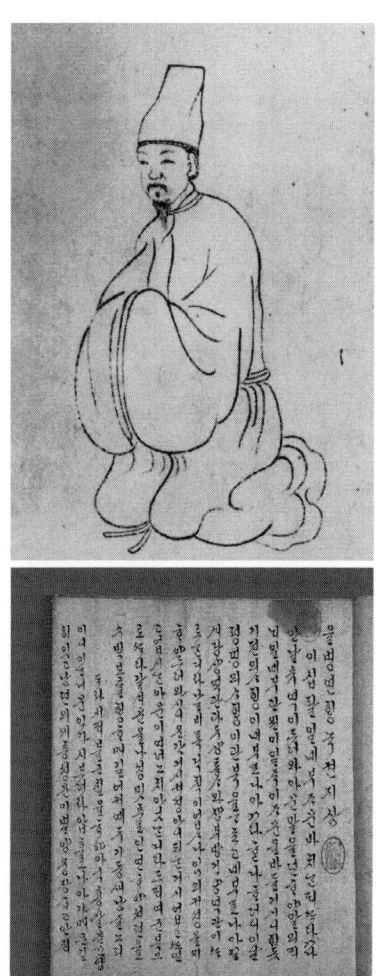

홍대용과 「을병연행록」(乙丙燕行錄) 홍대용은 연행사절단으로 북경에 다녀오면서 두 버전의 여행기를 남겼다. 한문으로 된 「담헌연행록」(湛軒燕行錄)과 한글로 된 「을병연행록」 앞의 것이 주제별로 편집·축약된 데비해 「을병연행록」은 날짜별로 짜여져 있는 데다가 내용도 더욱 풍부하여 그 가치가 높다. 한글 독자층을 위해 저술된 점 역시 의의가 크다. 홍대용은 연암보다 먼저 북경에 다녀왔고, 먼저 죽었다. 연암은 손수 염을 하고, 묘지명을 쓰고, 홍대용이 중국에서 만났던 손유의에게 부고를 전했다. 담헌의 죽음 후 연암은 그 충격으로 음악을 끊었다고 한다.

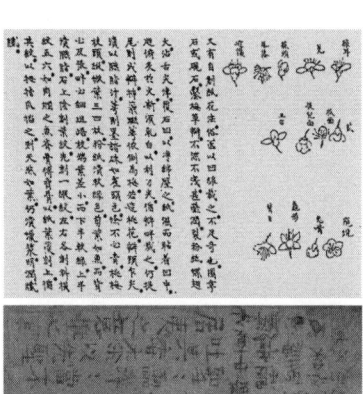

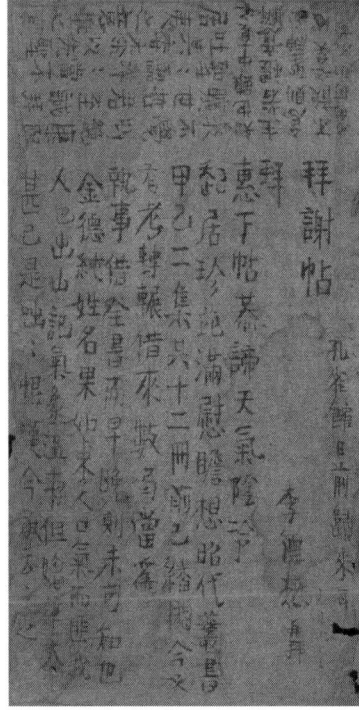

이덕무의 「윤회매십전」(輪回梅十箋, 위)과 간찰(아래) 매화를 사랑했던 이덕무, 초봄에 잠깐 피었다 사라지는 매화가 너무 아쉬워 스스로 매화 제조(?)에 나섰다. 밀랍을 녹여 매화 분재를 만드는 것. 이를 '윤회매'라 하는데, 이덕무는 이것을 만드는 방법을 그림과 함께 꼼꼼히 기록해 놓았다. 위의 그림은 꽃을 만드는 법을 설명하는 부분이다. 아래 사진은 이덕무가 누군가에게 보내는 간찰이다. 친필인지 필사본인지는 알 수 없으나 어느 쪽이든, 자신의 글을 처녀나 어린아이[嬰處]의 그것으로 비유한 그에게 어울리는 귀여운 서체다.

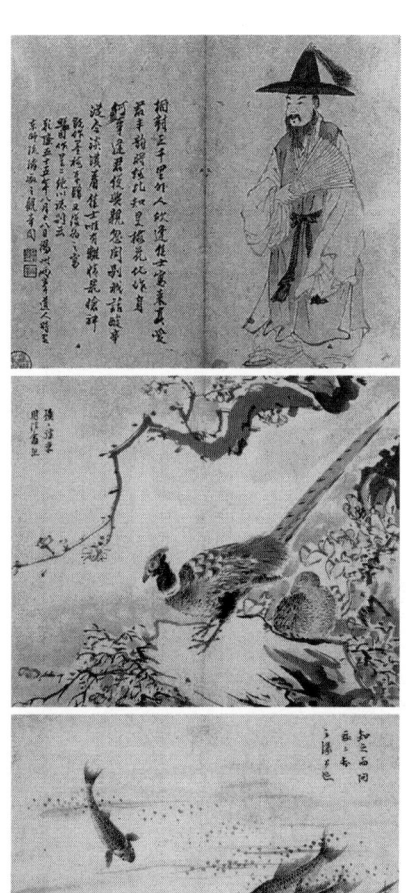

박제가와 그가 그린 꿩·물고기 그림 연암그룹의 일원답게 박제가에게도 숨은 재주가 있었으니 그것은 그림이다. 박제가는 서자로 태어나 11세에 아버지가 사망한 뒤부터 가난하게 살았으나 시문과 그림이 뛰어나 유명해졌다고 한다. 특히 꿩과 물고기를 잘 그렸다고 했는데 그림을 보니 정말 그렇다.^^ 맨 위의 그림은 청나라의 화가 나빙(羅聘)이 박제가를 그린 것이다. "사람은 왜소하지만 굳세고 날카로우며…… 재치있는 생각이 풍부하다. 그의 문장에는 찬란하기가 별빛 같고…… 조개가 뿜어내는 신기루 같고 용궁의 물과 같은 것이 있다." 앞서 『한객건연집』에서 말한 청나라 문인 이조원이 박제가에 대해 평한 말이다. 정말 그런지 그림과 비교해 보라.

유언호 초상과 그의 묘 유언호는 홍국영으로부터 연암을 보호하기 위해 그를 피신시키고, 연암을 보살피기 위해 개성유수로 자원하기까지 했다(유언호는 피신 중이던 연암 일행을 만났을 때 거지들이 모여 있는 줄 착각할 정도였다고 한다). 연암을 돕지 않으려야 않을 수 없었을 것이다. 생계를 위한 연암의 첫 관직생활도 유언호의 천거로 시작되었으니 유언호는 진정한 연암 서포터! 위 그림은 1787년 도화서의 화원 이명기가 그린 것으로 그림 위편에 정조의 어명이 적혀 있어 유언호가 영의정에 오를 당시 그려진 것으로 추측된다. 아래 사진은 유언호의 묘(안성시 대덕면 소재)다. 사진 오른쪽에 보이는 것은 신도비(神道碑)로 정조의 사제문(賜祭文)이 새겨져 있다.

다산 정약용의 형제들

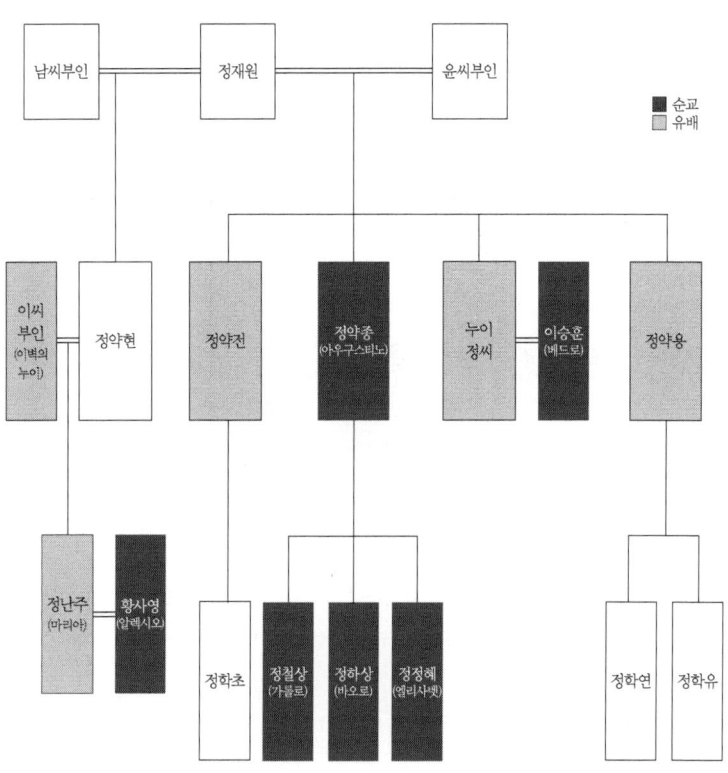

명례방에서의 집회 명례방(지금의 명동)에 있던 김범우의 집에서 가졌던 초기 천주교 신자들의 모임을 그린 그림이다(김태 作, 명동성당 소장). 그림 가운데서 오른손을 들고 모임을 주재하고 있는 이가 정약현의 처남이자 한국 천주교의 개국성조로 일컬어지는 이벽이다. 이벽의 집에서 북경에서 세례를 받고 돌아온 이승훈이 이벽과 정약용 등에게 처음으로 세례를 베풀었기에 한국 천주교회 창립터로 인정되어 기념석이 세워졌다. 기념석의 위치는 『여유당전서』에 근거했다고 하나 추정되는 곳에는 마땅한 자리가 없어 현 수표교 자리에 세운 것이라고 한다.

황사영 백서(상)와 황사영이 백서를 작성했던 토굴(중), 제주도에 있는 정난주의 묘비(하) 황사영은 정약종을 스승으로 모시고 정약현의 딸 정난주(아명은 명련)와 결혼한다. 황사영과 정난주의 혼배성사를 집전했던 사람은 청나라 신부 주문모. 황사영은 신유박해 때 주문모 신부가 처형당했다는 소식을 접하고 옹기창고로 위장한 토굴 속에서 중국 교회에 조선의 천주교 박해 실정을 알리고 천주교 재건을 위한 도움을 호소하는 글을 쓰는데, 이것이 바로 황사영 백서다. 일만삼천여 자를 깨알같이 적어 내려갔다. 원본은 현재 로마 교황청에 보관되어 있으며, 토굴은 충북 제천 배론 성지 내에 위치해 있다. 황사영은 압수된 후 능지처참에 처해졌고, 부인 정난주는 관비가 되어 제주도로 유배된다. 정난주는 제주도에 입도한 첫번째 신앙인으로 한국 천주교사에 기록되어 있다.

정약전이 머물던 흑산도의 사촌서당(복성재, 위)과 그 편액(아래) 신유박해로 집안이 풍비박산 나고 형 약전은 흑산도로, 다산은 강진으로 유배된다. 약전은 16년간의 유배생활 끝에 우이도에서 생을 마쳤다. 흑산도에 그에 대한 유적은 남아 있지 않았으나 최근 책을 읽고 마을 아이들을 가르쳤던 사촌서당이 복원되었다. 다산이 그리도 존경하고 사랑했던 형 약전은 연암과(?)였던 듯하다. 외모는 "무성한 수염에 풍채가 좋아 장비 같았다"고 하며, 다산과 벼슬살이를 할 때도 매일같이 친구들과 어울려 술을 마시고 돌아다니는 통에 아우에게 자주 핀잔을 들었다고 한다. 자신의 술친구들을 못마땅해하는 다산에게 약전은 "화가 닥치면 네가 좋아지내는 모 상서, 모 시랑과 내가 미친듯 대하는 술꾼 중 어느 쪽이 배반하지 않을지는 알 수 없는 일"이라 응수했다. 물론 신유박해 후 평소처럼 따뜻하게 대해 준 이들은 술꾼, 약전의 친구들이었다.

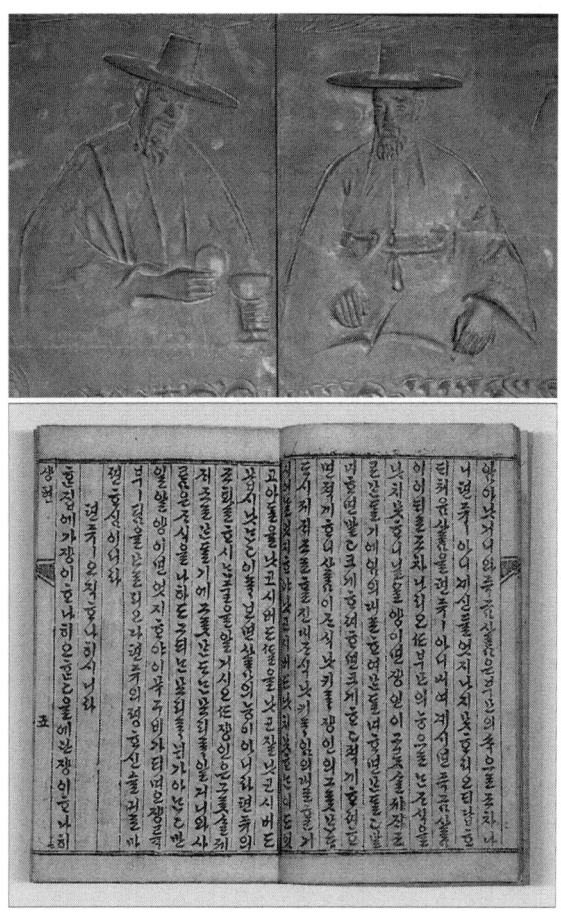

주문모 신부와 정약종이 새겨진 명동성당 중앙문(위)과 정약종이 저술한 「주교요지」(主敎要旨) 다산의 셋째 형 정약종(사진의 오른쪽)은 삼형제(약현은 천주교에 빠지지 않았으므로 제외) 중 천주교를 가장 늦게 접했으나 진산사건으로 다산과 약전이 천주교를 떠난 후에도 끝까지 신앙을 지키다 신유박해 때 순교하였다. 세례명은 아우구스티노. 1795년 한양에 들어온 청나라 주문모(사진의 왼쪽) 신부에게 교리를 배웠으며 이 인연으로 천주교 평신도 단체인 명도회(明道會)의 초대 회장이 된다. 한문을 모르는 신도들을 위해 천주교 교리를 한글로 설명한 『주교요지』는 그의 왕성한 전교활동의 산물이다.

정하상 석상(위)과 영화 「초대받은 사람들」의 포스터(아래, 1981년 作) 약종의 둘째 아들 정하상은 아버지와 형 철상이 신유박해 때 순교한 후, 로마교황에게 직접 청원문을 올려 조선에 선교사 파견을 요청하는 등 천주교 재건을 위해 힘쓴다. 그의 노력 끝에 조선교구가 설정되었다. 그는 2대 조선교구장으로 취임한 앵베르 주교 밑에서 신학교육을 받으며 성직자의 길을 준비하던 중 기해박해로 순교했다. 이때 살아남았다면 한국 최초의 천주교 사제는 김대건이 아닌 정하상이 되었을지도……. 천주교의 전래와 박해를 소재로 한 영화 「초대받은 사람들」은 그야말로 다산 가문의 '가족영화'. 이승훈·다산 형제들의 입교와 전교로 시작하여 하상과 여동생 정혜의 순교로 끝을 맺는 영화다. 하상, 정혜 그리고 약종의 처에 이르기까지 약종의 가족은 모두 순교로 최후를 맞았다.

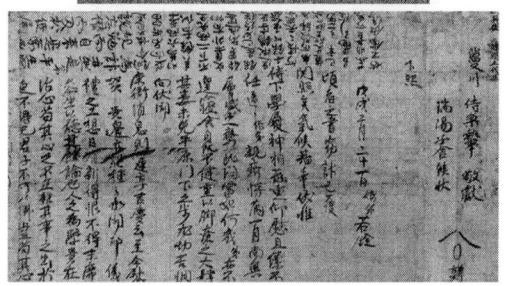

이승훈 동상(위)과 정약전이 이승훈에게 보낸 간찰(아래) 다산의 매형이자 한국 최초의 천주교 세례자 이승훈. 이벽과 친교를 맺으며 자연스레 서학을 접하게 되었고 그의 권유로 북경에 가 세례를 받는다. 조선으로 돌아온 그는 정약용·이벽 등에게 세례를 주었다. 아래의 서찰은 1778년 2월 정약전이 이승훈에게 보낸 것으로, 서로의 안부와 학문에 대해 묻는 내용이다. 이때는 이승훈이 이벽을 만나기 전이므로 아직 천주교에 대한 언급은 없다. 그러나 이 편지는 처남/매제 관계를 떠나 그전부터 있었던 두 사람의 학문적 교류를 보여주는 것으로, 그들이 함께 천주교에 매료될 수 있었던 배경을 짐작하게 하는 자료다.

4장
『열하일기』vs『목민심서』
— 유쾌한 '노마드'와 치열한 '앙가주망'

4장
『열하일기』 vs 『목민심서』
― 유쾌한 '노마드'와 치열한 '앙가주망'

『목민심서』를 모르는 한국인이 있을까? 거의 없다. 『목민심서』를 존경하지 않는 한국인이 있을까? 역시 없다. 그럼, 『목민심서』를 통독한 한국인은 몇이나 될까? 거의 없다. 『동의보감』을 『소설 동의보감』과 혼동하듯이 『목민심서』 또한 『소설 목민심서』랑 혼동하는 게 현실이다. 솔직히 통독은 고사하고 단 1권도 독파하기가 쉽지 않다. 원저작은 모두 48권. 현재 출간된 번역본은 무려 6권(창비, 1985년판). 한 권당 빽빽한 글씨체로 300여 페이지, 다 합치면 1800여 페이지에 달한다. 모두가 존경하지만 아무도 읽지 않는 책. 아니, 읽을 엄두를 못내는 책. 고전에 관한 가장 슬픈 정의에 해당한다. 『목민심서』가 바로 그런 고전이다. 더 '불편한' 진실은 다 읽고 나서도 권하기가 참 뭣하다는 사실이다. 훌륭하긴 한데, 감동과 재미를 느끼려면 상당한 시간과 노고가 필요한 탓이다.

『열하일기』를 통독한 경우도 많지는 않다. 하지만 『목민심서』와는 경우가 좀 다르다. 『열하일기』의 명성은 『목민심서』에 비하면 좀 떨어진다. 아직은 '범국민적 트렌드'가 아니라는 뜻이다. 대신 열혈 '마니아'층을 거느리고 있다(나도 그중 하나다). 쉽게 읽을 생각을 하지는 못하지만, 일단 읽게 되면, 그 재미와 감동에 흠뻑 취한다. 그래서 자기도 모르게 주변에 퍼뜨리기 시작한다. 도저히 참을 수가 없기 때문이다.

『목민심서』가 '존경하지만 가까이 하기엔 너무 먼' 고전이라면, 『열하일기』는 '잘 모르겠지만 왠지 끌리는' 고전에 속한다. 하지만 『열하일기』의 카리스마도 『목민심서』에 결코 뒤지지 않는다. 더구나 지금은 바야흐로 중국여행이 국내여행만큼 빈번한 시대 아닌가. 그럼에도 열하가 한국인의 답사코스가 되었다는 소문은 들은 바 없다. 아직은 충분히 '친숙'하지 않은 것이다.

이것이 『목민심서』와 『열하일기』의 현주소다. 대체 왜 이렇게 되었을까? 너무 두꺼워서? 어려운 단어가 많아서? 그렇지 않다. 셰익스피어가 재미있는가? 『레 미제라블』, 『돈키호테』가 쉬운가? 그 작품들도 고어투성이에 난삽한 개념, 낯선 스토리로 가득하다. 그런데 왜 우리는 그 작품들을 더 쉽고 더 현대적이라고 여길까? 간단하다. 그렇게 '훈련받아' 왔기 때문이다. 또 그 작품들은 우리 문화 안에서 스스로를 복제, 증식하는 다양한 회로를 가지고 있다. 영화, 뮤지컬, 연극, 예능 등등을 통해.

그에 반해 이 두 작품은 대중들이 접속할 감성의 회로가 없다. 교과서 아니면 사극 혹은 소설이 고작이다. 그나마 연암과 『열하일기』는 대중문화에서 다뤄진 적도 거의 없다. 가끔 다큐에서나 등장한다. 그럴수록 대중들의 마음은 점점 멀어진다. 다산과 『목민심서』

의 경우, 대중문화 속에 종종 등장하긴 하지만 항상 엄숙하고 비장한 메시지와 함께 등장한다. 안 그래도 재미없어 죽겠는데, 목소리에 잔뜩 힘을 준 채 그 역사적 의미만을 강조하면 대체 어쩌란 말인가. 이미 충분히 존경하고 있는데, 뭘 더 어쩌라구.

'원래 훌륭한' 작품이 없듯이, '원래 재밌는' 작품도 없다. 어떻게 만나는가, 어떤 장에서 만나는가, 거기에 따라 의미와 재미도 창조되는 법이다. 『열하일기』와 『목민심서』, 이 불후의 명작들에 대한 새로운 독법이 필요한 시점이다.

탄생의 경로

1783년과 1818년 ─ 앞의 것은 『열하일기』가 완성된 연대기, 뒤의 것은 『목민심서』가 완성된 연대기다. 당시 연암의 나이는 47세, 다산의 나이는 58세. 연대기적으로는 『목민심서』가 뒤지만, 저자의 나이로 따지면 연암이 한참 어리다. 그렇긴 해도 두 작품 모두 지성과 경륜이 한창 무르익은 시점에서 탄생한 건 마찬가지다.

『열하일기』가 완성될 당시 연암은 서울에 있던 처남 이재성의 집과 개성 근처 연암협을 오가고 있었다. 1818년, 다산은 유배지 강진의 다산초당에 있었다. 연암협과 다산초당. 두 사람의 세계관 혹은 기질만큼이나 먼 거리다. 한곳은 스스로 '숨어든' 곳이고, 다른 한곳은 강제로 '추방당한' 곳이다. 하나는 북쪽에 있는 깊은 골짜기고, 다른 하나는 남쪽 땅끝에 있는 바닷가다. 하나는 생계를 위해 뽕나무를 심고 밭을 일구면서 저술을 하던 곳이고, 다른 하나는 연못과 폭포, 암자와 꽃나무, 서적 천여 권이 완비된 집필 공간이다.

연암과 다산은 모두 사주에 역마살이 끼어 있다. 연암의 경우, 태어난 해가 정사丁巳년인데, 여기서 사巳가 일단 역마의 기운이 충전한 데다 태어난 날의 일주가 계해癸亥다. 사巳와 해亥는 서로 충돌한다. 이 충돌이 아주 큰 역마의 기운을 야기한다. 다산도 태어난 시간이 을사乙巳라 역시 역마살을 타고났다. 그렇긴 하지만 연암보다는 약하다. 그래서 연암은 열하로, 다산은 강진으로 간 것일까? 또 연암은 서울과 연암협을 오가면서 『열하일기』를 쓰고, 다산은 강진의 다산초당에 붙박이로 머물면서 『목민심서』를 쓴 것일까? 연암의 동선이 곡선으로 이루어져 있다면, 다산의 동선은 상승과 하강이 하도 급격하여 직선처럼 느껴진다. 이렇게 따지다 보면, 마치 '대칭성' 놀이를 하는 느낌이다. 그 정도로 연암과 다산이라는 기호에는 아주 흥미진진한 차이들이 잠복해 있다.

물론 이것들은 예고편에 불과하다. 『열하일기』와 『목민심서』의 탄생 경로에는 아주 기묘한 평행선이 하나 숨어 있다. 두 작품이 모두 두 사람의 인생을 전과 후로 나누는 큰 분수령이라는 사실이다. 워낙 대작들이니 당연하지 않냐고? 그렇지 않다. 그들은 대작을 쓰려고 해서 쓴 게 아니고, 그저 늘 하던 대로 글을 썼을 뿐이다. 이것들을 불후의 명작이라 평하는 건 전적으로 우리의 시선이다. 그러니 흥미롭지 않은가. 자신들은 매순간 최선을 다해 글을 썼을 뿐인데, 문득 대작이 탄생했고, 또 그 순간, 인생의 큰 변곡점을 맞이했다는 사실이 말이다.

먼저 『열하일기』. 연암이 열하로 여행을 떠난 건 1780년 여름이었다. 약 5개월에 걸친 대장정 뒤에 그에게 남은 건 메모뭉치로 가득 찬 여행기 한보따리. 귀향한 후 연암은 이 메모지들에 '서사적' 호흡을 불어넣는 데 총력을 기울였다. 아들 박종채를 통해 이 즈음의 정황을 살펴보자.

> 경자년(1780)에 서울로 돌아와 평계(서대문 밖에 있던 평동)에 거처하셨으니, 곧 지계공(이재성)의 집이었다. 이때 홍국영이 실세하여 화근은 사라졌지만 점잖은 옛 친구들은 거의 다 세상을 떠났다. 그래서 분위기가 싹 변해 옛날 같지 않았다. 아버지는 더욱 뜻을 잃고 스스로 방달하게 지내셨는데 그것이 몸을 보존하는 비결임을 도리어 기뻐하셨다. 그러면서도 항상 답답해하시며 멀리 떠났으면 하는 생각을 갖고 계셨다.
> 마침 아버지의 삼종형인 금성도위(박명원)께서 청나라 건륭황제의 칠순 생일을 축하하는 사절로 북경에 가시게 되어 아버지에게 함께 가자고 했다. 그리하여 5월에 길을 떠나 6월에 압록강을 건넜으며 8월에 북경에 들어갔다. 곧이어 열하로 가셨다가 그 달에 다시 북경으로 돌아와 10월에 귀국하셨다. 귀국 후 더욱 배회하셨으며 즐거운 일이 없었다. 아버지는 당시 연암골에 혼자 들어가 지내셨는데 혹은 해를 넘기시기도 하고 혹은 반년이 지나 돌아오시기도 했다. 『나의 아버지 박지원』, 46쪽

돌이켜보면 20대는 방황과 유람으로, 30대는 지성과 우정을 연

마하면서 보냈다. 열하 기행은 그 두 가지 흐름이 동시적으로 실험된 현장이다. 여행과 지성, 기록과 관찰, 삶과 글쓰기…… 실개천들이 모여 강으로, 바다로 흘러가는 형국이랄까. 그는 이 거침없는 '생색과 파란'의 물결에 기꺼이 몸을 던졌다. 마음껏 보고 실컷 말하고 아낌없이 들었다. 하룻밤에 아홉 번 강을 건너는 강행군도, 잠 고문과 굶주림도 기꺼이 감내했다. 가장 중요한 건 이 모든 것을 다 글로 옮겼다는 사실이다.

돌아온 후 탈고하는 데까지 무려 3년여가 걸렸으니 그동안에도 연암은 끊임없이 여행의 전 과정을 '리플레이'했을 것이다. 말하자면 그는 여전히 '길 위에 있었던' 셈이다. 물론 그 와중에도 일상의 희로애락은 계속되었다. 절친한 벗 정철조를 잃었고,『열하일기』가 완성될 즈음엔 홍대용을 잃었다. 연암의 청춘을 장식했던 '연암그룹'은 이로써 완벽하게 해체되었다. 이때『열하일기』가 탄생했으니 인생이란 얼마나 오묘한가. "한 송이 국화꽃을 피우기 위해 봄부터 소쩍새는 그렇게 울었나 보다"라는 구절이 떠오르는 대목이다. 아, 그렇다고 백탑청연이나 북학파가『열하일기』라는 목표를 위해 존재했다는 뜻은 결코 아니다. 그런 식의 연속성이야말로 부질없는 망상이다. 거꾸로 백탑청연이든 연암그룹이든 다 시절인연에 의한 것임을, 그리고『열하일기』의 탄생은 그 시절인연이 이제 종언을 고했음을 의미한다. 국화꽃을 피우기 위해 소쩍새가 우는 게 아니라, 국화가 피었다는 건 이제 소쩍새의 울음이 끝났음을 뜻하는 것이듯이.

이제 그의 인생도 바야흐로 새로운 국면에 접어들었다.『열하일기』가 세상에 나오자 연암의 명성은 더더욱 높아졌다. 하지만 그뿐이다. 무슨 경제적, 물질적 대가가 뒤따르는 건 전혀 아니다. 사대부에게 있어 문장이란 부귀공명과는 아무런 관계가 없다. 그렇기는커녕 이즈음에 들어서 연암은 더한층 가난해졌다. 할 수 없이 쉰 살 즈음에 생계형 관직에 나선다. 은퇴를 생각해야 할 나이에 출사를 한 격이다. 사주명리학적으로 보면 이즈음에 대운이 바뀌었다. 신기하게도, 이때부터 15년 정도 '재물'운이 들어오는데, 정확하게 이 기간 동안 연암은 녹봉을 받았다.

하지만 이제 그는 『열하일기』의 저자가 되었다. 청년기에 썼던 『방경각외전』이나 중년기에 쓴 소품문, 척독 등도 연암이 아니고는 절대 불가능한 문장들이다. 하지만 『열하일기』는 또 격이 다르다. 이제 조선의 문장가라면 누구든 『열하일기』를 읽어야 한다. 열렬한 찬사를 보내는 쪽이건 거품 물고 비난을 하는 쪽이건. 후자의 경우는 더더욱 정밀하게 읽고 또 읽어야 한다. 왜냐면 그 누구도 시도해 본 적이 없는 아주 낯설고 새로운 '말'이요, '길'이기 때문이다. 중요한 건 좋다, 나쁘다, 훌륭하다, 저급하다가 아니다. 감각과 지성의 배치가 완벽하게 달라진 어떤 '길'이 열렸다는 사실이다.

한편, 1818년 봄, 『목민심서』 48권이 완성되었다. 그리고 그해 가을 다산은 마침내 해배되어 고향 마재로 돌아온다. 18년간의 유배 생활이 끝난 것이다. 『목민심서』의 완성과 해배. 이것은 과연 우연일까? 우연이라면 참 기막힌 우연이다. 그 사이에 충분히 풀려날 수 있었기에 더더욱 그렇다. 1803년에는 서용보의 방해공작으로 어쩔 수 없었다지만, 1810년과 14년에는 법적으로 해배가 결정된 거나 마찬가지였다. 그런데도 다산의 옛친구이자 원수들은 집요하게 물고 늘어졌고, 그 바람에 결국 1818년까지 끌게 된 것이다. (공교롭게도 다산도 이 해에 대운의 마디가 크게 꺾인다. 연암이 평생 처음 들어온 '재물운'으로 관직생활에 나섰다면, 다산은 '관운'이 들어온 시기와 유배생활이 겹친다. 관운이 들어왔는데 웬 유배? 국가권력의 강력한 제재를 받는 것도 관운에 속한다. 물론 그럴 땐 관운이라 하지 않고 '칠살'이라는 좀 섬뜩한 명칭으로 부른다. 우리시대 정치인들도 잘 보여 주지만, 관운과 칠살, 출세와 감옥은 한끝 차이다.)

어리석은 질문이지만, 만약 그 전에 풀려나서 귀향했다면 그래도 『목민심서』가 탄생했을까? 단언할 순 없지만, 왠지 탄생되지 못했거나 아주 다른 형식으로 탄생했을 것 같은 느낌이다. 존재는 시공간과 분리되지 않는다. 어떤 활동과 관계도 시공간적 리듬과 함께 간다. 글쓰기는 말할 것도 없다. 니체는 자신의 걸작 『차라투스트라는 이렇게 말했다』에 대하여 이렇게 말한 바 있다.

> 그 다음 겨울은 매력적이고 조용한 라팔로 만에서 지냈다. 이 만은 제노아에서 그리 멀지 않은 곳에 있는데 캬바리와 폴트피노 산기슭 언덕에 끼어 있었다. 거기서 내 건강은 썩 좋은 편이 못되었다. 겨울은 춥고 비가 특히 많이 왔다. 내가 투숙해 있던 호텔은 바다에 바로 인접해 있었는데 그 바다는 항상 밤이 잠드는 것을 방해하였다. 그럼에도 불구하고 모든 결정적인 것은 '그럼에도 불구하고' 오고야 만다는 것을 증명이라도 하듯이 나의 『차라투스트라는 이렇게 말했다』가 완성된 것은 바로 그 겨울이었고 그런 악조건하에서였다.

소나무숲을 지나 바다의 장관을 구경하면서 아침이면 나는 남쪽으로 난 쪼알리에 이르는 아름다운 길을 오르곤 했다. 오후에는 나의 건강이 허락할 때마다 산타마레리타에서부터 폴트피노에까지 만의 주위를 돌아오곤 했다. 이 장소, 이 경치는 프리드리히 3세가 그들에게 그렇게 사랑을 느꼈다 하여 더욱 내 마음에 친근하게 느껴졌다. 내가 1886년 가을 이 해변지방을 다시 찾았을 때, 그때는 프리드리히 3세가 마지막으로 이 작은 잊혀진 천국을 방문한 때였다. 『차라투스트라는 이렇게 말했다』 1권 전체가 무엇보다도 짜라투스트라가 하나의 전형으로서 내 머리에 떠오른 것은 오전, 오후의 이 산책길에서였다. 아니 오히려 그가 나를 엄습했던 것이다. 니체,
「나는 왜 이렇게 좋은 책을 쓰는가」, 『도덕의 계보 / 이 사람을 보라』, 269~270쪽

　　라팔로 만의 산기슭, 좋지 않은 건강, 소나무 숲, 해변가의 오전, 오후의 산책길 ── 이것들이 하나의 교향곡을 연주하는 순간, '차라투스트라'가 자신을 엄습했다는 것이다. 엄습이라는 말이 결코 과장이 아닌 것이, 이후 니체와 '차라투스투라'는 거의 동의어가 되었기 때문이다. 운명적인 마주침이 이런 것이리라.

　　다산과 『목민심서』도 그렇지 않을까. 다산과 『목민심서』도 동의어에 가깝다. 그렇다면 거기에도 어떤 우주적 교향곡이 울려퍼지지 않았을까. 다산이 다산초당에 온 건 1808년. 그 전해에 둘째형님의 아들 학초를 잃었다. 열일곱 꽃다운 나이였다. 이 죽음은 다산에게 크나큰 슬픔을 안겨주었다. 학초를 학문적 후계자로 생각하고 있었기 때문이다. 다산이 보기에 자신의 두 아들 학연, 학유는 근기가 좀

약했던 것 같다. 편지에서도 온통 공부에 진전이 없다는 잔소리뿐인 걸 보면. 그런데 학초는 달랐다. 학초의 학문적 역량을 확인하자 다산의 가슴은 뛰었다. "학초가 지난 경신년 겨울에 독서하는 걸 보고서 큰 그릇의 사람이 될 것을 벌써부터 알았습니다. …… 올봄에 그 애가 물어온 몇 가지 조목을 보고서 놀라움을 금치 못할 정도였습니다."「둘째형님께 답합니다 5」答仲氏, 『유배지에서 보낸 편지』, 237쪽 학자에게 지적 계승자를 갖는다는 건 세상 모두를 얻는 것이나 다름없다. 그런 학초가 요절한 것이다. 오호, 통재라! 아마 생부인 약전보다 숙부인 다산의 비통함이 훨씬 더했을 것이다. "학문을 좋아하더니 명이 짧아 죽었구나 / 하늘이 나를 축복해 주더니 나를 망하게 했네"「학초묘지명」, 『다산산문선』, 217쪽 그 다음해 다산은 거처를 강진 읍내 보은산방에서 다산초당으로 옮긴다. 그리고 이후 꼭 10년을 다산초당에서 지낸다. 이렇듯 1808년이라는 시간과 다산초당이라는 공간은 하나의 변곡점에 해당한다. 이 변곡점의 끄트머리에서 『목민심서』가 탄생되었다.

땅끝 바닷가의 어촌 강진, 그 남쪽의 만덕사 서쪽에 있는 다산초당, 연못과 폭포, 동쪽과 서쪽에 있는 암자들, 석벽에 새겨진 정석丁石이라는 두 글자, 뒤에는 바다가 보이고 그 바다 너머엔 둘째형님이 있다. 1816년에 사망했으니, 1818년 당시에는 형님은 없지만 바다를 바라보며 형님의 흔적과 그리움을 되새길 때다. 그렇다면 니체처럼 다산도 이렇게 말할 수 있지 않을까. 다산초당 뒤, 바다로 이어지는 산책길에서 『목민심서』가 나에게로 다가왔다고. 그리고 『목민심서』를 마치자 기적처럼 풀려나게 되었다고. 그렇다면 다산의 '웬수(옛친구)들'은 다산에게 이 소명을 완수하게 하려고 그토록 애를 쓴 것인가? 『목민심서』를 쓸 때까진 세상에 나오지 말라는 천지신명의 메시지를 대행하기 위해서? 오, 세상에나, 이런 고마운 분들이 있나? 인생도처 유상수유홍준,『나의 문화유산답사기 6』가 아니라, 인생도처 유반전!^^

다산도 이런 '대반전'을 예감했던 듯하다. 1816년 자신의 해배를 위해 권세 있는 이들을 찾아다니며 분투 중이라는 아들의 편지를 받자 이렇게 답장을 쓴다. "내가 귀양이 풀려 돌아가느냐 못 돌아가느냐 하는 일은 참으로 큰일은 큰일이나, 죽고 사는 일에 비하면 극히 잗다란 일이다. 사람이란 때로 물고기를 버리고 웅장熊掌; 곰발바닥을 취하는 경우도 있다만 귀양이 풀려 집에 돌아가느냐 못 돌아가느냐 잗다란 일에 잽싸게 다른 사람에게 꼬리를 흔들며 애걸하고 산다면, 만약 나라에 외침이 있어 난리가 터질 때 임금을 배반하고 적군에 투항하지 않을 사람이 몇이나 있겠느냐? 내가 살아서 고향땅을 밟는 것도 운명이고, 고향땅을 밟지 못하는 것도 운명이다."「학연에게 답하노라」,『유배지에서 보낸 편지』, 124~125쪽 운명이란 시비와 이해, 영욕과 은원의 경계 너머에 있음을, 두서넛의 악당들이 좌지우지할 수 있는 게 아님을 알게 된 것이다. 운명의 이치를 깨쳤을 때의 자유와 여유! 『목민심서』는 그때 완성되었다. 그리고『목민심서』를 완성하자 문득 유배생활이 끝났다. 마치 기다렸다는 듯이. 그러니 이 어찌 운명이 아니겠는가.『열하일기』가 연암의 인생에서 그랬듯이,『목민심서』 또한 다산의 인생이 전혀 다른 길목으로 접어들었음을 예고하는 표지판에 해당한다.

연암이 질적으로 최고 경지에 달했다면, 다산의 저서는 양적으로 최강급이다. 『여유당전서』는 무려 500여 권에 달한다. 「자찬묘지명」의 후반부는 온통 이 저서들에 대한 이야기로 가득하다. 대부분 유배지에서의 산물이다. 처음엔 예학에서 시작하여 『시경』과 『주역』, 그리고 『논어』, 『맹자』, 『중용』 등으로 이어지다가 마침내 『목민심서』에 도달한다. 크게 나누면, 1808년을 기점으로 전반부와 후반부가 갈리고, 전반부의 작업이 주로 예학과 『주역』에 대한 것이라면, 후반부의 작업은 경학과 경세로 집중된다. 요컨대, 고전들을 통해 태평성대의 이상과 이치를 탐구한 다음, 그것을 치세에 적용해 본 것이 『목민심서』였던 것이다.

흔히 『목민심서』와 『흠흠신서』, 『경세유표』를 '1표2서'라 하여 다산의 대표작으로 꼽는다. 그런데, 『경세유표』는 1817년에, 『목민심서』는 1818년, 『흠흠신서』는 해배 이후 1819년에 완성했다. 3년간 연속으로 이어진 '시리즈물'이었던 셈이다. 셋 중에서 『목민심서』는 단연 중심을 차지한다. 연대기적으로도 중간에 있지만 양과 질에 있어서도 그렇다. 물론 1818년에 쓰여진 건 초고다. 연암이 중국여행을 마치고 메모뭉치를 들고 돌아왔듯이, 기나긴 유배생활을 마치고 다산은 『목민심서』의 초고뭉치를 가지고 귀향했다. 마현에 돌아온 뒤, 이 초고뭉치를 손질하기를 3년여. 1821년 드디어 완성품이 탄생한다. 그렇게 본다면, 『목민심서』는 유배생활의 마감과 고향에서의 새로운 출발을 연결해 주는 교량이기도 했던 것.

『열하일기』와 『목민심서』는 전혀 다른 유형의 텍스트지만 두 사람의 생애와 맺는 관계의 측면에선 이처럼 닮은꼴이다. 두 사람의 인생뿐 아니라 조선의 지성사, 나아가 20세기 이후의 사상적 배치에서도 '터닝 포인트'에 해당한다. 『목민심서』와 『열하일기』 없는 한국, 한국인을 상상할 수 있는가. 그렇다. 이 두 작품은 한국인의 인식론적 심층에 해당한다. 1783년과 1818년, 이 두 개의 연대기를 꼭! 기억하고 음미해야 하는 이유다.

일기(日記)와 심서(心書)

하나는 일기고 하나는 심서다. 일기는 알겠는데, 심서는 뭔 뜻이지? "목민牧民할 마음은 있으나 몸소 실행할 수 없기 때문에 '심서'心書라 이름한 것이다." 『목민심서 서문』 마음으로 실행하는 책이라는 뜻이다. 즉, 『열하일기』가 길 위에서 겪은 '일상의 행로'라면 『목민심서』는 한곳에 머무른 채 겪은 '마음의 행로'라는 뜻이다. 이 사항만 가지고도 두 사람의 인생에 대하여 많은 것을 추론해 낼 수 있다.

역마살이 센 탓일까. 연암의 여행은 실로 장쾌했다. 생애 처음이자 유일한 연행이기도 했고, 거기다 여정이 아주 특별했다. 보통의 연행은 연경이 종착지다. 헌데, 연암의 여행에는 열하라는 아주 낯선 기호가 첨가되었다. 압록강을 건너 산해관으로, 산해관을 넘어 연경으로. 그리고 연경에서 다시 열하로. 장장 2,700여 리에 달하는 엄청난 대장정이었다. 거리도 거리지만 하필 열하라는 사실이 더 신기하다. 조선인에게 있어 열하는 미지의 땅이었다. 고북구 장성 너머의 오랑캐땅은 책에서나 본, 그야말로 상상의 세계였다. 헌데, 왜 하필 연암이 왔을 때 이런 일이 벌어진 걸까? 그러고 보면 제목도 남다르다. 보통의 연행기는 '연행록'이라고 한다. 청나라가 건국된 이후 수많은 사신단이 국경을 넘었고, 그들이 남긴 연행록만도 수두룩하다. 연암은 북학파 중에서도 늦깎이에 속한다. 게다가 제목도 『열하일기』다. 연행록의 주류적 계열에서 슬그머니 이탈해 버린 것. 연경 다음에 열하가 추가된 것이 아니라, 전체 여행의 목적지가 마치 열하인 것처럼 되어 버렸다. 이를테면, 예기치 못한 변수가 이미 예정된 코스를 틀어쥐게 된 셈이다. 그렇다고 연경까지의 여정이 시시했던 건 결코 아니다. 거기까지만 해도 대단한 여행이었다. 책문에서 성경으로, 요동벌판을 지나 산해관으로. 이 여정에서도 연암은 충분히 놀라고, 충분히 감동했다. 하여, 도처에서 명문장들이 토해졌다. 그런데 문득 열하로 가는 낯선 관문이 열린 것이다. 열하는 과연 열광의 도가니였다. 연암은 말했다. 일평생 온갖 기이한 것은 다 그곳에서 보았노라고. 각종 이민족과 유적들, 티베트불교와 요술에 이르기까지. 중원에서 마주친 청나라 문명도 충분히 낯설고 충격적이었지만 열하는 그걸 훌쩍 뛰어넘을 정도였다.

연암은 이 이질성의 바다를 유영했다. 자유롭게 또 경쾌하게! 그리고 또 열정적으로 쓰고 또 썼다. 호기심 제왕에다 호모 루덴스였던 연암으로선 일기만으로는 부족했다. 매일의 일지로 이동경로와 유적, 그리고 사건들을 정리함과 동시에 그걸로 환원되지 않는 감흥과 지성을 모아 별도의 문장을 덧붙였다. 『열하일기』에는 이런 식의 '첨부파일'이 수두룩하다. 매일의 일기에는 유머러스한 이야기들이, 첨부파일에는 주옥같은 명문장들이. 전자를 통해 여행이 초래하는 갖가지 해프닝을 맛보는 한편, 후자에서는 여행이 삶의 비전으로 변주되는 지성의 향연을 만끽하게 된다.

『목민심서』는 정반대다. 연암이 매순간 낯설고 이질적인 존재들과 조우했다면, 다산의 시공간은 모든 것이 정지된 '동일성의 장'이었다. 다산도 다산초당에서 제자들을 만나고 인근의 유지들과 활발한 교류를 나누었다. 하지만 거기에 낯설고 이질적인 것과의 조우는 없었다. 다산을 뒤흔들 만한 지적 촉발도, 감성적 충격도 없었다. 오직 존재하는 것은 다산이 탐사하는 고전경학의 세계와 그의 마음의 행로뿐이었다. 그래서 일기가 아니라 심서다.

연암은 태생적 프리랜서다. 국가가 파견한 공식사절단을 따라가면서도 아무런 공적 임무가 없는 프리랜서였던 데 반해 다산은 추방당한 땅에서도 목민관의 이상과 태도를 버리지 않았다. "군자의 학은 수신이 그 반이요, 나머지 반은 목민인 것이다." "먼 변방 귀양살이 18년 동안 오경·사서를 잡고 되풀이 연구하여 수기修己의 학을 익혔으나, 이윽고 생각해 보니 수기의 학은 학의 반에 불과하다."「목민심서 서문」 하여, 그는 이제 마음으로 목민관의 전 과정을 '시뮬레이션'한다. 그런 점에서 다산은 태생적으로 정착민이다. 그가 꿈꾸는 세계는 요순지치堯舜之治의 이상이 구현되는 '영원한 제국'이었다. 수령은 그 제국의 핵심적인 중추다. 훌륭한 수령이 되는 것, 그것이야말로 고전경학의 이상이 경세치용으로 실현되는 유일한 길이었다. 그래서 일거수일투족을 허투루 할 수가 없다. 세밀하게 살피고 치밀하게 지켜야 한다.

그러니 『목민심서』가 '재미있을' 리가 있나. 보다시피 『목민심서』는 독서를 위한 책이 아니라, 실천적 지침서에 가깝다. 그것도 무려 48권이다. 『열하일기』보다 압도적으로 길다. 2,700여 리의 대장 정보다 마음으로 이동하는 행로가 더 길다니, 이건 대체 뭘 의미하는 걸까? 그건 『열하일기』가 '짧다'는 뜻도 되지만, 그보다는 『목민심서』가 '엄청 길다'는 걸 의미한다. 역시 양적 방대함에 있어서 다산은 타의 추종을 불허한다.

한 가지 더. 여기 아주 흥미로운 대쌍이 하나 숨어 있다. 『열하일기』는 공간을 가로지르고, 『목민심서』는 시간의 추이를 따라가는 작품이다. 토대는 그러한데, 상부구조는 정반대다. 『열하일기』는 공간을 이동하지만 시간적 변화가 핵심이다. 연암은 서사와 사건을 구성하는 데 주력한다. 반대로 『목민심서』는 시간적 흐름을 따라가지만 공간적 배열이 더 우선이다. 시간의 흐름을 따라가되 항목별 질서와 배치에 더 중점을 둔다. 소리는 시간적 리듬을 타면서 움직이고, 빛은 공간의 점유로 자신의 존재를 드러낸다. 그래서 전자는 청각이, 후자는 시각이 더 주도적이다. 청각은 다중적이지만 시각은 일의적이다. 청각은 귀, 귀는 신장으로 이어지고, 시각은 눈빛, 눈빛은 심장으로 이어진다. 유머와 패러독스를 통해 의미를 다양하게 분사하는 것이 연암의 전략이라면, 다산은 주석과 인용을 통해 백과전서식 종합에 주력한다. 연암이 타고난 이야기꾼이었다면, 다산은 시각적 도표, 요즘으로 치면 프리젠테이션의 명수였다. 눈치챘겠지만, 전자는 물의 속성이고, 후자는 불의 속성이다.

고원과 산정―'위대한 건강'

열여섯에 혼례를 올린 연암은 장인(이보천)과 처숙(이양천)에게 공부를 배웠다. 장인에게는 『맹자』를 배우고 처숙에겐 사마천의 글을 배워 문장 짓는 법을 대강 터득했다. 하루는 「항우본기」를 모방하여 「이충무공전」을 지어 크게 칭찬을 받았다. 언젠가 꿈에 서까래만 한 크기의 붓 다섯 개를 얻었는데, 붓대에는 "붓으로 오악五嶽을 누르리라"라는 글귀가 적혀 있었다 한다. 이게 연암이 처음 문장에 입문했을 때의 장면이다.

다산의 어릴 적 스승은 아버지였다. 아버지한테서 경전과 사서, 고문을 배웠는데, 그걸 본떠 1년 동안 지은 글이 자기 키만큼이나 되었다. 또 시율을 잘 짓는다는 칭찬을 받기도 했는데, 이 무렵 지은 시를 모아 『삼미자집』三眉子集을 만들었다고 한다. 삼미三眉란 일곱 살에 앓은 마마(천연두)의 흔적이 오른쪽 눈썹에 남아 눈썹이 세 개로 나누어진 데서 생긴 호다.

언뜻 유사해 보이지만 곰곰이 살펴보면 사뭇 다른 장면이다. 연암은 상상력이 번뜩이고 다산은 생산력이 압도적이다. 연암이 서사와 산문에 꽂혔다면, 다산은 경전과 시율에 능하다. 연암의 꿈이 파천황적인 문장을 예견한다면, 다산의 일화는 다산의 '박람강기'적 기질을 예고한다.

과연 그랬다. 『열하일기』와 『목민심서』는 저 어릴 적 일화들에 담긴 징후와 기질을 유감없이 증명해 준다. 일기와 심서는 글쓰기 차원에서 보자면 극과 극이다. 들뢰즈/가타리의 용어를 빌리면, 일기가 '고원'이라면 심서는 '산정'이다. 연암은 일기 안에서 수많은 문체적 실험을 시도한다. 중후한 문명담론에서 경쾌한 단상, 촌철살인의 아포리즘, 아주 산만한 섭필까지. 패사소품에서 기記, 논論, 서序 등 정통고문에 이르기까지 한문으로 된 모든 양식들이 다 등장한다. 놀랍게도 그것들은 각개약진을 하는 것이 아니라, 서로 어울리고 맞서면서 '파란과 생색'을 연출해 낸다. 내용의 스펙트럼 또한 다채롭기 그지없다. 청 문명의 세계적 위상, 중화주의의 허와 실, 티베트불교와 서교 등이 망라되었을뿐더러 등장인물들의 층위도 각양각색이다. 정사 박명원과 정진사, 역관과 마두배, 그리고 건륭황제와 티베트 법왕 판첸라마 5세, 한족과 만족의 여인네들, 장복이와 창대 등등 종횡무진의 인맥이다. 더 중요한 건 여기에는 어떤 중심도 없다는 것. 각각의 사건과 담론들은 하나의 중심에 귀속되지 않고 다만 서로 연결될 따름이다. 덩이줄기(리좀)가 얽히고설키듯이.

하여, 『열하일기』에는 두 개의 독법이 있다. 하나는 여행의 스텝을 차근차근 따라 가는 것. 다른 하나는 그냥 책을 편 다음, 마음과 눈이 가는 데서부터 읽어 가는 것. 사실은 이미 그렇게 하고 있다. 「호질」虎叱과 「일야구도하기」一夜九渡河記, 「야출고북구기」夜出古北口記, 「상기」象記 등은 아예 『열하일기』를 떠나 독자적으로 읽히고 자체적으로 의미를 증식하고 있다. 그러다 보니 때로 이 문장들이 『열하일기』에 속한 것이라는 사실이 망각되기도 한다. 이 작품들이야 원래 독립되어 있어서 그렇다 치지만 「소경의 평등안」이나 「호곡장론」, 「삼류선비론」 같은 건 애초 별도의 글이 아니었다. 여행일지의 일부였음에도 워낙 '멋지다' 보니 마치 독립된 문장처럼 이름이 붙여진 경우다.

그래서 또 자칫 이 문장들이 열하로의 머나먼 여정을 배경으로 하고 있음을 잊어버릴 수 있다. 그야말로 본말전도, 종횡무진의 연속이다.

이런 식의 배치를 '고원'이라 한다. 고원은 무한히 다른 봉우리들이 연결되어 있을 뿐 정상이 따로 있지 않다. 이 봉우리와 저 봉우리는 서로 다를 뿐이다. 그 다름조차 배치와 조건에 따라 다르게 구현된다. 차이들의 무수한 펼쳐짐! 그래서 『열하일기』는 글쓰기의 맛과 도를 터득할 수 있는 최고의 텍스트다.

『목민심서』는 정반대다. 『목민심서』는 모두 12편으로 이루어져 있다. 1편 부임赴任, 2편은 율기律己, 3편 봉공奉公, 4편 애민愛民, 5~10편은 육전六典, 11편은 진황賑荒, 12편은 해관解官. 각 편은 또 각각 6개 조로 구성되어 도합 72개조가 된다. 부임에서 해관까지의 전과정이 '12편, 72항목'으로 정교하게 쪼개진 것이다. 내용의 출처도 아주 명확하다.

> 이에 중국의 23사史와 우리나라의 여러 역사 및 자집 등 여러 서적에서 옛날의 사목이 백성을 기르는 유적을 골라 위아래로 뽑아 정리하며, 종류별로 나누고 모아 차례로 편성하였다. 그리고 남쪽 변두리 땅에서 나오는 전세와 공부貢賦를 서리들이 농간하여 여러 가지 폐단이 어지럽게 일어나고 있었는데, 나의 처지가 이미 낮았기 때문에 듣는 바가 자못 상세하여 이것 또한 종류별로 기록하고 나의 얕은 견해를 덧붙였다. 『목민심서 서문』, 『정선 목민심서』, 16쪽

한편으론 고전에서, 다른 한편으론 유배지에서 직접 전해들은

것을 중심으로 정리했고, 거기다 자신의 생각을 덧붙였다는 것. 주석과 인용, 견문과 체험, 그리고 견해. 이렇게 간단하고 명쾌할 수가! 정말 그렇다. 제1부 '부임 6조'를 보자. 제1장 '제배'除拜; 새 관직을 내림로 들어가면 이런 문장이 나온다. "다른 벼슬은 구해도 좋으나 목민의 벼슬은 구해서는 안된다." 첫번째 강령이다. 그 다음엔 이 강령에 대한 설명과 논증, 그리고 각종 예시들이 등장한다. 그 구성은 위에서 제시한 대로 고전과 견문, 그리고 다산 자신의 견해로 이루어져 있다. 이어지는 강령들 몇 가지.

"제배된 당초에 재물을 함부로 써서는 안된다."
"저보邸報; 지방의 각 고을로 보내던 연락 보고 문서를 내려보내는 처음부터 덜 수 있는 폐단은 덜도록 해야 한다."
"신영에 드는 쇄마의 비용은 이미 공적인 지불을 받았는데도 또 백성에게 부과하여 거두는 것은 왕의 은혜를 감추고 백성의 재물을 노략질하는 것이니 그래서는 안된다."

각 강령들의 구성방식은 동일하다. 이미 정해진 격자 안에 정해진 내용들이 주석과 인용을 통해 나열되는 방식이다. 이런 식으로 전 48권이 이루어져 있다. 변화도 실험도 없다. 독창적 견해는 더더욱 불가능하다. 강령에서 이미 답이 제시되었기 때문에 그걸 변주할 수밖에 없다. 코스는 정해졌고 각 코스별로 거쳐야 하는 과정도 결정되었다. 목적지는 단 하나, 목민관의 드높은 이상을 구현하는 것. 저기 우뚝 솟아 있는 정상을 향해 나아가는 단 하나의 코스!『목민심서』의 글쓰기를 '산정'이라 부르는 건 이 때문이다. 그러니 당연히 지루할 밖에! 물론 감동적이다. 하지만 아무리 엄청난 감동도 '동일한 리듬, 비슷한 박자'로 반복되면 역시 지루하다. 최고의 감동과 최고의 지루함을 동시에 전해 주는 고전! 『목민심서』를 이렇게 정의하면 너무 불경한가?^^

다른 한편, 『목민심서』는 애초 독서를 위한 글쓰기가 아니라 수령을 위한 실천지침서다. 일종의 매뉴얼인 셈. 일단 매뉴얼이라고 규정하면 느낌이 좀 다르다. 세상에 그 누가 목민관의 일거수일투족을 이토록 세심하고도 장황하게 정리해 놓는단 말인가. 만약 매뉴얼이라면 『목민심서』는 세상에서 가장 '고귀한' 매뉴얼이다. 그렇기에 이 기나긴 여정을 조금의 동요도 없이 뚜벅뚜벅 나아갈 수 있었던 것이다. 그 원동력은 아다시피 목민관의 이상이다.

> 윗사람을 섬기는 자를 민이라 하고 목민하는 자를 사라고 하니, 사는 벼슬하는 자이고 벼슬하는 자는 모두 목민하는 자이다. 그러나 경관은 공봉을 직무로 삼거나 전수를 임무로 하기 때문에 조심스럽게 해나가면 거의 죄 되고 뉘우칠 일은 없을 것이다. 오직 수령은 만백성을 주재하니 하루에 만기를 처리함이 그 정도가 약할 뿐 본질은 다름이 없어 천하 국가를 다스리는 자와 비록 대소는 다르지만 처지는 실로 같은 것이다. 이런데도 어찌 목민하는 벼슬을 구할 수 있는 것이겠는가. 『목민심서』 1, 14쪽

첫번째 강령 "다른 벼슬은 구해도 좋으나 목민의 벼슬은 구해서

는 안된다"에 대한 설명이다. 옛날엔 제후에 해당했고, 세습이었기에 그만큼 명분과 의리가 두터웠다. 하지만 "지금의 수령은 만백성 위에 홀로 외롭게 있으면서 간민 3인으로 좌佐를 삼고 교활한 아전 6,70인으로 보補를 삼고 거칠고 거센 자 몇 명으로 막빈幕賓을 삼고 성격이 패악한 자 수십 인으로 복예僕隷를 삼고 있는데, 이들은 서로 패거리를 지어 굳게 뭉쳐서 수령 1인의 총명을 가려 기만하고 무롱하며 만백성을 괴롭힌다." 또 "지금의 수령은 그 임기가 길어야 혹 2년 가고, 그렇지 않으면 몇 달 만에 바뀌게 되니, 그 됨됨이가 주막에 지나가는 나그네와 같은데, 저들 좌·보·막빈·복예 등은 모두 아비가 전하고 자식이 이어받아 옛날의 세습하는 경과 같다." 때문에 수령노릇 하기가 공후보다 백 배나 더 어려운데 어찌 수령자리를 구할 수 있는 것이겠는가.

이렇듯 수령은 다산 정치학의 핵심이다. 수령이란 군주와 백성을 잇는 매니저이자 실제 현장을 주도하는 전령사다. 수령이 살아야 백성이 살고 백성이 살아야 군주가 산다. 수령이야말로 요순지치를 실현하는 지렛대이자 중추다. 덕과 위엄, 뜻과 실천이 동시에 갖추어져야 한다. 사대부와 군자가 도달할 수 있는 이상적 인간형이기도 했다. 정치와 윤리의 일치! 그것은 너무도 험난하고 고매한 일이기에 하나하나 꼼꼼히 점검하고 또 점검해야 한다. 걸음걸음마다, 순간순간마다! 아주 사소한 비용과 일에서부터 큰 행사와 몸가짐에 이르기까지. 계절마다 다르고 햇수마다 다르고 사안마다 달라지는 모든 변수를 다 체크하고 대응해야 한다. 고전에 등장하는 각종 사례들, 주변에서 직접 들은 경험지까지 하나도 빼놓지 않고 다 고려해야 한다.

그러다 보니 이토록 분량이 방대해진 것이다. 하여, 『목민심서』로 오르는 길은 아주 멀고 험하다. 여기서 글쓰기를 배우는 건 불가능하다. 대신 마치 화두를 들듯 하나의 주제를 파고 들어가는 뚝심을 키우는 데는 그만이다.

『열하일기』를 통해 글쓰기에 필요한 상상력과 저력을 배울 수 있다면, 『목민심서』에선 책읽기에 필요한 근기와 집중력을 익힐 수 있다. 다산처럼 읽고 연암처럼 쓸 수 있다면? 이런 생각을 할 수도 있으리라. 하지만 그건 불가능하다. 그렇게 '절충, 타협'할 수 있는 사안이라면 그건 이미 특이성이 아니다. 특이성은 기질과 운명의 오묘한 조합이다. 그렇게 요소별로 쪼갤 수 있는 것이 아니라는 뜻이다. 따라서 우리는 이 '걸작'들을 통해 문장에 대한 전혀 다른 '특이성의 분포도'를 체험할 수 있을 뿐이다. 그것들이 어우러져 무엇을 창조해 낼 것인가는 다 각자의 몫이다.

아, 이쯤에서 우리가 반드시 짚어야 할 사항이 하나 있다. 니체가 강조해 마지않는 대작의 전제로서의 '위대한 건강'이 그것이다. 니체는 말한다. "새로운 자, 이름없는 자, 명백한 자, 아직 증명되지 않은 하나의 미래 조산아인 우리는 새로운 목표를 위해 또한 새로운 수단을 필요로 한다.——말하자면 새로운 건강을 이전보다 더욱 힘세고 넘치고 강인하고 대담하고 쾌활한 건강을 필요로 한다. …… 즉 '위대한 건강'을 단순히 소유하고 있을 뿐만 아니라 끊임없이 포기하고 포기해야 하기 때문에 획득하고 획득해야 하는 '위대한 건강'을."

니체, 「나는 왜 이렇게 좋은 책을 쓰는가」, 앞의 책, 270쪽

과연 그렇다. 『열하일기』와 『목민심서』는 두 저자의 '위대한 건

강'을 전제로 한다. 2,700여 리의 강행군 동안 연암은 앓아누운 적이 없다. 한 번쯤인가. 더위를 먹은 듯 속이 더부룩하여 소주에 마늘을 타 마셨더니 개운해졌다는 기록이 보일 뿐이다. 무박나흘의 여정에도, 며칠 동안의 밤샘 토론에도 지치는 기색이라곤 없다. 지치긴커녕 오히려 이때 「일야구도하기」, 「야출고북구기」, 「상기」 같은 최고의 명문장들이 탄생했다. 이런 절박한 순간에 이런 문장을 토해 낼 수 있는 이 체력의 원천은 무엇일까? 글 좀 써본 사람은 안다. 글쓰기는 결코 두뇌활동이 아니라 체력의 산물임을. 왜 머리가 아니라 엉덩이로 쓴다고 하는지를. 즉, 『동의보감』식으로 말하면, 글쓰기에는 '정기신'精氣神의 총체적 연동운동이 필요한 것이다.

다산은 또 어떤가. 신유박해로 집안이 풍비박산 나고 자신 또한 곤장 30여 대를 맞은 몸으로 유배를 떠난다. 첫 유배지인 장기에서 보낸 편지에서 그는 이렇게 말하고 있다. "나는 길 떠난 후 나날이 몸과 기운이 좋아져 가고 있다."「두 아들에게 부치노라 1」寄二兒, 『유배지에서 보낸 편지』, 31쪽 이 대목을 볼 때마다 나는 전율한다. 와~ 이게 어떻게 가능해? 보통사람 같으면 멘붕은 말할 것도 없고 그 전에 몸이 먼저 무너졌을 텐데. 게다가 유배지에 도착하자마자 '기해예송', '이아'爾雅 등에 대한 글(『기해방례변』己亥邦禮辨, 『이아술』爾雅述)을 쓴다. 가히 괴력에 가깝다. 글쓰기가 그걸 가능케 해준 것인가? 아니면 그의 내공이 이런 글쓰기를 유발한 것인가? 그는 이렇게 회고한다.

> 내 나이 스무 살 때는 우주 사이의 모든 일을 다 깨닫고 완전히 그 이치를 정리해 내려 했는데, 서른 살이나 마흔 살 때까지도 그러한

의지가 쇠약해지지 않았다. 모진 세월을 당한 뒤에는 백성과 나라의 일에 관계되는 모든 일, 즉 전제·관제·군제·세제 등으로만 생각을 좁히고 경전을 연구하는 데 있어서는 혼잡한 것들을 모두 파헤쳐 가장 정통의 옛 유교원리로 돌이키려는 생각이 있었다. 이제는 몸에 중풍이 생겨 그런 마음이 점점 쇠잔해 가지만 그러나 정신상태가 조금이라도 나아지면 한가로운 생각이 떠올라 문득 옛날의 욕심들이 다시 일어나곤 한다.「아들 학유에게 주는 교훈」贐學游家誡,『유배지에서 보낸 편지』, 173쪽

요컨대, 우주적 이치, 진리에의 열망이 그의 삶을 관통하고 있다. 그리고 그것은 그의 신체적 기운과 함께 움직이고 있다. 고양되었다 다시 가라앉았다… 이처럼 다산에게 있어 '글쓰기와 내공', '진리와 체력'은 분리불가능한 것이었다.

물론 두 사람 모두 평생 병마에 시달렸다. 풍비風痱;중풍의 하나와 정충怔忡;가슴이 울렁거리고 불안한 증상, 학질과 두통 등등. 위대한 건강이란 병 없이 체력이 왕성한 것을 의미하지 않는다. 어떤 상황에서도 상황을 주시할 수 있고, 어떤 악조건에서도 '생의 의지'를 끌어올려 무언가를 상상하고 창조할 수 있는 힘과 능력을 뜻한다. 연암과 다산 모두 그러했다. 한 사람은 '질적 도약'의, 다른 한 사람은 '양적 확산'의 종결자다. 그 원천은 어디까지나 체력이다. 니체식으로 말하면, 이들이야말로 '위대한 건강'의 화신이다. 작품을 위해 끊임없이 '포기하고 또 포기해야' 하기 때문에 끊임없이 다시 '획득하고 획득해야' 하는 위대한 건강의 화신!

길은 '사이'에 있다

"자네, 길을 아는가?"

"무슨 말씀이시온지."

"길이란 알기 어려운 게 아닐세. 바로 저 강언덕에 있거든."

"'먼저 저 언덕에 오른다'는 말이 『서경』에 나오지요. 그걸 말씀하시는 겁니까?"

"그런 말이 아니야. 이 강은 바로 저들과 나 사이에 경계를 만드는 곳일세. 언덕이 아니면 곧 물이란 말이지. 사람의 윤리와 만물의 법칙이 물가 언덕과 같다네. 길이란 다른 데서 찾을 게 아니라 바로 이 '사이'에 있는 것이지."

1780년 6월 24일, 연암 박지원은 마흔넷의 나이로 생애 처음 중원의 땅에 들어선다. 중원으로 들어가려면 압록강을 건너야 한다. 마침내 강을 건너게 된 순간, 그는 동행에게 묻는다. 그리고 답한다. 위에 나오는 장면이 그것이다. "길은 저 강과 언덕 '사이'에 있다." 이것은 일종의 화두다. 이 기나긴 여행 중에 그가 반드시 깨쳐야 할 화두!

그럼 '사이'란 무엇인가? 대상과 주체, 적과 나, 정靜과 동動 그 양변을 모두 '여의는' 것이다. '여읜다 함'은 또 무엇인가? 양변을 가로질러 아주 낯설고 이질적인 경계로 진입하는 것을 의미한다. 고로, 사이란 중간도 평균도 아니다. 어설픈 조화와 통일은 더더욱 아니다. 오히려 그런 식의 낡은 프레임에 가차없이 균열을 야기하는 것이다. 균열은 차이를 낳고 차이는 곧 생성으로 이어질 것이니. "썩은 흙에서 지초가 돋아나고, 썩은 풀에서 반딧불이 생겨난다."「초정집서」 이것이 우주의 이치다. 삶과 역사의 현장 또한 다르지 않다. 이항대립을 고집하는 한 차이도 생성도 불가능하다. 당시의 지배이념인 북벌론, 소중화론, 고문주의 등이 그 증거다. 그렇다고 연암은 이 도그마들에 맞서 '이념적 바리케이드'를 치지 않는다. 연암은 어떤 비방과 논란에도 '시비를 가르는' 식의 논변을 펼친 적이 없다. 그렇다고 자신의 길을 포기하거나 굴절시킨 적도 없다. 유머와 해학으로 대충 얼버무린 채 묵묵히 자신의 길을 갔을 뿐이다. 연암에게 정말로 중요한 건 시비의 쟁투에서 승리하는 것이 아니라 그런 식의 프레임 자체를 해체하는 것이다. 비유하자면, 바리케이드를 칠 장소를 제거해 버리는 것. '사이'라는 화두는 바로 이런 사유의 산물이다.

강을 건너 중원땅을 가로지르며 이 화두는 끊임없이 변주된다. 열흘을 가도 산이 보이지 않는 요동벌판, 그 드넓은 광야에서 그는 이렇게 외친다. "참 좋은 울음터로구나, 크게 한번 울어 볼 만하구나!" 이름하여 '호곡장好哭場'!

7월 8일 정사와 함께 가마를 타고 삼류하三流河를 건넜다. 냉정冷井에서 아침을 먹고, 10여 리 남짓 가서 산모롱이를 접어들었을 때였다. 연암의 '어리바리한' 동행 정진사의 마두, 태복이가 갑자기 몸을 조아리며 말 앞으로 달려 나오더니, 땅에 엎드려 큰 소리로 아뢴다.

"백탑이 현신하옵니다."

산모롱이에 가려 아직 백탑은 보이지 않는다. 재빨리 말을 채찍질했다. 수십 걸음도 못 가서 겨우 모롱이를 막 벗어났을 때, 눈빛이 어른거리면서 갑자기 검은 공이 오르락내리락 한다. 오호! 눈앞에 하늘과 땅만이 우주를 가르는 아득한 공간이 펼쳐졌다.

나는 오늘에야 비로소 알았다. 인생이란 본시 어디에도 의탁할 곳 없이 다만 하늘을 이고 땅을 밟은 채 돌아다니는 존재일 뿐이라는 사실을. 말을 세우고 사방을 돌아보다가, 나도 모르게 이렇게 외쳤다. "멋진 울음터로구나. 크게 한번 울어 볼 만하도다!"
옆에 있던 정진사가 묻는다.
"하늘과 땅 사이의 큰 안계眼界를 만나서 별안간 통곡을 생각하시다니, 무슨 말씀이신지."
"그렇지, 그렇구 말구. 아니지, 아니구 말구. 천고의 영웅은 잘 울었고, 미인은 눈물이 많았네. 그러나 그들은 몇 줄기 소리 없는 눈물을 옷깃에 떨굴 정도로만 흘렸기에, 소리가 천지에 가득 차서 금金·석石으로부터 나오는 듯한 울음은 들어본 적이 없단 말이야. 사람들은 다만 '희로애락애오욕' 칠정 가운데서 오직 슬플 때만 우는 줄로 알 뿐, 칠정 모두가 울 수 있다는 건 모르지. 기쁨[희]이 사무쳐도 울게 되고, 노여움[노]이 사무쳐도 울게 되고, 슬픔이 사무쳐도 울게 되고, 즐거움[락]이 사무쳐도 울게 되고, 사랑함[애]이 사무쳐도 울게 되고, 미움[오]이 사무쳐도 울게 되고, 욕심[욕]이 사무쳐도 울게 되는 것이야.
근심으로 답답한 걸 풀어 버리는 데에는 소리보다 더 효과가 빠른 게 없거든. 울음이란 천지간에 있어서 우레와도 같은 것일세. 지극한 정이 발현되어 나오는 것이 저절로 이치에 딱 맞는다면 울음이나 웃음이나 무에 다르겠는가? 사람의 감정이 오히려 이러한 극치를 겪어 보지 못하다 보니 교묘하게 칠정을 늘어놓으면서 슬픔에다 울음을 배치한 것이지. 이 때문에 상喪을 당했을 때도 '애고', '어이' 따위의 소리를 억지로 울부짖지. 그러면서 참된 칠정에서 우러나오는 지극하고도 진실된 소리는 참고 억누르다 보니, 저 천지 사이에 서리고 엉기어 감히 펼치지 못한단 말일세."

여기에는 두 가지 충격이 존재한다. 하나는 문명론적 충격. 요동벌판의 광활함 앞에서 연암은 자신이 얼마나 협소한 세상에서 살아왔는지를 실감하게 되었다. 중원의 거대한 스케일을 온몸으로 체험하게 된 것이다. 다른 하나는 존재론적 충격. '하늘과 땅만이 우주를 가르는' 아득한 공간에 들어서는 순간, 연암은 마치 천지가 자신에게로, 자신이 천지로 다가가는 혼융의 상태를 체험했다. 그것은 표상으로 환원될 수 없는 근원적 감각의 해방 같은 것이었다. 그걸 표현할 수 있는 행위는 오직 통곡뿐이었다. 저 깊은 심연에서 솟구쳐 천지 가득히 울려퍼지는 울음소리, 거기에는 나도 없고 천지도 없다, 오직 참된 '정'情의 지극함만이 있을 뿐!

그러자, '어리바리' 정진사가 다시 물었다. 이제 이 큰 울음터에서 한번 통곡을 해야겠는데, 통곡하는 까닭을 칠정 중에서 고른다면 어디에 해당하겠냐고. 연암은 말한다. 그건 갓난아기에게 물어 봐야 한다고. 웬 갓난아기? 갓난아기는 세상에 태어나자마자 왜 울음을 터뜨리는가? 먼저 해와 달을 보고, 그 다음으론 부모 친척들이 기뻐하는 모습을 볼 터인데, 마땅히 웃어야 하지 않겠는가? 헌데 웃기는 커녕 도리어 온힘을 기울여 울어 젖히니 대체 왜? 보통 사람들은 이렇게 말한다. 세상에 태어난 것을 후회한 나머지 스스로 울음을 터뜨려서 자기 자신을 조문하는 것이라고. 하지만, 아니다, 그렇지 않다.

"어머니 뱃속에 있을 때에는 캄캄하고 막혀서 갑갑하게 지내다가, 하루 아침에 갑자기 탁 트이고 훤한 곳으로 나와서 손도 펴 보고 발도 펴 보니 마음이 시원했겠지. 어찌 참된 소리를 내어 자기 마음을 한번 펼치지 않을 수 있겠는가."

요컨대, 존재와 삶에 대한 무한긍정으로서의 '울음'. 그것이야말로 칠정이 사무쳐 그 경계를 훌쩍 뛰어넘을 때 터져나오는 탄생의 환희에 해당한다. 하지만 인간은 자라면서 관습과 통념 등에 사로잡혀 이 울음의 참맛을 잃어버렸다. 존재와 삶 사이에 엄청난 간극이 생겨 버린 것이다. 남는 건 지루하고 비루한 일상 혹은 '탐진치'貪瞋痴의 퍼레이드. 그걸 벗어나려면 온몸으로 생의 약동을 표현했던 갓난아기의 울음을 되새겨 볼 일이다. 여기까지가 「호곡장론」의 줄거리다.

원래 이 글에는 제목이 없다. 그도 그럴 것이 요동벌판에 들어서는 순간 자연스럽게 터져나온 단상이기 때문이다. 제목을 짓고 생각을 다듬을 여지가 없었으리라. 하지만 인구에 널리 회자되면서 자연스럽게 '호곡장'이라는 레테르가 붙여졌다. 훗날 1809년 추사 김정희는 연행을 다녀온 뒤, 이런 시를 남겼다.

요야 遼野
천추의 커다란 울음터라더니   千秋大哭場

재미난 그 비유 신묘도 해라	戱喻仍妙詮
갓 태어난 핏덩이 어린아이가	譬之初生兒
세상 나와 우는 것에 비유했다네	出世而啼先

'호곡장'의 내용을 기막히게 압축하고 있다. 비단 '호곡장'뿐 아니라 『열하일기』가 시중에 얼마나 널리 유포되었는지를 짐작케 해주는 작품이다. 이제 '호곡장'을 시발점으로 하여 연암의 파격적 행보는 계속된다.

또 하나의 압권이 「삼류선비론」이다. "청문명의 장관은 기와 조각과 똥부스러기에 있다"는 명제가 탄생한 그 문장이다. '달리는 말 위에서 획획 지나가는 단상들을 붓 가는 대로 쓴다'는 뜻을 가진 「일신수필」馹汛隨筆에 나오는 글이다.

바야흐로 음력 7월 15일. 강을 건넌 지 20여 일쯤 되었을 때다. 그날 연암 일행은 요동벌판을 지나 구광녕에서 북진묘를 구경하고 신광녕에서 묵었다. 이 글은 중국에 다녀온 선비들이 중국의 장관을 논하는 장면에서 시작한다. 조선사람들은 중국을 다녀오면 다들 중국의 장관에 대해 한마디씩 한다. 자금성, 만리장성, 요동백탑, 산해관, 유리창 등등. 그러면 일류선비들은 정색을 하고 이렇게 말한다. '황제와 장상, 선비와 서민들까지 모두 머리를 깎았으니 오랑캐요, 오랑캐는 개돼지나 다를 바 없다, 그러니 뭐 볼 게 있느냐'고. 그런가 하면, 이류선비들은 또 이렇게 말한다. '진실로 10만 대군을 얻어 산해관으로 쳐들어 가서, 만주족 오랑캐들을 소탕한 뒤라야 비로소 장관을 이야기할 수 있다'고. 다들 춘추대의에 투철하다고 하겠다. 하지만 연암 자신은 비록 '삼류선비'에 불과하지만 생각이 좀 다르다. "중국의 제일 장관은 저 깨진 기와 조각에 있고, 저 버려진 똥부스러기에 있다."

대체 어째서 그러한가? 대개 깨진 기와 조각은 천하에 쓸모없는 물건이다. 그러나 민가에서 담을 쌓을 때 어깨 높이 위쪽으로는 깨진 기와 조각을 둘씩 둘씩 짝지어 물결무늬를 만들거나, 혹은 네 조각을 모아서 쇠사슬 모양을 만들거나, 또는 네 조각을 등지어 옛날 노나라 엽전 모양처럼 만든다. 그러면 구멍이 찬란하게 뚫리어 안팎이 마주 비추게 된다. 깨진 기와 조각도 버리지 않고 사용했기 때문에 천하의 무늬를 다 새길 수가 있었던 것이다. 가난하여 뜰 앞에 벽돌을 깔 형편이 안되는 집들은 여러 빛깔의 유리기와 조각과 시냇가의 둥근 조약돌을 주워다가 꽃·나무·새·짐승 모양을 아로새겨 바닥에 깔아 놓아 비가 올 때 진창이 되는 것을 막는다. 기와 조각도 자갈도 버리지 않고 알뜰히 사용했기 때문에 천하의 그림을 다 그릴 수 있었던 것이다.

똥·오줌은 아주 더러운 물건이다. 그러므로 세상사람들이 가장 하찮게 여긴다. 하지만, 바로 그래서 문명의 척도가 된다. 가장 하찮은 물건을 취급하는 태도에서 그 문명의 저력을 읽을 수 있기 때문이다. 지금 청나라 사람들은 이 똥·오줌을 거름으로 쓸 때는 금덩어리라도 되는 양 아까워한다. 그래서 길에다 잿더미 하나 버리지 않을 뿐더러, 말똥을 줍기 위해 삼태기를 받쳐 들고 말꼬리를 따라 다닌다. 그 똥들을 모아 네모반듯하게 쌓거나, 혹은 팔각으로 혹은 육각으로 또는 누각 모양으로 쌓기도 한다. 똥덩어리를 처리하는 방식만 보아도 천하의 제도가 다 정비되었음을 알 수 있겠다. 오호라, 문명의 거죽이 아니라 그 저변에 작동하는 일상의 흐름을 통찰하고 있는 것이다. 가장 천한 물건을 가장 소중하게 활용할 때 그 사람의 삶은 충분히 아름답다. 아니, 자신의 삶을 사랑하지 않고선 이렇듯 똥·오줌을 소중히 여길 수가 없다. 또 그렇듯 가난한 인민들에게 삶에 대한 존중감을 부여할 수 있다면 그게 바로 태평성세가 아니겠는가. 이것이 연암 문명론의 핵심이다.

강을 건너 연경까지의 여정도 만만치 않았다. 폭염과 폭우가 반복되는 바람에 지루한 노숙 아니면 하룻밤에 강을 여덟 번 건너는 '일야팔도하'를 감행하는 생고생이 이어졌다. 그렇게 천신만고 끝에 연경에 도착했건만 황제는 연경에 있지 않았다! 동북방의 요새지 열하의 피서산장에 가 있었던 것. 게다가 무슨 정성이 뻗쳤던지 조선사신단을 열하로 불러들인다. 짐을 푼 지 나흘째 되던 날 한밤중, 황제의 군기대신이 득달같이 달려와 만수절 행사까지 도착하라는 명령을 전한다. 들끓는 객관! "이제 다 죽었다!"

연암은 잠시 갈등한다. 이전의 모든 연행이 그랬듯이 목적지는 연경, 더 구체적으로는 유리창이었다. 27만 칸이나 되는 문화예술의 집결지, 거기서 천하의 선비들을 만나 고담준론을 나누며 지성의 근육을 키우는 것이 연행의 목적이었다. 하지만 열하는 조선인으로선 처음 내딛는 경계가 아닌가. 한 번도 상상하지 못했던 곳, 거기엔 대체 무엇이 있을까? 이 '호기심제왕'이 이 절호의 찬스를 놓칠 리가 없다. 결국 장복이는 떨구고 창대만을 동반한 채 이 무모한 여행에 합류한다. 연암의 운명에 새겨진 역마살이 '폭발하는' 순간이다.

열하로 가는 길은 실로 험난했다. '무박나흘의 대장정'! 먹지도 자지도 못한 고난의 행군이었다. 하지만 연암의 지성은 더욱 예리해졌고, 신체는 더한층 유연해졌다. 『열하일기』를 빛내는 명문장들이 이 경로에서 탄생했다. 음력 8월 7일 야삼경, 등불마저 바람에 꺼지고 별빛에 의지하여 고북구 장성을 넘을 때의 소회를 담은 「야출고북구기」夜出古北口記는 한문이 유입된 이후 한반도에서 나온 최고의 문장이라는 찬사를 받는다. 용의 비늘처럼 꿈틀거리는 고북구 장성 위에서 제국의 위엄이 아니라 숱한 전쟁 속에서 죽어 간 원혼들의 흔적을 읽어 내는 작품이다. 한문의 문리文理를 전혀 깨치지 못한 나 같은 '하류'가 읽어도 등줄기가 서늘해지면서 깊은 무상감에 사로잡히게 된다.

장성을 건너자 이번엔 강이 기다리고 있다. 뱀처럼 구불구불 이어지는 강. 한 번 건너고 나면 또 다시 건너야 하고 또 건너고 또 건너고…… 이렇게 아홉 번을 건너야 끝나는 강이었다. 마침내 체력의 임계치에 도달했다. 잠깐 정신줄을 놓으면 죽음이다. 누가 누구를 돌봐줄 겨를이 없는 상황. 니체가 말한 '위대한 건강'이 발휘되어야 할 순간이다.

"내, 이제야 도道를 알았도다! 명심冥心이 있는 자는 귀와 눈이 마음의 누가 되지 않고, 귀와 눈만을 믿는 자는 보고 듣는 것이 잘달아져서 갈수록 병이 된다. …… 말의 재갈을 풀어 주고 강물에 떠서 안장 위에 옹송거리고 앉았다. 한번 떨어지면 강물이다. 그땐 물을 땅이라 생각하고, 물을 옷이라 생각하고, 물을 내 몸이라 생각하고,

물을 내 마음이라 생각하리라. 그러자 마침내 내 귀에는 강물 소리가 들리지 않았다."

'명심'이란 분별망상의 불빛이 꺼진 '평정'의 상태를 의미한다. 물과 땅, 물과 몸, 물과 마음…… 외물과 주체 사이의 경계가 사라지는 순간이 그것이다. 마침내 생과 사의 경계도 홀연 사라지고 말았다. 이어지는 대반전! 완전히 태평해졌다. 죽음의 공포로부터의 해방, 그것이 자유고 또 도道다. 이젠 그 어떤 타자와도 접속할 수 있고, 그 무엇으로도 변용될 수 있다. 열하는 열광의 도가니다. 무수한 차이들이 범람하는, 푸코식으로 말하면 '헤테로피아'였다. 거기에 접속하려면 새로운 신체가 필요하다. 감각과 이성의 활발한 모드전환이 가능한, 다시 말해 '유연성의 강밀도'를 지닌 신체 말이다. 고북구 장성을 넘고 하룻밤에 아홉 번 강을 건너면서 연암이 터득한 건 바로 그 신체적 변환능력이 아니었을까.

그런 점에서 '사이'는 '차이'의 다른 이름이다. 사이는 양변을 떠나는 것이고, 양변을 떠나는 순간 차이가 생성된다. 이때 떠남과 생성은 곧 물리적 에너지의 변환을 뜻한다. 그러므로 '도'는 어디까지나 신체적 사건이다. '정기신'精氣神의 능동적 배치로서의 도!

이제 남은 것은 향연이다. 연암은 오감과 지성을 사방으로 열어둔 채, 열하라는 '헤테로피아'를 마음껏 유영하였다. 열하에서의 6일이 연암 생애 최고의 순간들이 될 수 있었던 건 이런 맥락에서다. 그렇게 본다면 장장 5개월에 걸친 이 대장정이 '열하일기'라는 이름을 갖게 된 건 지극히 당연하다.

Clear and Distinct!

연암은 성리학과 북벌론 등 당대의 지배적 이념에 맞서 새로운 이상과 비전을 제시하지 않았다. 대신 내부적 균열을 통해 거대담론의 지반 자체를 와해시키는 데 주력했다. 천주교와 인연이 없었던 것도 그 때문일 터이다. 천주교와 접속하려면 일단 우주와 사회에 대한 원대한 비전이 있어야 한다. 아니, 그 이전에 그런 비전에 대한 동경을 품어야 한다.

다산이 바로 그런 경우다. 다산도 성리학과 북벌론 등에는 더 이상 희망이 없다고 간주했다. 하지만 그는 이런 낡은 이념에 맞서 더 완전하고 이상적인 비전을 탐색하고자 하였다. 천주교에 '미혹'된 것도 그런 이유에서다. 천주교를 버린 이후, 그가 눈을 돌린 것은 선진고경先秦古經이다. 선진경학의 이념을 통해 현세의 모순과 비리를 척결할 수 있다고 본 것이다. 드높은 이상을 설정하고, 그것을 치열하게 실천하는 것. 이것이 다산의 길이다. 요컨대 연암과 다산의 차이는 세계관의 내용적 차이 이전에 인식론적 구조의 차이가 더 핵심이다. 미시적이고 분열적인 흐름을 통해 '천지자연의 생생함'을 드러낼 것인가, 아니면 유토피아적 이상을 통해 '영원한 제국'을 건설할 것인가.

언어적 전략의 차이 역시 마찬가지다. 『열하일기』가 상투성과 매너리즘에 찌든 성리학적 도그마들을 '탈영토화'시킨다면, 『목민심서』는 도그마적 개념에다 계몽의 빛을 쏘임으로써 묵은 먼지를 털어내고 투명성의 세계로 '재영토화'한다. 길은 이미 정해져 있고, 도달해야 할 목표도 정상도 아주 뚜렷하다. 세부적인 디테일 역시 선명하기 그지없다.

- 행장을 차릴 때, 의복과 안마는 본래 있는 그대로 써야 할 것이며 새로 마련해서는 안된다. 25쪽
- 전관에게 두루 하직 인사를 할 때에 감사하다는 말을 해서는 안된다. 39쪽
- 지나다가 들르는 관부에서는 마땅히 선배 수령들을 좇아서 다스리는 이치를 깊이 논의할 것이고 해학으로 밤을 지새서는 안된다. 51쪽, 이상 『목민심서』 I 에서 인용

누구도 이의를 제기할 수 없는 언술들이다. 명료하고 분명한! "마치 종합검진을 하듯, 민이 처한 현실, 정치·사회·경제적 환경과 그 역사적 배경, 봉건국가 통치의 하부말단에 이르기까지 구조적 모순의 양상을 치밀하고 예리하게, 그리고 총체성의 시각을 잃지 않고 고찰 분석해 내고 있다"다산연구회, 「역주 『목민심서』를 마치면서」, 『정선 목민심서』, 9쪽는 평가를 받기에 손색이 없다.

『목민심서』는 수많은 강령들로 구성되어 있다. 강령도 아주 구체적이다. 단 한군데도 모호하게 처리된 곳이 없다. 해서, 그 언술만으로도 충분할 듯한데, 다시 그 밑에 상세한 해설과 주석과 예화가 달려 있다. 예컨대, 5장 '절용'節用; 아껴 씀 항목에 속한 강령 ── "무릇 내사에 쓰이는 물건은 모두 그 법식을 정하고 한 달 동안에 쓰이는 것은 모두 초하루에 들일 것이다."『목민심서』 I, 188쪽 여기에 달린 설명

을 보면, "가령 열흘 동안에 쓰인 바 쌀이 10말, 찹쌀이 3되, 팥이 4되, 밀가루가 2되, 녹둣가루가 1되, 깨가 1되, 민어가 2마리, 추어가 2두름, 알젓이 1되, 새우젓이 3되, 달걀이 40개, 꿀이 1되, 참기름이 1되, 간장이 5되, 진한 초가 6홉, 대추가 1되, 생강이 1냥쭝, 미역이 2묶음, 김이 5묶음, 다시마가 1묶음, 소금이 5되, 누룩이 2장이라면 그 총수를 가지고 3으로 곱하여 초하루에 드리는 법식으로 정한다." 허걱!

이건 수령의 암기사항이 아니라 관사의 규정사항이다. 그런데 왜 다산은 이런 사항까지 낱낱이 기록해야 했을까? 연암도 '구경벽'에 '관찰벽'이 심했다. 또 연암 역시 현장의 실감을 누구보다 중시했다. 하지만 그럼에도 이 두 사람의 기질적 벡터는 전혀 다르다. 연암에겐 낱낱의 사항들보다 그것들이 만들어 내는 사건 혹은 서사가 더 중요하다. 그에 반해 다산에게는 그 내용들을 채우는 개별 항목들이 더 중요하다. 한치라도 어긋나면 전체의 기반이 흔들릴 수 있다고 본 것이다. 그러니 디테일이 세밀해질 수밖에 없다.

솔직히 처음 『목민심서』를 읽었을 땐 다산이 결벽증이 심하다고 여겼다. 그렇지 않고서야 어떻게 이런 글을 쓸 수 있단 말인가. 그것도 자신이 직접 수령노릇을 하면서 적은 것이 아니라, 오로지 마음으로 시뮬레이션을 하는 처지에 말이다. 하지만 곰곰이 따져 보면 사실은 그 반대다. 실제로 했다면 절대 이렇게 쓰지 않았을 것이다. 상식적인 말이지만, 현장은 변수투성이다. 아무리 원칙이 공고해도 현장에선 응용이 불가피하다. 그래서 사실 많은 정보가 필요하지 않다. 아니, 정보는 참조사항일 뿐 그것 자체가 척도가 될 수는 없다. 따라서 『목민심서』가 이렇게 세부강령들과 방대한 주석으로 가득찬 건 거꾸로 '현장의 부재' 때문이다. 현장은 제한적이지만, 마음에는 제한이 없다. 모든 변수를 다 상상하고 가늠해 볼 수 있다. 그러다 보니 동원된 자료들이 엄청나다. 중국과 조선의 역대 수령들의 치적과 비리에 관한 사료 및 야화 등이 총출동한다. 주자와 육상산, 소강절과 정이천, 장횡거 등 사상계의 스타들이 수령 노릇을 하던 때의 예화들이 자주 등장할뿐더러 포증(포청천) 같은 전설적인 판관은 아예 단골로 출연한다. 덕분에 중국과 조선의 여러 풍속들과 인정물태를 알게 되는 즐거움이 쏠쏠하다. 지금까지는 주로 봉건체제의 모순, 즉, 삼정의 문란, 아전과 토호들의 수탈, 민의 수난과 고통 등의 관점에서 『목민심서』를 읽어 왔다. 하지만 그렇게만 읽으면 솔직히 재미없다. 거대담론 혹은 대의명분은 베이스로 깔려야지 자꾸 무대 위로 튀어나오면 모양 빠진다. 『목민심서』를 즐겁게 읽는 '노하우' 중 하나는 그 모순과 비리들 속에 담긴 조선의 사회사 및 풍속사를 음미하는 것이다.

예컨대, 과거제도에 대한 것을 보자. 다산도 여타 사대부들과 마찬가지로 과거공부에 대해 부정적이었다. 하지만 "관리를 선발하는 제도가 바뀌지 않는 한 그 공부를 권하지 않을 수 없다"는 입장이었다. 그런데 이 강령 밑에 붙은 설명은 생뚱맞게 과거제도의 문란상을 고발하는 내용이다. 예컨대, 나무하고 소 먹이는 무식쟁이들도 모두 남의 힘을 빌려 거짓 시권試券; 과거 볼 때 글을 지어 올리던 종이을 제출한다. 수령은 공무가 번잡하여 시권을 잘 살피지 못하고, 그러면 아들과 손님이 곁에서 함부로 채점하며, 시중을 드는 아이와 총애를 받는 기생 등이 합격을 날조한다. 합격한 자에게는 잔치를 베푼다 상을 내린다

하여 분잡을 떨면, "흙덩이와 돌멩이가 날아오고, 수령을 욕하고, 수령은 군교를 풀어 응시자를 잡아들여 곡성이 하늘을 진동하고, 칼을 쓰고 갇힌 자가 감옥에 넘쳐나니, 이는 조용한 세상에 어지러움을 불러일으키는 것이다."『정선 목민심서』, 226쪽 윽, 정말 심하다! 연암도 과거장이 얼마나 엉망진창인지를 풍자하는 글을 짓기도 했다. 그래서 연암은 끙끙 앓으며 거기서 살아 돌아온 것만도 다행이라며 아예 과거를 포기했는데, 다산은 그래도(!) 과거공부는 해야 한다고 설파한다. 같은 상황 다른 결론!^^ 그러니 이런 난장판을 바로잡으려면 수령의 역할이 얼마나 중차대할 것인가.

　풍속사의 핵심은 뭐니뭐니 해도 주색잡기다. 그에 대한 다산의 강령. "술을 끊고 여색을 멀리하며 노래와 음악을 물리쳐서 공손하고 단엄하기를 큰 제사 받들 듯할 것이요, 감히 놀고 즐김으로써 거칠고 방탕하게 되어서는 안될 것이다." 충분히 예상했던 대로다. 그런데 그 밑에 달린 설명과 예화들이 아주 재미있다. 한편으론 그 유혹을 이기지 못해 망신살이 뻗친 경우, 다른 한편에는 그걸 다 이겨내어 영광을 본 경우다.

　　유봉서가 북평사가 되어서는 한 요사스러운 기생을 만나 헤어나지 못하매, 그 아버지인 정승 유상운의 화상을 걸어놓고 밤낮 쳐다보면서 울었으나(유정승이 그가 여색에 빠져 혹할 것을 미리 알고, 임지로 가던 날 화상을 그에게 주었다), 끝내 그만두지 못하고 마침내 임지에서 죽었으니, 아아 슬픈 일이다.

한지가 감사로 있을 때에, 시중드는 기생 수십 명을 항상 한방에 두고서 종래 범하지 아니하니, 여러 비장들 또한 감히 가까이하는 자가 없었다. 어느 날 조용히 비장들에게 묻기를 "오랜 나그네 생활을 하면서 더러 가까이해 본 적이 있는가" 하니 모두 사실대로 대답하였다. 그가 웃으면서 말하였다. "어찌 내 스스로에게 금하고 있는 것으로써 다른 사람까지 막겠느냐. 다만 난잡하게만 놀지 말라는 것뿐이다."

앞의 이야기는 희비극이고, 뒤의 이야기는 판타지 같다. 유봉서란 수령은 오죽 여색을 밝혔으면 아버지가 그렇게 경계했을까마는 결국 도화살을 못 이겨 죽고 말았다. 슬픈 이야긴데, 왜 이렇게 웃길까? 권력과 섹스의 긴밀한 유착은 예나 이제나 참 한결같다. 그래서 뒤에 나오는 한지라는 수령의 이야기는 왠지 '비현실적'으로 느껴진다. 기생 수십 명과 한방에서 같이 거주하는 풍경도 그렇고 그런데도 일체 범하지 않았다니, 언빌리버블! 이어지는 이야기는 더더욱 점입가경이다.

내[한지]가 일찍이 호서의 아사로서 검전도회의 일로 보름 동안 청주에 머물고 있었는데, 재색이 뛰어난 강매라는 기생이 항상 곁에 와 있었다. 사흘째 되던 날 밤 잠결에 발을 뻗으니 문득 사람의 살결이 닿음을 느꼈다. 물으니, 강매였다. 강매가 말하기를 "주관이 명령하기를, 돌보아주심을 입지 못하면 장차 죄를 주겠다 하기에, 부끄러움을 무릅쓰고 몰래 들어왔습니다" 하였다. 나는 "그거야 쉬운 일이다" 하고는 곧 이불 속으로 들어오게 하였다. 무릇 13일 동안이나 동침하였으되 끝내 어지러워지지 아니하였다. 일이 끝나고 돌아오게 되니 강매가 울음을 울거늘, 내가 "아직도 정이 남아 있느냐" 하고 물으니 대답하기를 "무슨 정이 있겠습니까. 단지 무료하였기 때문에 울 뿐입니다" 하였다. 주관이 놀려서 말하기를 "강매는 좋지 못한 소문을 만년에 남겼고, 사군은 꽃다운 이름을 백세에 끼쳤구나" 하였다.

그 지역 최고의 명기와 한 이불을 덮고 자면서도 조금도 흔들리지 않았다는 것이다. 소설 『임꺽정』에 보면 이 비슷한 대목이 나온다. 서경덕과 황진이가 동침을 하면서도 서로 '무심한' 관계를 유지하는 장면이 그것이다. 솔직히 잘 믿기지 않았는데 사실이었던 게다.

한편, 싱글들에게 귀가 번쩍 뜨일 만한 이야기도 있다. '혼인을 권장하는 정사는 우리나라 역대 임금이 남긴 법이니, 수령된 사람은 마땅히 성심으로 준수해야 한다'는 강령에 달린 이야기다. 정조 15년(1791) 2월에 사대부와 양민 중에 가난하여 혼기를 놓치는 남녀가 있음을 불쌍히 여겨 서울의 5부에 권고하여 성혼을 권장케 하고, 정혼은 했으나 성례를 치루기 어려운 이들은 성례를 재촉하되 관에서 혼수비로 돈 500푼과 베 2필을 도와주고 매월 보고하라 하였다. 임금이 직접 나서서 싱글들의 중신을 들고 있는 것이다.

그 다음 강령은 '합독을 주선하는 일도 실행할 만한 것이다.' 합독은 홀아비와 과부를 골라 화합시키는 것을 이른다. "늘 보면 향촌의 과부 가운데 신분이 천하지 않은 자가 비록 개가할 뜻이 있어도 부끄럽고 두려움이 많아 주저하고 있는데, 반드시 늙고 교활한 방물장수가 은밀히 계략을 꾸며 이웃마을의 악당 소년들을 모아 밤을 타 가만히 업고 가 분쟁을 일으키고 싸움질하여 풍속을 해치게 하여, 혹은 부모 몰래 남자를 사귀다가 순결을 더럽히고 개가도 하지 못하게 된다. 수령이 예로써 권하여 한 남자와 한 여자에게 합당한 제자리를 얻게 함이 좋을 것이다."『정선 목민심서』, 129쪽 한마디로 '돌싱'들에 대한 배려도 지극했던 셈! 이런 식의 인정물태가 곳곳에 숨어 있다. 이 희로애락의 파노라마를 음미할 수 있다면 『목민심서』를 끝까지 완주할 수 있을 것이다.

물론 『목민심서』의 핵심테마는 당연히 수령의 윤리다. 다산이 워낙 예학에 밝아 형식적 절차를 중시하긴 했지만 그렇다고 내적 성찰의 영역을 소홀히 한 건 아니다. 거꾸로 형식적 완결에 이르려면 그 몇 배의 성찰이 요구된다는 점을 거듭 강조한다. "『주역』에 이르기를 '앞사람의 말씀이나 지나간 행적들을 많이 익혀서 자기의 덕을 쌓는다' 하였으니 이것은 진실로 내 덕을 쌓기 위한 것이요 어찌 꼭 목민에만 한정한 것이겠는가."『목민심서 서문』 아울러 "아전을 단속하는 일의 근본은 스스로를 규율함에 있다."『정선 목민심서』, 141쪽 즉, 목민과 성찰은 하나다. 우리 시대로선 잘 상상이 안된다. 우리 시대 공직자는 그저 법망을 잘 피하고, 큰 물의만 일으키지 않으면 된다. 솔직히 그것만도 '감지덕지'다.

하지만 목민관의 윤리적 수준은 격이 다르다. 예컨대, 수령에게 가장 필요한 덕목은 청렴과 절용이다. 이건 동서고금을 막론한 대원칙 중의 대원칙이다. 재물욕에 물들면 공직자 생활은 이미 끝장이기 때문이다. 하지만 그렇다고 각박해선 안된다. "상관이 탐욕스러우면 백성은 그래도 살길이 있으나, 청렴하면서 각박하면 곧 살길이 막힌다."『정선 목민심서』, 61쪽 즉, 청렴하되 넉넉해야 한다는 것. 실제로 청렴하고 절용하는 자만이 베풀 수 있다. "못에 물이 괴어 있는 것은 장차 흘러내려서 만물을 적셔 주기 위함이다. 그러므로 능히 절약하는 사람은 능히 베풀 수 있게 마련이요, 능히 절약하지 못하는 사람은 베풀지 못하게 마련이다." 절약과 베품을 하나로 꿰고 있다. 여기에 덧붙여 있는 예화. "내가 귀양살이하면서 매양 수령들을 보면 나를 동정하고 도움을 주는 자는 그 의복을 보면 반드시 검소한 것을 입었고, 화려한 옷을 입고 얼굴에 기름기가 돌며 음탕한 것을 즐기는 수령은 나를 돌보지 않았다."『정선 목민심서』, 200쪽 다산답게 명쾌하다! 근데, 왜 웃음이 나올까?

여기서 끝이 아니다. 절용도 중요하고 베품도 중요하다. 더 중요한 건 그걸 통해 명예를 구하지 않아야 한다. "무릇 자기가 베푼 것은 말도 하지 말고 덕을 주었다는 표정도 짓지 말며 다른 사람에게 이야기도 하지 말 것이다."『정선 목민심서』, 63쪽 아무리 대단한 덕이라도 생색을 내는 순간 한낱 웃음거리로 전락하고 만다. 청렴에서 절용으로, 절용에서 베품으로, 다시 베푼다는 생각조차 버리는 '무주상無住相보시'의 경지까지 나아가고 있다. 이 정도의 윤리적 내공을 지녀야만 수령 노릇을 제대로 할 수 있다는 것이다.

따라서『목민심서』는 단순한 지침서가 아니다. 권위를 수반한 명령 파일도 아니다. '임금의 은덕을 받들어 흐르게' 하고, '덕으로 교화함을 널리 펴는' 것, '인욕을 제거하고 천리를 구현하는' 방도를 밝힌 것이다. 한마디로 선비가 도달할 수 있는 최고의 경지다. 그렇다고, 그것이 추상적인 형이상학으로 빠져서는 안된다. "수령은 우뚝 고립되어 있어서 자신이 앉아 있는 자리 밖에 있는 사람은 모두 속이려는 자들이다. 눈을 사방에 밝히고 귀를 사방에 통하게 하는 것은 제왕만 그렇게 해야 하는 일이 아니다."『정선 목민심서』, 163쪽 수령의 위상과 격은 한없이 높다. 하지만 그가 해야 할 일은 아주 구체적이다. 지극히 높은 덕과 이상을, 지극히 낮은 그리고 모순투성이의 현장에서 구현하려면? 매순간의 언어와 행동과 판단이 분명해야 한다. 안과 밖, 낮과 밤, 위와 아래, 법과 도덕, 몸과 마음, 그 사이에 어떤 틈과 간극도 허용해선 안된다. "목민하는 길은 '고를 균均' 한 자가 있을 뿐이다."『정선 목민심서』, 195쪽 그러니 '클리어'Clear하고 '디스팅트'Distinct!할 수밖에.

명랑과 숭고

잠시 후, 군기대신이 황제의 명령을 받들고 와 사신에게 전했다.
"서번의 성승聖僧을 찾아가 보겠는가?"
"황제께서 이 보잘것없는 사신들을 한 나라 백성이나 다름없이 보시니, 중국인들과는 거리낌 없이 왕래할 수 있지만, 다른 나라 사람과는 함부로 교제할 수 없습니다. 이것이 우리 조선의 법입니다."
"그런가? 흥!"
군기대신이 쌩하고 가버리자 모두 얼굴에 수심이 가득하고, 당번

역관들은 허둥지둥하는 품이 술이 덜 깬 사람들 같았다. 비장들은 공연히 성을 내며 투덜거렸다.

"거참, 황제의 분부 고약하기 짝이 없네. 망해 자빠지려고 작정을 했나. 하긴 오랑캐 일이란 게 그렇지 뭐. 명나라 때야 어디 이런 일이 있었겠어?"

수역은 그 와중에도 비장을 향해 핀잔을 준다.

"시끄럽네! 지금 춘추대의를 논할 때가 아닐세."

잠시 후, 군기대신이 급히 말을 달려오더니 다시 황제의 명령을 전한다.

"서장의 성승은 중국인이나 마찬가지니 즉시 만나 보도록 하라."

이에 사신들이 서로 의견을 모으기 시작했다. 어떤 이는 가서 보게 되면 조선에 돌아간 뒤 아주 난처한 지경에 빠질 거라 하고, 또 어떤 이는 예부에 글을 보내어 이치에 맞는지 따져보자고 한다. 당번 역관은 이 사람 저 사람 말에 맞춰 그저 "예예" 하고 말 뿐이다.

여기까지가 『열하일기』 '판첸라마 대소동'의 서곡이다. '판첸라마 대소동'은 티베트법왕에 대한 알현을 둘러싸고 벌어진 '해프닝'이다. 열하에서 겪은 사건사고 가운데 최강급에 해당한다. 티베트불교와 조선 성리학이 한판 뜨는 장면이라고나 할까. 8월 10일. 무박나흘의 강행군을 거쳐 열하에 도착한 지 이틀째 되던 때였다. 태학에서 한족선비인 곡정 왕민호를 만나 중국 여인네들의 전족과 남성들의 두건, 담배 등에 대해 이야기를 나눈 뒤 막 숙소로 돌아온 참이었다. 그럼 이 '긴급상황'에서 연암은 무얼 했던가?

나야 한가롭게 유람하는 처지인지라 참견을 할 수도 없을 뿐 아니라, 사신들 역시 내게 자문을 구하지도 않았다. 이에 나는 내심 기꺼워하며 마음속으로 외쳤다. "이거 기막힌 기회인 걸." 손가락으로 허공에다 권점을 치며 혼자 중얼거렸다.

"좋은 건수로다. 이럴 때 사신이 상소라도 한 장 올린다면, 그 의로운 명성이 온 천하에 울려 퍼져 크게 나라를 빛낼 텐데. 그리 되면 황제께서 군사를 일으켜 우리나라를 치려나? 아니지. 이건 사신의 죄니, 그 나라에까지 분풀이를 할 수야 있겠어? 그래도 황제의 노여움을 샀으니 사신이 운남이나 귀주로 귀양살이 가는 건 어쩔 수 없는 일일 게야. 그렇다면 차마 나 혼자 고국으로 돌아갈 수야 없지. 마땅히 사신을 따라가야지. 그리 되면 서촉과 강남땅을 밟아 볼 수 있겠군. 강남은 가까운 곳이지만, 저 교주나 광주 지방은 연경에서 만여 리나 된다니, 이 정도면 내 유람이 실로 풍성해지고도 남음이 있겠는걸."

여기까지 생각이 미치자, 어찌나 기쁜지 즉시 밖으로 뛰쳐나가 동편 행랑 아래에서 건량마두인 이동을 불러냈다.

"얼른 가서 술을 사 오너라. 돈일랑 조금도 아끼지 말고. 이후론 너랑 작별이다."

술을 한잔 걸치고 들어갔더니, 여전히 설왕설래 중이다. 예부의 독촉이 빗발 같아 아무리 위세가 등등한 자라도 얼른 명령에 따라야 할 형편이었다. 안장과 말을 정돈하다 보니 시간이 지체되어 해가 이미 기울었다. 대궐문을 거쳐 성을 돌아 서북쪽을 향해 절반도 채 못 갔을 즈음, 별안간 황제의 명령이 내려왔다. "오늘은 이미 늦었으니, 돌아가서 다른 날을 기다리도록 하라." 이에 서로 돌아보며 놀라서 되돌아왔다.

크윽, 사신단의 당혹감에는 아랑곳 않고 온갖 상상의 나래를 펴면서 강남으로 유람할 생각에 빠져 있다. 그 기념으로 술까지 한잔 걸친다. 참 못말리는 '악동'이다. 이런 장면은 『열하일기』 도처에서 연출된다. 어떤 상황도 전혀 다른 각도에서 보게 해주는, 그리하여 경쾌한 웃음을 불러일으키는 연암의 명랑함이 빛을 발하는 순간이다. 명랑이란 무엇인가? 사건 혹은 사물에 '물결'과 '빛깔'을 부여하는 경쾌한 기운, 바로 그것이다.

다시 명리이야기를 해보면, 둘을 대표하는 기운(일간)이 연암은 계수癸水, 다산은 정화丁火다. 계수는 천간 열 개 가운데 맨 마지막에 해당하는 오행, 곧 음의 결정체다. 「야출고북구기」, 「일야구도하기」, 「호곡장론」 같은 명문장들이 이런 기운과 관련이 깊다. 「야출고북구기」의 시간은 야삼경, 곧 물의 시간이고 「일야구도하기」 역시 물에서 탄생한 문장이다. 「호곡장론」은 존재의 심연에서 솟구치는 '통곡 소리'이니 역시 수水기운을 다이내믹하게 표현하고 있다. 이런 계열의 문장들은 이용후생이나 청문명의 진수, 천하의 형세 등을 논하는 것보다 훨씬 더 근원적이다. 그리고 지극히 유연하다. 천지인을 하나로 잇고, 생사를 하나로 관통한다는 점에서.

지금의 관점에서 보면 성리학도 근원적인 이치에 해당하지만 당대적 관점에선 성리학은 국가장치 및 제도와 밀접한 것이었다. 이를테면, 국가경영학 혹은 정치경제학에 가깝다. 연암은 이런 식의 사유와는 거리가 멀었다. 원리와 이치를 궁구하고자 하는 욕망과 입신양명하여 국가경영에 참여하고자 하는 욕망은 아주 다른 것이다. 이 다름은 이념이나 당파적 차이 이전에 체질과 본능에 해당한다. 명리학을 '몸에 새겨진 운명의 지도'라고 하는 이유가 여기에 있다.

'계수'는 크고 깊은 물이 아니라 작고 투명한 물에 해당한다. 깊은 산속 옹달샘, 골짜기의 시냇물 같은. 사람의 몸에서는 신장, 두뇌 활동에선 상상력, 아이디어, 지혜 등을 의미한다. 이러면 몸집이 작을 거라고 생각하기 쉬운데, 사실 수기운이 왕성한 사람은 통통한 편이다. 눈이 작은 경우도 많다. 오장육부 가운데 신장이 발달한 체질이기 때문이다. 신장이 발달하면 저장형이라 많이 먹지 않아도 살이 찌는 편이다. 그리고 수기는 계절적으로 겨울에 속하기 때문에 눈이 좀 차갑게 보이는 편이다. 연암의 초상을 보면 딱 이렇다. 거구에 비만인 데다 눈은 옆으로 길게 찢어져 있다.^^

몸 안에 수기가 풍부하면 생각이 실개천처럼 다방면으로 흐른다. 실개천은 마주치는 모든 것들에 스며든다. 하여, 그 대상들과 뒤섞이면서 예기치 못한 균열을 일으킨다. 이 둘을 합치면 연암의 수사학적 특이성이 된다. 요컨대, 거대담론과 정면승부를 내기보다 그 내부에 들어가 슬그머니 잠식해 버리는 방식이 그것이다. 그 균열된 틈 사이로 이전에는 상상할 수 없었던 '말과 생각'이 샘물처럼 퐁퐁 솟아난다. 이걸 미학적으로 표현하면 유머와 역설, 해학과 위트 등등이 된다.

아버지는 약관 때부터 지기志氣가 높고 매서웠으며 자잘한 예법에 구애되지 아니하여 가끔씩 해학과 유희를 하곤 하였는데, 처사는 특별히 아버지를 애지중지하여 가르치고 꾸짖었으며…….『나의 아버지 박지원』, 18쪽

여행의 도정을 기록한 글로는 「도강록」으로부터 「환연도중록」에 이르기까지 여러 편의 글이 있다. …… 대개 풍속이 다름에 따라 보고듣는 게 낯설었으므로 인정물태를 곡진히 묘사하려다 보니 부득불 우스갯소리를 집어넣을 수밖에 없었다. …… 그러나『열하일기』의 독자들은 이 책의 본질을 알지 못한 채 대개 기이한 이야기나 우스갯소리를 써놓은 책 정도로만 인식하고 있다. 비록 자신이 이 책의 애독자라고 자부하는 사람들조차도 이 책의 진수를 깊이 파악하고 있는 건 아니다.『나의 아버지 박지원』, 49쪽

아버지는 탄식하며 다음과 같은 말씀을 하신 적이 있다. "나는 중년 이후 세상 일에 대해 마음이 재처럼 되어 점차 골계를 일삼으며 이름을 숨기고자 하는 뜻이 있었으니, 말세의 풍속이 걷잡을 수 없어 더불어 말을 할 만한 자가 없었다. 그래서 매양 사람을 대하면 우언과 우스갯소리로 둘러대고 임기응변을 했지만, 마음은 항상 우울하여 즐겁지가 못했다.『나의 아버지 박지원』, 50쪽

"공의 글은 필력이 높고 굳세지만 자구에 있어서 그리 고문을 본뜬 것은 아니외다. 그러나 그렇다고 해서 어찌 공의 글을 명청의 소품이라 할 수 있겠습니까? 사람들이 그런 오해를 하는 건 공의 글 가

운데 고문의 법도에 맞는 글은 미처 얻어 보지 못한 채 일세一世에 유행한 『열하일기』만을 아는 때문이지요. 공이 자중자애하지 않고 거리낌없이 해학과 풍자를 일삼아 진중하지 않은 점은 있다 할지라도 어찌 섬약하고 유약하기 짝이 없는 최근 문사들의 글과 같겠습니까? 그러니 공의 글을 배운 까닭에 오늘날의 문풍이 이렇게 되어 버렸다고 말한다면 이는 정말 억울한 일이 아니겠습니까? 제 생각으로는 약간의 우스갯소리만 찾아내어 없애 버린다면 『열하일기』이 책이 바로 순수하고 바른 글일 거외다." 『나의 아버지 박지원』, 109쪽

이 진술들은 하나같이 연암의 유머와 해학을 변명하는 언술들이다. 하지만 거꾸로 이것들은 연암의 문체와 유머는 분리될 수 없음을 증언한다. 이 진술들에 따르면, 어릴 때부터, 이후 중년에도, 열하를 다녀와서도, 연암을 지배한 건 참을 수 없는 '유머본능'이었다. 하지만 이것으로 인해 숱한 편견과 왜곡에 휩싸이자 오히려 그 원천을 부정하고 있는 것이다. 마치 그것만 빼면 연암의 진면목이 드러날 것처럼. 하지만 그건 오판이다. 표현형식과 내용형식은 분리되지 않는다. 만약 그게 따로 논다면 그건 '하수'에 속한다. 더구나 유머가 쏙 빠진 『열하일기』라니, 그건 오아시스 없는 사막이다. 유머와 해학, 역설과 기지 등은 단지 우스개가 아니라 삶과 세상을 보는 연암의 시선, 곧 '명랑함'의 수사적 전략이기 때문이다. 명랑은 아무나 터득할 수 있는 바가 아니다. 더구나 중세는 동서를 막론하고 엄숙주의가 지배했다. 웃음 자체가 터부시되던 때가 아닌가. 니체가 서양 형이상

학을 전복하는 무기로 '명랑철학'을 제시했다면이에 대해선 이수영, 『명랑철학』, 동녘, 2011을 참조, 연암은 성리학적 엄숙주의에 유머와 역설의 명랑함으로 맞섰던 것이다.

다른 한편, 다산은 정화丁火다. 정화는 큰불이 아니라 작은 불이다. 촛불이거나 아궁이에 지피는 불, 아니면 호롱불이나 등대불. 사이즈는 작지만 영롱하다. 큰불인 병화丙火는 자칫 주변을 다 태워 버릴 수 있지만 정화는 그렇지 않다. 주변을 밝히고 따뜻하게 한다. 해서 정화는 열 개의 천간 가운데 가장 봉사와 배려에 능한 오행으로 분류된다. 대신 물과 비교하면 불은 외부적이다. 시선이 밖을 향하기 때문에 근원적 이치보다는 가시성과 효용성을 더 중시한다. 이 점은 다산의 사상을 이해하는 데 아주 중요한 단서가 된다. 먼저 예학에 대한 집착. 그 또한 화기의 속성이다. 부연설명하면, 유학의 오륜인 '인의예지신'도 오행에 매칭된다. 인仁은 목木, 의義는 금金, 지智는 수水, 신信은 토土, 이런 식으로. 그럼 화火는? 바로 예禮다. 남쪽은 따뜻한 곳, 곧 화기에 속하는 방향이다. 남대문 이름이 숭례문인 것도 그래서다. 2008년 무자년 '불의 해'에 600년 만에 불탄 것도 그렇고!

서구의 과학기술에 매료된 것도 같은 맥락이다. 다산은 단지 매료되었을 뿐 아니라 그 관점에서 풍수, 진맥, 관상을 격렬하게 비난한다. 보이지 않는 것들을 서로 대칭적으로 연결하는 동양적 사유가 체질적으로 안 맞았던 것이다. 이理와 기氣 같은 개념보다는 효제나 풍간諷諫; 완곡한 표현으로 잘못을 고치도록 말함 같은 실천적 윤리를 중시한 것도 그렇다. 천주교에 왜 그토록 미혹되었는지도 짐작할 만하다. 태극에서 음양, 음양이 다시 사상으로, 사상에서 팔괘, 64괘로. 이런 식으로 진행되는 동양우주론에 비하면 창조주와 독생자, 원죄, 천당과 지옥 등의 교설이 너무도 명쾌하게 느껴졌을 터이다.

그러니 그의 미학적 기반이 엄숙하고 장중한 거야 지극히 당연하다. 한치의 흐트러짐도 허락하지 않는 자기단련, 먼지 하나 앉을 데 없는 치밀함, 정의를 향한 불타는 신념 등등. 이런 인물한테 유머를 기대하는 건 백년하청百年河淸; 황허 강이 맑을 때가 없다는 뜻으로, 아무리 오랜 시일이 지나도 어떤 일이 이뤄지기 어려움이다. "우담바라 꽃이 피고, 포청천이 웃을 때"란 연암이 시를 지을 때를 비유한 말이다. 얼마나 시짓기를 싫어했으면! 그런데 이 말은 다산한테도 적용된다. 다만 시가 아니라 '유머'로 바꾸면 된다. 다산이 유머와 해학을 구사할 때, 그때 우주에는 '우담바라 꽃이 피어날' 것이다.

율기 제1장 칙궁(飭躬: 몸가짐을 가다듬는 일)

제1강령 : "기거함에는 절도가 있고, 관대冠帶는 단정히 하며, 백성들에게 임할 때에는 장중하게 하는 것이 옛날부터의 수령의 도道이다."

밝기 전에 일어나서 촛불을 밝히고 세수하며 옷을 단정히 입고 띠를 두른 후 묵연히 단정히 앉아서 정신을 함양한다. 얼마쯤 있다가 생각을 풀어내어 오늘 응당 해야 할 일들을 놓고 먼저 선후의 차례를 정한다. 제일 먼저 무슨 공문을 처리하며 다음에는 무슨 명령을 내릴 것인가를 마음속에 역력히 해야 한다. 그러고서는 제일 먼저 할 일을 놓고 그 잘 처리할 방법을 생각하며, 다음 할 일을 놓고 잘 처리할 방법을 생각하되, 사욕을 끊어 버리고 하나같이 천리를 따르도록 힘쓸 것이다. 동이 트면 촛불을 끄고 그대로 단정히 앉아 있다가, 하늘이 이미 밝아 시노(侍奴)가 시간이 되었다고 아뢰거든 이에 창문을 열고 관속들의 참알을 받는다. ……

간혹 보면 소탈함을 좋아하고 구속됨을 싫어하는 자는 종건만 쓰고 협수의를 걸치며 혹은 망건도 안 쓰고 버선도 신지 않은 채 아전과 백성을 대하는데, 이는 크게 잘못된 짓이다. 『시경』에 이르기를 "점잖은 위의를 갖춘 자는 덕의 표현이다"라고 했고, 또 이르기를 "공경하고 삼가는 위의는 백성의 본보기이다" 하였으니, 이는 옛 도(道)이다. 위의가 이미 잃어지면 백성들이 본받을 바가 없으니, 무슨 일이 되겠는가. ……

한지가 감사가 되어서는 날이 밝기 전에 세수하고 관 쓰고 도포 입고 나아가 앉되, 앉는 자리 곁에는 베개나 안석을 두지 않으며, 몸을 바로 세우고 무릎을 꿇어 손을 꽂고 앉아 종일토록 몸이 기울거나 비틀리는 일이 없으며, 비록 창가 난간에라도 일찍이 기대는 적이 없었다. 그와 더불어 3년을 거처한 자도 일찍이 그가 피로하며 하품하고 기지개 켜는 모습을 본 적이 없었다. 저녁밥이 끝나면 언제나 뒤뜰로 거닐되, 그 걸음을 돌이키는 곳이 곡척처럼 그어놓은 듯하여 시종 한결같았다. 『목민심서』 I, 78쪽

이것이 진짜 목민관이다! 수령이 아니고, 마치 가톨릭 수도원의 사제 같다. 왠지 그의 뒤에 거룩한 미사음악이 울려퍼질 것 같지 않은가. 구체적 케이스로 등장한 한지는 앞에서 기생과 한 이불을 덮고도 흔들림이 없었다는 그 '기적의 사나이'다. 이 정도면 가톨릭 사제

라도 쉽게 도달하기 어려운 경지다. 『목민심서』는 이런 어조와 톤으로 전편을 관통한다.

중세는 충분히 엄숙하고 진지하다. 그런데 이렇게 종교적 경지로까지 고양된다는 건 세상이 암울하다는 뜻이다. 하긴 이런 글을 써야 한다는 것 자체가 그 시대의 어둠을 증거하는 것 아닌가. "아! 하층의 인간들 주색에 빠지고 / 상층의 인간들 너무나 모만 나네 / 슬프다, 누가 내 책을 읽을 수 있으랴."『학초묘지명』,『다산산문선』, 217쪽 민은 도탄에 빠졌고, 세도는 어지럽다. 저 높은 곳에 있는 군주는 홀로 빛난다. 하지만 이 빛은 민중에게 전달되지 않는다. 왜? 그 사이에 있는 수령들이 가로막고 있기 때문이다. 더구나 수령들은 나그네다. 이 나그네들을 좌우하는 건 아전들이다. 이들이 진짜 지역의 대세들이다. "백성은 토지로 논밭을 삼지만, 아전들은 백성을 논밭으로 삼는다. 백성의 껍질을 벗기고 골수를 긁어내는 것을 농사짓는 일로 여기고, 머릿수를 모으고 마구 거두어들이는 것을 수확으로 삼는다."『정선 목민심서』, 141쪽 삼정의 문란도 결국 여기에서 비롯한다. 환곡은 본디 백성을 이롭게 하는 제도였다. "환곡은 사창이 변한 것으로 춘궁기에 곡식을 빌려줬다가 추수기에 거둬들이는 조적糶糴도 아니면서 백성의 뼈를 깎는 병폐가 되었으니 백성이 죽고 나라가 망하는 일이 바로 눈앞에 닥쳤다."『정선 목민심서』, 186쪽 대체 이 난국을 어떻게 타개한단 말인가? 그 성패 여부는 오직 수령에게 달려 있다.

하여 수령은 단지 엄숙하기만 해서는 안된다. 그 이상이어야 한다. 모순과 비리로 얼룩진 유학자들의 교설을 제압하려면 엄숙을 넘어 거룩해야 한다. 이때의 미학적 기제가 바로 숭고다. 중세의 거짓 엄숙과 사이비 진지의 허울을 벗겨 버릴 수 있는 강력한 권위와 눈부신 카리스마, 그것은 오직 숭고밖에 없다. 『목민심서』가 아니라 목민'성'서처럼 느껴지는 것도 이 숭고미의 아우라 때문이다.

다산의 이런 정조를 잘 보여 주는 작품이 하나 있다. 「파리를 조문한다」弔蠅文가 그것이다. 순조 10년(1810) 경오년 여름에 쉬파리가 극성하여 술집과 떡집에 그림처럼 몰려들고 윙윙거리는 소리가 우레 같았다. 모두들 소탕전을 펴느라 난리였다.

나는 말하였다.

아아! 이는 죽여서는 안 되는 것으로, 이는 굶주려 죽은 자의 전신이다. 아아! 기구하게 사는 생명이다. 애처롭게도 지난해 큰 기근을 겪고 또 겨울의 혹한을 겪었다. 그로 인해서 염병이 돌게 되었고 게다가 또 다시 가혹한 징수까지 당하여 수많은 시체가 길에 널려 즐비하였고, 그 시체를 버린 들것은 언덕을 덮었다. 수의도 관도 없는 시체에 훈훈한 바람이 불고 기온이 높아지자, 그 피부와 살이 썩어 문드러져 옛 추깃물송장이 썩어 흐르는 물과 새 추깃물이 괴어 엉겨서 그것이 변해 구더기가 되어 냇가의 모래보다도 만 배나 많았는데, 이 구더기가 날개를 가진 파리로 변해 인가로 날아드는 것이다.

아아! 이 쉬파리가 어찌 인간의 유가 아니랴. 너의 생명을 생각하면 눈물이 줄줄 흐른다. 이에 음식을 만들어 널리 청해 모여들게 하니 서로 기별해 모여서 함께 먹도록 하라. 「파리를 조문한다」, 『다산문학선집』, 374쪽 등장인물이 쉬파리라서 좀 '거시기'하긴 하지만, 마치 페스트가 휩쓸고 간 중세의 파국을 보는 듯 섬뜩하다. 이처럼 마을은 초토화되었건만 아전들은 "보리만 익으면 진장賑場; 진휼사업을 벌이던 곳을 파하고 연회를 베푸는데, 북소리와 피리소리 요란하며, 눈썹이 아리따운 기생들은 춤추며 빙빙 돌고 교태를 부리면서 비단 부채로 가린다." 역시 아전들은 '악의 축'이다. 이들의 만행으로 백성들의 비극은 더한층 고조된다. 이 참혹한 서사시의 대단원은 이렇다.

> 파리야, 날아가려거든 북쪽으로 날아가라. 북쪽 천리를 날아가 구중궁궐에 들어가서, 그대의 충정을 호소하고 그 깊은 슬픔을 진달하라. 강어를 겁내지 않고 시비가 없다. 해와 달이 밝게 비치어 그 빛을 날리니, 정사를 펴서 인을 베풀고 신명에 고함에 규圭를 쓴다. 천둥같이 울려 임금의 위엄을 감격시키면 곡식도 잘 익어 백성들의 굶주림도 없어지리라. 파리야, 그때에 남쪽으로 날아오라. 「파리를 조문한다」, 『다산문학선집』, 376쪽

구중궁궐, 해와 달, 임금의 위엄 ─ 이것들이 눈부시게 빛날수록 비극적 정서는 더한층 고양된다. 세상은 빛과 어둠이라는 극단적 대비로 이루어져 있다. 어둠이 깊을수록 빛은 더욱 찬란해지는 법, 하여 빛과 어둠은 기묘한 공생관계를 이룬다. 숭고의 구조적 특질이기도 하다. 거기다 모든 문장이 명령어다. 이 세상을 구제할 수 있는 거룩한 임무를 부여하는 명령어. 그걸 전달하는 다산의 목소리 또한 웅장하기만 하다. 다른 시선, 다른 목소리가 끼어들 여지가 전혀 없다.

『목민심서』는 분명 감동적이다. 카타르시스를 불러일으키기에 충분하다. 하지만 문제는 그 감동의 파고가 늘 비슷하게 변주된다는 사실이다. 세상은 다 썩었어, 백성들은 도탄에 빠져 있어, 이걸 바로잡아야 해, 그러기 위해선 거룩한 위엄을 갖추어야 해, 라는 식으로. 카타르시스는 한 번으로 족하다. 두 번, 세 번 반복되면 그때부터는 정서적 울림이 약해진다. 그러다가 문득 피로감이 엄습한다. 그것이 모든 비극적인 가치들의 '비극'이다. 숭고 역시 그 운명에서 자유롭지 못하다.

연암의 명랑성은 자주 비방을 불러왔다. 상상 그 이상의 감흥을 유발했지만 종종 경박함으로 오인되었다. 경쾌함에도 깊이가 있다는 걸 알아채는 이는 드물었기 때문이다. 반대로 다산의 숭고는 고독했다. 대답없는 메아리였다. 높고 웅장했지만 쉽게 감흥을 불러 일으키지는 못했다. 이것을 얻으면 저것을 잃고, 저것을 얻으면 이것을 잃고. 이것이 문장, 아니 인생이다!

유목민과 목자(牧者)

아버지는 겉치레를 꾸미는 일과 자잘한 예법들을 좋아하지 않는 성품이셨다. 부임하신 지 달포쯤 되었을 때다. 아버지는 다음과 같은 분부를 내리셨다. "나는 번거롭게 꾸미는 걸 싫어한다. 행차할 때 벽제(辟除: 지위 높은 사람 행차 때 통행을 금하는 것)하는 일, 음식을 올리는 절차, 수령의 기거동작을 소리내어 알리는 일 등은 일체 없애도록 하며 모든 일을 간략하고 정숙하게 하도록 노력하라." 부임하신 지 반년도 되기 전에 아전들은 고분고분해지고 백성들은 신실해져 온 고을에 일이 없었다. 『나의 아버지 박지원』, 99쪽

작은 고을이긴 했지만 연암도 엄연한 목민관이었다. 보다시피 통치철학도 확고했다. 자잘한 예법과 겉치레를 좋아하지 않는 것도 수水기가 많은 이들의 특징이다. 번거로운 절차보다 핵심을 간추리면 그뿐이다. 절차는 권위를 세우기 위한 것이 대부분이고, 실질적으로 꼭 필요한 건 별로 없다. 그럼 절차와 시스템을 생략해 버리면 어떻게 통치가 가능한가? 자율성과 유연성이 그것이다. 하지만 이 덕목들은 자칫 무원칙과 혼동할 우려가 있다.

여기서도 연암의 통치기술은 남달랐다. 예컨대, 휘하의 종 하나가 술주정이 심했다. 연암은 그를 벌주는 대신, 동헌 앞의 작은 방에 잡아넣어 매일 짚신 몇 컬레씩을 삼게 했다. 달포가 지나자 버릇이 싹 사라졌다. "마음을 붙들어 매지 못해 그런 것"이니 때리기보다 마음을 붙들어 매도록 훈련을 시킨 것이다. 또 행패가 심한 읍민한테는 몽둥이에다 시를 새겨서 혼쭐을 내준다. "주정과 행패/너에게서 나왔으니 너에게로 돌아가야지" 이것이 바로 유머의 통치술이다. 권위와 절차를 통하지 않고도 상황을 완벽하게 변전시키는 것이다.

가장 대표적인 것이 진휼이다. 연암은 안의현감과 면천군수 시절 두 번에 걸쳐 사진을 시행한다. 사진私賑이란 관아의 곡식을 사용하지 않고 스스로 비용을 마련하여 구휼을 하는 것을 뜻한다. 계축년(1793) 봄 안의현에서 사진을 시행했는데, 감사가 여러 차례 만류했

다. 그에 대한 연암의 답변. "비록 이름은 사진이지만 곡식은 이 땅에서 나는 것입니다. 이 땅에서 나는 곡식으로 이 땅의 백성을 구휼하거늘 어찌 공진이니 사진이니 따질 게 있겠습니까?" 사진이 끝난 뒤, 관에서 내린 공명첩도 반환했다. 청렴 및 절용으로 구휼을 하되 결코 그것으로 명예를 구하려 하지 않았다. 능동적이고 유연하되 결코 무원칙으로 흘러가지 않는 단호함. 가장 빛나는 대목은 이런 장면이다.

> 아버지는 관아에 구휼하는 곳을 마련해 굶주린 백성들에게 죽을 나누어 주셨다. 아버지는 백성들을 구휼하는 중에도 예의가 있어야 하며, 죽을 나누어 주기 전에 염치를 길러야 한다고 생각하셨다. 제도가 바로 서지 않고서는 위아래가 뒤죽박죽이 되거나 혼란이 야기됨을 막기 어렵다고 보신 것이다. 그래서 아버지는 먼저 뜰에다 금을 그은 다음 거기에 모래를 채워 위계를 표시했다. 그리고 방위에 따라 거적을 깔아서 동리를 구분하였다. 또한 남녀의 자리를 구분하고, 어른과 아이의 자리를 달리하며, 양반은 앞에 앉고 백성은 뒤에 앉게 하였다. 아버지는 동헌에 나와 앉아 먼저 죽 한 그릇을 드셨는데, 그 그릇은 진휼에서 쓰는 것과 똑같았으며 소반이나 상 같은 건 차리지 않았다. 아버지는 죽을 남김없이 다 드시고 나서, "이것은 주인의 예이다"라고 말씀하셨다. 『나의 아버지 박지원』, 92~93쪽

이에 대한 연암의 변은 이렇다. "우리들이 하해와 같은 임금님의 은혜를 입어 갑자기 부자가 되어 뜰에다 수십 개의 큰 가마솥을

늘어놓고 얼굴이 누렇게 뜬 곤궁한 동포 1천 4백여 명을 불러다가 매달 세 번씩 함께 즐기니 이보다 더 큰 즐거움은 없을 거외다. 세상에 이만 한 즐거움이 대체 어디 있겠소? 뭣 때문에 신세를 한탄하며 <u>스스로 괴로워한단 말이오?</u>" 구휼이라는 고단한 업무를 흥겨운 축제로 바꾸는 놀라운 상상력! 스스로도 무척이나 흐뭇했던가 보다. 자신을 '소소선생'(껄껄선생)이라 칭하는 센스도 잊지 않는다. 단지 수령의 임무를 수행할뿐더러 어떤 곤경도 경쾌하게 변주하는 것, 이것이 명랑철학의 진수다.

안의현감 시절 연암은 관아 구석 오물을 버려 쌓아 놓던 버려진 땅을 깨끗하게 다듬은 뒤 정자를 만들고 '하풍죽로당'이라 이름 붙였다. 하풍죽로당荷風竹露堂이란 "아침에 연꽃荷이 벌어져 향내가 멀리 퍼지는 것을 보면 다사로운 바람風같이 은혜를 베풀고, 새벽에 대나무竹가 이슬을 머금어 고르게 젖은 것을 보면 촉촉한 이슬露같이 두루 선정을 베풀어야"「하풍죽로당기」, 『연암집』(상), 90쪽 한다는 의미다. 향기와 촉감, 이를테면 '두루 퍼지고 촉촉이 스며드는' 정치, 연암은 그런 정치를 하고 싶었던 것이다.

그래서 연암은 목민관이었을 때도 여전히 유목민이었다. 사막을 초원으로, 황무지를 옥토로 만들 수 있는 능력을 지녔지만, 거기에 집착하지 않고 언제든 떠날 수 있는 존재. 세상 모두와 벗할 수 있지만 언제든 그 모든 것과 헤어질 수 있는 존재. 유목민이란 그런 것이다. 실제로 그는 그렇게 했다.

아버지께서 고을 원에 부임하실 때와 그만두고 돌아오실 때 지녔던 물건이란 책 5~6백 권 및 붓, 벼루, 향로, 다기 등이었다. 그래서 짐이라곤 고작 4~5바리 정도밖에 되지 않았다. 아버지는 임지에 도착하시면 꼭 목공부터 먼저 불러 서가와 책상 따위를 만들게 하셨다. 그리하여 가지고 온 책과 벼루 등을 가지런히 정리해 두고 완상하셨다.『나의 아버지 박지원』, 105쪽

그의 원칙은 간단했다. "고을 원으로 있는 사람은 비록 내일 당장 그만두고 떠날지라도 늘 백 년 동안 있으면서 그 고을을 다스린다는 마음가짐을 가져야 한다." 누군가의 증언처럼 연암은 '후임자에게 넘겨줄 문서를 정리하면서도 백 년 앞을 내다보고 나무와 과실을 심'는 그런 원님이었다. 머묾과 떠남의 동시성, 이것이 유목민의 속성이다.『열하일기』의 그 장쾌한 여정에서 체득했던 '삶의 저력'을 목민관이 되어서도 유감없이 발휘하고 있는 것이다.

아버지는 평소 국가를 경영하고 백성을 구제하는 문제에 관심을 쏟으셨다. 그리하여 균전법, 사창제, 화폐문제, 촌락 조직의 문제, 관리등용법, 관리를 평가하는 법, 군사제도, 해양방위 등등의 문제에 대해 모두 자기대로의 의견을 강구하여 목차를 나누고 항목을 짜 책을 집필할 구상을 거의 다 마쳤으나 미처 착수하지는 못하셨다. 만년에 자주 관직을 그만두고 한가히 지내면서 한 부의 책을 쓰시려 했으나 뜻을 이루지 못했다.『나의 아버지 박지원』, 202쪽

오호, 연암 또한『목민심서』같은 책을 쓰고자 했다는 건데, 아

깝다! 만약 이 책을 썼다면 과연 어땠을까? 아마 모르긴 해도 다산의 『목민심서』와는 아주 다른 책이 되었을 것이다. 실제로『열하일기』에는 도처에 통치 기술에 관한 담론들이 포진하고 있다. 수레와 온돌, 벽돌과 건축 등등 이용후생과 관련된 내용도 수두룩하다. 다산이 『목민심서』에 인용한 것도 거개가 이런 대목이다. 하지만 정보는 비슷할지라도 표현방식은 전혀 다르다. 연암은 절대 정보를 나열하는 방식의 글쓰기를 하지 않는다. 기술지건 어원이건 늘 거기에 리듬과 서사를 부여한다. 바로 융합과 소통의 글쓰기다. 그래서 결코『목민심서』같은 박람강기는 불가능하다. 박람강기가 가능하려면 주석과 인용과 해설 등 '세상의 모든 지식'을 망라하고자 하는 계몽의 열정이 필요하다.

그런 점에서 연암이 유목민이라면 다산은 목자다. 양치는 목동이라는 의미의 목자. 목자는 사목권력의 상징이다. 이 권력의 배치에선 중심과 변방, 위계와 서열이 아주 분명하다. 군주-수령-백성으로 이어지는. 백성은 수령의 지도와 돌봄을 받는 존재다.

> 옛날에 순임금은 요임금의 뒤를 이으면서 12목牧을 불러 그들로 하여금 백성을 기르게 하였으며, 문왕이 정치제도를 세울 때 사목司牧을 두어 목부牧夫라 하였으며, 맹자는 평륙에 갔을 때 추목芻牧; 가축을 사육함으로써 백성을 기르는 것에 비유하였으니, 백성을 부양하는 것을 가리켜 목이라 한 것이 성현의 남긴 뜻이다. …… 성인의 시대가 이미 멀어졌고 그 말씀도 없어져서 그 도道가 점점 어두워졌으니, 오늘날 백성을 다스리는 자들은 오직 거두어들이는 데만

급급하고 백성을 기를 바는 알지 못한다. 이 때문에 하민들은 여위고 시달리고, 시들고 병들어 서로 쓰러져 진구렁을 메우는데, 그들을 기른다는 자는 바야흐로 고운 옷과 맛있는 음식으로 자기만 살찌우고 있으니 어찌 슬프지 아니한가.「목민심서 서문」,『정선 목민심서』, 15쪽

사목司牧의 원뜻이 목부牧夫, 곧 가축을 기르는 사람이라는 뜻이다. 목자와 양떼. 이 관계를 잘 지키는 것이 성인의 '도'다. 그렇지 못하면 목자는 사나워지고, 양떼는 구렁텅이에 빠진다. 이것이 다산의 수령관이다. 따라서 수령은 임금의 뜻을 백성에게 잘 전달하는 교사처럼 행동해야 한다. 임금의 명을 윤음이라 한다. "어리석은 백성은 문자를 해독하지 못하니 귀에 대고 말하거나 면대하여 가르치지 않으면 타이르지 않는 것과 같다. 윤음이 한번 내릴 때마다 수령은 마땅히 패전의 문 밖에서 몸소 읽고 설명하여 조정의 은덕을 널리 알려서 백성들로 하여금 은혜를 품게 하여야 한다."『정선 목민심서』, 217쪽

[치현결治縣訣에서는] 말하기를 '백성들이 와서 호소하는 것은 억울함이 있기 때문이다. 군포의 일로 호소하면 나의 군정이 잘못된 것이요, 전세 문제로 호소가 있으면 나의 전정이 잘못된 것이요, 요역의 일로 호소가 있으면 이것은 내가 부역을 공평하게 매기지 못한 것이요, 창곡의 일로 고소가 있으면 내가 재무의 관리를 잘못한 것이요, 침학을 당하고 고소하는 일이 있으면 이것은 토호들을 통제하지 못한 것이요, 백성들이 재물을 빼앗기고 호소하는 일이 있으면 이것은 아

전들을 단속하지 못하였기 때문이다. 백성들의 호소를 보면 내가 잘 다스리는지 잘 못 다스리는지 알 수 있다. 정치를 하는 사람이 능히 그 큰 줄거리를 바로잡으면 백성들은 저절로 억울한 일이 없어질 것이니 어찌 소장이 분분하게 날아들겠는가'라고 하였다.『정선 목민심서』, 66쪽, 고딕 표시는 인용자

마치 '내 탓이오, 내 탓이오'라고 하는 고해성사처럼 들린다. 경건하고 엄숙한 분위기가 마치 「고린도전서」나 「시편」을 읽을 때의 느낌이다. 그런데 바로 그렇기 때문에 수령과 백성 사이엔 건널 수 없는 강이 존재한다. 수령은 백성을 걱정하고 불쌍히 여기며 돌보는 존재이지, 서로 대등하게 교감을 나누는 존재가 아니다. 불쌍하기 때문에 가르쳐야 하고, 잘 돌보기 위해선 이끌어야 한다. 즉, 목자는 교사가 되어야 한다. 이것이 목자의 윤리학, 곧 계몽주의다. 어둠에서 빛으로, 유년기에서 성인으로, 야만에서 문명으로! 이때 필요한 것은 동정과 연민, 지도와 편달.

백성을 다스리는 직분은 백성을 가르치는 일일 따름이다. 전산田産을 고르게 하는 것도 장차 백성을 가르치기 위함이요, 부세와 요역을 고르게 하는 것도 장차 백성을 가르치기 위함이요, 고을을 설치하고 수령을 두는 것도 장차 백성을 가르치기 위함이요, 형벌을 밝히고 법규를 갖추는 것도 장차 백성을 가르치기 위해서다. 모든 정사가 정비돼 있지 않아서 가르칠 겨를이 없었으니, 이 때문에 백대에 이르도록 선치가 없었던 것이다.『정선 목민심서』, 215쪽

이런 계몽의 윤리학은 다산이 쓴 숱한 사회시의 근간이기도 했다. "무릇 시의 근본은 부자나 군신·부부의 떳떳한 도리를 밝히는 데 있으며, 더러는 그 즐거운 뜻을 드러내기도 하고, 더러는 그 원망하고 사모하는 마음을 이끌어 내게 하는 데 있다. 그 다음으로 세상을 걱정하고 백성들을 불쌍히 여겨서 항상 힘없는 사람을 구원해 주고 가난한 사람을 구제해 주고자 방황하고 안타까워서 차마 내버려 두지 못하는 간절한 뜻을 가진 다음이라야 바야흐로 시가 되는 것이다."「두 아들 보거라」示兩兒, 『다산문학선집』, 320쪽 요컨대 백성은 통치의 근간이지만 그 통치의 주체는 어디까지나 수령이다.

수령은 위로는 군주를, 아래로는 소민들을 배경으로 삼아 '인'을 실천해 나가야 한다. 그러기 위해선 육조, 곧 '이호예병형공' 전 분야에 걸친 모든 지식에 통달해야 하고, 모든 양떼들을 한 명도 놓치지 않겠다는 사명감, 나아가 세상 전부를 구제하고자 하는 소명의식 등을 두루 갖추어야 한다.

근데 문득 이런 의문이 든다. 과연 이런 식의 캐릭터가 가능하기나 한가? 모든 항목을 지키는 것도 불가능하지만 지킨다고 해서 좋은 수령이 될지는 또 의문이다. 그걸 지키다 보면 스스로의 잠재력과 자발성은 현저히 떨어질 테니 말이다. 이게 '사목권력' 혹은 계몽주의의 한계다. 계몽정신은 '균질화'를 지향한다. 불규칙하고 예측불가능한 것들을 혐오한다. 거기에서 비리와 모순이 싹튼다고 보기 때문이다. 하여, 그런 불규칙 바운딩을 가능한 한 제거하는 것을 정치와 교육의 목표로 삼는다. 그렇기 때문에 아주 체계적이고 정돈된 매뉴얼이 필요하다. 이 매뉴얼을 따라가면 비리나 오류를 방지할 수는 있지만 동시에 수령과 아전, 수령과 백성 사이의 능동적 교감은 불가능하다. 교감은 매뉴얼로 환원되지 않기 때문이다. 오히려 매뉴얼을 벗어나야만 비로소 작동할 수 있다.

다산 또한 이 점을 모르지 않았다. 그래서 현장에서의 변통이 중요하다는 점을 자주 지적한다. 그럼에도, 아니 그럴수록 다산은 더더욱 세밀한 매뉴얼을 확보하고자 했다. 거기에는 다산 특유의 박람강기도 작용했겠지만, 다른 한편 그만큼 당시에 수령들이 참조할 만한 매뉴얼이 없었다는 걸 의미하기도 하다. 말하자면, 지금의 시선으로 보면 중세는 불균질한 시대였다. 불합리하고 혼란스럽게 느껴지는 것도 그 때문이다. 다산은 어쩌면 그 중세의 카오스와 맞짱을 뜨고 싶었던 건지도 모르겠다. 그런 점에서 『목민심서』는 아주 선구적이다. 근대적 지식의 배열을 일찍감치 선취했다는 점에서 말이다.

이 대목에서 환기해야 할 사항 하나. 곰곰이 따져 보면, 우리에겐 이런 식으로 지식을 배열하는 방식이 아주 익숙하다. 교과서가 온통 이렇게 되어 있지 않은가. 전체 학습의 목표와 진도가 정해져 있고, 각 장별로 조목조목 나뉘어 있으며, 각 장의 구성은 초지일관 동일하다. 처음과 중간과 대단원으로 이어지는 내용적 흐름도 그렇고. 이걸 자상하게 안내해 주는 이가 바로 교사다. 그런 점에서 수령이 교사의 원조라면, 『목민심서』는 교과서의 원조다. 그렇게 생각하니 왠지 경이롭지 않은가. 우리가 하는 모든 지식과 공부가 사실은 『목민심서』의 매트릭스 위에 있다는 사실이 말이다.

이 장을 마치며 다산과 연암의 차이를 엿볼 수 있는 흥미로운 삽화 하나를 소개한다.

먼저, 다산은 말한다. 수령은 "봉록의 많고 적음을 말해서는 안 된다"고. 그럼 봉록에 대한 이야기가 나오면 뭐라고 해야 하나? "봉록의 후함을 치하하는 자에게는 마땅히 '대개가 부정한 물건이 많을 것이니 무어 기뻐할 것이 있으리오' 하고, 그 박함을 근심해 주는 자에게는 마땅히 '요컨대 열 식구가 굶주리지는 않을 터인데 무어 근심할 것이 있으리오'라고 할 것이다." 크윽, 이렇게 디테일할 수가!

그럼 연암은? 양양부사를 그만두고 돌아온 후 이웃에 사는 친지들과 자리를 함께 했을 때였다. 녹봉에 대한 이야기가 나오자 연암이 말했다.

"1만 2천 냥 받았소이다."

"그게 정말이오?"

"바다와 산의 빼어난 경치가 1만 냥 가치는 되고 녹봉이 2천 냥이니, 넉넉히 금강산 1만 2천 봉과 겨룰 만하지 않겠소?"

다들 한바탕 크게 웃었다.

5장
진검승부 — 패러독스 vs 파토스

5장
진검승부 — 패러독스 vs 파토스

한 사람은 매끄럽고 다른 한 사람은 너무 투명하다. 연암으로 가는 길은 사방으로 열려 있지만 어디가 입구인지 헷갈린다. 다산으로 가는 길은 오직 하나뿐이어서 초인적인 근기와 체력이 요구된다. — 천 개의 '고원'과 천 개의 '계단'. 『열하일기』와 『목민심서』를 통해 우리는 그 차이를 사무치게 느꼈다. 그들은 원초적으로 '말과 사물'을 조직하는 방식이 서로 달랐다. 연암이 유머와 패러독스라면 다산은 리얼리즘과 파토스다. 웃음은 사방으로 분사된다. 의미를 하나로 고정시키기 어렵다. 그 파동이 강렬해지면 기존의 의미망을 뒤흔든다. 그것이 패러독스(역설)다. 봉상스(통념)를 거스르는 사유의 역습. 반면, 리얼리즘은 투명한 거울을 통해 현실의 비루함을 투사한다. 하여, 거기에는 늘 눈물과 분노가 동반한다. 분노는 아래에서 위로 상승하는 기운이고, 눈물은 위에서 아래로 하강하는 기운이다. 상승과 하강의 파노라마, 이것이 리얼리즘의 동력학이다. 그때 동원되는 수사학이 파토스(격정)다. 패러독스와 파토스! 『열하일기』와 『목민심서』는 이 두 미학적 차이의 결정판이다.

하지만 승부는 끝나지 않았다. 이들은 다만 『열하일기』와 『목민심서』만을 쓴 저자들이 아니다. 이 '불후의 대작' 말고도 수많은 '걸작'들을 산출한 '마에스트로'들이다. 그렇다면, 과연 그 단편들에선 어떨까? 이들의 차이는 계속될까? 아니면 전혀 다른 국면이 숨겨져 있을까? 진정한 차이는 장검이 아닌 단검에서, 정규전이 아니라 게릴라전에서 결판나는 법. 이제 그 '진검승부'를 음미해 볼 차례다.

「양반전」 vs 「애절양」—풍자와 비탄

이미 알고 있듯이, 연암은 시짓기를 아주 싫어했다. 워낙 적게 쓰기도 했거니와 그나마도 더러 유실되었다. 물론 작품의 수준은 매우 높다. 그 중에서도 「총석정관일출」叢石亭觀日出은 최고 명작이다. 젊은 날(1765) 유언호, 신광온 등과 금강산을 유람할 적에 총석정에서 해돋이를 보고 그 감흥을 적어 내려간 작품으로, 7언 70행의 장편 고시다. 고시는 근체시에 비해 상대적으로 율격적 구속이 덜한 편이다. 연암으로서도 득의의 작품이었던가 보다. 『열하일기』에도 전편을 그대로 옮겨 놓은 걸 보면. 이밖에도 주옥같은 작품들이 꽤 있다. 그렇긴 해도 한시와의 인연은 희박했던 듯하다.

그에 반해 산문에 관한 관심은 남달랐다. 젊은 날 『방경각외전』이란 단편집을 냈다. 무려 아홉 편의 전으로 이루어졌는데, 연암에게는 처녀작에 해당한다. '외전'이란 말에서도 짐작할 수 있듯이, 연암은 산문을 통한 문체적 실험을 중시했다. 아홉 편 가운데 「역학대도전」은 스스로 태워 버렸고 「봉산학자전」은 이때 유실되었다. 그래서 남은 게 일곱 편이다. 당시에도 「예덕선생전」 「광문자전」 「양반전」 등이 특히 주목을 받았지만 다른 작품들도 ──「우상전」 「민옹전」 「김신선전」 「마장전」── 하나같이 문제작이다.

다산은 전혀 달랐다. 어렸을 때부터 시를 썼고, 그것도 아주 '많이!' 썼다. 7세부터 오언시를 짓기 시작하여, 10세 이전에 시집 『삼미자집』을 냈을 정도다. 참고로 10세 때 경서와 사서를 배우자 그걸 본떠 1년 동안 지은 글이 자기 키만큼이나 되었다고 한다(와우~ 다행히도 다산은 단신이다^^). 이후 그는 관직에 있을 때와 물러날 때, 유배지에 있을 때와 귀향했을 때, 생의 거의 모든 시간을 한시와 함께했다. 그렇게 지은 시가 총 2천 3백여 수, 한시에 대한 연보가 따로 있을 정도다. 다산도 곡진하고 파란만장한 사연을 담은 대작들을 더러 썼다. 하지만 그것들도 산문이 아닌 '장편 서사시'의 형식을 취했다. 「장천용전」 같은 전을 짓기도 했지만 아주 드문 경우일뿐더러 문체적 실험과는 애시당초 거리가 멀었다.

그런 점에서 「양반전」과 「애절양」이 두 사람의 간판작이 된 건 결코 우연이 아니다. 전자는 『방경각외전』에 속한 '외전'이고, 후자는 유배지 강진에서 지은 정통 '한시'다. 하여, 첫번째 경합은 이 두 작품에서 시작한다.

먼저 「양반전」부터. 내용은 정선부자가 환곡으로 빚더미에 올라앉은 가난한 양반한테 대신 환곡을 갚아 주고 양반 신분을 사는 데서 시작한다. 그러자 군수가 그걸 공증해 주는 문서를 작성한다. 그래서 이 작품은 두 개의 문서가 핵심이다. 문서로 이루어진 소설이라? 요즘의 시각으로 본다면, 상당히 '전위적'이다. 이재성의 평어에 따르면, 이런 형식은 북주의 문장가인 왕포가 지은 『동약』僮約을 본뜬 것이라 한다. 『동약』은 노비 계약을 다룬 글이다. "왕포가 양혜라는 과부의 집에 들렀다가 오만하게 술심부름을 거부하는 양혜의 노비 편료를 샀는데, 그 노비문서에서 노비가 해야 할 일들을 구체적으로 제시하고 이를 어겼을 때의 조항까지도 상세하게 밝혀 놓은"『연암집』(하), 218쪽 주석 것이다. 하지만 이건 아주 형식적 단서에 불과하다. 「양반전」은 원모델의 흔적을 지울 만큼 아주 '파격적'이다.

일단 문서라는 형식을 택한 것이 주효했다. 만약 어떤 화자를 등장시켰다면 이 작품의 풍자성은 많은 제한을 받았을 것이다. 하지만 문서이기 때문에 마음껏 조롱하고 비틀 수 있었다. 첫번째 문서의 포인트는 양반의 '허위와 무능'이다. "손으로 돈을 만지지 말며, 쌀값을 묻지 말며, 더워도 버선을 벗지 말며, 상툿바람으로 밥상을 받지 말며, 국을 마시기 전에 밥을 떠먹지 말며, 무엇을 마실 때는 훌쩍거리지 말며, 젓가락을 들고 방아를 찧지 말며, 날파를 먹지 말아야 한다." 여기까지는 그럭저럭 봐줄 만하다. "막걸리를 마시다가 수염에 묻은 것을 빨지 말며, 담배를 빨더라도 두 볼을 오물거리지 말며, 분하다고 안해를 치지 말며, …… 종들을 꾸짖을 때 죽으라고까지 꾸짖지 말며, 마소를 욕할 때 기르는 주인까지 욕하지 말아야 한다." 다 맞는 말인데, 왠지 비루하기 짝이 없다. 양반이 엄수해야 할 예의범절을 껍데기만 죽 나열해 보니 세상에 이렇게 한심한 족속도 없어 보인다. 당연히 부자가 투덜거린다. "그래 양반이 겨우 이런 정도입니까?" 그래서 다시 작성된다.

두번째 문서. 이번에는 양반의 '특권과 탐학'을 중심으로 작성된다. "선비는 양반이라고 부르니 잇속이 이보다 더 큰 것은 없다. 밭도 갈지 않고, 장사도 하지 않으며, 책권이나 좀 훑으면 크게는 문과에 급제하고, 적어도 진사를 떼어 놓았다. …… 일산 바람에 귀밑이 희어지고, 방울 소리에 대답하는 하인 목소리에 뱃가죽이 허예지며, 집 안에는 고운 기생을 두고, 뜰 아래에는 우는 두루미를 기른다." 여기까지가 양반이 누릴 수 있는 부귀영화라면 그 다음엔 양반이 휘두를 수 있는 패악과 횡포다. "궁한 선비로 떨어져 시골에서 지낼망정 오히려 판을 치게 된다. 먼저 이웃집 소를 끌어다가 밭을 갈게 하고 나중에는 동리 백성을 붙들어다 김을 매게 한다. 누가 감히 나를 괄시하랴? 그의 코에 재를 붓고 상투를 풀고 귀밑머리를 뽑은들 감히 원망하지 못할 것이다." 역시 하나도 틀린 말이 없는데, 누가 봐도 '인간 말종'이다. 어이 상실! 부자는 질려서 달아나 버린다. "그만두시오, 그만두시오. 맹랑스럽구려. 그래 나더러 도적질을 하란 말이오?"

결국 양반이란 한심스럽거나 패악스럽거나, 둘 중 하나다. 이 작품이 완성된 건 20대 후반이었다. 물론 출발은 17~18세부터였다. 그때 연암은 '질풍노도'의 시기를 맞아 원인 모를 우울증을 앓고, 사우였던 처숙 이양천의 죽음으로 권력과 인생에 대한 깊은 허무에 빠져 저잣거리를 헤매고 있었다. 거기에서 분뇨장수, 말 거간꾼, 건달, '바람의 사나이' 등 온갖 타자들을 접하면서 그들의 시선으로 주류세계를 다시 보게 되었다. 프레임이 바뀌면 세상이 달라진다. 마이너의 시선으로 양반을 보자 온통 허위와 위선, 기득권과 폭력만 난무하는 진상이 고스란히 드러났다. 비판도 논평도 필요없다. 다만 '있는 그대로' 보여 주기만 하면 된다. 그것만으로도 충분히 폭소와 반감을 야기할 수 있으니까. 시선의 전복과 진상의 폭로, 이것이 연암식 풍자의 핵심이다.

그럼 이런 양반들이 통치하는 세상은 어떻게 될까? 「애절양」哀絶陽; 남근을 잘라낸 것을 슬퍼하다이 그 답이다. 「양반전」을 쓴 해로부터 40여 년 뒤. 남쪽 끝 강진에선 이런 장면이 연출된다.

애절양(1803)

갈밭 마을 젊은 아낙네 울음소리 길어라

고을문 향해 울다가 하늘에다 부르짖네

수자리 살러 간 지아비 못 돌아올 때는 있었으나

남정네 남근 자른 건 예부터 들어보지 못했네

시아버지 초상으로 흰 상복 입었고 갓난애 배냇물도 마르지 않았는데

할아버지 손자 삼대 이름 군보에 올라 있다오

관아에 찾아가서 잠깐이나마 호소하려 해도 문지기는 호랑이처럼 지켜 막고

이정里正: 지방행정 최말단인 리의 책임자은 으르대며 외양간 소 끌어갔네

칼을 갈아 방에 들어가자 삿자리에는 피가 가득

아들 낳아 고난 만난 것 스스로 원망스러워라

무슨 죄가 있다고 거세하는 형벌을 당했나요.

민閩땅의 자식들 거세한 것 참으로 근심스러운데
자식 낳고 또 낳음은 하늘이 준 이치기에
하늘 닮아 아들 되고 땅 닮아 딸이 되지
불깐 말 불깐 돼지 오히려 서럽다 이를진대
하물며 뒤를 이어갈 사람에 있어서랴.
부잣집들 일 년 내내 풍류 소리 요란한데
낟알 한톨 비단 한치 바치는 일 없구나
우리 모두 다 같은 백성인데 어찌해 차별하나
객창에서 거듭거듭 시구편을 읊노라

    1803년 유배지 강진에서 목격한 장면이다. 이 작품은 다산의 창작이라기보다 일종의 '리메이크작'이다. 원작자는 다산이 강진에서 만난 제자 황상이다. 1803년 봄, 노전리에 사는 백성이 자신의 남근을 잘라 버린 사건이 일어났다. 이 사정을 듣고 황상이 그 울분을 시로 터트렸다. 원제도 '애절양'이다. "노전 사는 젊은 아낙 곡소리 길고 길다 / 가진 아이 못기르고 지아빈 남근 잘라 / 시아버지 죽던 해에 포수로 차출되고 / 올해는 봉군에다 충군까지 겹쳤구나 / 칼을 갈아 방에 들자 피가 자리 가득하니 / 민땅 아이 잔혹함이 실로 또한 근심겹다 / 돼지와 말 불알까도 오히려 구슬픈데 / 하물며 사람으로 혈맥을 자르다니 / 부잣집은 1년 내내 세금 한 푼 안 걷고 / 종과 거지 부류들은 착취하여 상케 하네 / 이 법을 안 바꾸면 나라 필시 약해지리 / 한밤중 이 생각에 속이 부글 끓는구나" 이 시를 스승 다산이 새롭게 고쳐 쓴 것이다. 정민, 『삶을 바꾼 만남』, 75~80쪽

황상의 작품이 다큐에 가깝다면, 다산의 작품에는 비장한 파토스가 흘러 넘친다. 여인의 고난이 생생하게 재현되고 신분질서의 모순이 적나라하게 표출되면서, 그런 세상을 안타깝게 바라보는 시인의 비탄이 메아리친다. 고난과 분노와 격정—리얼리즘의 미학적 기제를 생생하게 구현하고 있다(『목민심서』에도 이 시의 배경이 되는 사건에 대한 설명이 등장한다. 그런데 좀 이상하다. 왜 제자 황상에게서 들은 이야기라는 말은 생략했을까? 그랬다면 더 감동적이었을 텐데). 이런 미학적 기제는 비단 유배지에서 형성된 것만은 아니다. 남인이라는 태생적 한계도 작용했을 테고, 더 구체적으로는 젊은 날 암행어사, 곡산부사, 형조참의 등의 관직을 수행하면서부터 비롯되었다. 그때도 다산은 이런 어조와 톤으로 '사회시'를 써왔던바, 「애절양」은 그 클라이맥스에 해당하는 작품이다. "임금을 사랑하고 나라를 근심하는 내용이 아니면 그런 시는 시가 아니며, 시대를 아파하고 세속을 분개하는 내용이 아니면 시가 될 수 없"다는 그 유명한 테제를 직접 창작으로 실천한 경우이기도 하다.

언뜻 보기에 풍자와 비탄은 서로 보완적이다. 기득권 집단에 대해서는 풍자의 비수를, 억압받는 집단에 대해서는 비탄의 공감을 보내는 건 극히 자연스러워 보인다. 부패와 무능, 수탈과 억압은 서로 맞물려 있기 때문이다. 하지만 이런 식으로 텍스트를 보는 건 아주 상투적이고 도식적이다. 솔직히 유사 이래 어느 시대가 그렇지 않았던 적이 있을까? 조선의 르네상스라고 불리는 정조시대가 이 정도라면 다른 시대야 말할 필요도 없다. 그리고 그건 굳이 연암과 다산을 통해 확인하지 않아도 된다.

그럼 어떻게 해야 이런 상투적 독법에서 벗어날 수 있을까? 연암의 시선은 양반에 대한 풍자로 향했고, 다산은 백성들의 수난에 초점을 두었다. 연암의 작품에도 하층민은 등장한다. 이들은 '민'民, '백성'이라기보다는 '마이너'에 가깝다. 그래서인가. 이들은 '억압'받긴 하지만 '소외'된 인간들은 아니다. 억압과 소외는 다르다. 전자가 외적 구조와 관련된 것이라면 후자는 내적 심리와 관련된 것이다. 그래서 이들은 양반들이 얼마나 썩어 빠졌는가를 반사해 주는 거울의 역할을 한다. 신분적 차원에서 보자면 이들은 분명 '하위주체'다. 하지만 윤리적 차원에선 그렇지 않다. 연암이 『방경각외전』을 지은 까닭은 무엇인가? "세상의 벗 사귐은 오로지 권세와 이익만을 좇았다. 그리하여 여기에 붙었다 저기에 붙었다 하는 세태가 꼴불견이었는데" "그래서 아홉 편의 전을 지어 세태를 풍자"하였다. 요컨대, 진정한 우도友道를 통해 세태를 풍자하기 위해서다. 즉, 연암이 겨냥한 건 관계의 윤리학이다.

특히 「양반전」에 붙은 서문은 이렇다. "선비는 하늘에서 받은 벼슬인데 선비의 마음이 곧 뜻으로 된다. 뜻이란 어떤 것일까? 권세와 잇속을 꾀하지 말고, 입신출세 해도 선비의 도리를 떠나지 않으며, 곤궁해도 선비의 도리를 잃지 않아야 한다. 명예와 절개를 조심하지 않고, 한갓 문벌을 밑천으로 여기거나 조상의 뼈다귀를 매매한다면 장사치와 무엇이 다르랴?" 그렇다. 문제는 선비들의 윤리적 타락이다. 이것이 모든 부조리와 모순의 원천이다. 이 진상을 만천하에 드러나게 해준 건 다름 아닌 정선부자다. 돈으로 양반을 사겠다는 발상은 어이없지만, 그는 두 개의 문서에 담긴 양반의 윤리적 수준을 단번에 가늠해 낸다. 그것은 '도적질'에 다름 아니었다. 그걸 알아채자 그는 바로 도주한다. 도적질로부터의 '도주'. 이것이 바로 '마이너'의 저항이다. 비록 하위주체지만 삶의 비전과 욕망까지 박탈당하지는 않는 존재들! 국가, 신분, 제도 따위가 결코 포획할 수 없는 능동적 신체들!

그에 반해 다산의 '민'에는 이런 윤리적 생동감이 없다. 그들은 가난과 핍박으로 비탄에 빠진 인물들이다. 억압과 착취만이 이들의 삶을 규정한다. 이들의 삶에는 어떤 출구도 없다. 그들은 마치 세상의 타락과 어둠을 증명하기 위해 사는 존재들처럼 보인다. 그런 점에서 집합적이고 익명적 주체. '민'이라는 계급적 집합체가 해방되기 전에는 결코 자신의 개별적 특이성을 발휘할 수 없는 존재들! 위대한 군주와 거룩한 목민관이 오기 전에는 결코 스스로 해방될 수 없는 존재들! 그런 점에서 다산은 철저히 '국가인'이고 '정착민'이다.

요컨대, 두 작품은 서로 보완적이지 않다. 「양반전」과 「애절양」은 비슷하지만 다르다. 연암은 '윤리적 해방'의 차원에서 사회적 모순에 접근했고, 다산은 '통치의 기술'이라는 관점에서 수탈의 현장을 고발했다. 둘이 꿈꾸는 미래 또한 다를 것이다. 아마도!

「열녀 함양 박씨전」 vs 「소경에게 시집간 여자」 — 억압과 소외

양반과 백성, 사대부와 민民 —— 이 거대한 계급적 절단선 아래 또 하나의 절단면이 있다. 남성과 여성. 그래서 '하층민 여성'은 이 두 개의 절단면이 중첩되는 결절점이다. 「애절양」도 화자가 여성이다. 남근을 자른 남정네보다 그 피가 뚝뚝 떨어지는 남근을 가지고 관아 앞에서 울부짖는 여성의 비탄이라는 점이 더 사무치게 다가온다.

여기 또 한 명의 기구한 여성이 있다. 한 여승이 관아에 끌려간다. 대체 무슨 일로? 그 여승을 따라가던 어미가 사연을 말해 준다. 여승은 강진 사람인데 이제 꽃다운 열여덟 살. 술주정뱅이 아비가 중매쟁이한테 낚여서 돈 좀 있는 소경한테 딸을 팔았다. 그의 나이는 칠칠은 사십구, 마흔아홉 살. 이번이 세번째 혼례란다. 초취에서 딸 둘, 재취에서 아들 하나를 뒀다. 온통 사방에 적들로 득시글거리는 정글에 들어간 셈이다. 어린 새색시한테는 소경이 점치는 소리도 끔찍해 죽겠는데, 이 놈의 소경이 또 얼마나 인색하고 사나운지, 거기다 의붓자식들의 고자질로 육신이 잠시도 편안할 틈이 없다. 마침내 도주를 결심, 보림사라는 절에 가서 출가를 했다. 부처님의 가피로 편안히 살아볼까 했건만, 그 소식을 들은 어미가 잠깐 정신줄을 놓아 버렸다.

> 그 어미 일어나 가슴을 두들기며
> 옷가지를 끌어안고 소경의 집으로 달려가서
>
> "우리 아인 지금 중이 되었다네.
> 판수네 판수네 이 일 어찌하려나
> 우리 아인 아무 허물이 없건만
> 모질게도 구박하고 매질해서 이리되었지.

썩둑 잘려진 이 한줌의 머리칼
바로 우리 아이의 구름결 같던 머리라네.
판수네 판수네 이 일을 어찌하려나
차라리 나를 당장 죽여나 주오."

「소경에게 시집간 여자」(부분), 임형택 편역, 『이조시대 서사시』 2, 301~302쪽

판수는 곧바로 관아에 소장을 올리고 원님은 분기탱천한다. "부녀자의 행실이 왜 그리 편협한고? / 남편을 헌 버선짝처럼 팽개치다니 / 지금부턴 다시 머리를 기르고 / 부부간에 금실 좋게 지내어라." 이런!

호령이 사자의 고함처럼 울리는데
한마딘들 제 뜻을 아뢸 수 있었겠소.
시집이라고 다시 돌아가 방 안에 들어서니
소경의 기세 자못 펄펄하더라오.

우리 아이 한밤중에 또 몰래 빠져나와
도망질을 쳐서 험준한 산마루 넘고 넘어
다다른 곳이 개천사라는 절이라.
이 절에서 십여일 묵었을 제
소경 수소문하여 찾아냈더라오.
우리 아이 단지 속에 자라처럼 꼼짝없이
이제 다시 붙잡혀 관가로 끌려가는 길

저 아이 죽일지 살릴지 모를 일이라오.

사람들 담을 쌓고 둘러서 듣다가
너나없이 혀를 차고 두런두런.

잡히면 도망치고 도망치면 또 잡아오고. 쫓고 쫓기고…… 이 여성에게 이제 길은 하나뿐. "줄곧 시달림을 받고 보면 / 제 스스로 목숨을 끊게 되지 않을까." 이게 장장 5언 360행에 이르는 '장편 서사시' 「소경에게 시집간 여자」이다. 「애절양」과 마찬가지로 1803년, 강진에서 목격한 이야기를 서사시의 형식으로 옮긴 것이다.

아버지, 남편, 전처의 자식들, 원님 ─ 이것이 이 여성의 삶을 둘러싸고 있는 질곡의 사슬이다. 아버지는 돈에 '눈 멀었고', 남편은 진짜로 '눈이 멀었고', 전처의 자식들은 무지해서 '몽매'하고, 원님은 오직 윤리적 법도만을 따진다는 점에서 역시 '맹목'이다. 온통 '눈먼' 인간들 천지다. 출구는 오직 하나, 이 억압의 원천인 유교적 그물망을 벗어나 승려가 되는 것뿐. 독한 결심으로 출가에 성공했는데, 놀랍게도 이 여성을 진짜 위기에 빠뜨린 건 엄마다. 위에 인용된 대목을 보라. 이 엄마는 대체 왜 판수 사위를 찾아간 것일까? 딸자식의 원한을 갚으려고? 딸의 인생이 너무도 억울해서? 어느 쪽이건 결론은 참혹하다. 자식을 도망자와 범죄자로 만들어 버렸으니까. 결국 서러움에 '눈이 먼' 건 엄마도 마찬가지다. 남성들의 맹목이 이 여성의 삶을 가혹하게 유린했다면, 엄마의 맹목은 이 여성을 생존의 벼랑끝으로 몰아 버렸다. 이래서 지독한 가부장제하에선 '엄마 혹은 시어머니'가

권력의 대행자라고 하는가 보다.

이 작품이 남성 혹은 남성적인 권력의 폭압성을 보여 준다면, 연암의 「열녀 함양 박씨전」은 여성의 욕망 그 자체를 다룬다. 한쪽은 '서사시'고 다른 한쪽은 '전'이다. 역시 두 사람의 장르적 취향은 극과 극이다.

때는 바야흐로 연암이 안의현감으로 재직 중인 1793년. 통인 박상효의 조카딸이 시집갔다가 홀로 되었는데 3년상을 마친 다음 독약을 먹고 죽었다. 사연인즉 이렇다.

이 여인은 본디 안의현의 아전 집안 출신인데 열아홉에 함양에 있는 같은 아전 집안으로 시집을 갔다. 남편이 비록 용모는 아름다우나 노점(폐결핵)에 걸려 혼인한 지 반년도 못 되어 죽어 버렸다. 그럼 사기결혼 아닌가? 근데, 시집가기 두어 달 전에 그 사실을 미리 알았다는 것이다. 누군가가 와서 물었다. "병이 골수에 사무쳐 사람 노릇을 할 가망이 전연 없는데 왜 약혼을 물리지 않느냐"고. 가족들도 당연히 그럴 생각이었다. 하지만 여인의 뜻은 완강했다. "저번에 지어 놓은 옷이 뉘 몸에 맞추어 지은 것이며 뉘 옷이라고 말하던 것입니까? 저는 처음 지은 옷을 지키기를 원합니다." 「소경에게 시집간 여자」가 '강제로' 팔려간 것이라면 이 여인의 경우는 철저히 '자발적'이다. 모두가 말렸건만 본인이 '필사적으로' 선택했다.

이후의 과정도 한결같고 치밀하다. "박씨의 심경을 처음부터 끝까지 추측해 본다면, 나이 어린 과부로서 오래 세상에 머물러서 두고두고 친척들의 마음을 상하게 하고 공연히 이웃간의 뒷공론을 받는 것보다는 얼른 이 몸이 없어져 버리는 것이 낫다고 생각한 것이 아니겠는가? 아하! 성복날 죽지 않은 것은 소상이 있기 때문이었고, 소상을 지내고 죽지 않은 것은 대상이 있기 때문이었고, 대상을 지나고 보면 3년상도 끝난 것이다. 이래서 처음에 마음먹었던 대로 남편과 한날 한시에 순절을 이룬 것이다. 이 어찌 열렬치 않으냐?"박지원, 「열녀함양 박씨전」, 『연암집』(상), 153쪽 폐결핵에 걸린 정혼자, 비극적 혼인과 신랑의 요절, 삼년상과 순절. 이렇게 스토리를 정리해 보니 이 여인은 마치 열녀가 되기 위해 태어난 것처럼 보인다.

다산의 작품이 남성들의 포위망을 탈출하여 쫓고 쫓기는 '활극'에 가깝다면, 연암의 주인공은 생의 의지가 박탈되어 오직 독백으로만 이루어진 '모놀로그'에 가깝다. 그럼 연암은 수절과 열녀를 예찬하기 위해 이 작품을 썼던가? 아니다, 그 반대다. 함양 박씨의 스토리는 단지 단서일 뿐이다. 그는 그 사건을 전혀 다른 시선으로 바라본다. 그래서 그에 대한 서문을 병기했다. 근데, 서문이 본문보다 더 길다. 역시 개성만점이다.

오늘 과부란 과부는 모두 옛날의 열녀 폭이다. 심지어 시골 구석의 젊은 안해나 행길거리의 새파란 홀어미들이 제 부모에게서 무리한 강요를 당하는 것도 아니고, 자손들이 벼슬에 등용되지 못할 부끄러움을 가지는 것도 아니건만, 수절하는 것만으로는 절개가 되지 못한다고 왕왕 자살을 한다. 그래서 이 세상을 등지고 남편을 따라 저승으로 가려고 물에 빠지고 불에 뛰어들고 독약을 마시고 목을 매어 죽는 것을 마치 즐거운 곳으로나 가듯 하였다. 열렬하기는 열렬하지만 이 어찌 과한 일이 아니냐?「열녀 함양 박씨전」, 『연암집』(상), 148쪽 여기서 문득 의아해진다. 수절을 강요하지 않았다고? 그렇다. 수절은 양반, 그것도 좀 명망 높은 사대부 가문의 여성에 한해서 요구된 덕목이다. 한미한 양반의 경우엔 보쌈 같은 풍속을 이용해서라도 개가를 대충 허용했고, 중인 이하 평민들은 아예 그 적용대상이 아니었다. 궁금하면 「덴동어미화전가」나 『임꺽정』을 읽어 보시라. 그런데 조선왕조 4백년 이래 교화가 미치다 보니 수절이 보통 여인네의 덕목이 되어 버린 것이다. 특히 임병양란 이후부터는 그냥 수절하는 것도 아니고 극단적인 방식으로 목숨을 끊어 버리는 게 하나의 풍토가 되었다. 여기에 작동하는 심리적 기제는 대체 무엇일까? 인정욕망? 아니면 지극한 순정? 이념에 대한 맹목적 신념? 어찌 됐건 이건 분명 '전도망상'이다.

물론 이 행위 자체는 자발성에 기초한다. 하지만 이 자발성을 추동하는 무의식적 기제는 매우 억압적이다. 열녀가 되면 열녀문을 세워 줄 뿐 아니라 그 행위를 기리는 찬사들이 이어지니까. 이런 표상들을 오랫동안 내면화하다 보면 수절을 여성적 주체성의 표징으로 삼게 된다. 그래서 방법도 점점 더 과격해진다. 물과 불에 뛰어들고 독약을 마시고…… 평범한 죽음으로는 부족하다 여기는 것이다. 마치 멜로에서 사랑의 순결을 증명하기 위해 점점 더 센 불치병이 등장하는 것과 마찬가지다. 이쯤 되면 '대체 왜, 누구를 위해 수절을 하는지'도 모른 채 '수절을 위한 수절'에 올인한다. 이런 배치는 그 어떤 차별보다 치명적이다. 목숨도 목숨이지만 무엇보다 여성의 욕망 혹은 정념을 침묵시켜 버리기 때문이다. '욕망으로부터의 소외'가 발생하는 지점이 바로 여기다.

여기 한 과부가 있다. 이 과부는 남편을 따라 죽지도 않았고 두 형제를 훌륭하게 키웠다. 형제들이 모두 이름난 관리였는데, 하루는 어머니 앞에서 어떤 사람의 벼슬길을 막자고 의논하고 있었다. 어머니가 물었다. "무슨 허물이 있기에?" 선대에 과부가 있었는데 소문이 좋지 않다는 것이다. 그러자 어머니는 자식들에게 말한다. "바람이란 것이 소리만 있지 형체는 없는 것이라 눈으로 볼 수도 없고 손으로 잡을 수도 없다. 공중에서 일어나니 곧잘 만물을 뒤흔드는 것이다. 어쩌자고 형체 없는 일을 가지고 뒤흔드는 속에다가 남을 몰아넣는다는 말이냐? 더구나 너희가 바로 과부의 아들이다. 과부의 아들이 그래 과부를 비평한다는 말이냐?" 그러면서 품 안에서 구리돈 하나를 보여 준다.

"이 돈에 둥그런 둘레가 있느냐?"
"없습니다."
"이 돈에 글자가 있느냐?"
"없습니다."
어머니는 눈물을 흘리면서 말하였다.
"이것이 네 어미가 죽음을 견딘 부작이다. 십 년이나 손으로 만지고 만져서 다 닳아 버렸다. 대개 사람의 혈기는 음양에서 나오고, 정욕은 혈기로 인해서 작용하는 것이며, 생각은 고독한 데서 생기고, 슬픔은 생각으로 인해서 일어나는 것이다! 과부야말로 고독한 신세요, 지극히 슬픈 사람이다. 혈기가 때로 왕성해지면 과부라고 해서 어찌 정욕이 없겠느냐? 껌뻑이는 등불 아래 그림자만 바라

보고 홀로 밤을 새기란 참으로 괴롭구나. 더구나 비 떨어지는 소리가 처마 끝에서 뚝뚝 나거나, 허연 달빛이 창을 들이비치거나, 뜰에서 나뭇잎이 나부끼고 하늘가에서 외기러기가 울고 지날 적에 먼 촌의 닭 소리는 들리지 않고 어린 종년의 코고는 소리만 요란할 때 눈이 반들반들해서 잠은 오지 않으니 이 쓰라린 심정을 누구에게 하소할 데가 있느냐?"

그래서 이 여인은 동전을 굴렸다. 동전을 굴리면서 온 방안을 돌았다. 그러다 보면 날이 샜다. 그렇게 수십 년 굴리다 보니 돈에 글자가 사라져 버린 것이다. 이 여인이야말로 열녀가 아니겠는가, 라고 연암은 말한다.

여기서 핵심은 열녀가 아니라 정욕이다. 여성도 혈기왕성한 때엔 당연히 정욕이 넘친다. 과부로 살아간다는 건 다른 그 무엇보다 이 정욕과의 투쟁이다. 이건 결코 윤리적 선택 이전에 생리적이고 신체적이며 그래서 본원적인 것이다. 이것과 마주하지 않는 여성이 대체 어디 있단 말인가. 그래서 「호질」에 나오듯 열녀로 이름난 동리자도 성이 다른 자식을 다섯이나 기르지 않았던가. 일단 이 정욕을 인정해야 '과부로 살아간다는 것', '열녀가 된다는 것'의 의미를 되새길 수 있다. 요컨대, 연암은 이렇게 묻고 있는 것이다. 너희가 '과부'를 아느냐? 혹은 '여성의 몸, 여성의 정념'을 아느냐?고.

다산의 주인공은 억압과 모순의 집결처다. 아버지와 남편, 남편의 자식들, 원님, 그리고 가장 결정적으로 엄마까지, 사방이 온통 적이다. 그 여성의 고난은 그 자체로 가부장제의 폭력성을 만천하에 폭로 한다. 대신 여성의 '원초적 욕망'은 생략되었다. 반면, 연암의 '열녀론'은 사회적 억압보다 욕망의 소외가 더 선차적이다. 목숨을 끊는 것은 차라리 쉽다. 살아남아서 자식을 기르는 것이 훨씬 더 어렵다. 온갖 차별과 편견에 시달려야 하니까. 하지만 그것도 부차적이다. 정념이 솟구치는 기나긴 밤을 대체 어떻게 보낼 것인가? 진짜 전쟁터는 바로 여기다. 여기에서 '살아남아야' 진짜 열녀, 아니 자기 삶의 주인이 될 수 있다.

이미 언급했듯이, 억압과 소외는 서로 같지 않다. 억압은 외적 구조로부터 오는 장애라면, 소외는 내적 갈등에서 유래한다. 구조적 억압이 강고한 시대에는 내적 모순의 측면을 망각하기 쉽다. 또 억압만 사라지면 소외가 절로 해소될 거라 여기지만, 사실은 그렇지 않다. '억압받되 소외되지 않는' 삶도 가능하고, '억압은 사라졌지만 소외는 더욱 심화된' 삶들도 얼마든지 가능하다. 요컨대, 억압과 소외는 겹치는 듯 서로 엇갈린다. 연암과 다산의 시선이 그런 것처럼. 억압과 소외 중에 어느 것이 더 중요하다고 할 수는 없다. 그건 선후의 문제도, 우열의 문제도 아니다. 분명한 건 둘 모두로부터 탈주하지 않는 한 진정한 해방은 불가능하다는 것.

문득 떠오르는 생각 하나. 「소경에게 시집간 여자」의 엄마는 왜 딸의 출가를 숨겨 주기보다 굳이 판수 사위한테 까발리는 '몹쓸' 짓을 했을까? 혹여 마음 깊은 곳에서, 아무리 웬수 같은 서방이라도 깊은 산속 절간에서 꽃다운 청춘을 보내는 것보다는 낫다고 여긴 건 아니었을까?

코끼리와 상제(上帝) — 카오스와 코스모스

연암이 열하에 도착한 것은 1780년 음력 8월 9일. 무박나흘의 강행군이었지만 연암은 잠시 눈을 붙인 뒤 곧바로 열하에 대한 본격 탐방에 나선다. 강철체력 혹은 위대한 건강!

열하는 지금의 눈으로 봐도 이국적인 피서지다. 도시 한가운데 강희제의 동상이 있는 것도 그렇고, 황제의 동상이 말 탄 무장의 모습인 것도 참 특이하다. 황제의 행궁인 피서산장에 걸린 건륭황제의 어진 역시 말 탄 무장의 모습이다. 유목민의 후예임을 과시하기 위함일까. 아니면 황제임에도 말에서 내릴 여가가 없었음을 말해 주는 것일까. 피서산장에는 강희제와 건륭제 외에 또 한 명의 '지존'의 유물이 있는데, 서태후가 바로 그다. 1860년 영불연합군에 의해 북경이 함락되자 함풍황제와 서태후는 열하로 피난을 왔고, 함풍황제는 이 행궁에서 숨을 거두었다. 이때 옥쇄를 차지함으로써 바야흐로 '서태후의 시대'가 열렸다. 그래서인지 서태후는 열하의 행궁을 특히 좋아했다고 한다. 북경의 이화원은 피서산장을 고스란히 본떠 만든 것이다. 황제들의 흔적뿐 아니라 티베트의 수도 라싸의 겨울 궁전을 본뜬 포탈라궁, 판첸라마 5세를 영접하기 위한 황금궁전(찰십륜포), 거대한 불상을 자랑하는 티베트사원 등의 유적들로 넘친다. 현재 티베트와 중국과의 관계를 생각하면 여러 모로 흥미롭다.

그러니 연암이 갔을 적엔 오죽했으랴. 연암은 말한다. 태어나 온갖 기이한 것들은 다 열하에서 보았노라고. 그 기이한 것들 가운데는 건륭황제와 판첸라마, 몽고의 추장 등 북방의 이민족들과 스물네 가지로 이루어진 '요술잔치'에다 만수절 축하 이벤트, 그리고 코끼리가 있었다. 이 중 연암을 사로잡은 건 단연 코끼리였다. 코끼리에 대한 연암의 관심은 남달랐다. 북경에서도 짐을 풀자마자 상방象房으로 달려갔을 정도다.

"만일 진기하고 괴이하며 대단하고 어마어마한 것을 볼 요량이면 먼저 선무문 안으로 가서 상방을 구경하면 될 것이다." 「상기」의 첫머리. 그때 연경에서 본 건 열여섯 마리였는데 모두 쇠사슬로 발이 묶여 있었다. 헌데, 지금 열하 행궁 서쪽에서 코끼리 한 쌍이 온몸을 꿈틀거리며 걸어가고 있지 않은가. 마치 풍우가 몰아치는 듯 실로 굉장하였다. 문득 예전 동해바다에서 본 일출 장면이 떠올랐다. 그만큼 신비롭고 황홀했다는 뜻이다. 이어지는 코끼리에 대한 묘사. "소의 몸뚱이에 나귀의 꼬리, 낙타의 무릎에 호랑이의 발, 짧은 털, 회색 빛깔, 어진 모습, 슬픈 소리를 가졌다." 앞의 묘사들도 흥미롭지만 '어진 모습, 슬픈 소리'라는 표현이 코끼리와 딱 어울린다. 어질게 보이는 건 눈이 옆으로 길게 찢어졌기 때문이고, 비음이 섞인 코끼리의 소리는 유달리 구슬프다. 그래서 거구의 몸집임에도 맹수처럼 느껴지지 않는지도 모르겠다. 아무튼 이렇게 해서 연암의 사유가 시작된다. 이름하여, 코끼리를 통해 본 우주의 비의!

아, 사람들은 사물 중에 터럭만큼 작은 것이라도 하늘에서 그 근거를 찾는다. 그러나 하늘이 어찌 하나하나 명령을 해서 냈겠는가. 하늘이란 것이 실로 오묘하기 짝이 없어 형체로 말한다면 천天이요, 성정으로 말한다면 건乾이며, 주재하는 것으로 말하자면 상제上帝

요, 오묘한 작용으로 말하자면 신神이라 한다. 하지만 사람들은 이 변화무쌍함을 간단한 원리로 정리해 버린다. 즉, 이理와 기氣를 화로와 풀무로 삼고, 뿌리는 것과 품부하는 것을 조물로 삼아, 하늘을 마치 정교한 공장으로 보면서 마치 망치·도끼·끌·칼 등으로 조금도 쉬지 않고 일을 한다는 식으로.

사람들은 언제나 하늘天을 근거로 삼는다. 하늘 혹은 우주가 만물을 낳았으니 그럴 법도 하다. 하지만 하늘은 그야말로 변화무쌍한데, 대체 그걸 어떻게 한두 가지 명칭으로 규정할 수 있단 말인가. 그걸 규정하는 순간 하늘은 이미 하늘이 아니게 된다. 그럼 하늘이 창조한 것은 무엇인가?

『역경』에 이르기를, "하늘이 초매草昧를 만들었다"고 하였다. 초매란 것은 그 빛이 검고 그 모양은 흙비가 내리는 듯하여, 비유하자면 새벽이 되었지만 아직 동이 트지는 않은 때와 같아서 사람이나 사물이 뒤엉켜 있는 혼돈 그 자체를 말한다. 나는 알지 못하겠다. 캄캄하고 흙비 자욱한 속에서 하늘이 만들어 낸 것이 과연 무엇이었는지. 국숫집에서 보리를 갈면 작거나 크거나 가늘거나 굵거나 할 것 없이 마구 뒤섞여 바닥에 쏟아진다. 무릇 맷돌의 작용이란 도는 것뿐이니, 가루가 가늘거나 굵거나 간에 거기에 무슨 의도가 있었겠는가.

그렇다. 하늘이 처음 만든 건 '혼돈', 다시 말해 카오스 그 자체다. 아니, 하늘이 곧 카오스다. 빛과 어둠, 해와 달, 사람과 사물이 서로 뒤엉켜 있는, 무극이면서 태극인 상태. 현대과학의 용어를 빌리자면 빅뱅 이전 혹은 그 직전의 미분화상태가 그것이다. 그러니 거기에 어떤 의도나 주체 따위가 있을 수 없다. 그런 게 있다면 이미 카오스가 아니다. 하지만 사람들은 그것을 수긍하지 못한다. 그럴 리가 없다, 뭔가 심오하고도 오묘한 뜻이 있을 거야, 라는 생각을 멈추지 않는다.

그런데도 사람들은, "뿔이 있는 놈에게는 이빨을 주지 않았다."고 말한다. 사물을 만들면서 빠뜨린 게 있는 듯 여기는 건 또 뭔가. 그래서 나는 이렇게 묻는다.

"이빨을 준 건 누구인가?"

"하늘이 주었지."

"하늘이 이빨을 준 까닭은 무엇 때문인가?"

"하늘이 그것으로 사물을 씹도록 한 것이다."

"사물을 씹도록 한 것은 무엇 때문인가?"

"그게 바로 '이치'입니다. 짐승들은 손이 없으므로 반드시 그 주둥이를 구부려 땅에 대고 먹을 것을 구하지요. 그러므로 학의 정강이가 높으면 부득이 목이 길어야만 합니다. 그래도 여전히 간혹 땅에 닿지 못할까 염려하여 부리를 길게 만들었습니다. 만일 닭의 다리를 학과 같게 하였다면 뜨락에서 굶어 죽었을 겁니다."

"그대들이 말하는 '이치'란 것은 소·말·닭·개에게나 맞을 뿐이다. 하늘이 이빨을 준 것이 반드시 구부려서 사물을 씹도록 한 것이라면, 지금 저 코끼리는 쓸데없는 어금니를 만들어 준 탓으로 땅으로 고개를 숙이면 어금니가 먼저 닿는다. 이른바 사물을 씹는 것에 오히려 방해가 되는 게 아닌가?"

그러면 어떤 사람은 이렇게 말할 것이다. "그건 코가 있기 때문이지." 이런 답답한지고. 나는 이렇게 반문한다.

"긴 어금니를 주고서 코를 핑계로 댈 양이면, 차라리 어금니를 없애고 코를 짧게 하는 게 낫지 않은가?"

이것이 우리가 푹 젖어 있는 논리적 회로다. 뭐든 원인과 목적을 설정하지 않고는 못 배기는 습속. 이렇게 계속 원인과 목적을 찾아가다 보면 '제일의적이고 가장 일차적인' 의도를 설정하게 된다. 그럴 때 하늘이 호명된다. 그때 호명된 하늘은 카오스에서 분리되어 초월적 지위를 획득하게 된다. 모든 것은 하늘이 창조한 것이다, 고로 천하만물에는 하늘의 깊은 뜻이 담겨 있다, 등등. 그러면 만사형통일 듯 싶지만, 절대 그렇지 않다. 저 코끼리를 보라! 이빨을 주는 것이 음식물을 씹게 하려는 하늘의 '의도'라면 코끼리의 어금니는 왜 저 모양인가? 어금니 때문에 씹는 데 더 방해가 될 뿐이다. 코가 길어서라고? 그럴 바에야 어금니도 없애고 코도 짧게 하면 될 것을. 삼척동자도 알 만한 이치를 하늘이 모르다니, 그게 말이 되나? 그러면 더 이상 우기지 못하고 슬며시 꼬리를 내리고 만다.

이렇듯 우리의 생각은 소·말·닭·개 정도에나 통할 뿐 용·봉·거북·기린 같은 짐승에게까지는 전혀 미치지 못한다. 왠줄 아는가? 이 우주에는 초월적 법칙 같은 건 존재하지 않기 때문이다. 예컨대, 코끼리가 범을 만나면 코로 때려 죽인다. 죽이려고 한 게 아니라 단지 냄새가 싫어서 코를 한번 휘둘렀을 뿐이다. 그러니 그 코야말로 천하무적이다. 그러나 쥐를 만나면 코를 둘 데가 없어 하늘을 우러러 멍하니 서 있을 따름이다. 그럼 쥐는 범보다 더 무서운 동물인가? 말도 안되는 소리! 코끼리와 범, 그리고 쥐, 이 셋 사이엔 어떤 위계도 서열도 없다. 인연 조건에 따라 매번 달라질 뿐이다. 그럼에도 그것들을 기어코 어떤 '의미망'에 집어넣으려는 순간 엄청난 부조리에 빠져들고 만다. 하여, 연암의 결론은 이렇다.

> 대저 코끼리는 오히려 눈에 보이는 것인데도 그 이치를 모르는 것이 이와 같다. 하물며 천하 사물이 코끼리보다 만 배나 더한 것임에랴. 그러므로 성인이 『역경』을 지을 때 '코끼리 상'象자를 취하여 지은 것도 만물의 변화를 궁구하려는 뜻이었으리라. 알다시피, 『역경』에서 사상四象이 팔괘八卦를 낳고 팔괘가 육십사괘를 낳는다는 식으로 천지만물의 이치를 말하고 있기 때문이다.

아하, 이제야 알겠다. 연암이 왜 코끼리를 그렇게 좋아했는지를. 우주의 변화무쌍한 이치를 탐구하는 『역경』이 코끼리 상象자로 시작한다는 사실로 인해서다. 역의 원리는 간단하다. 사상에서 팔괘로, 팔괘에서 다시 육십사괘로! 이 흐름에는 어떤 숨은 의도나 의미 따위는 없다. 목적과 종착점 역시 없다. 음이 다하면 양으로 변전하고, 양이 다하면 다시 음이 되고, 오직 무상한 변화易만이 있을 뿐! 그것이 곧 카오스다.

그에 반해 다산의 우주는 코스모스다. 카오스가 울퉁불퉁하다면, 코스모스는 조화롭고 균질적이다. 그러기 위해선 그 모든 것을 일제히 분류, 정돈할 수 있는 초월적 척도가 있어야 한다. 상제가 바로 그것이다. 이 용어는 '천'天을 지칭하는 여러 개념들 중의 하나였다. 선진유학에선 더러 쓰이기도 했지만 별반 영향력을 행사하지는 못했다. 특히 송나라 유학이 "천리"라는 형이상학적 개념을 설정하면서 '천'天이 지닌 인격성은 완전히 탈각되기에 이른다. 불교와 도교는 더 말할 나위도 없다. 불교는 존재하는 모든 것의 '자성'을 해체하는 철학이고, 도교는 음양오행이라는 물리적 법칙을 탐구하는 것이니 더더욱 그렇다. 결국 동양사상과 인격신은 '공존불가능한' 관계였던 셈이다. 하지만 다산은 상제라는 용어를 다시 불러냄과 동시에 거기에 강렬한 인격성을 부여한다. 즉, 그것은 더 이상 하늘을 지칭하는 여러 개념들 중의 하나가 아니다. 전지전능하고 유일무이한 존재에 대한 명칭이다. 인격성과 초월성! 이것이 결합할 때 유일신이 탄생한다.

물론 이것은 '선진고경'의 세계에 그 젖줄이 닿아 있다. 그럼 다산은 왜 '선진고경'의 세계로 귀환했던가? 천리/인욕, 이/기 등으로 이루어진 성리학적 도그마로부터 벗어나기 위해서다. 상제라는 개념이 본격적으로 정립된 것이 『논어고금주』論語古今註인 건 그래서 참 의미심장하다. 『논어고금주』는 제목대로 논어에 대한 고금의 주석을 광범하게 수집한 다산 경학의 결정판이다. 1813년 겨울에 전체 40권이 완성되었다. 1808년 다산초당으로 옮긴 지 5년여 만이다. 당시 다산의 나이는 52세, 유배생활은 벌써 13년째 접어들었다. 나이로나 유배생활로나 또 학술적 연륜으로나 한창 무르익은 시점이다. 이후 『맹자』 『중용』 『대학』 등에 대한 연구로 이어지면서 다산경학의 지평이 열린다.

다산 자신도 『논어고금주』에 대해 아주 뿌듯했던 것 같다. 「자찬묘지명」을 보면 "『논어』에 대한 학설은 새로운 주장이 더욱 많다. 효제란 바로 인仁이다. 인이란 총괄해서 하는 말이고 효제란 분할해서 하는 말이다"로 시작하여 자신의 독창적 업적을 주욱 나열한다. 하지만 이 저술에서 가장 독창적인 언술은 다름아닌 '상제론'이다.

> 아! 우러러 하늘을 살펴보면 일월日月과 성신星辰이 빽빽하게 늘어서 있고, 구부려 땅을 살펴보면 초목과 금수가 정연하게 자리를 차지하고 있는데, 이들 가운데는 사람을 비추고 사람을 따듯하게 하고 사람을 기르고 사람을 섬기지 않는 것이 하나도 없다. 이 세상을 주관하는 자가 사람이 아니고 누구이겠는가? 하늘[상제]이 세상을 하나의 집으로 만들어서 사람으로 하여금 선을 행하게 하고, 일월성신과 초목금수는 이 집을 위해 공급하고 받드는 자가 되게 하였는데……. 정약용, 『역주 논어고금주』 5, 93쪽

천지만물은 오직 사람을 위해 존재한다. 왜? 상제가 그렇게 만들었기 때문이다. 아주 낯설고 특이한 '인간중심주의'가 탄생했다. 동양사상은 음양오행론이라는 자연철학을 기반으로 한다. 음양오행론은 우주의 원리이자 인간 본성의 이치에 해당한다. 말하자면, 이 매트릭스에선 인간과 우주가 '대칭적으로' 연결되어 있다. 성즉리性

則理, 심즉리心則理, 일체유심조一切唯心造, 심외무물心外無物 등의 명제가 공통적으로 함축하는 바도 거기에 있다. 하여, '천지인'은 나란히 함께 간다.

하지만 다산의 상제론은 이 대칭적 연결고리를 단칼에 끊어 버렸다. 다산에 따르면 물질과 정신, 자연과 인간은 서로 다른 법칙을 따른다. 고로 둘 사이엔 아무런 연속성이 없다. 인간은 물질계 혹은 천지자연으로부터 초월해 있으며, 따라서 그 모든 것을 주관하고 향유하는 주체다.

『논어고금주』에서 시작된 이 논리는 이후 다산의 인식론적 베이스를 구성한다. 예컨대 이런 식이다. 왜 신독愼獨을 지켜야 하는가? 하늘에서 누군가 지켜보기 때문이다. 또 『대학』에 대한 해설에선 "인仁이 되게끔 해주는 것이야말로 성誠과 경敬이다. 그래서 두려워하고 경계하며 삼가며 자기 가슴을 비추고 있는 듯 상제를 섬기는 것이 인이 될 수 있는 것이지만 헛되이 태극만을 높이고 이를 천이라 하면 인이 될 수가 없"「자찬묘지명」, 244쪽다. 같은 맥락에서 다산이 보기에 '만법귀일'萬法歸一이니 '본연지성'本然地性이니 '천지의 지공한 마음'이니 하는 개념은 너무 모호하고 두리뭉실해서 파면 팔수록 헷갈릴 뿐이다. 연암에겐 카오스가 역동성의 원천이지만, 다산에게 카오스란 혼란과 미망을 야기할 따름이다. 그 혼돈을 한큐에 정리해 주는 개념이 바로 상제였던 것. 상제라는 개념을 세우고 나니 마치 구름의 장막이 걷히면서 환한 햇살이 드러나듯 모든 것이 명쾌해졌다. 이제 인간이 해야 할 일은 상제의 뜻에 부응하는 윤리적 실천뿐이다. 그것만 이루어지면 세상은 유토피아가 된다. 세상을 유토피아로 만드는 것,

그것이 다산 철학의 출발점이다. 그런 점에서 선진고경은 다산에게 있어 '오래된 미래'였다.

자연의 모든 사물이 인간을 위해 존재한다는 목적론적 태도 역시 같은 맥락 위에 있다.

> 아아, 어찌하여 그대는 품류를 모르는가. 하늘이 만물을 낳았다고는 하나 만물을 사용하는 것은 사람이기 때문에 옹이가 많아 쓸모 없는 저력樗櫟; 참나무와 가죽나무과 가시가 있어 먹지도 못하는 석명菥蓂; 굵은 냉이와 명협은 베어 버려 소나무나 대나무를 잘 자라게 하고, 호랑이와 이리 등 사람을 해치고 고혈을 물어뜯는 맹수를 죽여 없애 사슴이나 노루를 편하게 하고, 가라지를 제거하여 곡식싹을 잘 자라게 하고, 돌을 쪼아 옥을 드러내고, 간사하고 아첨하는 무리를 쫓아내어 어진 신하를 보호하는 것이니, 이는 곧 천지의 지극한 인이다. …… 사람과 신이 미워하는 바로 이 독충과 같은 것은 없다. 비록 그 기운이 능히 사슴을 먹고, 그 힘이 능히 코끼리를 삼키며, 또 이 몸이 낭풍의 동산을 두르고, 그 꼬리가 광대한 곤륜산을 둘러싸며, 하늘을 날아오르고 신통한 영험을 펴다 하더라도 마땅히 쳐부수어서 포도 뜨고 국도 끓여서 진인의 먹이로 제공해야 한다.「뱀을 쳐 죽여야 하는 까닭을 밝힌다」, 『다산문학전집』, 379쪽

이러한 관점은 연암의 인식론과는 아주 대척적이다. 연암의 '만물진성설'에 따르면, 지구상의 모든 존재는 먼지라는 물질로 구성되어 있다. 따라서 인간 역시 만물의 영장이라는 특권적인 지위를 상실

하고 먼지에서 발생한 '벌레' 즉 생물의 일종으로 간주될 따름이다. 한 편지에서 연암은 이렇게 말한다. "그대는 행여 신령한 지각과 민첩한 깨달음이 있다 하여 남에게 교만하거나 다른 생물을 업신여기지 말아 주오. 저들에게 만약 약간의 신령한 깨달음이 있다면 어찌 스스로 부끄럽지 않겠으며, 만약 저들에게 신령한 자각이 없다면 교만하고 업신여긴들 무슨 소용이 있겠소. 우리들은 냄새나는 가죽푸대 속에 몇 개의 문자를 지니고 있는 것이 남들보다 조금 많은 데 불과할 따름이오. 그러니 저 나무에서 매미가 울음 울고 땅구멍에서 지렁이가 울음 우는 것이 시를 읊고 책을 읽는 소리가 아니라고 어찌 장담할 수 있겠소." 「초책에게 보냄」與楚幘, 『연암집』(중), 431쪽 요컨대, 인성과 물성은 같다! 그러니 인성을 잣대로 물성을 함부로 재단하거나 업신여겨서는 안 된다.

그에 반해 다산의 태도는 몹시 단호하다. 인간은 매우 특별한 존재고, 따라서 뱀을 비롯하여 인간에게 위협이 되는 것들은 다 박멸해도 무방하다. 인간에게 불리한 자연의 모든 이질성을 제거해야 한다는 이 논리는 무술정변의 주역 캉유웨이의 『대동서』와 닮았다. 캉유웨이는 유토피아의 실현을 위해서는 맹수의 멸종은 물론이고 심지어 모든 인종을 백인종으로 개량할 것을 주장하기도 했다 캉유웨이의 주장에 대해서는 김태진, 『대동서, 유토피아를 찾아 떠나는 여행』을 참조. 하지만 그건 말 그대로 '유-토피아', 그 어디에도 없는 세상, 결코 도달할 수 없는 세상이다. 그럼에도, 아니 오히려 그렇기 때문에 인간은 유토피아에 대한 열망을 버리지 못하는 것이리라. 다산 역시 그러했다. 세상은 암흑천지다. 이 카오스로부터 탈출하려면 빛이 필요하다. 그 빛을 통해 우주를 완전히 '리셋'해야 한다. 코스모스로의 대전환이 그것이다. 상제라는 개념에 유일신의 아우라를 부여한 건 이런 맥락일 터이다.

그런 점에서 다산은 역시 태양족이다. 처음 만난 태양은 천주였고, 그 다음엔 정조였으며, 이제 학술의 세계에선 상제를 만났다. 천주와 군주와 상제―명칭도 형상도 다르지만 이들을 관통하는 이 오묘한 '동형성'을 대체 누가 부인할 수 있으랴!

덧붙이면, 연암에게 자연은 '격물치지'의 장이다. 자연을 통해 삶의 이치를 터득하고, 윤리와 물리가 하나로 연동되는. 하지만 다산에게 자연은 인간과 사회의 투사에 불과하다. 그의 수많은 우화시들이 그것을 말해 준다. 다산은 자연물 속에서 '경세치용'이라는 삶의 비전을 얻고자 했다. 한 편만 음미해 보자.

승냥이와 이리

1.
승냥이여 이리여!
우리 송아지 채갔으니
우리 염소랑 물지 말라.
궤짝엔 속옷도 없고
횃대엔 치마도 없다.
항아리엔 남은 소금 없고
쌀독엔 남은 식량도 없단다.
큰 솥 작은 솥 빼앗아 가고

숟가락 젓가락 가져가다니
도둑놈도 아니면서
어찌 그리 못된 짓만 하느냐.
사람 죽인 자는 이미 죽었는데
또 누굴 죽이려느냐.

『다산시정선』(하), 623쪽

기사년(1809) 다산초당에서 쓴 작품이다. 대표작 『전간기사』田間紀事 6편 중의 하나다. 『전간기사』는 「다북쑥」, 「뽑히는 모」, 「메밀」, 「보리죽」, 「승냥이와 이리」, 「오누이」 등의 제목에서도 짐작할 수 있듯이 농민들의 고난을 집중적으로 형상화한 연작시다. 그해에 크게 가물어 길 위에 유랑민이 넘치는 걸 보고 그 쓰라림과 안타까움을 적은 것이다. 여기서 승냥이와 이리가 뭘 의미하는지는 삼척동자도 알 수 있다. 비유법인데도 직설보다 더 뜻이 명쾌하고 강렬하다. 이것이 다산 우화시의 특징이다. 여기에 인간과 자연의 공명 같은 건 없다. 인간을 위한 자연, '인간화된' 자연이 있을 뿐! 20세기 계몽주의 시대에 널리 유포되었고, 소위 리얼리즘이란 이름으로 우리에게 익숙한 수사학이다. 계몽주의와 리얼리즘의 원조로서의 다산! 그 인식론적 원천에는 이처럼 상제의 화려한 부활과 인간중심주의, 그리고 유토피아적 열망 등이 부글거리고 있었다.

나비와 전사 — '파란생색'과 '활연관통'

경학 관련 저술 : 『모시강의』毛詩講義 12권, 『모시강의보』 3권, 『매씨상서평』梅氏尚書平 9권, 『상서고훈』尚書古訓 6권, 『상서지원록』 7권, 『상례사전』喪禮四箋 50권, 『상례외편』喪禮外編 12권, 『사례가식』四禮家式 9권, 『악서고존』樂書孤存 12권, 『주역심전』周易心箋 24권, 『역학서언』 12권, 『춘추고징』春秋考徵 12권, 『논어고금주』 40권, 『맹자요의』孟子要義 9권, 『중용자잠』中庸自箴 3권, 『중용강의보』 6권, 『대학공의』 3권, 『희정당대학강록』熙政堂大學講錄 1권, 『소학보전』小學補箋 1권, 『심경밀험』心經密驗 1권. 이상 경집經集 232권! 「자찬묘지명」, 233쪽

기타 작품 : 시 작품집으로 18권을 6권으로 축약. 『잡문』 전편 36권/후편 24권, 『경세유표』 48권은 미완성, 『목민심서』 48권, 『흠흠신서』 30권, 『아방비어고』 30권은 미완성, 『아방강역고』我邦彊域考 10권, 『전례고』 2권, 『대동수경』大東水經 2권, 『소학주천』小學珠串 3권, 『아언각비』雅言覺非 3권, 『마과회통』麻科會通 12권, 『의령』醫零 1권. 이상 문집 260여 권! 「자찬묘지명」, 245쪽

실로 압도적인 분량이다. 역시 다산은 방대함으로선 타의 추종을 불허한다. 내용적 스펙트럼도 엄청나다. 2,400여 수에 해당하는 시, 선진경학의 제분야, 1표 2서, 기타 지리, 의학, 어린이 교육, 속담 등에 이르기까지. 다산茶山을 다산多産으로 오인해도 전혀 이상하지 않을 정도다.^^

이건 분명 다산 개인의 역량이지만 그에 못지 않게 시절인연도

작용했다. 당시 청나라는 고증학의 융성으로 이전의 고전들을 집대성하는 작업에 박차를 가했는데, 그 결과물이 『고금도서집성』古今圖書集成과 『사고전서』四庫全書다. 전자는 1725년에 간행된 중국 최대의 백과사전으로 1만 권에 달하고, 후자는 1781년에 완성된 총서로 무려 7만 9천여 권에 달한다. 다른 한편 1772년 저 멀리 프랑스에선 『백과전서』가 출간되었고, "1787년에는 페테르부르크에서 『전세계의 비교어휘집』의 첫번째 권이 간행"되었다. "이 책은 279개 언어, 즉 아시아의 171개 언어, 유럽의 55개 언어, 아프리카의 30개 언어, 아메리카의 23개 언어에 대한 참조를 포함"미셸 푸코, 『말과 사물』, 329쪽하고 있다. 동서양 전역에서 지식의 집대성과 사전적 배열이 시작된 것이다. 지식이 집대성되려면 분류학이 함께 발달해야 한다. 사전식 분류만큼 정교하고 체계적인 것은 없다. 세상의 모든 지식을 다 수렴해서 적재적소에 배치할 수 있어야 비로소 집대성이 가능하다. 다산의 지식경영법 또한 그러하다. 그의 저술들 역시 방대한 자료섭렵과 명쾌한 분류체계를 특징으로 한다. 솔직히 다산의 저서를 다 읽고 통달한다는 건 살아생전엔 불가능하다. 하지만 다산이 그리는 전체 지도를 읽는 건 얼마든지 가능하다. 분류법과 목차가 아주 정교하기 때문이다. 광활한 지평을 하나의 초점으로 명쾌하게 수렴해 내는 저력! 18세기를 전후하여 전 인류적으로 이런 식의 담론화 방식이 부상했던 바, 다산의 박람강기 역시 그 파장의 하나였다.

물론 연암은 그 파장에 연동하지 않았다. 연암이 접속한 레이더망은 전혀 다른 것이었다. 양명 좌파, 명청소품, 티베트불교, 북학 및 불교, 장자 등등. 이 레이더망은 지식의 집대성과는 아주 거리가 멀다. 거기서 중시된 건 양이 아니라 질이었다. 방대한 스케일과 정교한 분류학이 아니라 생동하는 리듬과 특이한 강밀도였다. 연암은 50세 이전까진 프리랜서로 지냈다. 엄청나게 많은 '자유의 시간'이 주어졌고 그 시간 동안 오직 독서와 문장에 올인했지만 연암의 저작은 단출하기 그지 없다. 『연암집』 57권이 전부고, 그 사분지 일 정도가 『열하일기』다. 물론 그의 지식도 경계는 무궁하다. 하지만 그는 주석과 인용을 통해 사실들을 망라하기보다 촌철살인으로 핵심을 간파한다. 그러기 위해선 매 작품마다 질적 차이를 유발해야 한다. 연암식으로 말하면, '파란'(물결)과 '생색'(생동하는 빛깔)이 일어나야 한다. 연암이 글쓰기를 전쟁에 비유한 것도 그 때문이다. 전쟁에서 중요한 건 교과서가 아니라 현장의 조건이다. "용병 잘하는 자에게는 버릴 병졸이 없고, 글을 잘 짓는 자에게는 따로 가려 쓸 글자가 없다."「소단적치인」騷壇赤幟引, 『연암집』(상), 130쪽 고로, 이런 배치하에선 다산의 저술처럼 부분이 모여 전체가 되는 것이 아니라, 하나하나가 곧 전체다. 그러니 결코 박람강기로 나아갈 수가 없다. 그런 점에서 '박람강기'란 단지 양이 많은 것만을 의미하지 않는다. 그 자체로 세상을 보는 아주 특별한 방식에 해당한다. 마찬가지로 '파란생색' 역시 단순한 수사적 전략이 아니다. 존재와 세계를 파악하는 독특한 프레임이라 할 수 있다.

그대가 태사공의 『사기』史記를 읽었다 하나, 그 글만 읽었지 그 마음은 읽지 못했구료. 왜냐구요. 「항우본기」項羽本紀를 읽으면 제후들이 성벽 위에서 싸움 구경하던 것이 생각나고, 「자객열전」刺客列

傳을 읽으면 악사 고점리가 축筑을 연주하던 일이 떠오른다 했으니 말입니다. 이것은 늙은 서생의 진부한 말일 뿐이니, 또한 부뚜막 아래에서 숟가락 주웠다는 것과 무엇이 다르겠습니까.
아이가 나비 잡는 것을 보면 사마천의 마음을 얻을 수 있지요. 앞발은 반쯤 꿇고 뒷발은 비스듬히 들고, 손가락을 집게 모양으로 해 가지고 살금살금 다가가, 손은 잡았는가 싶었는데 나비는 호로록 날아가 버립니다. 사방을 둘러보면 아무도 없고, 계면쩍어 씩 웃다가 장차 부끄럽기도 하고 화가 나기도 하는, 이것이 사마천이 『사기』를 저술할 때의 마음입니다.「경지에게 답함 3」答京之三, 『연암집』(중), 367~368쪽

네가 지금도 『사기』를 읽고 있다니 그런 대로 괜찮은 일이다. 옛날에 고염무가 사기를 읽을 때 본기나 열전편을 읽으면서는 손대지 않은 듯 대충 읽었고 연표나 월표편을 읽으면서는 손때가 까맣게 묻었다고 했는데 그런 방법이 제대로 역사책 읽는 법이다. 『기년아람』, 『대사기』, 『역대연표』와 같은 책에서는 반드시 범례를 상세히 읽어 보고 『국조보감』에서 뽑아 연표를 만들고 더러는 『대사기』나 『압해가승』에서 뽑아 연표를 만들어 중국의 연호와 여러 나라의 임금들이 왕위에 오른 햇수를 자세히 고찰하여 책으로 만들어 놓고 비교해 보면 우리 나라 일이나 선조들의 일에 있어서 그 큰 줄거리를 알고 시대의 앞과 뒤를 구별하는 데 도움이 될 것이다.「학유에게 부치노라」寄游兒, 『다산문학선집』, 318쪽

담론에 대한 연암과 다산의 차이를 적나라하게 보여 주는 자료다. 연암은 말한다. 사마천이 『사기』를 저술할 때의 심정이 어린아이가 나비를 잡으려다 놓쳤을 때와 같다고. 부끄럽기도 하고 머쓱하기도 하며 억울한 듯 아까운 듯, 긴장과 이완이 엇갈리는 그 아슬아슬한 지점을 포착하라는 것이다. 그래야 『사기』를 제대로 읽었다 할 수 있다. 참 묘하고 막막하다. 하지만 수많은 상상과 추론을 촉발하는 언술이다.

그에 반해 다산은 참 '썰렁'하다. 『사기』의 하이라이트인 열전은 대충 읽고 연표, 월표를 집중해서 읽으란다. 역사적 사실, 특히 그 중에서도 왕조의 변천사가 중요하다는 것이다. 물론 틀린 말은 아니다. 하지만 다산의 어조에는 그런 사실들만이 지식의 핵심이라는 매우 강고한 입장이 담겨 있다. 다산에게 있어 다의적인 것은 모호한 것이고, 곧 오류다. 오류에 빠지지 않으려면 명료하고 '일의적'이어야 한다. 누구도 부인할 수 없는 '팩트들'의 집합과 배열, 그것이 곧 역사다. 그 중에서도 연표와 월표를 채우는 왕조사다. 한 사람은 나비를 잡으라고 하고, 다른 한 사람은 역사를 파악하라고 한다. 이렇게 해서 '나비와 역사'라는 아주 기묘한 대쌍이 하나 탄생했다.

언어와 세계, 말과 사물은 늘 일치하지 못하고 미끄러진다. 말과 사물이 심각한 간극(혹은 소외)을 연출할 때 그것을 일러 도그마라 한다. 따라서 변환기에는 이 간극을 둘러싸고 각종 이슈들이 제기된다. 하지만 국가장치는 모든 권력과 시스템을 동원하여 그것들을 일방적으로 침묵, 봉쇄시켜 버린다. 18세기엔 성리학이 그랬고, 북벌론이 그러했으며, 문체반정이 또한 그러했다. 이 독단적 배치와 맞서

기 위해선 언어의 탈영토화가 관건이다. 거기에는 두 가지 방향이 있다. "하나는 낡은 상투성의 체계로부터 탈주하여 예측불가능한 표상들을 증식해 가는 것이고, 다른 하나는 기존의 통사법을 뒤덮고 있는 먼지를 털어 내고 최대한 투명하게 만드는 것". 연암과 다산은 이 두 방향의 대표주자다.

> 옛날을 기준으로 지금을 본다면 지금이 진실로 비속하기는 하지만, 옛사람들도 자신을 보면서 반드시 자신이 예스럽다고 생각하지는 않았을 것이다. 당시에 본 것 역시 그때에는 하나의 지금일 따름이다. …… 아침에 술을 마시던 사람이 저녁에는 그 자리를 떠나고 없으니, 천추만세토록 이제부터 옛날이 되는 것이다. 그렇다면 '지금'이라는 것은 '옛날'과 대비하여 일컬어지는 이름이요, '비슷하다'는 것은 그 상대인 '저것'과 비교할 때 쓰는 말이다. 무릇 '비슷하다'고 하는 것은 비슷하기만 한 것이어서 저것은 저것일 뿐이요, 비교하는 이상 이것이 저것은 아니니, 나는 이것이 저것과 일치하는 것을 아직껏 보지 못하였다. 「영처고서」嬰處稿序, 『연암집』(하), 77~78쪽

세월은 하염없이 흐른다. 따라서 옛것이라는 기준은 무색하기 그지없다. '옛날'도 당시엔 '지금'이었으며, 지금 역시 순식간에 옛날이 되고 만다. 그럼에도 왜 그토록 옛날에 집착하는가? 중화주의 때문이다. 곧 옛날이라는 시간은 '거기'(중국)라는 공간과 겹쳐져 있다. '옛날, 거기'에 머무르는 한 모방 아니면 답습이다. 모방과 답습의 굴

레에서 벗어나려면 시선이 '지금, 여기'로 바뀌어야 한다. "우리나라가 비록 구석진 나라이기는 하나 이 역시 천승의 나라요, 신라와 고려가 비록 검박하기는 하나 민간에 아름다운 풍속이 많았으니, 그 방언을 문자로 적고 그 민요에다 운을 달면 자연히 문장이 되어 그 속에서 '참다운 이치'眞機가 발현된다. 답습을 일삼지 않고 빌려 오지도 않으며, 차분히 현재에 임하여 눈앞의 삼라만상을 마주 대하니, 오직 이 시가 바로 그러하다."「영처고서」, 『연암집』(하), 79쪽 우리나라, 민요, 방언, 진기 등. 근대 민족주의와 상통하는 언어들이다. 하지만 여기서 핵심은 의미를 고착화하는 격자에서 벗어나 삼라만상과 깊이 공명하라는 것이다. 나비를 잡을 때 그러하듯, 진정한 의미란 잡았는가 싶으면 날아가 버리는 그 순간, 돌연! 구성되는 것이기 때문이다. 그 돌발적 의미들의 증식과 산포, 그것이 곧 차이의 향연이다.

그에 비해 다산은 의미의 명징성을 추구한다.

문자의 근원은 육서에서 나왔다. 상형·회의·지사·해성이 조자의 근본이다. 우리나라 사람들이 '답'畓 자를 만들어 회의로써 대상의 의미를 가리키기를 반드시 '수전'水田[논]을 '답'畓이라 하니 이것이 원초의 뜻이다. …… 내가 말하는 것은 인·의·예·지 넉 자도 모두 원초의 뜻이 있으니 먼저 그 원초의 뜻을 알고 나서야 여러 경전에서 한 말의 본지를 파악할 수 있다는 것이다. 만일 글자 만든 사람이 애초에 나타내고자 했던 원초의 뜻을 알아보지도 않고 이치 따지는 사람들의, 원초의 뜻으로부터 전이된 데에 근거한 주장을 먼저 취하여 '이'理니 '기'氣니 '체'體니 '용'用이니 한다면 고경의 본지와 합치되지 않는 수가 많을 것이니 이것은 필연의 형세다. 정약용, 「답이여홍」答李汝弘, 이동환, 「다산사상에서의 '상제'上帝 도입 경로에 대한 서설적 고찰」, 강만길 외, 『다산의 정치경제사상』, 304쪽에서 재인용

고금의 문자가 서로 다르게 쓰이는 것은 중화와 이적의 언어의 소리가 서로 다른 것과 같다. 훈고訓詁란 통역이다. …… 경서를 해석하는 이가 참으로 선진과 전한과 후한의 문자를 널리 고증하여 많고 적은 그 중간을 절충하면 본뜻이 거의 나타날 것이다. …… 이에 구경九經 사서四書 및 고문과 모든 제자諸子와 사서史書에서 극히 짧은 말 한마디 글 한구절이라도 『시경』의 시를 인용하거나 논한 것이 있을 경우에는 모두 차례대로 초록하고 이에서 끌어대어 대답하였는데, 대체로 훈고가 분명해지자 올바른 뜻에 문제가 없었다. 「시경강의서」, 『다산문학선집』, 36~37쪽

이런 주장에는 단어 및 개념들은 본래의 의미를 확고부동하게 지니고 있다는 전제가 작동한다. 그러므로 중요한 건 그것을 철저하게 규명하는 일일 뿐이다. 그래서 다산은 어원학 내지 훈고학적 방법을 통해 성리학적 추상성에 의해 감염된 언어들을 최대한 투명하게 드러내고자 한다. 처음 유배지였던 장기에 도착하자마자 『기해방례변』己亥邦禮辨, 『고삼창고훈』考三倉詁訓, 『이아술』爾雅述 6권을 저술한 것도 참 흥미롭다. 특히 『이아』爾雅는 사물의 이름을 주해한 고대 경전 13경 중 하나다. 이름에 대한 그의 깊은 관심을 보여 주는 사례다. 다른 한편, 그가 패사소품을 용납할 수 없었던 것도 그 때문이다.

요즈음 한두 젊은이들이 원명 때의 경조부박한 망령된 사람들이 가난과 괴로움을 극단적으로 표현한 말들을 모방해다가 절구나 단율短律을 만들어 잘난 체하며 당대의 문장인 것처럼 자부하고 거만하게 남의 글이나 욕하며 고전적인 글들을 깎아내리는 것은 내가 보기에 불쌍하기 짝이 없다. 반드시 처음에는 경학공부를 하여 밑바탕을 다진 후에 옛날의 역사책을 섭렵하여 옛정치의 득실과 잘 다스려진 이유와 어지러웠던 이유 등의 근원을 캐볼 뿐 아니라 또 모름지기 실용의 학문, 즉 실학에 마음을 두고 옛사람들이 나라를 다스리고 세상을 구했던 글들을 즐겨 읽도록 해야 한다. 마음에 항상 만백성에게 혜택을 주어야겠다는 생각과 만물을 자라게 해야겠다는 뜻을 가지고 있은 뒤라야만 바야흐로 참다운 독서를 한 군자라 할 수 있다. 그러한 사람이 된 뒤 더러 안개 낀 아침, 달뜨는 저녁, 짙은 녹음, 가랑비 내리는 날을 보고 문득 마음에 자극이 와서 갑자기 생각이 떠올라 그냥 운율이 나오고 저절로 시가 되어질 때, 천지 자연의 음향이 제 소리를 내는 것이니, 이것이 바로 시인이 제 역할을 해내는 경지일 것이다. 나보고 너무 현실성 없는 이야기만 한다고 하지 말거라.「두 아들에게 부치노라」寄二兒, 『다산문학선집』, 304~305쪽

소품문이나 소설은 허황한 말들로 언어를 오염시키는 장르다. 오염된 언어는 의미를 뭉개 버린다. 의미가 뭉개지면 사물은 본래의 뜻을 잃어버린다. 그러면 세계는 어지럽고 심하면 붕괴될 것이다. 앞에서 본 모습이 역사의 팩트를 정렬하고 단어의 어원을 캐내는 고

중학자의 모습이라면 여기서 보이는 건 '문체반정'을 위해 분투하는 '전사'다. 그는 외친다. 경학공부를 통하여 만백성과 만물을 생육시켜야겠다는 뜻을 품어라! 그러면 천지자연과 감응하여 자연스럽게 시와 운율이 터져나올 것이니.

이 전사의 비전과 이상을 좀더 들어보자. "중화中和한 덕으로 마음을 기르고 효우孝友의 행실로 성性을 닦아 공경으로 그것을 지니고 성실로 일관"하며, "사서四書로 나의 몸을 채우고 육경으로 나의 지식을 넓히고, 여러 가지 역사책으로 고금의 변천에 달통하여 예악형정의 도구와 전장법도의 전고典故를 가슴속 가득히 쌓아 놓아야" 한다. 그러다가 "사물과 서로 만나 시비와 이해에 부딪히게 되면 나의 마음속에 한결같이 가득 쌓아 온 것이 파도가 넘치듯 거세게 소용돌이쳐 세상에 한 번 내놓아 천하 만세의 장관으로" 남기게 되는 것, 이것이 곧 문장이다.「이인영에게 당부한다」,『유배지에서 보낸 편지』, 293쪽 웅대하고도 명쾌한, 그야말로 '활연관통'의 경지다. 거대한 소용돌이를 일으키며 하늘로 솟아오르는 '거인-전사'의 모습이 연상되는 장면이다.

반대로, 연암에겐 글쓰기가 곧 질문이다. 정해진 답은 없다. 아니, 답을 찾는 것도 아니다. 걸으면서 질문하기, 그것이 곧 글쓰기다.

> 글을 어떻게 지을 것인가? 일부의 주장은 반드시 옛것을 본따야 한다고 말한다. 그래서 세상에는 흉내내고 모방하는 것을 일삼으면서 부끄러운 줄을 모르는 사람들이 나오고 있다. 이것은 왕망이 만든 주관을 고대의 제도로 알고, 양화의 얼굴이 공자와 같았다고 하여 그를 만대의 스승으로 삼는 격이다. 옛것을 본따서야 되겠는가?

그러면 새것을 만들어야 할까? 그래서 세상에는 허탄하고 괴벽한 소리를 늘어놓으면서 겁내지 않는 사람들이 나오고 있다. 이것은 임기응변의 조치를 막중한 법전보다 더 중히 여기고 유행하는 노래 곡조를 고전음악과 같이 보는 격이다. 새것을 만들어 내서 되겠는가? 「초정집서」, 『나는 껄껄선생이라오』, 160쪽

이 질문은 참으로 절실하다. 지금 우리도 마찬가지 아닌가. 모방과 표절 사이를 헤매고, 새로움과 괴벽 사이에서 길을 잃곤 한다. 그래서 창작의 고통이 주는 절규가 이어진다. "대체 그러면 어찌해야 좋단 말인가? 나는 어찌할 것인가? 그만두어야 하는가?" 그만두고 싶어도 그만둘 수가 없다. 왜? 글쓰기는 원초적 본능이자 소명이기 때문이다. 그래서 다시 사유의 모험을 시도한다. 고와 금, 신과 구, 그 '사이'에 대하여. "아! 옛것을 배우는 사람은 형식에 빠지는 것이 병이고, 새것을 만들어 내는 사람은 법도가 없는 것이 탈이다. 만약에 옛것을 배우더라도 변통성이 있고, 새것을 만들어 내더라도 근거가 있다면 현대의 글이 고대의 글과 마찬가지일 것이다." '법고창신'이 도출된 현장이 바로 여기다.

이 글은 박제가의 글, 곧 『초정집』에 대한 서문이다. 박제가는 연암그룹 가운데서도 재기발랄하고 과격하기로 유명하다. 연암도 그 점을 경계하고 있다. "제운(박제가)이 글을 짓는 데는 진나라 이전과 한나라 시대의 작품을 좋아하면서도 형식에 구애되지 않으려고 했다. 그러나 말을 간결히 한다는 것이 혹 근거가 없는 데로 떨어지고, 논리를 높이 세운다는 것이 혹 법도를 잃는 데로 돌아가고 있다.

이것이 바로 명대의 여러 작가들이 옛것을 배우랴 또는 새것을 만들어내랴 서로 흘근거리고 헐뜯었는데도 다 함께 정당한 길을 얻지 못한 점이다. 두 편이 꼭같이 쇠퇴한 사회의 번쇄한 기풍에 떨어지고, 문화 발전에 도움이 되기는커녕 세상을 병들이고 풍기를 결판낼 뿐이다. 내 이런 것을 두려워한다." 그러니 "새것을 만들려고 기교를 부리는 것보다는 옛것을 배우려다가 고루하게 되는 편이 낫지 않겠는가?" 헉, 대반전! 법고창신의 논리로 유명한 이 글이 사실은 박제가가 새로움과 기교에 빠질까 경계하기 위함이었다니. 역시 우리 말은 끝까지 들어 봐야 한다^^

그럼 대체 어떻게 써야 한단 말인가? 답은 천지자연에 있다. "하늘과 땅이 아무리 오래되었다고 하지만 끊임없이 새로운 것으로 존재하고, 해와 달이 아무리 오래되었다고 하지만 빛은 날마다 새로운 것이다. 또 이 세상에 문헌이 아무리 많이 나와도 내용은 각각 다르다. …… 썩은 흙에서 지초가 돋으며, 썩은 풀에서 반딧불이 생긴다." 멋진 표현이기는 한데, 감이 잘 안 잡힌다고? 그럼 이런 예시들은 어떤가?

> 저 허공 속에 날고 울고 하는 것이 얼마나 생기가 발랄합니까. 그런데 싱겁게도 새 '조'鳥라는 한 글자로 뭉뚱그려 표현한다면 채색도 묻혀 버리고 모양과 소리도 빠뜨려 버리는 것이니, 모임에 나가는 시골 늙은이의 지팡이 끝에 새겨진 것과 무엇이 다를 게 있겠습니까. ……
> 아침에 일어나니 푸른 나무로 그늘진 뜰에 철 따라 우는 새가 지저

귀고 있기에, 부채를 들어 책상을 치며 마구 외치기를, "이게 바로 내가 말하는 '날아갔다 날아오는' 글자요, '서로 울고 서로 화답하는' 글월이다. 다섯 가지 채색을 문장이라 이를진대 문장으로 이보다 더 훌륭한 것은 없다. 오늘 나는 참으로 글을 읽었다" 하였습니다. 「경지에게 답함 2」, 『연암집』(중), 365~366쪽

역시 문제는 '파란'과 '생색', 즉 주체와 외물의 능동적 교감이다. 어떻게 하면 새와 나무의 생기로움을 문자로 포착할 수 있을 것인가? 물론 정답은 없다. 구체적인 커리큘럼이나 스케줄도 불가능하다. 오직 현장이 있을 뿐이고, 오직 배치가 있을 뿐이다. "묵은 장이라도 그릇을 바꾸어 담으면 입맛이 새로워지듯, 늘 보던 것도 장소가 달라지면 마음과 보는 눈이 모두 달라지는 법"「순패서」旬牌序, 『연암집』(하)이므로. 연암의 문장은 실로 그러했다. 최고의 비평가였던 처남 이재성은 연암의 글을 이렇게 말한다.

강과 바다는 잘 내려감으로써 능히 온갖 골짜기의 왕이 된다. 이렇게 하자면 오직 담연해야 할 뿐이다. 「담연정기」澹然亭記, 『연암집』(상), 53쪽

연암은 글자를 쓸 때 뾰쪽하건 모나건 비스듬하건 바르건 못 쓰는 것이 없는데, 다만 둥근 것을 싫어한다. 그렇기 때문에 위의 것을 아래에도 둘 수 없고 동쪽 것을 서쪽으로 옮길 수 없으며, 극히 착잡하면서도 도리어 극히 정제되고, 문리가 찬란하여 저절로 옛 빛이 드러난다. 「백척오동각기」百尺梧桐閣記, 『연암집』(상), 82쪽

> 붓과 먹이 날카롭고 글자와 글귀가 날고 뛴다. 「소단적치인」騷壇赤幟引, 『연암집』(상), 133쪽

비평 자체가 한편의 멋진 아포리즘이다(이건 예고편 격이고, 이재성의 비평에 대해서는 다음에 2탄에서 본격적으로 다룰 예정이다). 이 짧은 언술만으로도 연암 문장의 무늬와 빛깔을 짐작하고도 남음이 있다.

다산은 성리학적 도그마와 소품문의 번쇄함을 동시에 밀어냈다. 선진고경의 드높은 이상을 체득한 다음 그것을 경세치용의 문장으로 토해 내는 방식을 통해. 양수겸장! 연암도 언뜻 보면 비슷해 보인다. 하지만 연암은 선진고경이나 경세치용 같은 이상을 설정하지 않는다. 그렇게 되는 순간 또다시 '말과 사물'의 관계는 재영토화될 것이므로. 그 포획장치로부터 달아나려면 '사이'의 스릴과 서스펜스를 계속 즐기는 수밖에 없다. 매순간 새로운 길을 여는 '탈영토화'의 길을 선택한 것이다. 요컨대, 연암은 '사이비'(비슷하지만 가짜다)를 못 참고, 다산은 뒤죽박죽 섞이는 것을 못 참는다. 그런 기질이 그들의 문체를 만들고, 그들의 문체가 곧 그들의 인생을 결정했다. 기질과 지성과 운명의 삼위일체!

드높은 이상으로 재영토화할 것인가? 절대적 탈영토화의 모험에 나설 것인가? 이것은 두 사람이 수백 합을 겨루어도 승부가 날 것 같지 않다. 그만큼 팽팽하다. 한치의 양보도 허용하지 않는 진검승부의 무대가 바로 여기일 터. 그도 그럴 것이, '말과 사물'의 관계를 다루는 문장론이야말로 지성의 원천이자 사유의 전장터인 까닭이다.

묘지명 vs 묘지명 — 공감과 증언

> 우리 형님 얼굴 누굴 닮았나?
> 아버지 생각나면 형님을 봤지.
> 이제 형님 생각나면 그 누굴 보나?
> 시냇물에 내 얼굴을 비추어보네.
>
> 「연암협에서 선형을 생각한다」燕巖憶先兄, 『연암집』(중), 348쪽

1787년 7월 형님 박희원이 향년 68세로 세상을 떠났다. 그해 1월엔 부인 전주 이씨가 향년 51세로 연암의 곁을 떠났다. 참으로 슬픈 해였다. 아내에 대한 그리움이 채 가시기도 전에 형님마저 저세상으로 떠난 것이다. 그 보고 싶은 마음을 시에 담았다. 너무도 애틋하고 천연하여 50대의 중년남성이 마치 열 살 소년처럼 느껴진다.

이 시를 읽고 그의 벗 이덕무가 울었다. "내가 선생의 시를 읽고서 눈물을 흘린 것이 두 번이었다." 두번째가 이 시고, 첫번째는 "선생께서 그 누님의 상여를 실은 배를 떠나 보내며 읊은" 시다.

> 떠나는 자 정녕 기약 남기고 가도
> 보내는 자 눈물로 옷깃을 적시거늘
> 저 외배 한번 가면 언제 돌아올까?
> 보내는 자 강가에서 홀로 돌아오네.

누이에 대한 묘지명 끝에 첨부된 시다. 부인이 죽었을 때도 애도

시 20여 수를 남겼다고 한다. 하지만 그 원고는 망실되어 전하지 않는다. 아마 그 시가 남았더라면 이덕무가 또 한 번의 눈물을 보탰을지도 모르겠다. 그리고 보니 모두 시다. 시짓기를 그렇게도 싫어했는데, 일단 쓰면 이렇게 사람을 울린다. 하나같이 레퀴엠, 곧 죽은 자를 위한 노래다. 슬픔과 비탄이 솟구쳐 '우담바라 꽃'이 핀 것일까?

연암은 묘지명의 달인이었다. 그의 묘지명은 아주 남다르다. 묘비명의 격식과 전통 따위는 안중에도 없었다. 그런 작품들이야말로 '이름만 갈아끼면 천명이 다 똑같아지는' 천편일률의 극치였기 때문이다. 그건 죽은 자에 대한 예의가 아니다. 아니, 그 이전에 죽은 자를 보내는 산 자의 마음을 조금도 달래 주지 못한다. 묘지명이란 생과 사가 교차하는 경계를 다룬다. 그러므로 죽음과 삶, 떠나는 자와 보내는 자, 이승과 저승, 그 '사이'를 가로지르는 공명의 파장을 담아야 한다.

> 유인의 휘는 아무오 반남 박씨이다. 그 아우 지원 중미가 다음과 같이 기록한다.
> 유인은 16세에 덕수 이택모 백규에게 출가하여 1녀 2남을 두었으며 신묘년(1771) 9월 초하룻날에 돌아갔다. 향년은 43세이다.
>
> 「맏누님 증 정부인 박씨 묘지명」(伯姊贈貞夫人朴氏墓誌銘),『연암집』(상), 330쪽

연암의 묘지명 가운데 최고 걸작으로 꼽히는 작품이다. 1771년이면 연암 나이 35세 때다. 이 해는 연암에게 각별한 해였다. '산송' 문제로 과거를 완전히 접기로 작정했고, 그해 5월 이덕무, 이서구, 백

동수 등과 팔도를 유람하다가 '연암'협을 만났다. 그때부터 연암이라는 이름을 얻었다. '다른' 길 위에서 '다른' 이름을 만났으니, 정말 '다른' 삶이 시작된 것이다. 헌데, 바로 그 즈음 연암은 충격적인 사건을 접한다. 벗 이희천이 불온서적을 소지했다는 이유로 참형을 당한 것이다. 이 일로 연암은 더더욱 세상사에 염증이 생겨 각종 경조사를 끊고 폐인처럼 지냈다. 그러던 와중에 맏누이가 죽은 것이다. 죽음의 비극이 메아리처럼 이어지던 시절이었다. 그 슬픔과 비탄 속에서 절창을 토해내는 것, 그것이 연암이 연암이 된 까닭이다. 맏누님에 대한 묘지명은 그렇게 탄생했다.

상여가 누이 남편의 선산 아곡으로 떠나는 걸 새벽에 송별하고 통곡한 뒤 돌아왔다.

아, 슬프다! 누님이 갓 시집가서 새벽에 단장하던 일이 어제런 듯하다. 나는 그때 막 여덟 살이었는데 응석스럽게 드러누워 말처럼 뒹굴면서 신랑의 말투를 흉내내어 더듬거리며 은근하게 말을 했더니, 누님이 그만 수줍어서 빗을 떨어뜨려 내 이마를 건드렸다. 나는 성이 나서 울며 먹물을 분가루에 섞고 거울에 침을 뱉어 댔다. 누님은 옥압과 금봉을 꺼내 주며 울음을 그치도록 달랬었는데, 그때로부터 지금 스물여덟 해가 되었구나! 「맏누님 증 정부인 박씨 묘지명」, 『연암집』(상), 331쪽

28여 년 전 혼례식 때 있었던 장면을 눈에 선하듯 그려낸다. 여덟 살 장난꾸러기 남동생과 수줍어서 어쩔 줄 모르는 누나. 형님에

대한 추도시에서 그랬듯이, 이 순간 연암은 다시 어린아이가 된다. 아, 이토록 아름다운 추모사가 있을까. 이것은 누님과 나 사이에서 벌어진 가장 빛나는 회상이다. 죽은 이를 높이는 것도 아니고, 죽음의 슬픔을 과장하는 것도 아니다. 떠나는 자와 보내는 자, 죽은 자와 산 자가 어떤 관계였는지, 서로가 서로에게 어떤 삶을 선물했는지를 다만 보여 줄 뿐이다. 그리고 이제 작별의 순간이 왔다.

> 강가에 말을 멈추어 세우고 멀리 바라보니 붉은 명정이 휘날리고 돛 그림자가 너울거리다가, 기슭을 돌아가고 나무에 가리게 되자 다시는 보이지 않는데, 강가의 먼 산들은 검푸르러 쪽 찐 머리 같고, 강물 빛은 거울 같고, 새벽달은 고운 눈썹 같았다.「맏누님 증 정부인 박씨 묘지명」, 331쪽

산과 강물, 새벽달이 온통 누나로 보인다. 누님에 대한 그리움과 슬픔이 천지를 뒤덮은 것이다. 이 남동생의 눈엔 눈물이 그렁거렸으리라. 그 눈물 속으로 누나가 보낸 중년의 고단한 삶―가난과 우환―이 주마등처럼 흘러간다. 마치 꿈속의 일인 양 덧없기만 하다. 이덕무가 아니라 그 누구라도 눈물을 흘리지 않을 도리가 없다.

그래서 파격이다. 이것은 묘비명의 어떤 계보에도 속하지 않는다. 평자 이재성도 그 점을 직감했다. "인정을 따른 것이 지극한 예가 되었고, 눈앞의 광경을 묘사한 것이 참문장이 되었다." 하지만 사람들은 이런 식의 글쓰기에 대해 몹시 의아해할 것이다. 그러니 "상자 속에 감추어 두기 바란다." 헉! 이럴 수가. 이런 글쓰기도 금서가 되

는가? 그렇다. 이것이 바로 연암의 저력이다. 다만 진솔하게 표현했을 뿐인데, 그것만으로도 기존의 통념을 뒤흔들 수 있다는 것. 그 자유로운 행보가 「정석치에 대한 제문」, 「홍덕보 묘지명」 등의 주옥같은 명문을 쏟아냈다.

집안의 가장이었던 「맏형수 공인 이씨 묘지명」伯嫂恭人李氏墓誌銘도 절창에 속한다. 형수님은 열여섯에 형님인 박희원에게 시집와서 아들 셋을 낳았으나 다 제대로 기르지 못했다. 집안의 기둥인 할아버지 박필균은 당세에 이름난 고관이었지만 "청빈이 뼛속까지 스몄으며, 별세하던 날에 집안에는 단 열 냥의 재산도 남겨 둔 것이 없었다." 그때부터 형수님은 집안의 가장 노릇을 해야 했다. "공인은 힘을 다하여 열 명의 식구를 먹여 살리셨다. 제사 받들고 손님 접대하는 데에도 명문 대가의 체면이 손실되는 것을 부끄러이 여겨, 미리 준비하고 변통하기 거의 20년 동안에 애가 타고 뼛골이 빠지게 노력해도 저축해 둔 근소한 식량마저 거의 바닥이 나게 되니, 마음이 위축되고 기가 꺾이어 마음먹은 뜻을 한 번도 펴 본 적이 없으셨다." 매양 늦가을만 되면 병이 더욱 더치시더니 마침내 무술년(1778) 7월 25일에 돌아가셨다. '언제 망할지 모르는 약소국의 대부처럼 몸이 닳도록 힘을 다하여 죽어서야 그만둔' 격이다. 누이가 죽은 지 7년 만에 또 형수님이 떠난 것이다.

연암은 살가운 시동생이었다. 아주 작은 것이라도 생기면 형수님부터 챙겼다. 또 장차 연암협으로 들어가 과수원을 일구자는 '농담'으로 형수님을 즐겁게 해드렸다. "우리 형님이 이제 늙었으니 당연히 이 아우와 함께 은거해야 합니다. 담장에는 빙 둘러 뽕나무 천

그루를 심고, 집 뒤에는 밤나무 천 그루를 심고, 문 앞에는 배나무 천 그루를 접붙이고, 시내의 위와 아래로는 복숭아나무와 살구나무 천 그루를 심고, 세 이랑 되는 연못에는 한 말의 치어를 뿌리고, 바위 비탈에는 벌통 백 개를 놓고, 울타리 사이에는 세 마리의 소를 매어 놓고서, 아내는 길쌈하고 형수님은 다만 여종을 시켜 들기름을 짜게 재촉해서, 밤에 이 시동생이 옛사람의 글을 읽도록 도와주십시오." 형수는 병이 심했지만 자기도 모르게 벌떡 일어나 웃으며 "서방님, 그건 나의 오랜 뜻이었소!" 그 간절한 꿈을 뒤로 하고 떠난 것이다.

연암의 처, 곧 동서와의 정도 두터웠다. 형수가 혈육이 없이 죽자 큰아들 종의를 선뜻 상주로 세웠다. 형님의 양자로 삼게 한 것이다. 둘째아들 종채가 생기기도 전이었으니 정분과 의리가 없이는 결코 하기 어려운 결단이었다.

1778년이면 연암이 연행을 하기 두 해 전이다. 이 해 3월에 이덕무와 박제가가 연행을 다녀왔다(이 경험을 정리한 것이 『북학의』다). 당시 연암은 홍국영의 세도를 피해 연암협으로 피신해 있던 차였다. 시동생 연암은 형수를 개성 근처에 있던 금천군에 장사지낸다. 죽어서라도 뜻을 이뤄 드리고 싶었던 게다. 당시 개성유수로 갓 부임했던 지기 유언호가 장례도 도와주고 명銘도 지어 주었다.

> 연암 골짜기는 산 곱고 물 맑은데
> 여기에 시동생이 터를 닦았네
> 아! 온 가족 다 함께 은거하려 했더니
> 마침내 여기에 몸을 맡기셨도다

> 안온하고도 견고하니
> 후손들을 보호하고 도와주시리라

친구의 형수를 위한 추도시를 짓다니, 참 낯설고도 가슴 뭉클한 장면이다. 이렇듯 이 「맏형수 공인 이씨 묘비명」도 굽이굽이 절절하다. 처남 이재성의 말대로 "순하다거나 검소하다거나 하는 찬사가 없는데도 형수의 덕이 눈에 보이듯 삼삼하여 슬픔과 탄식으로 사람들을 감동시킨다." 연암의 공감 능력은 이토록 탁월하다. 평생 기생이나 다른 여인네한테는 마음 한조각 준 바 없지만 자기 주변의 여성들과는 참으로 허심탄회했다. 아내와 누이, 그리고 형수까지. 여성들의 삶을 '침묵, 봉쇄'시켰던 중세적 담론의 장에서 이 묘비명들의 위치는 단연 독보적이다. 비록 이름은 없지만 이 여성들은 연암의 문장 속에서 충분히 자기 삶의 주인공이 되었다. '묘지명' 속에 살아 있는 인생이라? 참 기묘한 아이러니다!

다산도 많은 묘지명을 썼다. 1816년 유배지에서 쓴 「선중씨 정약전 묘지명」을 비롯하여, 해배 이후의 저술에는 묘지명이 압도적으로 많다. 「선백씨 정약현 묘지명」, 「남고 윤지범 묘지명」, 「자찬묘지명」, 「녹암 권철신 묘지명」, 「정헌 이가환 묘지명」 등등. 「자찬묘지명」도 그렇지만 이가환과 권철신의 묘지명은 분량이 엄청 길다. 대체 왜 그렇게 많은 진술이 필요했던 것일까? 둘은 성호 좌파와 천주교, 두 가지 이슈의 핵심인물들이다. 이들의 사상과 자취는 곧 다산 자신의 삶과 긴밀하게 연동되어 있다. 그들의 삶을 제대로 증언하지 않으면 자신의 삶의 정당성도 복원될 수 없다. 「자찬묘지명」이 그랬듯이, 이들에 대한 묘지명 역시 '역사 바로잡기'의 심정으로 쓰여졌다. 추모하기에는 이미 시간이 너무 많이 흘렀다. 이제 중요한 건 후대의 평가다. '애도'가 아닌 '증언'으로서의 묘지명! 서두부터 범상치가 않다.

건륭 을묘년(1795) 봄은 우리 정조대왕께서 즉위하신 지 19년째 되는 해였다. 간신 정동준이 이미 주살되니 임금의 기강이 다시 떨치게 되었다. 상이 인정문에 납시어 뭇신하들의 하례를 받으실 적에 대단히 노하여 큰 소리로 이르기를,
"조정에 있는 백료百僚들은 나의 명을 들으라. 내가 오늘 소인을 물리치고 군자를 등용하여 황천과 조종의 권명을 받들어 선을 좋아하고 악을 미워하는 뜻을 분명히 밝힘으로써 백성의 뜻을 크게 안정시키려 하노라."
하니, 모든 신하들은 두려워 떨며 엄숙한 모습으로 삼가 왕명을 들었다. 이때 상은 판중추부사 신 채제공을 기용하시어 좌의정에 제수하고 동부승지 신 용에게 앞으로 나와 뽑게 하시어 전 대사성 신 이가환을 발탁하여 공조판서에 제수하시니 중외가 흡족해하며 '선류善類가 조정에 모였다' 하였다.
한 달이 지난 뒤 상께서 신 가환과 신 용을 불러 이르기를,
"화성은 바로 우리 장헌의 묘소가 있는 곳이라 금년 봄에 내가 어머니를 모시고 세자의 원園을 참배하고 왔다. 앞으로 10년이 지난 뒤 나는 거기서 노년을 보낼 것이므로 화성에 노래당을 지었으니 이 화성의 일은 삼가지 않아서는 안 될 것이다. 원 주위의 식수와

궁전·대사臺榭; 망루의 축조와 성지城池·갑병의 수선과 양곡·전포錢布의 저축에서부터 정관亭館·우전郵傳과 노부鹵簿·희뢰餼牢에 이르기까지 대소사를 막론하고 모두 정리하고 부정簿正하여 나라의 전례를 밝힐 것이다. 가환아, 그대는 박식하니 이 일을 잘 맡아하라. 용아, 그대는 민첩하니 가환을 도와 일을 처리하라. 규영부는 왕의 거처와 가까우므로 매우 엄숙한 곳이니, 그대들은 이곳에 머물면서 놀고 쉬며 학문하라. 그대들에게 궁중의 술과 진귀한 찬과 국과 귤과 등자와 말린 고기와 엿을 내릴 것이니, 마시고 먹으며 두터운 은혜에 젖으라" 하시었다. 신들은 엎드려 은혜에 감읍하며 공손히 명을 받들었다.

며칠 뒤 상화조어연賞花釣魚宴; 낚시와 꽃구경을 하는 연회을 베풀 적에 상께서 말에 오르신 뒤 구마를 내어오라 명하시어 우리에게 타고 따르게 하셨다. 신臣 제공·신 가환과 신 용은 상을 따라 청양문에서 담을 끼고 동쪽으로 석거각에 다다라 말에서 내렸다. 거기서 부용정으로 가서 낚시질하며 운을 내어 시를 지었고, 영화당으로 돌아와서 활을 쏘았다. 저녁이 되자 상께서 촛불을 주시며 원으로 돌아가라 하시었다.

이 해 가을에 진산현감 이기양을 부르시어 시험해 보시고는 사제賜第하여 홍문관 수찬에 특별히 제수하시니, 이때는 소인의 도가 쇠하고 군자의 도가 성하여 태화太和; 음양이 조화된 기운가 함육涵育하고 만물이 왕성하던, 진실로 빛난 일치一治였다. 5년 뒤인 기미년(1799) 봄에 채제공이 죽고 다음해 6월에 상이 승하하셨다. 그 다음해 신유년 봄에 화가 일어나서 이가환은 옥사하고 이기양은 단천으로 귀양가고 나는 장기로 귀양갔다. 이 해 겨울 악인 목만중·홍낙안·이기경 등이 득세하여 채제공의 관작을 추탈하고 다시 이가환의 죄를 논하여 가율加律을 청하고 또 나를 옥에 가두고 죽이고자 하였으나, 여러 대신이 구해 준 덕에 강진으로 귀양갔으니 이것이 그동안에 있었던 영고성쇠의 대략이다. 「정헌 이가환 묘지명」, 『다산 산문선』, 94~95쪽

이게 프롤로그다. 이때가 다산과 그의 동지들에겐 가장 빛나는 순간이었다. 이즈음 채제공, 이가환, 그리고 이기양까지 남인의 인재들이 두루 등용되었으니 말이다. 한마디로 성군을 만나 태평성세를 누린 것. 그러다 문득 시운이 바뀌면서 채제공이 죽고 왕이 죽고 이가환이 죽고 이기양과 다산은 유배를 간다. 성과 쇠의 극치가 5년여 사이에 벌어진 것이다.

이미 앞에서도 언급했지만 이가환은 천재였다. 그 대목을 다시 한번 음미해 보자.

더구나 공은 기억력이 뛰어나 한번 본 글은 평생토록 잊지 않고 한번 입을 열면 줄줄 내리 외는 것이 마치 호리병에서 물이 쏟아지듯 비탈길에 구슬을 굴리듯 했으며, 구경九經·사서四書에서부터 제자백가諸子百家와 시詩·부賦·잡문雜文·총서叢書·패관稗官·상역象譯·산율算律의 학과 우의牛醫·마무馬巫의 설과 악창惡瘡·옹루癰漏의 처방處方에 이르기까지 문자라고 이름할 수 있는 것이면 무엇이든지 한번 물으면 조금도 막힘없이 쏟아놓는데 모두 연구가 깊고 사실을

고증하여 마치 전공한 사람 같으니 물은 자가 매우 놀라 귀신이 아닌가 의심할 정도였다. 「정헌 이가환 묘지명」, 『다산산문선』, 97~98쪽

'박람강기'의 달인인 다산이 보아도 이건 사람이 아니다! 이런 인물이 순탄하게 살긴 힘들다. 어떤 분야건 재능이 지나치게 뛰어나면 질시를 받게 되어 있다. 그것이 모든 천재의 운명이다! 역시 예상대로 온갖 참소와 모함 속에서 박해를 받아야 했다. 핵심은 '서교'다. 이 과정이 양쪽의 상소문과 정조의 비답을 둘러싸고 아주 지루하게 이어진다. 다산의 논지는 간단하다. 이가환은 결백하다는 것, 즉 천주교와 무관하다는 것. 다음은 이가환 본인의 변론이다.

"신은 평소에 책 읽기를 좋아하는 벽이 있어, 연전에 신이 보지 못했던 책이 연경에서 왔다는 말을 듣고 빌려다가 탐독했는데, 혹 신기한 내용도 있어 처음에는 대략 섭렵했으나, 좀더 자세히 열람해 보니 그 내용이 허탄하고 바르지 못하여 노불老佛과 같은 것임을 알았습니다. 그들이 주장하는 '벼슬하지 말고 제사지내지 말라'는 말은 인륜을 거스르고 상도를 어지럽히는 아비도 없고 임금도 없는 것이기에 곧 그 잘못을 공격하여 물리칠 것을 나의 임무로 삼고 사교를 피하여 멀리할 뿐만 아니라 기필코 사교를 멸하여 없애기로 맹세하였습니다. 이는 실로 친지들도 모두 아는 바인데, 그 누구를 속이겠습니까. 소본疏本에 이런 말을 쓰지 않은 것은 신이 먼젓번 연석에서 다 실토했으므로 거듭 말하지 않아도 성상께서 통촉하시리라 믿었기 때문입니다." 「정헌 이가환 묘지명」, 『다산산문선』, 112쪽

하지만 적들은 결코 믿어 주지 않았다. 그 결과는 우리가 아는 바대로다. 신유박해 때 이가환은 끝내 이 혐의를 벗지 못한 채 고문 속에서 죽어 갔다. 물론 그를 죽음으로 몰아간 것은 남인 내의 공서파들이다. 홍낙안, 이기경, 목만중 등등. 다산은 그의 결백과 무죄를 증언해야 했다. 그러자니 묘지명이 온통 장황한 변론으로 가득할 수밖에 없었던 것이다.

정약전이나 권철신의 묘지명 역시 마찬가지다. 탁월한 능력과 인품, 정조대왕의 지극한 총애, 간신들 혹은 적당들의 모함, 박해와 수난. 이것이 다산 묘지명의 공통적 서사구조다. 연암의 묘지명과는 무척 다르다. 다른 점은 또 있다. 연암의 주인공들은 여성이거나 하위주체들이고, 설령 홍대용 같은 대가일지라도 아주 평범하고 소탈한 모습이 클로즈업 되어 있다. 다산의 주인공들은 박해를 받긴 했지만 어쨌거나 정조시대를 주름잡은 주류들이다. 그래서인지 보다시피 영웅서사의 구조를 지니고 있다. 영웅과 소인, 왕과 간신, 적과 나, 선과 악의 선명한 이분법을 구사하는 것도 같은 맥락이다. 비극적 파토스가 전편을 관통하는 것도 영웅서사의 특징이다. 요컨대, 연암의 묘지명이 서사와 공감을 중시했다면, 다산은 증언과 복권에 초점을 두었다.

물론 두 사람이 겪은 죽음이 전혀 다른 유형이라서 그럴 수도 있다. 다산이 겪은 죽음이 주로 정치적 탄압에 의한 것이라면, 연암의 경우는 질병에 의한 돌연사가 더 많았다. 권력의 장에서 멀리 있었으니 당연한 일이다. 19세에 처숙 이양천이 죽었고, 23세에 어머니가 돌아가셨다. 24세에 집안의 기둥이었던 할아버지가, 31세에 아버지가 돌아가셨다. 35세에 맏누님과 벗 이희천을 잃었고(이 경우는 정치적 희생양이었다), 42세에 큰형수를, 45세에 정석치를, 47세에 홍대용을 잃었다. 51세에 형님과 아내를 잃었고, 52세에 맏며느리를 잃었다. 57세에 벗 이덕무를 잃었고, 60세에 지기 유언호가 죽었고, 생의 마지막 해인 69세 때는 죽기 몇 달 전에 박제가가 먼저 떠났다. 가히 죽음의 대행진이라 할 만하다.

다산 역시 신유박해 말고도 많은 사별을 겪어야 했다. 6남 3녀 중 4남 2녀를 잃었고, 지적 후계자로 삼으려 했던 조카 학초마저 열일곱 살의 나이에 세상을 떠났다. 지기이자 멘토였던 이벽의 죽음은 두고두고 깊은 상흔을 남겼다. 연암과 다산의 생애를 보노라면 산다는 건 누군가가 죽는 것임을, 누군가와 죽음으로써 작별을 하는 것임을 알게 된다. 누군가를 떠나보내다 자신이 떠나는 자가 되는 것, 떠나보내거나 떠나거나! 그것이 인생이다. 어찌 됐건 두 사람은 전혀 다른 방식으로 묘지명을 썼다. 그것은 죽음을 대하는 태도가 근본적으로 달랐기 때문이다. 쉽게 말하면, 연암에겐 망자와 내가 함께 공명했던 삶의 빛나는 순간들이 중요했다면, 다산은 망자의 무죄를 증언함으로써 그가 역사적으로 부활되기를 열망했다.

그리고 그 차이는 자신의 죽음을 대하는 태도에서도 고스란히 노정된다. 연암은 자신의 죽음에 대해 아무런 말도 남기지 않았다. 유언도 단지 "깨끗하게 목욕시켜 달라"뿐이었다. '천하만물은 쉬지 않고 흘러간다, 그 무상한 흐름을 부여잡으려 하거나 이름을 남기려 하는 것처럼 허망한 노릇은 없다'고 늘 말해 왔기 때문이다. 하지만 다산은 환갑 때 「자찬묘지명」을 남겼을뿐더러 『유명첩』을 별도로 작성하여 장례절차까지 꼼꼼히 기록해 두었다. 예컨대, "병이 나면 바깥채에 거처하게 하고 부녀자들을 물리치고 외인을 사절한다", "숨이 끊어지면 속옷을 벗기고 새옷을 입힌다", "그날로 목욕을 시키고 염습하되 준비가 안되었으면 이튿날 아침에 해도 좋다", "귀마개는 흰 솜을 쓴다" 등등. 그러고도 14년을 더 살았다. 14년쯤 지나면 바뀔 법도 하건만 그렇지 않았다. 오히려 자식들에게 『유명첩』에 적어둔 그대로 하라고 당부한다. "앞의 첩에서 말한 바를 털끝만큼이라도 어긴다면 불효요, 시신을 업신여기는 것이다. 학연, 학유야! 정녕 내 말대로 하여라."

그만큼 자신의 행동과 신념에 대한 자긍심이 확고했다. "육경사서로써 자기 몸을 닦게 하고 일표이서—表二書로써 천하 국가를 다스릴 수 있게 하고자 함이었으니, 본과 말이 구비되었다고 하겠다. 그러나 알아주는 사람은 적고, 꾸짖는 사람만 많다면 천명이 허락해 주지를 않는 것으로 여겨 한 무더기 불 속에 처넣어 태워 버려도 괜찮다."「자찬묘지명」, 246쪽 이 말은 지독한 반어다. 반드시 자신을 알아주는 세상이 오리라는 믿음을 거꾸로 표현한! 묘지명의 마지막을 장식하는 '명'에서 다산은 그 발원과 확신을 감추지 않았다.

나는 건륭 임오년(1762)에 태어나 지금 도광의 임오(1822)를 만났으니 갑자가 한 바퀴 돈 60년의 돌이다. 뭐로 보더라도 죄를 회개할 햇수다. 수습하여 결론을 맺고 한평생을 다시 돌려 내가 금년부터 정밀하게 몸을 닦아 실천한다면 명명을 살펴서 나머지 인생을 끝마칠 것이다. 그리고는 집 뒤란의 자子의 방향 쪽에다 널 들어갈 구덩이의 모형을 그어놓고 나의 평생의 언행을 대략 기록하여 무덤 속에 넣을 묘지墓誌로 삼겠다.
명銘에 이르기를

네가 너의 착함을 기록했음이
여러 장이 되는구려.
너의 감추어진 사실을 기록했기에
더 이상의 죄악은 없겠도다.

네가 말하기를
"나는 사서육경을 안다"라고 했으나
그 행할 것을 생각해 보면
어찌 부끄럽지 않으랴.

너야 널리널리 명예를 날리고 싶겠지만
찬양이야 할 게 없다.
몸소 행하여 증명시켜 주어야만
널리 퍼지고 이름이 나게 된다.

너의 분운紛紜함을 거두어들이고
너의 창광猖狂을 거두어들여서
힘써 밝게 하늘을 섬긴다면
마침내 경사가 있으리라. 「자찬묘지명」, 247쪽

『고추장 작은 단지를 보내니』 vs 『유배지에서 보낸 편지』—촉발과 계몽

다산을 세상에 널리 알린 건 『목민심서』도 「애절양」도 아니다. 『유배지에서 보낸 편지』(박석무 편역)라는 서간모음집이다. 1979년 초판이 나온 이후 이 책은 지금까지 변함없이 '살아 있다'. 『여유당전서』에 있는 편지글들을 모아서 번역한 책이다. 둘째형 약전과 친지들에게 보내는 것도 있지만 두 아들에게 보내는 편지가 주를 이룬다. 땅끝이라는 머나먼 땅, 18년이라는 기나긴 시간. 이 시공간적 격절이 주는 아우라에다 두 아들을 향한 절절한 부성이 중첩되면서 이 책은 한국인의 필독서로 자리잡았다. 특히 1970~80년대 민주화시대를 거치면서 다산학은 많은 이들에게 희망과 비전의 메시지였다. 하지만 이 서간집이 아니었다면 다산은 '경이원지敬而遠之, 곧 존경하지만 멀리하고 싶은' 존재였으리라. 『목민심서』와 이 편지를 혼동하는 독자들도 적지 않다. 그만큼 다산의 이미지는 이 서간집과 오버랩되어 있다.

처음 귀양지였던 장기에서 보낸 첫번째 편지. "이른 새벽부터 밤늦게까지 부지런히 책을 읽어 이 아비의 간질한 소망을 저버리지 말아다오."『유배지에서 보낸 편지』, 33쪽 이렇게 시작된 아버지의 가르침은 강진으로 이배된 후 더한층 강화된다. 1802년 12월 22일자 편지가 아주 압권이다. "이제 너희들은 망한 집안의 자손이다. 그러므로 더욱 잘 처신하여 본래보다 훌륭하게 된다면 이것이야말로 기특하고 좋은 일이 되지 않겠느냐? 폐족으로서 잘 처신하는 방법은 오직 독서하는 것 한 가지밖에 없다." 놀라운 반전! 가문의 몰락을 독서의 기회로 연결하는 아버지의 목소리는 힘이 넘친다. 과거공부는 진정한 독서는 아니다. 그렇지만 출사하기 위해선 어쩔 수 없었다. 그래서 문장에 소질이 있었던 아들에게 과거공부를 시킨 것이 영 마음에 걸렸단다. "그러나 이제 너는 과거에 응시할 수 없게 되었으니 과거공부로 인한 그런 걱정은 안해도 되겠구나. …… 너야말로 참으로 독서할 때를 만난 것이다. 지난번에 말했듯이 가문이 망해 버린 것 때문에 오히려 더 좋은 처지를 이룩할 수 있다는 게 바로 이런 것 아니겠느냐." 물 만난 고기마냥 거침이 없다. 마치 이런 시절을 기다리고나 있었던 것처럼.

우리 시대에 이렇게 말할 수 있는 부모가 과연 몇이나 있을까? 그리고 그것은 단지 자식들을 위한 것만은 아니다. 무엇보다 자기 자신을 위한 일이다. "너희들이 참말로 독서를 하고자 않는다면 내 저서는 쓸모없는 것이 되고 말 것이다. 내 저서가 쓸모없다면 나는 할 일이 없는 사람이 되고 만다. 그렇다면 나는 앞으로 마음의 눈을 닫고 흙으로 빚은 사람처럼 될 뿐 아니라 열흘이 못 가서 병이 날 거고 이 병을 고칠 수 있는 약도 없을 것인즉 너희들이 독서하는 것은 내 목숨을 살려 주는 것이다." 보통 부모들은 말한다. 다 니들 장래를 위한 거다, 니들을 위해선 어떤 희생이라도 치를 생각이다 등등. 물론 새빨간 거짓말이다. 누군가를 위한 희생도 사실은 자신의 삶을 거기 투사할 때나 가능한 법이다. 그래서 반드시 보상을 요구하게 되어 있다. 물질적으로든 정신적으로든. 설령 정말 '순수한' 희생이라고 해도 그게 꼭 좋은 건지는 따져 봐야 한다. 공부가 자식의 인생에 그렇게 소중한 거라면 부모도 함께 해야 하지 않을까? 부모한테는 쓸모가 없는데 자식한테만 소중한 공부라? 그런 게 과연 있을 수 있을까?

다산은 그런 아버지가 아니다. 자식들이 공부하지 않으면 자신 또한 죽은 목숨이다. 왜? "너희들이 끝끝내 배우지 아니하고 스스로를 포기해 버린다면 내가 해놓은 저술과 간추려 놓은 것들을 앞으로 누가 모아서 책을 엮고 교정을 하며 정리하겠느냐? 이 일을 못한다면 내 책들은 더 이상 전해질 수 없을 것이며, 내 책이 후세에 전해지지 않는다면 후세 사람들은 단지 사헌부의 계문과 옥안만 믿고서 나를 평가할 것이 아니냐." 말하자면 자식과 나는 운명공동체다. 나의 업적과 무죄를 증명해 주는 것, 그것은 독서와 글쓰기밖에 없다. 다산은 이제 여기에 올인했다. 그래서 이제 아버지의 편지는 '사교육의 메신저'가 되었다. 다산은 이제 아버지이자 교사다. "아버지와 아들이면서 스승과 제자가 된다면 더욱 좋은 일이 아니겠느냐?"『유배지에서 보낸 편지』, 114쪽 효제에서 경학, 문장론, 예의범절, 양계에 이르기까지 다산의 가르침은 미치지 못하는 바가 없다. 사실 이 서간집만 읽어도 다산의 사상과 신념, 경학과 문장론 등을 두루 망라할 수 있다. 다산학의 그 광대한 스펙트럼을 직접 다산의 목소리를 통해 들을 수 있으니, 이렇게 감동적인 편지가 또 어디 있으랴!

하지만 이 감동은 계몽의 파토스를 수반한다. 스승과 제자 사이의 경계가 뚜렷한 것, 그것이 계몽주의다. 이때 스승은 제자를 빛의 세계로 이끌어 주는 존재다. 어둠에서 밝음으로! 무지몽매에서 명석판명한 세계로! 그러니 얼마나 부지런해야 하겠는가. 양계에 대한 상세한 매뉴얼, 개고기 요리에 대한 레시피 등이 잘 보여 주듯이 다산은 대충 넘어가는 법이 없다. 모든 걸 세심하게 짚어 준다. 정보의 양도 엄청나다. 그러면 '아들-제자'의 실력이 엄청 늘 것 같지만 실제론 그렇지 않다. 스승에 대한 의존성이 점점 커지기 때문이다. 배움의 자발성을 위축시키는 것, 이게 계몽의 한계다.

> 네 형이 멀리서 왔으니 기쁘기는 하다만 며칠간 함께 지내면서 이야기를 주고 받아 보니 옛날에 가르쳐 준 경전의 이론을 하나도 제대로 대답 못하고 우물우물하니 슬픈 일이로구나. 왜 이렇게 되었겠느냐? 어린 날에 화를 만나 혈기를 빼앗기고, 정신을 지키지 않아 놓아 버렸기 때문일 것이다. 조금만 정신을 차리고 때때로 점검하고 지난날 배운 것을 복습했더라면 어찌 오늘 이 지경에 이르렀겠느냐? 한스럽고 한스럽다. 네 형이 이러니 너야 오죽하겠느냐? …… 너의 형이 왔을 때 시험 삼아 술 한잔을 마시게 했더니 취하지 않더구나. 그래서 동생인 너의 주량은 얼마나 되느냐고 물었더니 너는 너의 형보다 배도 넘는다 하더구나. 어찌 글공부에는 그 아비의 버릇을 이을 줄 모르고 주량만 훨씬 아비를 넘어서는 거냐? …… 술로 인한 병은 등에서도 나고 뇌에서도 나며 치루가 되기도 하고 황달도 되어 별별 기괴한 병이 발생하니 한번 병이 나면 백 가지 약도 효험이 없게 된다. 너에게 바라고 바라노니 입에서 딱 끊고 마시지 말도록 하라.「학유에게 부치노라」寄游兒,『유배지에서 보낸 편지』, 89~93쪽

공부는 늘지 않고 술만 늘었구나! 고지식한 표현인데, 왠지 웃긴다. 예나 이제나 아버지들이 하는 잔소리는 비슷하구나, 싶어서다.

잔소리는 길어야 제맛이다. 아니나 다를까. 저게 다가 아니다. 술에 대한 아버지의 '저주'는 계속된다. 나라를 망하게 하고 가정을 파탄시키거나 흉패한 행동은 모두 술 때문이니 제발 절주하라고 당부하고 또 당부한다. "너처럼 배우지 못하고 식견이 없는 폐족 집안의 사람으로서 못된 술주정뱅이라는 이름을 더 가진다면 앞으로 어떤 등급의 사람이 되겠느냐? 조심하여 절대로 입에 가까이하지 말거라. 제발 이 천애의 애처로운 아비의 말을 따르도록 하라." 앞의 책, 94쪽 위협을 했다가 꾸짖었다가 또 연민에 호소했다가…… 과연 아들들의 반응은 어땠을까. 왠지 한 귀로 듣고 한 귀로 흘렸을 것 같은 느낌이다. 원래 잔소리가 심하면 아무리 옳은 말이라도 효과 제로인 법이다.(ㅆ)

이렇듯 계몽의 열정이 지나친 간섭으로, 또 심한 잔소리로 변주되는 과정은 서간집 곳곳에서 발견된다. "너희들은 집에 책이 없느냐? 몸에 재주가 없느냐? 눈이나 귀에 총명이 없느냐? 어째서 스스로 포기하려 하느냐. 영원히 폐족으로 지낼 작정이냐? 너희 처지가 비록 벼슬길은 막혔어도 성인이 되는 일이야 꺼릴 것이 없지 않느냐. 문장가가 되는 일이나 통식달리의 선비가 되는 일은 꺼릴 것이 없지 않느냐."「두 아들에게 부치노라」寄兩兒, 같은 책, 66쪽 다 맞는 말이다. 하지만 그럴수록 배움의 자발성과 창발성은 떨어진다. 아닌 게 아니라 이 서간집에는 오직 다산의 목소리만 울려 퍼진다. 편지의 수신인들의 응답이나 개성, 동선 등은 거의 포착되지 않는다. 쌍방향이 아니라 일방향적인 메신저. 계몽이 훈육으로, 열정이 명령으로 바뀌는 지점이 바로 여기다. 여기서 한발짝 더 나아가면 계몽의 파탄에 이르게 된다.

사제 간의 능동적 교감은 사라진 채 오직 계몽의 주체만이 감시와 처벌의 채찍을 휘두르는!

물론 다산은 그런 함정에 빠지지 않는다. 왜? 스스로 배움을 멈추지 않았기 때문이다. 배움에 대한 열정이 계몽의 욕망을 압도했던 것이다. "독서 한 가지 일만은, 위로는 성현을 뒤따라가 짝할 수 있고, 아래로는 수많은 백성들을 길이 깨우칠 수 있으며, 어두운 면에서는 귀신의 정상을 통달하고 밝은 면에서는 왕도와 패도의 정책을 도울 수 있어, 짐승과 벌레의 부류에서 초월하여 큰 우주도 지탱할 수 있으니, 이것이야말로 우리 인간이 해야 할 본분인 것이다."「윤종문에게 당부한다」爲尹惠冠贈言,『유배지에서 보낸 편지』, 257쪽 그렇다. 그는 한순간도 이 본분을 잃지 않았다. 추방당한 자였기 때문이리라. '아버지-스승'이 '아들-제자들' 위에 군림할 수 있는 배치가 아니었다는 것. 그래서 심하다 싶은 잔소리도 애틋한 부정으로 음미할 수 있는 것이리라.

『고추장 작은 단지를 보내니』(이하 표기 『고추장』)는 『연암선생 서간첩』을 번역한 것이다. 모두 33통의 편지가 여기 실려 있다. 편지에 담긴 연대기는 연암이 60세 되던 1796년(정조 20년) 정월부터 이듬해 8월까지다. 60세면 안의현감에 부임한 지 4년쯤 된 해다(만 4년 2개월간 근무). 연암은 원래 편지글의 대가다. 소품체의 가장 일반적인 형식이 척독, 곧 짧은 편지글이기 때문이다. 척독은 안부글이 아니라 촌철살인의 아포리즘을 자랑한다.

어린애들 노래에 "도끼를 휘둘러 허공을 치는 것이 바늘을 가지고 눈동자를 겨누는 것만 같지 못하다" 하였고, 또 속담에 "정승을 사귀려 말고 네 몸가짐부터 신중히 하라" 하였으니, 그대는 아무쪼록 명심하시오. 차라리 약하면서도 굳센 편이 낫지 용감하면서도 뒤가 물러서는 아니 되오. 하물며 외세란 믿을 수 없는 것이 아니겠소.「중일에게 보냄 3」_興中一之三_, 『연암집』(중), 374쪽

어젯밤 달이 밝기로 비생을 찾아갔다가 그를 데리고 집에 돌아와 보니, 집을 지키던 자가 말하기를, "키 크고 수염 좋은 손님이 노랑말을 타고 와서 벽에다 글을 써 놓고 갔습니다" 하기에, 촛불을 비춰 보니 바로 그대의 필치였소. 안타깝게도 손님이 왔다고 알려주는 학이 없기에 그만 그대에게 문에다 '봉'鳳 자를 남기게 하였으니, 섭섭하고도 송구하구려. 이제부터서는 달 밝은 저녁이면 당분간 밖에 감히 나가지 않을 거요.「담헌에게 사과함」_謝湛軒_, 『연암집』(중), 443쪽

앞의 것은 함축이 대단하고, 뒤의 것은 정감이 그윽하다. 짧지만 계속 음미할수록 맛이 우러난다. 이런 글을 척독이라 한다. 연암의 사상과 잘 어울리는 스타일이었다.

『고추장』은 그런 척독이 아니라 말 그대로 서간집이다. 연암이 말년에 지방으로 떠돌 때 가족들과 이런저런 소식을 주고받은 것이다. 그래서 연암의 체질과 일상을 아주 근거리에서 느낄 수 있는 좋은 자료다. 풍담과 정충증, 다리 붓는 증세와 치질, 소갈증(당뇨) 등에 시달리는 것을 비롯하여 원님 생활의 고단함과 권태로움 및 며느리의 산후조리, 안질에 걸린 아들 때문에 밤새 걱정하는 소리까지. 연암답게 늘 유머러스하다. 벗에게 보내는 편지에선 내일 새벽에 갈

테니, "아침밥은 줄 수 있나?"라고 묻거나, 안부를 전할 때도 "나는 세끼 밥, 세끼 잠 모두 잘 먹고 잘 잔다."『고추장』, 48쪽 "나는 별 탈 없이 늙고 있다."『고추장』, 58쪽 등의 깨알 같은 재미를 선사한다. 다산이 유배지에서 그랬듯이 연암 또한 원님 노릇하면서도 글쓰기를 멈추지 않았다. 그 장면을 이렇게 묘사해 놓았다.

> 붓을 들고 종이를 펼쳐 바야흐로 그럴듯한 생각이 떠올지라도 미처 한 글자도 쓰기 전에 창밖에서 형방이 무릎을 꿇고 '하사오며' '뿐이옵고' '갓갓' 등의 소리를 내며 문서를 읽어 대고, 완악한 아이 종은 짙은 먹에 붓을 적신 채 종이 귀퉁이를 비스듬히 잡고 서 있어, 얼른 수십 장 문서에다 서명을 한단다. 그러고 나서 물러나와 방금 전 흉중에 있던 아직 문자화되지 않은 한 편의 좋은 글을 생각해 보면 애석하게도 그만 저 만 길 높이의 지리산 밖에 걸려 있지 않겠니? 하지만 어쩌겠느냐, 어쩌겠어. 『고추장』, 19쪽

업무와 글쓰기를 병행해야 하는 정규직의 애환을 재미있게 표현했다. 글감이 떠올랐다 휘리릭 사라져 버릴 때의 안타까움이 어찌나 리얼한지 마치 시트콤 한 장면을 보는 듯하다. 어떤 소재든 연암의 손을 거치면 이렇게 '맛있는' 글이 된다.

그럼 자식들 교육에 대해서는 어땠을까? 마침 아들들이 과거를 볼 때였나 보다. 과거에 대한 그의 입장을 들어보자.

> 과거 볼 날이 점점 다가오는데 과시는 몇 수나 지어 봤으며 속작에

는 능하여 애로가 없느냐? 글제를 대해서 마음에 어렵게 느껴지지 않은 뒤에라야 시험장에 들어갈 일이고, 비록 반도 못 썼다 하더라도 답안지는 내고 나올 일이다.『고추장』, 60쪽

너희 형제는 걱정되지 않고 늘 마음에 잇히지 않는 사람은 효수(손자)니 우습구나, 우스워. 넌 모름지기 수양을 잘해 마음이 넓고 뜻이 원대한 사람이 되고, 과거공부나 하는 쩨쩨한 선비가 되지 말았으면 한다.『고추장』, 79쪽

시험에 붙고 안 붙고는 관계없는 일이며, 다만 과장에 출입할 때 조심해 다치지 않도록 해야 할 게다.『고추장』, 98쪽

헐~ 이런 아버지가 다 있나. 다 못 쓰더라도 답안지는 내고 오라고? 예전 자신이 했던 만행(?)──시험장에 들어가서 이름을 쓰지 않거나 아니면 기암괴석을 그리고 나왔던──이 떠올랐던 것일까? 근데, 시험의 당락은 중요하지 않으니 '무사히'만 다녀오란다. 자신도 예전에 시험장에 갔다가 군중들에 짓밟히는 바람에 끙끙 앓았던 적이 있기 때문이다. 결국 과거공부보다 마음공부나 잘하란다. 입시에 대한 조언으로선 완전 젬병이다.

게다가 이미 마음은 손자 효수한테 가 있다. 효수는 갓난쟁이다. 탄생을 알리는 편지를 받고 그 기쁨을 이렇게 표현했다. "초사흗날 관아의 하인이 돌아올 때 기쁜 소식을 갖고 왔더구나. '응애 응애' 우는 소리가 편지 종이에 가득한 듯하거늘 이 세상 즐거운 일이 이보

다 더한 게 어디 있겠느냐?"(병진년 1796 3월 10일)『열하일기』의「호곡장론」에 등장하는 갓난아기의 울음소리가 오버랩되는 구절이다. 얼마나 보고 싶었을까? "너의 첫 편지에서는 '태어난 아이가 미목이 수려하다'고 했고, 두번째 편지에서는 '차츰 충실해지는데 그 사람됨이 그리 평범치 않다'라고 했으며, 또 간[박종채]이의 편지에서는 '골상이 비범하다'고 했다. 대저 이마가 넓다든지 툭 튀어나왔다든지 모가 졌다든지, 정수리가 평평하다든지 둥글다든지 하는 식으로 왜 일일이 적어 보내지 않는 거냐? 궁금하다. 궁금해."『고추장』, 35쪽 이 대목은 읽을 때마다 절로 함박웃음이 터진다. 대충 얼버무리지 말고 아기의 얼굴을 상세히 적어 보내라는 추궁이다. 그야말로 '눈에 삼삼, 귀에 쟁쟁'이 따로 없다. 손자한테 푹 '빠진' 할아버지의 마음을 이보다 잘 보여 줄 수 있을까.

가장 뜻밖인 건 직접 고추장을 담가서 보내는 대목이다.

고추장 작은 단지 하나를 보내니 사랑방에 두고 밥 먹을 때마다 먹으면 좋을 게다. 내가 손수 담근 건데 아직 푹 익지는 않았다.
―보내는 물건 포 세 첩, 곶감 두 첩, 장볶이 한 상자, 고추장 한 단지『고추장』, 26쪽

전후에 보낸 쇠고기 장볶이는 잘 받아서 조석간에 반찬으로 하니? 왜 한 번도 좋은지 어떤지 말이 없니? 무람없다, 무람없어. 난 그게 포첩이나 장조림 따위의 반찬보다 나은 것 같더라. 고추장은 내 손으로 담근 것이다. 맛이 좋은지 어떤지 자세히 말해 주면 앞으로도

> 계속 두 물건을 인편에 보낼지 말지 결정하겠다. 『고추장』, 35쪽

와우! 쇠고기 장볶이를 보내는 것도 감동인데 고추장은 직접 담근 거란다. 솔직히 잘 믿기지 않는다. 요즘 시대에도 드문 일인데 조선시대에 고추장을 담그는 사대부 남성이 있다니 말이다. 연암은 과연 '생활의 달인'이다. 아마도 오랜 프리랜서 시절에 터득한 생활의 '노하우'일 것이다. 오래전 박제가가 찾아왔을 적에 쌀을 앉혀서 밥을 짓고 직접 소반에 담아 대접한 적이 있다. 그게 우연이 아니었던 게다. 거기다 '애프터 서비스'도 잊지 않는다. 쇠고기 장볶이는 잘 먹고 있는지 고추장 맛은 어떤지 자세히 알려 달라고 재촉하는 이 '아줌마' 같은 잔소리라니. 정말 '소소선생' 답다.

이렇듯 연암과 자식들의 관계는 허물이 없다. 친구나 형제에 더 가깝다. 하여 연암의 교육법은 계몽이 아니라 촉발에 가깝다. 계몽은 제자들을 스승의 방향으로 이끄는 것이고 촉발은 스승과 제자가 함께 만들어 가는 것이다. 이때 중요한 건 방향이나 목표가 아니라 리듬과 박자다. 각자 자신의 길을 가되 서로 교감하고 감응할 수 있으면 된다. 그게 무슨 교육인가? 라고 생각할 수 있다. 맞다. 이런 교육으로 뭐가 된다는 보장은 전혀 없다. 오히려 그런 전제로부터 벗어나는 것이 더 핵심이다. 미래에 대한 보장을 전제하는 한 리듬과 박자는 어긋날 테니까.

연암과 다산 모두 아들들은 그저 평범했다. 하지만 아버지와 맺는 관계는 서로 달랐다. 연암의 아들 박종채는 『과정록』을 썼다. 아버지의 일생을 기록하고 싶었던 것이다. 그건 아버지가 훌륭해서이

기도 하지만, 아버지를 깊이 사랑했기에 가능한 일이다. 사랑이 깊으려면 친밀감을 느낄 수 있어야 한다. 다산의 아들들도 아버지를 존경했으리라. 하지만 친밀감을 느꼈는지는 모르겠다. 앞서도 말했지만, 다산의 편지에선 아들들의 목소리가 느껴지지 않는다. 분명 아들한테 하는 말인데 오직 아버지이자 스승인 다산의 목소리만 가득하다. 이런 관계라면 한없이 존경할 수는 있지만 친밀한 사랑을 느끼기는 어렵지 않았을까?

6장
두개의 별, 두개의 지도

6장
두개의 별, 두개의 지도

그들은 왜 만나지 않았을까? 또 왜 서로에 대해 침묵했을까? 비슷한 시공간을 수없이 교차했는데도. 박제가, 이덕무, 정석치 등 둘 사이를 오고간 '전령사'들이 꽤 많았는데도. 이게 우리가 '입구'에서 던진 질문이다. 꽤나 먼길을 왔건만 답은 여전히 오리무중이다. 하지만 분명한 건 하나 있다. 최소한 당파나 가문, 학연의 차이 때문은 아니었다는 것. 그보다 훨씬 더 심오한 영역에서 둘은 달랐다. 심오하다는 것과 다르다는 것. 이것은 뭘 의미할까? 각자가 밟아가는 '길'이 더할 나위 없이 뚜렷하다는 뜻이다. 그러면 만나기 어렵다. 만나는 순간 '빅뱅'이 일어날 테니까. 하여, 둘은 서로 무의식적으로 비켜 갔던 건 아닐까. 마치 저 하늘의 별들이 그러하듯이.

별과 별을 하나로 잇는 건 관찰자의 시선이다. 실제로 별과 별 사이엔 억만 광년의 거리가 존재한다. 빛의 세기가 클수록 더욱 그렇다. 그렇다면 참 이상하다. 저토록 '멀리, 따로' 빛나는 별들을 우리는 왜 굳이 하나의 선으로 이으려 했던가? 그 빛의 강도와 거리에도 불구하고 왜 그것들을 인접한 것으로 보고자 했던가? 말할 것도 없이, 모더니티라는 프레임 때문이다. 모더니티는 흔히 근대성으로 번역된다. 20세기 이후 우리의 삶과 인식을 지배한 표상, 곧 민족, 국가, 민중, 리얼리즘, 과학(가시성과 수량), 민주주의(대의제), 이성과 합리성 등으로 이어지는 인식의 계열들이 그것이다.

연암과 다산, 이 두 별은 어떤 프레임, 어떤 망원경으로 보더라도 충분히 빛나는 별들이다.

앞에서 충분히 음미했듯이, 연암은 한문의 최고의 경지에 도달한 문장가다. 18세기를 넘어 조선시대, 나아가 한자가 유입된 이후 한반도에서 산출된 모든 문장을 다 놓고 보더라도 단연 압도적이다. 어디 그뿐인가. 동아시아 전체로 시야를 넓힌다 해도 『열하일기』에 견줄 만한 텍스트는 거의 드물다. 한편, 다산은 양적 방대함의 차원에서 타의 추종을 불허한다. 그렇게 방대한 집대성이 가능했던 건 다산이 경세가였기 때문이다. 보통 경세가들은 문장을 많이 남기지 못한다. 실전의 현장에서 뛰느라 바쁘기 때문이다. 하지만 다산은 한창 뛰어야 할 시기에 현장에서 추방되었다. 그러나 다산은 그 유형지에서 통치의 기술과 이상을 하숟저으로 정리해 나갔다. 이 또한 세계 지성사에서 초유의 사례에 해당한다.

18세기 조선에 25년의 간격을 두고 두 별이 탄생했고, 그들은 죽어서 다시 별이 되었다. 연암과 다산이 없는 18세기, 아니 조선사는 상상조차 하기 어렵다. 그런 점에서 별은 지도다. 별이 없으면 길 또한 없다. 그러므로 질문은 이렇게 바꾸어야 한다. 둘은 왜 만나지 않았을까? 가 아니라 저 두 별을 어떻게 우리 삶의 지도로 변환할 것인가? 그러기 위해선 일단 둘을 모더니티라는 프레임에서 해방시켜야 하지 않을까?

모더니티와 두 사람

두 사람이 근대와 만나는 시점은 갑신정변 즈음이다. 갑신정변의 정신적 지주는 대원군 시절의 명재상 박규수다. 박규수는 연암의 손자, 곧 박종채의 아들이다. 우의정까지 지냈으니 할아버지와 아버지와는 달리 '관운'이 아주 좋았던 모양이다. 박규수는 1869년 박영효, 김옥균 등의 문하생들과 『연암집』을 강독했다고 한다. 훗날 이광수가 박영효에게 갑신정변의 사상적 근원에 대해 묻자 이렇게 답했다.

> 그 신사상은 내 일가 박규수 집 사랑에서 나왔소. 김옥균, 홍영식, 서광범, 그리고 내 백형(박영교)하고 재동 박규수 집 사랑에 모였지요. …… 박규수는 연암 박지원의 손자로서 재동집에 있었는데 김옥균 등 영준한 청년 등을 모아 놓고 『연암집』을 강의하였소. …… 『연암집』에 귀족을 공격하는 글에서 평등사상을 얻었지요. 간호윤,
> 『당신, 연암』, 311쪽에서 재인용

연암의 문장이 근대 부르주아 개혁의 논리와 만나는 순간이다. '서세동점'의 시대를 맞아 문명개화를 꿈꾸는 청년들에게 연암은 '평등사상'의 원조로 간주되었던 것이다. 흥미롭게도 갑신정변이 실패

한 그 다음해인 1885년(고종 22년), 고종은 다산 정약용의 저서를 올리라고 명했다. 갑신정변이 고종으로 하여금 다산의 사상에 주목하게끔 추동했던 것이리라. 그렇게 해서 1885년에서 1886년, 현 규장각본인 『어람본 여유당전서』가 필사되어 고종에게 바쳐졌다. 이덕일, 『정약용과 그의 형제들』 1, 4쪽

연암과 다산이 모두 떠난 19세기는 적막했다. 상부는 세도정치로, 하부는 민란으로 점철되면서 상하의 소통경로는 단절되었고, 전체를 아우를 수 있는 비전은 그 어디서도 찾을 수 없었다. 조선왕조 5백 년의 시운이 다한 탓일까. 정조 이후의 왕들은 하나같이 무기력했다. 공교롭게도 청나라 역시 그랬다. '강희제·옹정제·건륭제' 같은 황금의 트리오를 낸 이후, 정확하게 말하면 19세기 이후 등장한 청나라의 황제들 역시 그릇이 형편없었다. 그렇다면 이건 조선왕조의 시운이 아니라 동아시아 제국 전체에 황혼이 도래했음을 뜻하는 것인지도 모른다. 지성사는 더더욱 황폐했다. 연암과 다산 이후 19세기 지성사는 더 이상 천재도 거인도 배출하지 못하는 불모지가 되었다. 그 결과 연암과 다산은 조선의 지성사, 나아가 한자문화권의 클라이맥스이자 대단원이 되고 말았다. 그리고 이제 드디어 중국을 거쳐 흘러오는 서학 혹은 천주교가 아닌, 서양문명의 '맨얼굴'과 직면해야 하는 순간을 맞이한 것이다.

알다시피 『연암집』은 자기 시대에 공적으로 간행되지 못했다. 우의정까지 역임한 손자 박규수도 이 저서가 몰고 올 루머와 스캔들을 우려하여 간행을 포기해 버렸다. 다산은 더 말할 것도 없다. 『여유당전서』는 동시대에 누구에게도 인정받지 못했다. 저술의 가치는

고사하고, 저술의 존재 자체를 알아주는 이도 드물었다. 『연암집』은 너무 인기가 높아서, 『여유당전서』는 인기가 너무 없어서, 공적으로 '침묵, 봉쇄'된 채 필사본의 형태로 떠돌고 있었다. 그러다가 마침내 갑신정변이 그 봉인을 해제한 것이다.

그리고 1910년 조선왕조는 마침내 종언을 고했다. 그해, 조선왕조는 연암에게 좌찬성을 추증하고 문도文度라는 시호를, 다산에게는 정헌대부 규장각 제학을 추증하고 역시 문도라는 시호를 내렸다. 참 기막힌 아이러니다. 처음으로 나라에서 인정을 해주었는데, 곧이어 나라가 망했으니 말이다. 두 사람과 조선왕조는 이렇듯 운명이 엇갈렸다. 하지만 어찌 됐건 이렇게 해서 두 사람과 20세기와의 만남은 시작되었다.

고종의 명에 의해 『어람본 여유당전서』가 필사되긴 했지만 이것이 공적으로 간행, 유통되려면 한참의 시간이 필요했다. 워낙 거질이라 투여해야 할 노고와 비용이 엄청났기 때문이다. 1934년부터 1938년까지 다산서거 100주년을 기념하여 정인보, 안재홍 등 초기 국학자들의 교열로 다산의 저작이 154권 76책으로 간행되었다. 『연암집』의 운명도 비슷하다. 1900년 처음 공간된 『연암집』은 초록 형태이고, 창강 김택영이 편찬한 『연암집』이 그 시초에 해당한다. 연암의 직계 후손이 보관해 온 필사본 『연암집』을 제본한 것이다. 그러다가 1932년 후손 박영철이 사재를 털어 17권 16책으로 간행하면서 비로소 그 전모를 세상에 알리게 되었다. 1930년대면 이미 경술국치(1910)를 겪은 지도 20여 년이 넘은 뒤라 일제의 식민지 수탈이 강화된 한편, 동시에 근대의 이식이 한창 진행되던 시기다. 그리하여

1930년대 조선에선 민족의 발견, 역사의 재구성, 계몽과 에로스, 예술과 화폐 등의 기호들이 범람하기 시작했다. 조선학 혹은 국학의 붐이 일어난 것도, 연암과 다산이 새롭게 조명을 받게 된 것도 이런 맥락의 소산이다.

그러다 해방과 분단 이후 남북한 모두 식민사관의 극복을 시대적 과제로 삼게 되자 그 학적 토대로 '실학'이라는 담론이 부상되었다. 18세기 지성사에서 자본주의와 민족주의의 맹아를 찾는 이 담론적 배치는 단연 한국학의 총아로 떠올랐다. 텍스트를 판단하는 준거는 간단했다. 얼마나 '탈중세적'(혹은 탈성리학)적인가, 그리고 얼마나 '모더니티'에 근접한가. 연암과 다산이 실학담론의 주역이 된 건 그런 점에서 너무도 당연하다. 둘은 개인을 지칭하는 기호가 아니라, 연암그룹과 다산학파, 북학과 서학이라는 '집합적 지성'을 대변하는 기호이기 때문이다. 아마 이때부터 연암과 다산을 연속적으로 이해하는 프레임이 구축되었을 것이다. 모든 분석의 결론이 '탈중세와 근대성'에 맞춰져 있다 보니 연구가 진행될수록 두 사람은 닮아 갈 수밖에 없었다. 모더니티가 모든 텍스트를 감싸는 휘장이자 그 의미들을 흡인해 버리는 블랙홀이 역할을 했기 때문이다.

20세기와 계몽의 '빛'

"저술한 책들을 가지고 돌아왔건만 3년이 지나도 누구 함께 읽어 줄 사람은 없다." 다산이 해배 뒤에 보낸 한 편지에서 토로한 말이다. 그러다 5년째인 임오년(1822) 정월 29일 다산은 한 통의 편지를 받는다. 직각 김매순이 보낸 것이다. 놀랍게도 다산의 저술 중에 『매씨상서평』을 읽고 보낸 편지였다. "미묘한 부분을 건드려서 그윽한 진리를 밝혀" 냈다면서 찬사를 아끼지 않았다. "유림의 대업이 이보다 더 클 수가 없도다. 아득하게 먼 천 년의 뒤에 와서 온갖 잡초가 우거져 있는 구이九夷의 가운데서 이처럼 뛰어나고 기이한 일이 일어났다고 말하지 않으랴."「자찬묘지명」, 250쪽 김매순은 정조가 아꼈던 노론 대신이다. 결국 다산의 가치를 알아본 건 자식도, 친지도, 같은 남인도 아닌 반대 진영에 속하는 대가였던 것. 다산은 감격에 벅차 답장을 보낸다. "박복한 목숨 죽지 않고 살아나 죽을 날이 멀지 않은 때에 이러한 편지를 받고 보니 처음으로 더 살아보고 싶은 생각이 든다."(2월 4일)

「자찬묘지명」 주 79, 257쪽

　다산을 떠받치고 있는 '생의 의지'는 바로 이것이다. 나의 뜻과 이상을 세상이 알아주기를. 하여, 그 이상이 지상에서 구체적으로 실현되기를. 드높은 이상주의와 치열한 앙가주망이 바로 그의 삶의 동력이었다. 하지만 자기의 당대에선 이건 불가능하다. 뜻을 펼치기는커녕 자신의 저술을 읽어 주는 이조차 이렇게 드문데……. 그렇다면 방법은 하나다. 아득한 미래를 기다리는 수밖에. 그의 호는 열수洌水와 사암俟菴이다. 열수가 그의 고향인 한강이라는 '장소성'을 지칭한다면, 사암이라는 호에는 '시간성'에 대한 그의 야망이 담겨 있다. 출처는 『중용』 장구 29장에 나오는 "백세이사성인이불혹"百世以俟聖人而不惑이라는 구절이다. 즉, "백세 뒤의 성인을 기다려도 미혹함이 없다"는, 부연하면 '백세 뒤에 성인이 출현한다 해도 나의 도와 한점 어굿남이 없을 거'라는 뜻이다. 자신의 도에 대한 자긍심과 더불어 백 세 뒤에라도 나를 알아줄 이를 기다리겠다는 결연한 의지를 함께 느낄 수 있다. 과연 그렇다.

> 『주역사전』은 내가 하늘의 도움을 얻어 지어낸 책이다. 절대로 사람의 힘으로 알아내지 못하고 지혜로운 생각만으로도 알아낼 수 없는 것이니 이 책에 마음을 푹 기울여 오묘한 뜻을 다 통달할 수 있는 사람은 자손이나 친구들 중에도 천 년에 한 번쯤 만날 정도로 어려울 것이다. ……
> 『상례사전』은 내가 성인의 글을 독실하게 믿고서 만든 것으로, 내 입장에서는 엉터리 학문이 거센 물결처럼 흐르는 판국에 그걸 흐르지 못하도록 모든 냇물을 막아 수사의 참된 학문으로 돌아가게 하려는 뜻에서 저술한 책이다. 정밀하게 사고하고 꼼꼼히 살펴 그 오묘한 뜻을 알아주는 사람이 있게 된다면 죽은 뼈에 새 살을 나게 하고 죽을 목숨을 살려 주는 일이다. 나에게 천금의 대가를 주지 않더라도 감지덕지하겠다. 만약 내가 사면을 받게 되어 이 두 가지 책만이라도 후세에 전해진다면 나머지 책들을 없애 버린다 해도 괜찮겠다. 「두 아들에게 주는 교훈」示二子家誡, 『유배지에서 보낸 편지』, 138~139쪽

게다가 그는 기본적으로 문명인이었다. 중심과 빛을 향한 의지가 대단했다.

중국은 문명한 것이 풍속이 되어 아무리 궁벽한 시골이나 먼 변두

리 마을에 살더라도 성인이나 현인이 되는 데 방해받을 일이 없으나, 우리나라는 그렇지 못해서 서울 문밖에서 몇십 리만 떨어져도 태곳적처럼 원시사회인데 하물며 멀고 먼 시골이랴? 무릇 사대부 집안의 법도는 벼슬길에 높이 올라 권세를 날릴 때에는 빨리 산비탈에 셋집을 내어 살면서 처사로서의 본색을 잃지 않아야 한다. 그러나 만약 벼슬길이 끊어지면 빨리 서울 가까이 살면서 문화의 안목을 잃지 않도록 해야 한다. 지금 내가 죄인이 되어 너희들에게 아직은 시골에 숨어서 살게 하였다만, 앞으로의 계획인즉 오직 서울의 십 리 안에서만 살게 하겠다. 만약 집안의 힘이 쇠락하여 서울 한복판으로 깊이 들어갈 수 없다면 잠시 서울 근교에 살면서 과일과 채소를 심어 생활을 유지하다가 재산이 조금 불어나면 바로 도시 복판으로 들어가도 늦지는 않다. 「두 아들에게 주는 교훈」示二兒家誡, 『유배지에서 보낸 편지』, 147~148쪽

가문의 풍비박산, 머나먼 유형지, 기나긴 유배생활 등에도 불구하고 다산은 언젠가 자신을 알아줄 시대가 도래할 것임을 믿어 의심치 않았고, 그걸 위해 언제건 중심으로 진입할 만반의 준비를 갖추고 있었다. 몸은 변경에 있었지만 마음은 늘 중앙에 있었다. 그에게 있어 현재는 곧 미래였다. 아니, 미래가 곧 현재였다. 역시 태양족답다!

1836년은 다산이 사망한 해다. 앞에서 이미 밝힌 바와 같이, 이 연표 옆에 붙은 비고는 프랑스인 신부 '모방'의 입국이다. 신유박해는 천주교의 씨를 말리기는커녕 오히려 그 신앙과 열정에 더 불을 지폈다. 이제 중국이라는 교량을 통해 전달되는 천주교가 아니라 서

구의 천주교가 '직접' 도래한 것이다. 신부 모방이 키운 최초의 조선인 가톨릭 사제가 김대건金大建이다. 1783년 이승훈이 중국의 천주당에 가서 최초로 세례를 받은 이후 드디어 최초의 조선인 사제가 탄생하기에 이른 것이다. 이처럼 숱한 박해에도 불구하고 서세동점의 파고는 점점 더 높아지고 있었다. 그리고 서구로부터 오는 문명의 '빛'과 더불어 다산이 그토록 염원하던 시대도 점차 다가오고 있었다. 그의 뜻과 이상을 알아주는 백세 뒤의 그 시대가! 20세기가 바로 그런 시대였다.

20세기 후반, 특히 1970년대는 '민족, 국가, 민중'이라는 거대한 절단선이 지배한 시대다. 아울러 문명, 화폐, 계몽, 진보 등등의 개념들이 마치 서포터즈처럼 그 좌우에 도열하였다. 그 모든 것을 하나로 잇는 개념이 '민족주의'인 것은 말할 나위도 없다. 민족은 모든 표상들의 중심을 이루는 태양이면서 동시에 그것들을 다 먹어치우는 블랙홀이었다. 다산학은 이런 배치와 절묘하게 맞아 떨어졌다. 그의 경학은 민족적 주체성의 발로로, 그의 애민사상과 앙가주망은 민중적 이념으로, 사회시에 담긴 분노와 파토스는 리얼리즘적 미학으로. 이 모든 것을 두루 망라하는 저서가 『목민심서』였고, 그 대중적 히트작이 『유배지에서 보낸 편지』였다. 미학적 차원에서도 그렇다. 20세기는 비탄과 격정의 세기다. 식민지에서 시작하여 분단과 전쟁, 산업화와 민주화 사이의 갈등과 모순, 혁명에의 열망과 좌절 등을 거치면서 비극미가 가장 고귀한 것으로 추앙되었다. 다산의 비장미와 엄숙주의는 20세기적 미의식과도 멋지게 조응한다. 아울러 20세기는 계몽주의가 주도한 시대 아닌가. 인텔리 혹은 전위가 사회 변혁의 중추를 이루던 시기이다. 다산의 수령관과 깊이 상응한다. 다산학이 지닌 이 모든 특징이 다음의 언술에 집약되어 있다.

> 다산이야말로 칠흑같이 어두운 봉건시대에 실낱 같은 한 줄기 민중적 의지로 75년 동안 치열하게 살다가 사라져 간 역사적 인물이다. …… 다산학의 선 자리는 반주자학. 반성리학, 반봉건, 반부패의 일관된 이론으로 봉건사회에 대한 비판적 주장 …… 봉건사회의 모순을 극복하기 위한 주체적 노력의 절정이라 할 수 있다. 박석무,「책머리에」,『유배지에서 보낸 편지』, 10~13쪽

요컨대 한국학이 필요로 하는 '모든 것'을 갖춘 사상이라는 말이다. 다산의 발원은 이로써 완벽히 구현되었다! 열수 정약용이 다산선생으로, 『여유당전서』가 다산학의 결정체로 재탄생되는 순간이었다. 미래와 문명을 향한 그의 노력은 결코 헛되지 않았다. 그는 초지일관 계몽의 빛을 향해 질주했고, 마침내 자기 자신이 그 '빛'이 되었다.

더 결정적인 사항 하나. 민족과 문명의 인식론적 기반은 기독교다. 서구문명은 기독교와 함께 도래하였다. 병원과 학교와 교회의 삼위일체! 이것이 근대 문명의 기본구조다. 물론 20세기 초 이 땅에 도래한 기독교는 천주교가 아니라 개신교다. 씨를 뿌린 건 가톨릭인데, 정작 그 열매를 거둔 것은 프로테스탄티즘이었던 것. 다산 사상은 기독교와 구조적으로 참 닮았다. 그는 분명 선진고경을 말하는데, 왜 그 목소리는 신약성서의 울림을 지니는 것일까. 목민관의 소명을 말하는데 왜 양떼를 기르는 목자의 실루엣이 느껴지는 것일까. 상제와

요순을 말하는데 왜 천지를 창조하고 심판하는 여호와의 거룩한 음성이 느껴지는 것일까. 결국 그에게 있어 서학은 피할 수 없는 운명이었다! 서학과 함께 도래한 20세기 또한 그러했다.

21세기 — 디지털은 유동한다!

연암도 물론 실학담론의 부상과 더불어 한국학의 중심에 진입하긴 했다. 또 다산과 더불어 실학의 양대산맥으로 호명되기도 했다. 하지만 연암과 20세기의 만남은 다소 '어색했다.' 그도 그럴 것이, 연암에게는 경세와 계몽의 열정이 없다. 박해와 수난의 기록 또한 없다. 연암의 인생은 다산에 비하면 너무 밋밋하고 심심하다. 사회적 부조리를 향해 목청을 높인 적도 없고, 이상적인 정치의 플랜을 제시한 바도 없다. 문명과 빛, 중심과 주류를 향한 열망은 애시당초 부재한다. 쉽게 말해, 『연암집』에서 민족이나 민중, 리얼리즘에 부응할 만한 텍스트를 찾기란 참으로 난감하다.

「양반전」과 「호질」, 「허생전」 등에 스포트라이트가 쏟아진 것도 그 때문이다. 형식적으로는 소설과 비슷하고, 주제적 측면에선 그나마 이용후생이나 리얼리즘 등으로 해석할 수 있어서다. 소설은 지역과 신분을 넘어 민족이라는 공동체적 연대감을 부여해 주는, 그야말로 근대문명의 대표적 장르다. 소설의 부상과 더불어 연암의 '전' 작품들은 18세기 소설사의 총아로 떠오르게 되었다. 연암은 일찍이 『방경각외전』에 대해 이렇게 말한 바 있다. "이것은 내가 젊었을 적에 작가에 뜻을 두어 작문하는 법을 익히기 위해서 지은 것인데, 지금까지도 더러 이 작품들을 칭찬하는 사람들이 있으니 몹시 부끄러운 일이다." 그러니 '없애 버리라'고. 하지만 「양반전」을 비롯하여 이전 작품들이 없다면 조선후기 소설사는 얼마나 적막할 것인가. 연암에겐 '부끄러운' 과거지만 지금 우리에겐 보석 같은 문장이 되었으니, 이 또한 역사의 아이러니다. 하지만 그렇게 되면서 연암의 진면목은 뒤로 물러나고 말았다. 특히 『열하일기』라는 '절대기문'은 '문·사·철'이라는 분류법에 의거해 낱낱이 분해되고 말았다. 현재 대학에서 『열하일기』를 통째로 읽는 분과는 어디에도 없다. 『열하일기』는 「허생전」과 「호질」뿐 아니라 「일야구도하기」 「상기」 등의 배경으로만 호명될 뿐이다.

물론 연암의 문장에 대한 조명은 쉬지 않고 이루어졌다. "이 어른의 글은 책을 펼치자마자 1만 길이나 되는 빛이 뻗쳐 나와 사람의 가슴을 시원하게 한다오." 『나의 아버지 박지원』, 254쪽 죽하 김기서라는 인물이 했다는 평이다. 이런 마음은 20세기의 학자들에게도 마찬가지였다. 문제는 이 '빛'의 정체를 도무지 간파해 낼 수가 없었다는 것. 다산의 빛이 입자라면, 연암의 빛은 파동이다. 전자가 불꽃이라면 후자는 물결이다. 불꽃은 뚜렷하지만 물결은 일렁거린다. 물결의 일렁거림을 정확히 포착하기란 불가능하다. 더구나 연암은 사후에 자신을 알아주기를 바라지도, 기대하지도 않았다. 동시대에 받은 찬사와 비난만으로도 충분히 버거웠다. 그래서인가. 연암은 다산이라는 주연을 빛나게 해주는 조연이거나 아니면 다소 '어색한' 파트너로 20세기를 통과해야 했다.

하지만 역사는 유전한다. 20세기가 불꽃의 연대라면, 21세기는 물결의 시대다. 디지털의 파동이 그 단적인 증거다. 디지털은 유동한다. 어디로든 흘러갈 수 있고, 어디서든 시작할 수 있다. 목적도 방향도 분명치 않다. 심지어 주체와 객체, 안과 바깥의 구획도 모호하다. 누군가 말했듯이, 산업자본주의가 인간의 손과 기계 사이의 경계를 무너뜨렸다면, 스마트폰은 사람의 마음과 사이버공간의 경계를 무너뜨렸다. 따라서 더 이상 계몽의 빛으로 세상을 비추는 건 불가능하다. 연암과 『열하일기』가 다시 호명된 건 이런 맥락이 아닐는지.

거듭 말하거니와, 연암은 파동이다. 중심으로부터 탈주하여 사방으로 뻗어 나가는 물결의 파동. 그 파동 속에서 유머와 패러독스가 탄생한다. 그것이 곧 생동하는 빛깔 혹은 생의 리듬이다. 지성이란 무릇 기운이 생동해야 한다. 지성의 가치란 정보의 선악과 진위, 다소와 대소가 아니라 그 생동성 여부에 달려 있다. 그런 점에서 우리 시대 지성은 분명 위기다. 정보는 넘치는데, 생기가 부재하기 때문이다. 지루하고 권태롭고 따분하기 그지없는 정보들의 나열. 이런 스펙에 갇혀서 지성의 창안을 기대하는 건 어불성설이다. 한편으론 디지털의 유동성이, 다른 한편으론 그것이 초래한 정보의 범람이. 이것이 우리 앞에 놓인 시대적 배치다. 이 배치를 동시적으로 가로지르면서 새로운 지도를 그릴 수 있다면! 연암의 지성과 문장은 이런 열망에 부응하기에 부족함이 없다. 특히 『열하일기』는 아주 멋진 로드맵이 될 것이다. 유쾌하고도 예리한, 치열하면서도 경쾌한!

지성사의 패러다임 역시 그러하다. 20세기가 기독교의 시대라면 21세기 지성사를 주도하는 건 불교와 양자역학이다. 불교 가운데서도 티베트불교의 영향력은 막대하다. 중국의 티베트 점령으로 달라이라마 14세가 인도의 오지인 다람살라에 망명정부를 세우면서 전세계를 향하여 밀교의 지혜를 전파하기 시작했다. 중국의 침공은 근대적 표상의 붕괴를 상징한다. 사회주의가 근대주의의 변종에 불과하다는 것을 여실하게 보여 주었기 때문이다. 그런데 참 아이러니하게도 이 침공으로 인해 티베트불교의 지혜가 전지구적으로 확산되기 시작한 것이다. 동시에 달라이라마 14세는 전 지구인의 멘토가 되었다. 국가통치자이면서 법왕이라니. 진정 권력과 영성이 결합할 수 있단 말인가. 하여, 달라이라마는 존재 자체로 근대적 표상의 붕괴를 예고한다. 그의 사상 또한 유머와 역설로 넘친다. 망명정부의 수장임에도 결코 비극적 정서에 침윤되지 않는 것, 이 또한 20세기적 정서와는 아주 색다른 면모다. 그러니 얼마나 기묘한가. 연암이 열하에서 티베트불교와 판첸라마 5세를 만났다는 사실이.

SNS와 콜센터

눈치챘겠지만, 연암은 자호自號고, 다산은 타호他號다. 연암은 스스로를 연암이라 불렀다. 열상외사洌上外史, 중미仲美 같은 호도 있었지만 연암협을 만나 그 '장소성'에 매혹된 이후 연암이라는 호를 가장 즐겨 썼다. 물론 우리도 이 이름을 애호한다.

한편, 다산의 호는 열수洌水와 사암俟菴이다. 당호는 여유당與猶堂. 다산의 연보로 가장 세밀하고 정확한 자료가 『사암선생 연보』다. 다산의 현손인 정규영이 1921년에 작성한 것이다. 그러니까 이때까지도 다산의 이름은 '사암선생'이었던 것이다. 그런데 우리는 그를 다산이라고 부른다. 자호가 아니라 타호인 것이다. 그렇다면 다산이 '다산'이 된 까닭은? 짐작하겠지만, 그의 유배지이자 학술의 원산지인 다산초당을 기념하는 이름이다. 그가 입버릇처럼 말했던 아득한 후세인들인 국학자들이 그렇게 불러준 것이다. 여기에 생각이 미치면 뭔가 경이로움을 느끼게 된다. 만약 다산이 다산이 아니고, 열수거나 사암 혹은 여유당으로 불렸다면? 그래도 그가 20세기 한국학의 빛이 되었을까? 열수선생, 사암선생 혹은 여유당선생은 왠지 부자연스럽다. 하여, 그가 다산이라는 이름을 갖게 된 건 그와 우리 모두에게 크나큰 축복이다. 그렇다면 그가 강진의 다산초당에서 보낸 10년, 나아가 유배생활 18년은 불행이 아니라 행운이라는 대반전이 일어난다.

다소 약하긴 하지만 연암도 비슷하다. 과거를 포기하고 유람을 하다 연암협을 만났기에 망정이지 그게 아니었다면 그 또한 연암이 아닌 다른 이름으로 불리웠을 것이다. 미중, 중미, 열상외사 등등 하나같이 어색타. 이름과 사람, 이름과 장소, 장소의 활동, 운명이란 이런 시공간적 인연들의 교차와 변주임을 새삼 깨닫게 된다.

20세기는 지식과 일상이 교통하기 어려웠다. 도서관은 일상과 분리되어 있었고, 지식은 특정 장소에 격리되어 있었다. 대학이 지식의 성소였던 이유도 그 때문이다. 대학에 가야만 장서각이나 도서관을 접할 수 있고, 또 그곳에 가야만 인류의 위대한 지성과 접속할 수 있었다. 더 많은 정보, 더 많은 지식, 더 좋은 교육을 향한 열망! 이것이 20세기를 관통한 지식의 배치다. 18세기 이래 동서양 모두 백과전서파가 지적 주도권을 가지게 된 것도 그런 맥락일 터이다.

다산학은 이런 흐름과 잘 들어맞는다. 다산학의 방대함, 그 무진장한 박람강기는 20세기를 관통한 지적 욕구를 충족시켜 주기에 부족함이 없다. 게다가 얼마나 체계적인가. 전체목차, 항목별 분류, 대항목과 소항목, 기승전결 등등. 『다산선생 지식경영법』의 저자인 정민 교수의 표현대로 다산학은 '통합적 인문학자' '전방위적 지식경영자'로서의 면모를 유감없이 보여 주고 있다. 그런 점에서 보자면, 다산은 분명 시대를 앞서간 인물임에 틀림없다.

그런데 문제는 시간은 흐른다는 것이다. 20세기가 지나고 21세기, 바야흐로 디지털의 시대가 도래하였다. 디지털은 20세기에는 상상조차 할 수 없었던 '신세계'를 열어 젖혔다. 무엇보다 디지털은 지식의 '장소성'을 해체해 버렸다. 이제 지성은 대학의 전유물이 아니다. 도서관 장서각에 깊이 숨겨져 있는 무엇도 아니다. 스마트폰에 다! 들어 있다. 이제 집대성과 총체성은 지식의 방향이 아니라 전제가 되어 버렸다. 그리하여, 지성의 척도였던 사전들은 서재에서 사라져 버렸고, 귀중 자료를 찾아 도서관의 지하서고를 뒤지던 일도 거의 무의미해졌다. 네이버를 검색하는 게 훨씬 빠르고 유용하다. 이제 우리의 브레인은 네이버에 있다! 그리고 거기에는 어떤 장벽도 없다. 누구에게나 어디서나 검색가능하다. 지식과 대중을 가르는 문턱이 증발해 버린 것이다. 따라서 이제 더 많은 정보, 은밀한 자료 같은 건 더 이상 지식의 척도가 될 수 없다. 이제 필요한 것은 이 넘치는 정보들을 어떻게 가공하고 재구성할 것인가일 뿐이다. 어떤 서사, 어떤 스토리를 만들어 낼 것인가, 중요한 건 바로 이것이다. 요컨대, 박람강기의 시대가 '거'去하고 접속과 변용의 시대가 '래'來한 것이다. 통섭이나 융합이 지성의 새로운 화두로 떠오르게 된 것도 이같은 맥락이다.

정보들의 바다와 무수한 이합집산—이것이 우리 시대 지식의 배치다. 간략하게 압축하면 콜센터와 SNS! 다산의 박람강기는 콜센터에 잘 어울린다. 지상의 모든 정보를 모으고 누가 무엇을 물어도 명쾌하게 답변해 주는 중앙본부, 다산 콜센터! 다산학과 21세기의 만남을 이보다 더 잘 보여 주기도 어려울 것이다. 반면, 연암 콜센터는 절대 불가능하다. 연암은 길을 가르쳐 주지 않는다. 연암에게 물어야 할 것은 길을 찾는 방법, 아니 지도다. 정보와 정보 '사이', 그 사이에서 펼쳐질 비전과 서사, 바로 그것이다. 그것도 단 한 스텝뿐이다. 나머지는 오로지 스스로 찾아가야 한다. 그래서 SNS다. SNS는 어디로 흐를지 아무도 알지 못한다. 전체를 총괄하는 본부도, 그 대열을 이끄는 주체도 부재한다. 오직 지금, 자기가 선 자리에서 단 한 스텝을 내디딜 뿐이다. 열하로 가는 머나먼 여정에서 연암이 그랬던 것처럼.

한가지 더. 다산의 작업은 고독했다. 남쪽 먼 바닷가 강진에 있었다는 사실 때문이기도 했지만, 그 이전에 다산은 '친구복'이 없었다. "내가 유배된 이후로 친절하던 친구들이 모두 끊어졌고, 사람이면 모두 나를 이미 헌신짝처럼 버리고 말았다. 그리하여 그들에 대한 나의 정도 소원해져서 날로 멀어지고 날로 잊혀져만 간다."『유배지에서 보낸 편지』, 160쪽 한마디로 고독한 솔로였던 것. 그래서 편지의 수신인이

6장 두개의 별, 두개의 지도 407

대부분 아들들 아니면 둘째형님 정약전이다. 다산초당에서 학당을 열어 후학들을 가르치고 또 지역의 유지들과 교유를 나누기도 했지만 그들의 흔적은 미미하다. 물론 다산은 '지식경영의 원조'답게 제자들에게 자료정리를 시켰다. 요즘으로 치면 학술프로젝트를 시도한 셈이다. 그게 아니었다면 아무리 부지런한 다산이라도 『여유당전서』 500권이라는 위업을 달성하기는 불가능했을 것이다. 하지만 그의 저작에서 제자들의 호흡과 노고를 감지하기란 쉽지 않다. 그의 박람강기는 중앙집중적이고, 일방향적이다. 서간집에서 잘 보여 주듯이, 타자의 목소리들이 개입할 여지가 별로 없다. 지식과 삶, 주체와 객체, 안과 바깥의 경계 또한 선명하다. 따라서 그의 저술에선 박학에의 열정과 이상을 향한 파토스만이 메아리친다. 다산선생이 지닌 '고독한 거인'이라는 이미지도 이와 무관하지 않다.

그에 비하면 연암의 글쓰기는 쌍방향적이고 다중네트워크다. 연암은 늘 누군가와 함께였다. 그의 소품류 에세이들은 대부분 누구의 서문이거나 누구에게 주는 편지다. 뿐만 아니라 거의 모든 문장이 만남과 대화, 사건과 이야기로 시작한다. 또 글 말미에는 연암의 글 못지 않게 흥미진진한 처남 이재성의 평어도 덧붙어 있다. 그래서 이런 농담이 가능하다. 만약 연암이 땅끝으로 유배를 갔다면 친구들과 편지를 주고 받거나 지역의 새로운 친구들과 교유하느라 자식들한테 잔소리할 시간이 없었을 거라고.^^ 그러니까 연암에게는 모든 지식과 정보를 다 모은다거나 후세에 자신을 알아준다거나 하는 발상 자체가 없다. 그에게 있어 진리란 매순간 구성되는 것이다. 오직 그 뿐이다. 그러니 사람에 따라, 시공간적 조건에 따라 늘 새롭게 변주될 수밖에. 요컨대, 다산은 방대하지만 고독하고, 연암은 간결하지만 시끌벅적하다. 다산의 글은 어렵지 않다. 그런데도 그 방대한 배열에 압도당하고, 연암의 글은 까다롭고 심오하지만 왠지 친근해 보인다. 깨알 같은 유머가 곳곳에 숨어 있기도 하고, 삶의 보편적 질문들을 담고 있기 때문이다. SNS의 원조로 손색이 없다. 아니다. 이 말은 틀렸다. 솔직히 지금의 SNS는 연암의 수준에 걸맞은 지성의 네트워크를 창출하고 있지 못하다. 그러므로 연암은 SNS의 원조가 아니라 미래다! 도래할 미래!

두개의 별, 두개의 지도

다산은 '나중에 온' 자지만 '먼저' 우리에게 나타났다. 20세기는 명실상부한 다산의 세기였다. 그때 연암은 배경이었다. 연암은 먼저 왔으되 나중에 온 자다. 21세기가 되어서야 비로소 세상과의 접속을 시작했다. 이로써 보건대, 역사는 결코 순차적으로 진행되지 않는다. 순환하고 변전할 따름이다. 연암은 살아서는 다산의 선배였지만 죽어서는 다산의 후배다. 지금의 감각으로 보자면 다산이 훨씬 노회해 보이고 연암은 풋풋한 청년처럼 느껴진다. '뫼비우스의 띠'는 아직도 계속되고 있는 것이다. 이 책의 부제가 '연암과 다산'이 아니라 '다산과 연암'의 순서를 취하게 된 것도 그 때문이다.

명리학적으로 보면, 사람의 일생은 10년마다 크게 운로가 바뀐다. 그걸 일러 대운이라고 한다. 사주가 '몸에 새겨진 지도'라면 대운은 그 지도를 통해 밟아 갈 구체적 현장이자 길이다. 연암과 다산도 이 대운의 흐름에 따라 숱한 생의 변곡점들을 통과해야 했다. 그런데 문득 이런 생각이 들었다. 죽은 뒤에도 대운의 흐름은 계속 되는 것이 아닐까. 왜 누구는 잊혀졌다가 갑자기 세상에 드러날까? 어떤 사건은 흔적도 없이 사라졌다가 문득 누군가에 의해 발견되고 전혀 다른 방식으로 부활되는가? 소강절邵康節은 동양 역학의 최고 경지에 오른 인물이다. 그는 사람뿐이 아니라 모든 사물에도 생로병사의 운세가 있다고 말했다. 어디 사물뿐이랴. 사상에도 조직에도 사건에도 스토리에도 운명이 있다. 심지어 어떤 영화감독은 이렇게 말하기도 했다. 자신은 전생에 반짝반짝 빛나는 '아이디어'였던 것 같다고. 그렇다. 연암과 다산은 살아 있다. 그들의 글과 사상, 그리고 그들이 밟아 간 인생의 서사들과 더불어! 그런 점에서 그들은 우리들의 창공을 비추는 별이다.

지금까진 이 두 별을 하나의 자리로 연결하려 애썼다. 한때 그것이 역사적 의미를 지닌 때도 있었지만 지금은 실로 부질없는 노릇이다. 이 개성 넘치는 별을 하나로 이어 버리면 그만큼 우리의 창공은 흐릿해질 테니까. 따라서 지금 중요한 건 이 두 개의 별을 각자 빛나게 해주는 것이다. 알고 있듯이, 별은 스스로 빛을 내지 못한다. 서로를 비춤으로써만이 빛난다. 다산이 다산이 되려면 연암이 있어야 하고, 연암 또한 마찬가지다. 저 멀리서 다산 같은 별이 빛나야 그걸 배경으로 전혀 다른 빛을 분사할 수 있다.

일찍이 루카치가 말했듯이, "별을 보고 길을 찾던 시대는 복되도다!" 그렇다면 우리는 진정 복된 시대를 살고 있는 것 아닌가. 하나의 별도 아닌 두 개의 별이 우리의 창공을 비추고 있으니 말이다. 두 개의 별은 두 개의 지도다. 두 지도는 리듬과 강밀도가, 행로와 과정이 전혀 다르다. 이 다름에 눈뜨는 그만큼 우리의 삶은 풍요로워질 것이다. 한걸음 더 나아가 "사람은 가슴마다 라파엘을 가지고 있다."(마르크스)는 말이 맞다면, 이 지도를 길잡이 삼아 우리 또한 별이 될 수 있지 않을까.

연암의 묘지는 개성 근처 골짜기에, 다산의 유적지는 땅끝마을에 있다. 둘 다 경기도와 서울에서 시작했는데, 각각의 행로는 정반대다. 이것도 오행의 흐름인가. 불은 남쪽으로, 물은 북쪽으로? 아니면 남북의 분단을 예견하기라도 했던 것일까? 이 지정학적 조건은 다산을 20세기적 표상으로 만드는 데 결정적 역할을 했다. 유홍준의 『나의 문화유산답사기』의 대히트 이후 강진은 답사일번지로 범국민적 코스가 되었다. 하지만 연암은 답사할 곳이 없다. 서울에 있는 흔적은 손자 박규수의 집터가 고작이고, 무덤을 비롯하여 다른 유적은 개성에 있다. 가고자 해도 갈 수가 없다. 길 없는 대지! 대신 연암을 만나기 위해선 열하로 떠나야 한다. 하지만 그가 출발했던 압록강의 통군정은 '금지된 땅'이다. 그에게로 가는 길은 이렇듯 사방이 막혀 있다.

허나 이제 곧 그 길들은 머지 않아 도래하리라, 나는 믿는다. 통일 이후 답사일번지는 단연코 연암협이 될 것임을. 그 연암협에서 압록강으로, 압록강에서 열하로 가는 장쾌한 여정이 우리 앞에 펼쳐질 것임을. 그 길 위에서 삶과 지성의 눈부신 파동과 접속하게 될 것임을.

참고문헌

다산 정약용 저서
『다산논설선집』, 박석무·정해렴 옮김, 현대실학사, 1996
『다산문학선집』, 박석무 옮김, 현대실학사, 1997
『다산산문선』, 박석무 옮김, 창작과비평사, 1993
『다산서간정선』, 정해렴 옮김, 현대실학사, 2012
『다산시정선』 상·하, 박석무 옮김, 현대실학사, 2001
『다산의 풍경: 정약용 시선집』, 최지녀 옮김, 돌베개, 2008
『목민심서』 I, 다산연구회 옮김, 창작과비평사, 1985
『역주 논어고금주』 5, 이지형 옮김, 사암, 2010
『유배지에서 보낸 편지』, 박석무 옮김, 창비, 개정2쇄 2002년판본
『정선 목민심서』, 다산연구회 옮김, 창비, 2005

연암 박지원 저서
『고추장 작은 단지를 보내니』, 박희병 옮김, 돌베개, 2005
『나는 껄껄 선생이라오』, 홍기문 옮김, 보리, 2004
『연암집』 상·중·하, 김명호·신호열 옮김, 돌베개, 2007
『지금 조선의 시를 쓰라』, 김명호 옮김, 돌베개, 2007

자료집 및 단행본
『정조실록』, 국사편찬위원회
간호윤, 『당신, 연암』, 푸른역사, 2012

강명관, 『공안파와 조선후기 한문학』, 소명출판, 2007
강명관, 『안쪽과 바깥쪽』, 소명출판, 2007
강재언, 『서양과 조선』, 이규수 옮김, 학고재, 1998
김도환, 『정조와 홍대용 생각을 겨루다』, 책세상, 2012
김용심, 『문체반정, 나는 이렇게 본다』, 보리, 2012
김태진, 『대동서, 유토피아를 찾아 떠나는 여행』, 북드라망, 2012
미셸 푸코, 『말과 사물』, 이광래 옮김, 민음사, 1986
박시백, 『박시백의 조선왕조실록』 15·16, 휴머니스트, 2010
박종채, 『나의 아버지 박지원』(과정록), 박희병 옮김, 돌베개, 2008
박현모, 『정치가 정조』, 푸른역사, 2011
박희병, 『연암을 읽는다』, 돌베개, 2006
백승종, 『정조와 불량선비 강이천』, 푸른역사, 2011
안대회, 『정조의 비밀편지』, 문학동네, 2010
안대회, 『정조치세어록』, 푸르메, 2011
유홍준, 『나의 문화유산답사기』 1·6, 창비, 2011
이덕일, 『정약용과 그의 형제들』 1·2, 김영사, 2004
이수영, 『명랑 철학』, 동녘, 2011
임부연, 『정약용&최한기 : 실학에 길을 묻다』, 김영사, 2007
임용한, 『박제가, 욕망을 거세한 조선을 비웃다』, 위즈덤하우스, 2012
임형택, 『이조시대 서사시』 2, 창비, 2013
임형택·김명호 외, 『연암 박지원 연구』, 사람의무늬, 2012
조광, 『조선 후기 사회와 천주교』, 경인문화사, 2010
정민, 『고전문장론과 연암 박지원』, 태학사, 2010
정민, 『다산 선생 지식경영법』, 김영사, 2006
정민, 『다산의 재발견』, 휴머니스트, 2011
정민, 『미쳐야 미친다』, 푸른역사, 2004
정민, 『삶을 바꾼 만남』, 문학동네, 2011
정병설, 『권력과 인간』, 문학동네, 2012
채운, 『글쓰기와 반시대성, 이옥을 읽는다』, 북드라망, 20013
프리드리히 니체, 『도덕의 계보/이 사람을 보라』, 김태현 옮김, 청하, 1982

논문 및 칼럼

강명관, 「문체와 국가장치 : 정조의 문체반정을 둘러싼 사건들」, 『문학과경계』 2호, 문학과경계, 2001

이동환, 「다산사상에서 '상제' 도입 경로에 대한 서설적 고찰」, 『다산의 정치경제사상』, 강만길 외, 창작과비평사, 1990

장영주, 「성군도 역사를 조작하는가」, 한국고전번역원 고전컬럼 59회

정일균, 「다산 정약용의 세계관에 대한 사회학적 연구 : 『논어고금주』와 『논어집주』의 비교를 중심으로」, 서울대 사회학과 박사논문, 1996

연보

| 연암 박지원 | 다산 정약용 |

1737년(1세, 영조 13년)
음력 2월 5일 축시, 한양 서쪽 반송방 야동에서 아버지 박사유와 어머니 함평 이씨 사이 2남 2녀 중 막내로 출생.

1739년(3세, 영조 15년)
맏형수 이씨가 16세의 나이로 형 희원에게 시집옴.

1752년(16세, 영조 28년)
관례를 올리고 유안재 이보천의 딸과 혼인. 연암은 처가의 영향을 많이 받았음. 장인과 처숙 이양천에게는 공부를 배웠고, 처남 이재성은 연암의 평생 벗으로 연암의 글에 대한 평론을 도맡았으며 연암의 임종을 지켰음.

1754년(18세, 영조 30년)
'금'金과 '수'水기운이 왕성한 경자庚子 대운을 맞아 우울증으로 고생함. 수기운이 왕성해지면서 내면성찰이 지나치게 된 것. 병을 고치기 위해 저잣거리로 나가

| 연암 박지원 | 다산 정약용 |

분뇨장수, 거간꾼, 이야기꾼 등을 만나 그들의 이야기를 글로 옮겼고, 이것이 후일 『방경각외전』(1757, 21세)으로 묶임.

1755년(19세, 영조 31년)
처숙 영목당 이양천 급작스럽게 별세.

1759년(23세, 영조 35년)
어머니 함평 이씨 59세의 나이로 사망. 큰딸이 태어남.

1760년(24세, 영조 36년)
조부 박필균 별세(향년 76세). 그는 신임의리를 지켜 과거를 거부하다가 노론 4대신의 복작 후 관직에 나아감. 청빈한 생활로 "별세하던 날 집안에는 단 열 냥의 재산도 남겨둔 것이 없었다"고 함. 이후 연암의 큰형수가 실질적 가장이 됨.

1761년(25세, 영조 37년)
홍대용을 만남.
과거 시험지에 고목이나 노송 등만 그려 놓고 나옴.

1762년(1세, 영조 38년)
6월 16일 사시, 경기 광주군 초부면 마현리에서 아버지 정재원과 어머니 해남 윤씨 사이에서 출생.

1765년(29세, 영조 41년)
가을에 유언호, 신광온 등과 금강산 유람. 이때 총석정에서 해돋이를 본 감흥으로 「총석정관일출」을 씀(『열하일기』에도 이 글을 실어 놓았음).
홍대용이 작은아버지 홍억의 수행원으로 중국에 다녀옴.

연암 박지원	다산 정약용

1766년(30세, 영조 42년)
장남 종의가 태어남(후에 형 희원의 양자로 보냄).

1767년(31세, 영조 43년)
아버지 박사유가 65세의 나이로 별세. 연암은 장지를 노원에 마련했는데 인근에 별장을 가지고 있던 녹천 이유 집안과 산송이 벌어짐. 상대방 집안의 이상지는 이 일로 평생 폐인 노릇을 하며 벼슬을 하지 않았음.

1768년(32세, 영조 44년)
백탑 근처로 이사. 이덕무, 이서구, 서상수, 유금, 유득공 등과 가까이 지냄. 박제가, 이서구가 제자로 들어옴.

1768년(7세, 영조 44년)
마마(천연두)를 앓아 오른쪽 눈썹 위에 남은 흉터로 눈썹이 세 개로 나누어지자 스스로 호를 삼미자라고 함. 7세 때부터 오언시를 짓기 시작하여 10세 이전에 지은 글을 모아 『삼미자집』으로 묶음.

1770년(34세, 영조 46년)
감시에서 장원급제하여 영조를 친견함. 이후 중앙정계에서 연암을 주목하기 시작했으나 시험지를 내지 않거나 시험지에 그림을 그려 벼슬에 뜻이 없음을 보임. 이후 다시는 과거를 보지 않았음.

1770년(9세, 영조 46년)
고산 윤선도의 후손, 모친 해남 윤씨 사망. 다산은 스스로 외탁을 했다고 밝혔는데, 특히 어머니의 조부, 공재 윤두서와 많이 닮았다고 함.

1771년(35세, 영조 48년)
큰누님이 43세로 별세. 누님의 죽음을 슬퍼하면서 「맏누님 증 정부인 박씨 묘지명」을 지음. 이 묘지명에 첨부된 시를 읽고 이덕무가 눈물을 흘렸다고 함.

1771년(10세, 영조 47년)
경서와 사서를 아버지로부터 사사. 이때 1년 동안 지은 글이 자기 키만큼이나 되었다고 함.

연암 박지원	다산 정약용

벗 이희천이 불온서적(『명기집략』)을 소지했다는 이유로 참수당함.

1772년(36세, 영조 49년)
식솔들을 처가로 보내고 서울 전의감동에 혼자 살며 홍대용, 정철조, 이서구, 이덕무, 박제가, 유득공 등 벗들과 더욱 친하게 사귐.
박제가의 문집 『초정집』에 법고창신의 문학론을 담아 서문을 씀.

1776년(15세, 영조 52년)
관례를 치르고 풍산 홍씨 홍화보의 딸과 결혼. 다산 역시 연암처럼 아내에 대한 의리를 지킴. 긴 유배생활을 하면서도 다른 여인을 취하지 않았고, 혼인한 지 60년이 되는 회혼식까지 맞게 됨.

1777년(41세, 정조 1년)
장인 이보천 별세(향년 64세). 이보천은 농암 김창협의 학풍을 계승한 처사로 연암의 장인이자 스승이었음. 연암에게 『맹자』를 가르쳤으며 연암의 과거장에서의 기행을 마음속으로 기쁘게 여겼음.

1777년(16세, 정조 1년)
선배 이가환과 자형 이승훈을 따르며, 성호 이익의 유고를 보고 학문에 뜻을 둠.

1778년(42세, 정조 2년)
벗 유언호의 조언으로 홍국영을 피해 황해도 금천 연암골에 은둔.
형수 전주 이씨가 55세로 죽음. 「맏형수 공인 이씨 묘지명」을 지음. 유언호가 장례를 도와주고 명도 지어 주었음.

1779년(18세, 정조 3년)
겨울에 녹암 권철신, 정약전과 다산, 이벽 등이 자리한 가운데 천진암 주어사에서 강학회가 열림. 이들은 밤을 새며 경전에 대한 토론을 벌였는데 이후 서학에 대한 비방이 생겨서 그처럼 좋은 강학회가 다시 열릴 수 없었다며 다산은 아쉬워함.

연암 박지원	다산 정약용
1780년(44세, 정조 4년) 홍국영이 실각하자 서울로 돌아옴. 건륭황제 만수절 사절단의 단장이 된 삼종형 박명원을 따라 5월에 한양을 떠나 중국으로 출발, 10월에 귀국. 5개월간 보고 듣고 체험한 것을 기록한 메모뭉치를 정리하며 『열하일기』 집필에 들어감. 둘째 아들 종채 태어남. 종채는 평생 포의로 지냈으며 아버지 연암에 대한 평전 『과정록』을 남겼음(1826). 구한말의 재상 박규수가 그의 아들.	
1781년(45세, 정조 5년) 박제가가 쓴 『북학의』의 서문을 씀. 벼루의 달인, 친구 정철조 죽음. 그를 위해 「정석치에 대한 제문」을 지음.	1781년(20세, 정조 5년) 7월에 딸을 낳았는데, 5일 만에 죽음.
1783년(47세, 정조 7년) 벗 담헌 홍대용이 중풍으로 별세(향년 53세). 손수 염을 하고, 담헌의 중국인 친구들에게 부고를 전하는 형식으로 묘비명을 지음. 담헌의 죽음 후 연암은 다시는 음악을 듣지 않았고, 가지고 있던 악기도 모두 남에게 주었다고 함. 『열하일기』 완성. 이 책은 절반이 완성되기도 전에 필사본으로 세상에 나돌며 숱한 화제를 뿌렸음.	1783년(22세, 정조 7년) 2월에 세자책봉을 경축하기 위해 열린 증광감시에 합격하고, 4월에 회시에서 생원으로 합격. 이때 정조를 친견한 감동을 「생원시에 합격하여 임금님을 뵙다」라는 시로 남겼음. 성균관에 들어감. 『중용강의』 80여 항목에 대한 답변을 정조에게 바쳐 큰 칭찬을 받음. 9월에 큰아들 학연 태어남.
	1784년(23세, 정조 8년) 이벽에게 서교에 관한 이야기를 처음 들은 후, 둘째형 약전과 서교에 입문.

연암 박지원	다산 정약용
	1785년(24세, 정조 9년) 반제, 정시, 감제의 초시에 합격. 을사추조적발사건으로 천주교 불법화됨. 개국성조 이벽이 의문의 죽음을 당함.
1786년(50세, 정조 10년) 유언호의 천거로 선공감역에 임명되어 '생계형 관직생활'을 시작함. 심환지 등의 권세가들이 접근해 왔지만 우스갯소리로 대처하며 끝내 인연을 맺지 않음.	1786년(25세, 정조 10년) 둘째 아들 학유가 태어남.
1787년(51세, 정조 11년) 부인 전주 이씨 별세(향년 51세). 부인의 죽음에 대한 시를 지었다고 하나 전하지는 않음. 연암은 69세로 생을 마칠 때까지 재취를 들이지 않았음. 큰형 희원 별세(향년 58세). 연암협 형수의 무덤에 합장. 추도시 「연암협에서 선형을 생각하다」를 지음.	1787년(26세, 정조 11년) 한나라 분유사에 관한 과거 시험문제에 대해 "천주 외에 다른 신에게 제사를 지내지 않는다"며 이승훈이 백지를 제출.
	1789년(28세, 정조 13년) 대과에 합격. 희릉직장에 제수되었고, 초계문신에 임명됨. 한강 배다리 공사의 설계를 맡음. 정조가 문체에 대한 책문을 과제로 내자 패관잡서에 관한 비난과 금지를 주장한 「문체책」을 지어 바침. 셋째 아들 구장 태어남.
1790년(54세, 정조 14년) 연행길에 연암을 동행시켰던 삼종형 박명원 별세(향년 66세). 사복시주부, 사헌부감찰로 전보되었으나 사퇴함.	1790년(29세, 정조 14년) 예문관 검열에 제수됨. 천주교인이라는 이유로 탄핵되어 해미현으로 귀양을 갔으나 정조의 용서로 열흘 만에 풀려남. 예문관 검열직에 복귀.

연암 박지원	다산 정약용
제릉령에 임명되자 한가로운 곳에서 마음대로 독서하고 저술할 수 있게 된 것을 기뻐함.	용양위 부사과, 사간원 정언, 사헌부 지평에 제수됨.

연암 박지원

1791년(55세, 정조 15년)
한성부판관에 임명됨.
겨울에는 안의현감으로 부임.

1792년(56세, 정조 16년)
1월, 임지 안의에 도착. 첫 녹봉을 받자마자 10여 년 전 연암골 생활 당시 자신에게 돈을 융통해 주고 유언호가 빚을 떠안았던 돈 1천냥을 갚음.

1793년(57세, 정조 17년)
『열하일기』로 잘못된 문체를 퍼뜨린 잘못을 속죄하라는 정조의 하교를 전달한 남공철의 편지를 받고 「남직각에게 답함」을 씀. 잘못을 저지르고도 새로 글을 지어 덮으려 하는 것은 오히려 임금께 누가 되는 일이라는 내용.
벗 이덕무가 53세로 죽음. "꼭 나를 잃은 것 같다"며 안타까워함.
감사의 만류에도 사진私賑 시행. 사진이 끝난 뒤 조정에서 내린 공명첩도 반환함.
관아 내의 버려진 땅을 다듬어 '하풍죽로당'이라는 정자를 지음.
통인 박상효의 조카딸이 남편의 삼년상을 마치고 자결한 사연을 듣고, 「열녀 함양 박씨전」을 씀.

다산 정약용

1791년(30세, 정조 15년)
사간원 정언, 사헌부 지평에 제수됨.
겨울에 진산사건이 일어남.

1792년(31세, 정조 16년)
홍문관 수찬에 제수됨.
아버지 진주공 정재원 별세. 광주에 여막을 짓고 거처함.
소품체를 사용한 성균관 유생 이옥에 대한 처벌을 시작으로 정조가 문체반정을 일으킴.
겨울에 화성의 규제를 지어 올렸고, 『기중도설』을 지어 올림.

1794년(33세, 정조 18년)
6월에 삼년상을 마침.
7월에 성균관 직강, 8월에 비변랑, 10월에 홍문관 교리, 이어 수찬에 제수됨.
중국인 신부 주문모가 입국(서울 입성은 이듬해).

연암 박지원	다산 정약용
1795년(59세, 정조 19년) 차남 종채가 혼인함.	1795년(34세, 정조 19) 2월, 병조참의에 제수되어, 화성 행차에 시위로서 따랐음. 천주교 전력에 대한 문제로 여론이 시끄러워지자 금정 찰방으로 좌천. 이때 '내포의 사도' 이존창이 검거됨. 정조가 이에 대한 공을 다산에게 돌리려 했지만 거절함.
1796년(60세, 정조 20년) 직접 고추장을 담가 자식들에게 보냄. 큰아들 종의에게서 맏손자 효수 태어남. 안의현 백성들이 송덕비를 세우려 하자 크게 꾸짖고, 세우지 못하게 함. 안의현감 임기가 끝나 서울로 돌아옴. 여생을 보낼 요량으로 종로구 계동에 벽돌을 사용하여 계산초당(총계서숙)을 지음. 훗날 아들 박종채가 머물렀고, 손자 박규수가 이곳에서 태어났음. 제용감주부에 임명되었다가 의금부도사로 전보됨. 벗 유언호가 67세로 죽음. 유언호가 별세한 후에 도성으로 들어왔던 연암은 어려운 시절 살뜰히 보살펴 준 벗과 영결하지 못한 것을 애통해함.	1796년(35세, 정조 20년) 규영부 교서, 병조참지, 우부승지 등에 제수됨.
1797년(61세, 정조 21년) 7월, 면천군수에 임명되어 정조를 알현함. 이때 문체에 대한 이야기를 다시 나누었고, 정조의 명령으로 「서이방익사」라는 글을 쓰게 됨.	1797년(36세, 정조 21년) 사직상소의 형태를 빌려 천주교에 대한 입장을 밝힌 「천주교 관계의 전말을 상소합니다 辨謗辭同副承旨疏를 올림. 정조는 사직을 허락하지 않았으나 다산에 대

연암 박지원	다산 정약용
	한 비난이 거세지자 곡산부사로 내보냄. 『마과회통』을 지음.

1798년(62세, 정조 22년)
연암이 있던 면천군에 천주교가 성행했으나, 천주교도들을 크게 벌하지 않고 1:1 개인상담 및 밤샘 설득을 통해 교화시켜 방면함. 이로써 신유박해(1801) 때 면천군에서는 한 명의 희생자도 나오지 않았다고 함.

1799년(63세, 정조 23년)
봄에 흉년이 들자, 안의에서 했던 것처럼 사진을 시행하여 백성을 구휼함.
농서 『과농소초』를 지음. 여기에 부록으로 붙어 있는 것이 토지 소유의 상한을 주장한 글 「한민명전의」임. 정조는 이 책을 보고 연암에게 농서대전을 편찬케 해야겠다는 말을 했다고 함.

1799년(38세, 정조 23년)
채제공이 죽음.
황주 영위사, 병조참지, 동부승지, 형조참의에 제수됨.
이가환, 정약용 등이 서교에 탐닉하였다는 상소가 올라왔으나 정조는 무고라고 일축.
넷째 아들 농장 태어남.

1800년(64세, 정조 24년)
6월 28일, 정조 승하. 정조의 진향문을 짓는 제술관에 임명됨.
8월에 양양부사로 승진. 음직 출신으로선 처음 있는 일이었다 함. 상경하여 정조의 혼전에 하직을 고함.

1800년(39세, 정조 24년)
다산을 비난하는 세력들을 피해 처자식을 데리고 마현으로 낙향.
6월 28일, 정조 승하.
초천의 별장에 '여유'라는 당호를 붙이고, 형제끼리 모여 경전을 강하였음. 『문헌비고간오』를 완성함.

연암 박지원	다산 정약용
1801년(65세, 순조 1년) 봄에 양양부사를 그만두고 서울로 옴.	1801년(40세, 순조 1년) 책롱사건으로 하옥됨. 둘째형 약전은 신지도로, 다산은 장기로 유배. 셋째형 약종은 처형당함(신유박해). 경상도 장기에 도착하자마자 『기해방례변』과 『이아술』을 지음. 황사영 백서사건으로 다시 투옥됨. 정순왕후의 뜻에 따라 다산은 강진으로, 약전은 흑산도로 유배됨. 1816년 약전이 사망할 때까지 다산과 약전은 편지로 소식과 학문을 주고받았음.
1802년(66세, 순조 2년) 겨울, 아버지의 묘를 포천으로 이장하려다가 유한준의 방해로 좌절됨. 박종채에 따르면 그는 젊은 시절 자신의 글을 연암에게 평해 달라 부탁했다가 혹평을 받은 뒤로 연암에게 원한을 품었다고 함. 연암은 유한준과의 산송 후 울화통이 치미는 증세에 시달림.	1802년(41세, 순조 2년) 아들들에게 "폐족의 처신은 독서뿐"이라는 편지를 보냄. 1803년(42세, 순조 3년) 제자 황상이 한 남성이 자신의 남근을 잘라 버린 사건을 목격하고 쓴 시를 고쳐 「애절양」을 지음. 강진에서 목격한 이야기를 바탕으로 「소경에게 시집간 여자」라는 서사시를 지음. 겨울에 정순왕후가 다산의 석방에 대한 특별명령을 내리지만 서용보의 방해로 불발됨.

연암 박지원	다산 정약용

1805년(69세, 순조 5년)
10월 20일 오전 8시경, 가회방 재동 집의 사랑에서 생을 마침. 처남 이재성과 벗 이희경이 주고받는 이야기 소리를 들으며. 홍대용이 그랬던 것처럼 반함하지 말고, 다만 깨끗하게 씻어 달라는 유언을 남김. 장단에 있는 부인 전주 이씨묘에 합장함.

1805년(44세, 순조 5년)
겨울에 장남 학연 찾아옴. 밤낮으로 『주역』과 『예기』를 가르치고 아들의 질문에 답변한 것을 기록한 「승암문답」을 남김.

1807년(46세, 순조 7년)
약전의 아들 학초 요절. 다산은 학초를 학문적 후계자로 생각하고 있었기에 매우 상심했음. 그의 묘지명을 지음.

1808년(47세, 순조 8년)
봄에 거처를 강진읍내의 보은산방에서 다산초당으로 옮김. 동쪽, 서쪽에 각각 암자를 짓고 책 천여 권을 쌓아 놓고 글을 씀. 『주역심전』, 『주역서언』 등 완성.

1810년(49세, 순조 10년)
봄에 『관례작의』, 『가례작의』 완성.
「파리를 조문한다」를 지음.
가을에 장남 학연이 직접 바라를 두드려 다산의 억울함을 상소, 석방 명령이 내려졌으나 이기경의 방해로 석방되지 못함.

1811년(50세, 순조 11년)
『아방강역고』 완성.

1813년(52세, 순조 13년)
아내가 시집을 때 입고 왔던 치마를 다산에게 보내 와 글을 써 다시 자식들에게 보내 주었음(『하피첩』).
『논어고금주』 40권을 완성함.

| 연암 박지원 | 다산 정약용 |

1814년(53세, 순조 14년)
의금부에서 다산의 해배명령서를 발송하려 하였으나 강준흠의 상소로 막힘. 『맹자요의』, 『대학공의』, 『중용자잠』, 『중용강의보』, 『대동수경』 등을 완성함.

1816년(55세, 순조 16년)
『악서고존』 완성.
6월, 둘째형 약전의 부음을 들음. 「선중씨 정약전 묘지명」을 지음.

1817년(56세, 순조 17년)
가을에 『상의절요』가 이루어짐.
『방례초본』의 집필을 시작했는데 완성하지는 못함. 후에 『경세유표』로 제목을 고쳤음.

1818년(57세, 순조 18년)
『목민심서』의 초고가 완성됨. 노론 남공철의 주도로 이 해 여름 비로소 다산의 유배가 풀림. 『목민심서』의 초고뭉치를 가지고 귀향.

1819년(58세, 순조 19년)
형벌을 신중히 하라는 뜻을 가진 형법서 『흠흠신서』를 완성. 겨울에는 『아언각비』 3권을 완성함.
다산의 석방을 저지했던 서용보가 다산에게 위로의 말을 전해옴. 그러나 이 해 겨울 서용보의 방해로 또다시 다산의 기용이 저지됨.

| 연암 박지원 | 다산 정약용 |

1822년(61세, 순조 22년)
회갑년을 맞아「자찬묘지명」을 지음. 또한 자신의 장례절차의 전과정을 담은『유명첩』을 별도로 작성하여 털끝만큼도 어기지 말 것을 당부함.
노론 대신 직각 김매순이 다산의『매씨상서평』을 읽고 칭찬하는 편지를 보냄. 이에 다산은 "처음으로 더 살아 보고 싶다"는 답장을 씀.

1823년(62세, 순조 23년)
승지承旨 후보로 낙점됐으나 곧 취소됨.

1830년(69세, 순조 30년)
익종(순조의 아들)이 위독하여 다산이 약을 달여 올리기로 했는데, 올리기도 전에 세상을 떠남.

1834년(73세, 순조 34년)
『상서고훈』과『지원록』을 개수하고『매씨서평』을 개정함.
순조의 환후가 급해 명을 받들고 12일에 출발했는데 홍화문에서 초상이 있음을 듣고 이튿날 고향으로 돌아옴.

1836년(75세, 헌종 2년)
2월 22일 진시, 열상의 정침에서 생을 마침. 이날은 다산의 회혼일이라 족친과 문생들이 모두 모여 있었음. 장례 절차는 다산이 마련해 놓은『유명첩』을 따름. 유명대로 여유당 뒤편 언덕에 장사를 지냄.

찾아보기

ㄱ

갑술환국(甲戌換局) 38
강완숙(姜完淑) 191, 214~215
건륭제(乾隆帝) 73~74, 177
공서파(攻西派) 34, 39, 91, 173, 191, 211, 230, 373
공안파(公安派) 192, 195, 203
공인 이씨(恭人李氏, 연암 형수님) 77~78, 366~368
『교우론』(交友論) 218
『과정록』(過庭錄) 20, 26, 152, 387
권상연(權尙然) 91, 173, 212
권일신(權日身) 39, 213
권철신(權哲身) 34, 39, 61, 63, 111, 179, 220, 368, 373
금등지사(金縢之詞) 189
김건순(金健淳) 110~111, 179, 184
김기서(金箕書) 402
김대건(金大建) 399
김매순(金邁淳) 114, 396
김범우(金範禹) 173, 239
김옥균(金玉均) 392
김윤식(金允植) 151
김이소(金履素) 37
김조순(金祖淳) 129, 163, 167, 228
김종수(金鍾秀) 129, 176, 188
김창집(金昌集) 36~37
김창협(金昌協) 37
김창흡(金昌翕) 37
김택영(金澤榮) 394

ㄴ, ㄷ, ㅁ

남공철(南公轍) 95, 129, 162~163, 168~170, 228
노호지고(虜號之稿) 99
달라이라마(Dalai Lama) 404
만천명월주인옹(萬川明月主人翁) ☞ 정조
모방, 피에르 필리베르(Maubant, Pierre Phillibert) 186, 398
목만중(睦萬中) 90~91, 371, 373
목호룡(睦虎龍) 36

문체반정(文體反正) 158~175, 190,
195~196, 198, 205, 207, 228~229

ㅂ

박규수(朴珪壽) 392~393
박명원(朴明源) 41, 73, 109, 129, 152,
250
박영철(朴榮喆) 394
박영효(朴泳孝) 392
박장설(朴長卨) 92~93, 183, 215, 221
박제가(朴齊家) 54, 73, 85, 144, 168, 184,
229, 232~233, 236, 358, 367, 390
박종채(朴宗采) 20, 26, 81, 97, 102, 152,
387, 392
박필균(朴弼均, 장간공) 37, 43, 100~101
배다리 낙성식 88, 142
백동수(白東脩) 37, 54
백탑청연 72~73, 78
벽파(辟派) 34, 43, 52, 58, 89, 129, 177,
188

ㅅ

사도세자(思悼世子) 28, 34, 39~42,
149~150, 188~190
사진(私賑) 304~305
산송사건 49, 100~102
상제론(上帝論) 342~343
서영보(徐榮輔) 129
서용보(徐龍輔) 94~96, 111, 181
성호 좌파 34, 43, 192
소품(체) 192~194, 231, 356

시파(時派) 34
신광온(申光蘊) 317
신서파(信西派) 34, 39, 173
신유박해(辛酉迫害) 65, 94, 108, 110~
111, 176, 230
신임사화(辛壬士禍) 37, 39
신임의리(辛壬義理) 35, 38, 42, 47
심상규(沈象奎) 129, 164, 168
심환지(沈煥之) 79, 86, 89, 94, 129, 180,
182, 215

ㅇ

안재홍(安在鴻) 394
양명 좌파 73, 190
여유당(與猶堂) 106~107
영조(英祖) 46, 49
유득공(柳得恭) 54, 85, 232~233
유언호(兪彦鎬) 52, 56~59, 78~79, 102,
129, 142, 237, 367
유한준(兪漢雋, 창애) 59, 97~103
윤두서(尹斗緖) 118
윤선도(尹善道) 118, 150
윤지충(尹持忠) 91, 173, 212
을사추조적발사건(乙巳秋曹摘發事件) 64,
91, 172, 211
이가환(李家煥) 39, 53, 61, 85, 105, 111,
129, 165~167, 178~179, 221~222, 368,
369~373
이건명(李健命) 36
이광수(李光洙) 392
이기경(李基慶) 90~95, 108, 182, 211,
371, 373

이기양(李基讓) 39, 111, 179
이덕무(李德懋) 54, 73, 168, 232~233, 235, 362, 367, 390
이만수(李晩秀) 129
이벽(李檗) 61, 62, 64~65, 75~76, 155~157, 211, 239
이보천(李輔天) 37, 44~45, 262
이상래(李商來) 49
이상지(李商芝) 49
이상황(李相璜) 163, 168, 228
이서구(李書九) 52, 56, 112, 129, 180, 229, 233
이승훈(李承薰) 60, 76, 90~93, 111, 157, 174, 179, 211, 213, 239, 244
이양천(李亮天) 37, 44~45, 47~48, 262
이옥(李鈺) 161, 168
이유(李濡) 49
이이명(李頤命) 36
이익(李瀷) 16, 34, 39, 61
이인좌의 난 39
이재성(李在誠) 44~45, 113, 248, 250, 360, 365
이존창(李存昌) 215, 220, 222
이탁오(李卓吾) 190
이희경(李喜經) 110, 113, 184
이희영(李喜英) 110, 184
이희천(李羲天) 364
임오화변(壬午禍變) 28, 39, 188~189

ㅈ, ㅊ, ㅌ

『자산어보』(玆山魚譜) 69, 182
정규영(丁奎英) 404
정난주(정명련) 65, 240
정순왕후(貞純王后) 111, 177
정약전(丁若銓) 60, 67~71, 76, 111, 156, 179, 181~182, 211, 213, 241, 244, 373
정약종(丁若鍾) 60, 65, 94~95, 111, 179, 181, 213, 242
정약현(鄭若鉉) 60, 65, 240
정인보(鄭寅普) 394
정일환(鄭日煥) 79, 90, 94, 182
정재원(鄭在原, 진주공) 38~39, 174
정조(正祖) 40, 59, 77, 82, 85~86, 93, 105, 109, 128~136, 138~148, 155, 158~159, 164, 166, 172, 174~177, 184, 189, 193, 196~197, 216, 230
정철조(鄭喆祚, 정석치) 52~54, 154, 251, 390
정하상(丁夏祥) 243
정학연(丁學淵) 156
정학초(丁學樵) 254~255
조태채(趙泰采) 36
주문모(周文謨) 92, 111, 191, 211, 214~215, 240, 242
주어사(走魚寺) 강학회 62~64
진산사건(珍山事件) 91, 173~174, 211~212
척독(尺牘) 97, 382~383
천생오태사(天生五太史) 129
채제공(蔡濟恭) 39, 61, 91, 129, 165, 176, 188~189, 191, 369~371
책롱사건(冊籠事件) 179
탕평책(蕩平策) 36~37, 40, 131, 176

ㅎ

『한객건연집』(韓客巾衍集) 233
허균(許筠) 190
홍국영(洪國榮) 56~57, 96
홍낙안(洪樂安, 홍희운) 90~91, 94, 108, 182~183, 191, 371
홍대용(洪大容) 52, 54, 73, 154~155, 234, 251
화성(華城) 150
황사영(黃嗣永) 61, 65, 108, 180~182
황사영 백서(사건) 67, 94, 108, 181, 240
황상(黃裳) 123, 322~323